LOCUS

LOCUS

LOCUS

LOCUS

touch

對於變化，我們需要的不是觀察。而是接觸。

a *touch* book
Locus Publishing Company
11F, 25, Sec. 4, Nan-King East Road, Taipei, Taiwan
ISBN 957-0316-73-X　Chinese Language Edition

Work in Progress

June 2001, First Edition

Printed in Taiwan

高感性事業

作者：麥可・艾斯納(Michael Eisner)
協作：東尼・史瓦茲(Tony Schwartz)　譯者：林說俐
責任編輯：陳小英　美術編輯：何萍萍
法律顧問：全理法律事務所董安丹律師
出版者：大塊文化出版股份有限公司　e-mail: locus@locuspublishing.com
臺北市南京東路四段25號11樓　**讀者服務專線：0800-006689**
TEL:(02)87123898　FAX:(02)87123897
www.locuspublishing.com
郵撥帳號：18955675　戶名：大塊文化出版股份有限公司
總經銷：北城圖書有限公司　地址：台北縣三重市大智路139號
TEL:(02)29818089（代表號）　FAX:(02)29883028　29813049
排版：天翼電腦排版印刷股份有限公司　製版：源耕印刷事業有限公司

初版一刷：2001年6月

定價：新台幣420元

touch

高感性事業

媒體+藝術+創意

Work in Progress

迪士尼總裁的告白

Michael Eisner

原著由Tony Schwartz協作

林說俐 譯

人類的希望存在於我們新生的藝術裡，我們之所以在歷史上不只是被記載成一群生下來打打仗然後就死掉的人，是因爲我們遺留下了藝術的寶藏。將相君王有辭世的一天；萬貫財富也有竭盡之時，毫不留痕跡；傳與後世的道德倫理消失的速度跟就遺產一樣快；人群像蝗蟲般散去；記錄和疆界逐一崩解。統治者也會被遺忘，除非他們有先見之明，懂得延攬善於表達人心的歌手、創造者、詩人及設計家在身邊。

——美國劇作家麥克斯威爾·安德森

(Maxwell Anderson, 1888-1959)

〈我們所有的希望〉(Whatever Hope We Have)

前言

一九九三年夏天，我們一群主管休年假時，法蘭克・威爾斯（Frank Wells）和我在迪士尼已經待了將近十個年頭。我們在許多領域裡都頻頻奏捷——電影、電視、主題樂園以及消費商品。我們抗拒不了按照這等成功模式繼續合作下去的誘惑。但是我們心裡所感受到的不是一種自信，反倒是一種逐漸升高的憂慮。我們發覺問題是在於我們有一些主管，他們不僅感到得意與自滿，而且還有厭倦與坐立不安的情緒。事業裡等同於婚姻的七年之癢效應正在發作中。我曾經兩度遭遇這種狀況——第一次是我在美國廣播公司（ABC）擔任主管，後來是在派拉蒙電影公司（Paramount）。在這兩個例子中，我都是讓公司鹹魚翻身的成員之一，但是兩次的成果都沒有持續多久。現在，我所帶領的公司也是賺錢的，一如美國廣播公司和派拉蒙曾經是賺錢的。我們在迪士尼的責任，就是防止它走下坡——這表示，有時，爲了保有勝利果實，我們必須承擔失敗的風險。

我向我的工作夥伴，身爲迪士尼總經理的法蘭克建議，寫書可能是幫助我們專注於眼前挑戰的另一種方法。如果我們把我們的目標轉化成白紙黑字——再加上要面對截稿期限——我們會更鞭策自己去執行重大的改變，即使這些變化在短期內可能會造成公司的不安。藉由一本書，我們也可以和我們的員工（我們稱他們爲我們的「演員陣容」）以及任何感興趣的人，分享我們在迪士尼的決策過程與迪士尼精神。而更重要的是，寫書本身似乎是件好玩的事——一項新冒險。

這本書花了將近五年。期間，迪士尼經歷了一連串的風暴。其中有些事件眞的很難熬——法蘭克突如其來的過世最是令人難過——以書寫來省思這些事情，卻是非常難能可貴的機會。我甚至學會去欣賞重寫的痛苦。隨著迪士尼的發展和擴張，這本書的範圍也跟著延伸。一九八四年，公司的總收入是十六億五千萬美元，淨利爲九千八百萬美元。一九九七年，總收入達到兩百二十億美元，而淨利則將近二十億美元。在同一時期，我們的員工人數從兩萬九千成長到超過十一萬人。公司的市場價值從二十億美元跳升爲七百五十億美元，而我們的股價漲了三十倍。

這些數字非常戲劇化，但它們只是開了一扇小窗讓你窺見，其背後還有更多層面的故事在。華特（Walt）和他的兄弟羅伊（Roy）建造了美國最了不起的組織之一——迪士尼公司，數十年來爲全美的家庭提供獨特的娛樂。我們過去十四年的工作則是在於復興、滋養並拓展迪士尼在全球的名號。可口可樂、麥當勞和聯邦快遞等公司主要是靠單一產品生存。在迪士尼，我們每天都要發明新的產品。我們的成功是要靠員工的頭腦，不斷爲我們的動畫、電視、有線系統、主題樂園、旅館、餐廳、書籍雜誌部門、販售店以及網站，提供源源不絕的創新點子。迪士尼今天的收入有百分之六十以上是來自於我們自一九八五年以來所打造的生意版圖。光是在過去三年，我們就開創了超過一百條的新生意路線。

我的工作範圍包括扮演各式各樣的角色以及協調各種意見衝突。我不僅是最高執行長，也是最高創意主管，監督著一群永遠比我更有創意的團隊。我是個啦啦隊長，也是個編輯；我求新求變，但也堅持維護我們的品牌榮耀。沒有任何一項衝突會比品質和商業之間的張力要來的大，產品除了要達到優質的要求外，還要能夠控制成本，並吸引儘可能多的消費大衆。傳統與革新之間，公司利益與大衆利益之間，團隊合作與個人成就之間，邏輯與直覺之間，領導與放任之間，始終存在著拉鋸的關係。每當危機出現，往往都是因爲在這些複雜的關係中出現不平衡狀態。

在某種程度上，我們在迪士尼所做的事非常單純。我們訂下目標，追求完美，我們一定會遭逢失敗，但我們試著從錯誤中學習，並希望我們的成功會繼續多於失敗。最重要的是，我們是在說故事，並且希望這些故事可以帶來娛樂、知識以及理想。這些是我的故事。

目錄

1
緊急狀況——1994 年 7 月

一年來晚上睡得最好的一次

「我要埋在地面上，不是地面下。」

在接受心血管繞道手術之前，我告訴珍……

我不記得我曾感到一絲恐懼。

當我再度睜開眼睛看到床附近的時鐘，上頭顯示早上六點半。

早上九點過後我喉嚨的管子就被拔除。

我一能開口說話，就堅持發給媒體關於我健康狀況的消息裡，

要引述外科醫生的話。

我看過太多公司對主管的健康狀況發佈錯誤的消息。

一九八二年春天，我在科羅拉多州的維爾（Vail）滑雪場遇見當時五十歲的法蘭克・威爾斯。我們當晚約好各自帶太太一起吃飯。在那之前，我從未眞正認識法蘭克，只聽過他的大名。在某種層次上，他跟我一樣是個好萊塢娛樂業界的主管。但是法蘭克同時也曾是羅茲獎學金得主（Rhodes scholar，譯按：羅茲獎學金是英國人羅茲〔Cecil J. Rhodes〕創設於牛津大學，以英美學生爲一年一度主要授獎對象的獎學金）、史丹佛大學法律期刊編輯，以及頂尖的娛樂界律師。他英俊的外表還曾被人誤認成他的好友克林伊斯威特（Clint Eastwood）。他的業餘興趣更是令我好奇。他是個環保人士、自由派政壇活躍份子，以及眞正的冒險家。我們見面的前幾週，他辭去了他在華納公司（Warner Bros.）的副董職位，只爲了要花一年的時間去攀爬分布於七大州的高峰。我心想，是什麼樣的人，會爲了追求畢生的夢想而放棄一個既安全又有名望的職位？

在進晚餐時，我不斷追問法蘭克關於他即將展開的遠征之行。我向來是個不知足的訊問人，我小時候父親曾數度央求我不要打破砂鍋問到底。現在我克制不住要弄清楚法蘭克會攜帶什麼食物、繩索、地圖以及裝備同行；他要怎麼應付高山病與可能的傷害；他會穿戴什麼襪子、手套與內衣褲；零下三十度時他要到哪裡避寒；以及他如何選擇他的嚮導和同伴。我很訝異地發現他並沒有多少爬山經驗，而且他不打算爲他所嚮往的探險做任何密集訓練。他坦白承認他的熱度，遠超過他的專業知識。在我們談話的同時，我的心裡莫名地交雜著崇拜、羨慕與擔心的情緒，怕坐在我對面的這位非凡人物可能會因爲鹵莽而吃虧。

那晚我們分手時，我們倆都覺得日後會再相逢。不出意料，兩年後機運把我們推在一起，共同執掌迪士尼公司——我是董事長，他是總經理。從那時起，我們開始搭乘迪士尼探險號環遊世界。

如果我是舵手，他就是船的龍骨。十年來，我們從未有過爭執或是意見不合，甚至是半點誤解。我從來沒生過他的氣——直到一九九四年四月復活節周日下午，當他所搭乘的滑雪直升機從北內華達的鄉下出來時，飛機墜毀，他當場死亡。當時我會生氣也是因爲法蘭克不能像他以前一樣，在旁邊協助我處理一個很艱難的狀況。但是我整個人更是被悲傷與遺憾之情所淹沒。

他死後的幾個星期，我發現自己還希望可以打電話給法蘭克，問他對某一件事情的意見。在我們共事的幾年裡，我們每天幾乎會講上十幾次電話。即使到今天，法蘭克的影像，他的一言一行，他的一顰一笑，還是會突然浮現在我的腦海裡。他的離去所造成的損失之大遠超過我的預料，因爲法蘭克在我的生命中、在迪士尼裡，都佔據了很大的空間。三個月後，也就是一九九四年七月，當我準備要去愛達荷州的太陽谷（Sun Valley）開會，我依舊試著要填補空虛。

我那趟旅行其實是要向法蘭克致敬。好幾年來，他一直敦促我跟他去參加投資銀行家赫伯・艾倫（Herb Allen）每年七月爲企業主管所舉辦的年度會議，參加者包括數十位任職於媒體與娛樂業的重要人物。法蘭克很喜歡這項活動。他喜歡與這些公司的大玩家們進行互動——有目的的故作姿態、微妙的小動作、分享興趣的情誼，以及抬面下的激烈較勁。我通常會避開這種團體聚會。因爲他們讓我覺得不自在。就理智而言，我沒有理由覺得跟他們格格不入，但我就是。我一向以爲，與其坐而言，說你打算做得多好，不如起而行，實地好好去做。但既然現在法蘭克不能去，我決定我應該要去。

另外還有一個參加的理由：我可以有機會坐下來跟創意藝人經紀公司（Creative Artists Agency，CAA）的領導人，麥可・歐維茲（Michael Ovitz）談談，看他可不可能接下法蘭克的工作。法蘭克剛過世時，我決定不馬上任命一個新的總經理。當時，一個可能的選擇是迪士尼的電影娛樂部門主管傑佛瑞・卡森柏格（Jeffrey Katzenberg），也就是我們排名第三的主管。但是我們的關係在過去幾年內變得緊張。然後，在四月五號，法蘭克死後不到三十六小時，傑佛瑞在午餐時突然給我下了一個最後通牒。「要嘛我繼任法蘭克的總經理職位，」他說：「要嘛我就離開公司。」

有很多原因——當然跟他選擇霸王硬上弓的時機也有關——使我並不準備給傑佛瑞他所想要的。在法蘭克死後，我花了點時間考慮其他人選，從華納公司的領導人鮑伯・戴利（Bob Daly），到即將退休的參議院多數領袖喬治・米歇爾（George Mitchell）。幾星期後，我越來越感到脆弱與猶豫。法蘭克向來讓我的生命充滿樂趣。我們一起笑、一起感嘆、一起八卦。他處理了很多財務問題，以及所有關於交易、人事與勞工等的談判細節。他還居間協調公司裡不同部門的爭議。法蘭克讓我可以全心投入公司更大的議題與創意過程。不過，他在其他許多事務上也一直都扮演吹毛求疵的角色。他只有一個目標——公司的最大利益——這使我相當寬心。比方說，這幾年來，我不時提議要設法延攬歐維茲。法蘭克一直都是舉雙手贊成，絲毫未感到受威脅。

我相信麥可・歐維茲有某種魔力。我們一九七二年初次見面，我當時是ABC的一個年輕的節目製作，而他是威廉莫利斯經紀公司（William Morris）的經紀人。一開始，我就對他百折不撓地想賣我益智節目的決心留下深刻印象，後來更是對他的創業能力刮目相看。麥可把創意藝人經紀公司從零變成好萊塢最成功的人才經紀公司。雖然我們之間沒什麼生意往來——我不太願意支付他爲他客戶所提出的價碼——我們還是成爲好朋友，我們兩家人經常一塊度假。我欣賞他對他太太茱蒂（Judy）以及三個孩子的感情，而且他似乎對我太太珍（Jane）與我們三個孩子十分關心。他的發條上得很緊，他帶刺的幽默有時會讓人困窘，但他也可以很迷人、很熱心、很謙虛。

有好一陣子我覺得麥可並不安於經紀人的角色。七月中旬，我提議兩人一起飛去參加赫伯・艾倫在太陽谷的會議，這樣也好討論他來迪士尼的可能性。他同意了，反應比我預期的要熱切。七月十三號星期三下午，我們搭迪士尼的飛機從伯班克（Burbank）出發，我們的妻子也同行。珍一直鼓勵我聘請麥可，當他和我坐在前艙談話時，她和茱蒂坐在後面聊天。這是麥可第一次敞懷談他的野心。「我準備好要迎接新挑戰，」他告訴我：「我覺得一起工作的主意很棒。我們會是個打不倒的團隊。」這時我心裡覺得很樂觀，但是就在下一秒，他馬上說明他眞正的心意。「我們共同擔任總裁。」他說。那不是我原先的意思。我試圖使他對接下法蘭克的位置感興趣。我提到迪士尼代表極大的挑戰，他接掌公司後可以有多大的發揮空間，以及法蘭克和我是怎麼搭檔合作。但很明顯地，麥可並不買我的帳，我們的討論變得前所未有的尷尬。我們同意繼續談，但是那次談話讓我很不快。

我心裡一直希望麥可會以興奮、支持與無私的心情回應我的提議。但是剛好相反，我所面對的是一個習慣被人稱爲是全好萊塢最強勢的人。他很淸楚地表達他不願意作老二的心態。從他的角度和他的自我來看，他可能沒有錯。從我的角度和我的自我來看——而且爲了迪士尼好——我相信我是對的。一山不容二虎，只能有一人當家。在這個觀念上，我一直深受席德・巴斯（Sid Bass）影響。席德是來自德州沃斯堡（Fort Worth）一個傳奇家族的精明投資專家，於一九八四年的併吞戰中奪下迪士尼的主控權。席德同時也是促成法蘭克和我進公司的關鍵人物，在過去十年裡，他已經轉變成一個無以取代的良師益友。我們之間無所不談，從套利到建築，從家庭到理財。在公司的管理方面，席德可是毫不含糊：一間公司，一個老闆。

當我們準備降落時，麥可和我出現僵局，我一點也沒有解決我的問題。這種情況雖然可以理解，但是仍然令人失望。我們走向各自租來的車子時，珍——還不知道我們的談話結果——跟麥可說我在迪士尼有多麼需要他的協助。他轉向我，半開玩笑地說：「對啊，我是唯一可以讓你不會心臟病發作的人。」

過了一會，我發現我的手臂有點痛。好幾年來，我在密集運動時都會有這種疼痛。定期檢查都說沒有問題，所以我相信疼痛是來自於壓力。我的結論是，我工作上巨大的壓力，有時會以精神官能症的形態出現。在停機坪的痛有些不同，因爲那不是在運動的情況下出現。但我還是認爲是飛機高度的關係，或是因爲歐維茲的回應所引起的緊張，甚至有可能是針對他開我心臟病玩笑的下意識反應。總之，我沒有多去注意。

我們抵達旅館時，我第一個碰見的人巴瑞·迪勒（Barry Diller），我之前曾與他在ＡＢＣ共事；後來在派拉蒙，他是董事長，我是總經理。之前幾星期，他有希望成功地買下哥倫比亞廣播公司（ＣＢＳ），可惜在最後一刻又告吹。現在迪勒把我拉到旁邊，向我透露一個祕密：「這一次出價，約翰·馬龍（John Malone）要幫我撐腰。」馬龍是全美最大的電訊業者之一，後來被美國電話電報公司（ＡＴ&Ｔ）買下的電訊傳播公司（ＴＣＩ）的董事長。我們最近開始考慮要買國家廣播公司（ＮＢＣ），但是我還沒有機會跟巴瑞講這個消息。我們的談話一下子就被一群和馬龍同行的來賓打斷。每回跟他談話時，我都覺得自己好像在跟麥可·喬丹玩一對一防守。馬龍口齒伶俐，而且上知天文，下知地理——其中還包括我當時所知不多的科技——所以我跟他在一起總有點不知所措。我爲了自我保護，跟他保持距離。

不久，我混入其他的賓客群裡，其中包括微軟的老闆比爾・蓋茲（Bill Gates）、Capital Cities/ABC董事長湯姆・墨菲（Tom Murphy）、Cap Cities最大的持股人與傳奇投資專家華倫・巴菲特（Warren Buffett）、已經與我們開始進行收購協商的ＮＢＣ的鮑伯・萊特（Bob Wright）、傑佛瑞・卡森柏格，以及其他二十幾人。一個特別聘來的攝影師四處走動拍照，會場氣氛很輕鬆，好像是一群頂尖大學籃球隊教練在全國大學體育協會（ＮＣＡＡ）決賽前，一塊喝啤酒暢談似的。這是一群充滿衝勁，競爭性相當高的人，但在非正式的場合裡，他們似乎都很和藹可親。

原因很簡單。人們總是喜歡自己的小圈圈——不管那指的是保齡球隊、教堂唱詩班，或是在這個情況裡，一小群碰巧都從事媒體、娛樂業的主管。即使如此，隱形的金字塔還是存在。最受重視的賓客——歐維茲一家也包括在內——住在公寓裡。隸屬於下一層的人——包括珍和我在內——則住在主要建築內比較小的房間，但還是在受邀至赫伯・艾倫的公寓裡用餐之列。我一直不知道其餘的來賓在哪裡用餐。

當珍與我走了兩百碼要去吃晚餐時，疼痛再度出現。這一次兩邊的手臂都會痛。我不得不在半路停下來休息。這個可能跟我心臟有關的痛，讓我的心裡出現兩個方向的想法。一個是跟心理有關。我向來著迷於潛意識的力量。我們都有潛藏的慾望、仇恨與恐懼，會造成內心的焦慮不安，有時更會以生理症狀出現。但是，另一方面，我心裡也真的很恐懼。我父親五十幾歲就有嚴重的心絞痛。當他六十五歲動心血管繞道的手術時，我覺得我也註定要步他的後塵。在某種層面上，我深信我所感受到的肉體疼痛實際上都是出自我的腦袋。在另一種層面上，我莫名其妙地假定心臟病是遺傳帶給我的宿命。

醫學專家則是另有說法。每年，我都會去醫院做壓力測驗一次，有時甚至兩次。每次醫生都說我沒問題。兩年前，我飛到休士頓做最先進的PET掃描。在檢查過程中，必須在冠狀動脈裡注射一種化學物質，才能精準地測出最小的血管阻塞。我的朋友達斯汀・霍夫曼陪同我一起去見識見識，他稱這趟旅行爲「拯救猶太人」。在準備我的注射藥劑時，護士們唯一感興趣的事就是向達斯汀索取簽名。

這一次，我又再度取得健康良好的檢查結果。不久，迪士尼決定幫我買保險。來自三家不同保險公司的醫生給我做檢查，並核准了一億美元的保單，在我死後由公司受益。有三家相當保守的大型保險公司願意爲我的命下注，讓我多少有點欣慰。

我在赫伯・艾倫的晚餐上一直與湯姆・布洛可（Tom Brokaw）聊天。這位NBC主播跟我說了一個很長的故事，是有關於他和他的朋友勞勃瑞福（Robert Redford）一起釣魚的事——可見新聞界和演藝圈的關係有多密切。這時候不知道誰的知名度比較高，是瑞福還是布洛可。我們談話的同時，一位攝影師繼續按快門，拍一些跟掛在牆上的去年與會人士相去不遠的照片。我看見幾張法蘭克的照片時不禁覺得難過。在每張照片裡，他的臉上都掛著燦爛的笑容。

晚上十一點左右，珍和我終於與一群賓客一起離開，走路回房。我注意到赫伯公寓對面的當地醫院，還開玩笑說它比較像醫療營，而不是一流的醫療中心。我們一邊走，我手臂的疼痛又回來了。我不想引人注意，所以我向大夥說我突然想吃冰優酪乳，要半路停下來到一家店裡買。這樣我好趁機休息一下。我假裝其他的店家也同樣具有吸引力，不時停下來觀看櫥窗。

珍過了十一點半就睡了，我在看雜誌沒睡。雖然我躺著，疼痛依舊持續。我試著不去注意它，但最後還是辦不到。「珍，」我說：「我想我眞的有問題。」她老早就聽過這種話，她忍耐我的輕微憂鬱症已經很久了。

「轉過去睡覺。早上起來就好了。」她回答，知道我只是要人哄。但是疼痛、不安，以及現在出現的噁心一直不斷加劇。

「珍，」我最後說：「我要去醫院。如果我猝死在這兒，妳會說不出話來的。」同情但不太相信的她還是起床了，我們一同著衣。我們到了醫院後，疼痛就消失了。現在說不出話來的人是我。醫生做了心電圖以防萬一，但是結果正常。「你可能是暫時的食管痙攣，」他說：「或者可能是你吃了什麼。不過沒什麼大不了的。」他開了鎮靜劑幫助我睡覺。

「你眞的放心讓我走？」我問道。

「艾斯納先生，」他說：「我認得你的名字。我要告訴你，我太太、我的小孩和我都很喜歡迪士尼公司。我們在迪士尼樂園度春假，上星期我們還一起去看《獅子王》（*The Lion King*）。我向你保證，如果有問題的話，我絕對不會讓你出院。」

我安心了。我的生活裡有足夠的壓力可以解釋我的症狀。我從未在這麼短的時間裡處理那麼多難題。尤其是法蘭克的死，接著是與傑佛瑞之間的緊張關係，其中包括他可能馬上會行使他合約上的權利，離開公司。另外還有生意上的問題，排第一的是歐洲迪士尼，我們兩年前在巴黎近郊成立的主題樂園。一九九三年夏天——先是建造費超支，高估遊客人數，接著又碰上嚴重的不景氣——這座樂園賠慘了。法蘭克和我從迪士尼裡挑出一組人，與投資歐洲迪士尼的國際銀行財團重新訂約，我們花了數個月進行複雜的協商。一九九四年三月，在法蘭克死前一個月，我們終於達成協議，爲樂園爭取到時間。不過，長時間的不確定與媒體上殘酷的負面報導，讓每個涉入的人都深感壓力。

在此同時，我們國內主題樂園的遊客人數，不管是奧蘭多（Orlando）的迪士尼世界還是安納漢（Anaheim）的迪士尼樂園，已蕭條將近一年了，沒有人知道確切的原因。眞人演出的電影也同樣不賣座。我們在動畫方面的卓越成功——《獅子王》拉出長紅票房——轉移了外界的注意力，讓他們看不見我們這兩年來，其他多數電影都賠錢的事實。最後是「迪士尼的美國」（Disney's America），我們提議要建在北維吉尼亞，就在華盛頓特區外的新主題樂園，引起越來越大的爭議。我一直親自捍衛這項計畫。儘管附近鄉間有錢地主反對，我相信我們最後可以遊說成功。但是，我也開始懷疑這一波由著名歷史學者所掀起的冗長惡戰，是否值得公司繼續耗下去。

法蘭克死前幾個月，一直與我在討論讓迪士尼重新振作的計畫。我們心裡已經明瞭該做哪些重大的主管人事異動，以及該開發哪些新商機。我不但開始加班，而且這輩子首度出現失眠現象。我還以沒時間爲由，停止例行的運動。吃的方面則隨手抓到什麼就吃什麼，通常都不是什麼健康的東西。至於我心臟方面的疑慮，我一邊予以漠視，一邊服用降膽固醇的藥來應付。

珍和我從醫院回來後，我入睡了，當時已是淸晨四點。三小時後我醒來，因爲要去看湯姆・墨菲與他在Capital Cities/ABC的工作小組如何解說傳播的未來。這場發表會讓我大吃一驚。它的呈現方式是透過一系列的大型海報看板，以不同顏色顯示他們有哪些黃金時段的影集是外製，哪些是他們與其他單位合作的，以及哪些是他們自己的。墨菲說：「我們希望未來能包下所有節目的版權，不是握有全部的版權就是享有部份版權。」我當然明白ABC這項策略的價值所在，不過我比較擔心的是以後迪士尼要怎麼把節目賣給電視台。ABC可是我們一年前差一點就買下來的公司。

但當時我更擔心的是我只要多走幾步，還是會感到嚴重的疼痛。我又多撐過兩場早上的發表會，還有一頓由赫伯・艾倫主持的午餐。後來，當其他人穿著艾倫公司的上衣去健行和打高爾夫，我則回到房間，感覺好像參加完兄弟會般的疲倦。我打電話給露西兒・馬丁（Lucille Martin），告訴她我第二天就要回去，也就是星期五，而不是原先預定的星期六。露西兒曾經擔任過華特・迪士尼的秘書，同時也是我過去十年來的秘書。

我還告訴露西兒我前一晚去醫院的事。珍以迪士尼的保險卡付款，我擔心等我們的人事部收到帳單後，會傳出與我健康狀況有關的謠言。「爲了安全起見，」我說：「妳何不打電話到醫院，叫他們把帳單直接寄到我辦公室？我自己來付錢。」然後，我問她我上一次做壓力測驗是什麼時候。她很快地查了一下，告訴我已經有十八個月之久了，表示我已經逾期六個月未作檢查。「妳可以幫我排個時間做檢查嗎？」我問。幾小時後，露西兒打電話來說，她已經預約了西達斯賽奈醫院（Cedars-Sinai Hospital），七月二十八號做檢查——不到兩星期後——而我離開太陽谷的時間，則預定爲星期五下午三點。

星期四晚上，我整個晚餐都在跟華倫・巴菲特談話，而珍則與他太太蘇西（Susie）聊天。華倫看起來一點也不像世界上最富有的人之一。衣著簡便、態度低調的他，隱隱顯露一份自信，但又不想引人注意。談話中，把唱片公司賣給MCA公司而致富的大衛・葛芬（David Geffen）走進來，看見巴菲特，即刻走近屈膝說：「天啊，我竟然在國王的脚邊。」華倫似乎很高興，但是沒說什麼。

那晚我回到房間後，又再次跟露西兒聯絡。我有一個留言是麥可・安傑柏格（Michael Engelberg）留的。他說不是急事，但是安傑柏格是我們的家庭醫生。我決定回電。「你打算做壓力測試嗎？」他問道。

「爲什麼會突然問？」我回答。

「因爲露西兒說你出現胸痛，」安傑柏格說。我們接著又聊了一會，我決定先不提前一晚上醫院的事。我怕自己因小題大做而丟臉。最後我隨口提了一下我手臂的疼痛。安傑柏格突然激動起來。「告訴我你的症狀，」他說。我不情願地把前兩天的事一五一十道出。

「我認爲你一回來就該馬上做壓力測試，」他說。我正要告訴安傑柏格他反應過度時，突然想起他跟我提過他一個好友的事：曾經參與 *Columbo* 等叫座節目製作的電視編劇與製作人，理查・萊溫森（Richard Levinson），有一天晚餐時，告訴安傑柏格他會胸痛。安傑柏格試著勸他馬上去醫院做壓力測試。萊溫森正準備要去紐約，不過他答應一回到洛杉磯就馬上排時間檢查。過了一、兩個晚上，他以口述錄音的方式交代他所有的財物，然後就死於心臟病。

「我是不是碰到了理查・萊溫森的狀況？」我問。

「應該不是，」安傑柏格想讓我安心：「但我還是希望你盡快做檢查。」我們說好了我星期五下午一到，就直接去西達斯賽奈醫院。「我們到時候見。」他告訴我。

我心裡覺得好多了。排定檢查似乎就把問題解決了。現在我可以放鬆了，好好享受我最後一天的議程。星期五早上，我及時醒來去參加當天的第一個發表會，那是由傑克・華龍提（Jack Valenti）主持的娛樂業論壇。華龍提是美國電影協會（Motion Picture Association of America）的會長。答問小組裡包括傑佛瑞・卡森柏格。他如往常一樣的咄咄逼人，而且還打斷其他講者的話，漏別人的氣。我覺得他毀了迪士尼的形象，特別是對一個想當總經理的人來說。當我跟珍和歐維茲提起我的反應時，他們就坐在我旁邊，兩人都叫我別想太多。「傑佛瑞就是傑佛瑞。」麥可說：「他這樣子又不是第一天。」我告訴自己太敏感了。座談結束後，我跟巴瑞·迪勒暢談了好一會兒。我告訴他，我們不打算買CBS，但是正在初步研究購併NBC的事。這時，一切似乎都顯得有些超現實：兩個二十四歲一塊從ABC的低階助理幹起的人，竟然在閒聊收購三大電視網裡其中兩家的事。

那天上午稍晚，歐維茲提議我們一起騎單車進城，再做進一步溝通。我沒解釋我不想用盡氣力的原因，我只是說不能去。午餐時，珍和茱蒂都催促麥可與我再見一面，他也這麼想。我答應了，不過我們先去參加又一次的拍照留念——這次是安妮·萊波維茲（Annie Leibovitz）要拍的團體照，是爲了《浮華世界》（*Vanity Fair*）要做好萊塢的特別報導。以相片記錄會議似乎是此行的主要內容之一。（數個月後，當我看到雜誌裡的照片時，我很訝異我看起竟是如此健康。）拍完照後，歐維茲提議我們去散步，但是我說我比較希望在他的公寓裡談。我們的討論沒有比在飛機上有進展。

最後我得離開去趕三點的飛機回去。幸好我還能提我和珍的行李上車，疼痛並未因此出現。因爲我們考慮要買NBC，所以我拿了他們的秋季試播節目帶——新影集的首集——好在飛機上看。其中有首播長達兩小時的《急診室的春天》（*ER*），由麥可·克屈頓（Michael Crichton）編劇，史蒂芬·史匹柏（Steven Spielberg）參與製作的醫院影集。它在好萊塢已經引起騷動。只要一齣影集就可以讓一家電視頻道的黃金時段翻身——十年前NBC的《天才老爹》（*Cosby*）就是一個例子——我想要評估一下《急診室的春天》是否有類似的潛力。我對史匹柏與克屈頓共同製作的成果也很感興趣。畢竟他們上一次合作是《侏儸紀公園》（*Jurassic Park*）。所以很明顯地，《急診室的春天》一推出就被看好，不過急診室裡的場景實在太逼眞了，我幾乎看不下去。珍則是完全轉過頭去。

我們在伯班克降落後，我開我的車自己去醫院。我們講好了珍先把行李載回家，然後與我會合。我於下午快五點時抵達西達斯賽奈醫院，麥可・安傑柏格正在等我。另外還有約翰・費德曼（John Friedman）與丹・柏曼（Dan Berman），兩位我熟識的心臟醫師，特別擅長核子成像（nuclear imaging）。我對壓力測試的程序非常熟悉。他們首先幫你注射放射性同位素，測量你的冠狀動脈血流。檢查結果是正常的，這是個好消息。這階段若出現問題就表示我已經有了心臟病。接下來，他們把我放在踏車上。上一次做這項測試時，我毫無問題地走上一個很斜的坡度。這一回，我兩隻手臂幾乎是立刻就痛了起來。心電圖出現不正常的跡象，才四分鐘醫生們就喊停。這是很小心的做法。他們最不希望在醫療程序中因過度操作而引起心臟病。

這時，珍與另一位心臟科醫生尼爾・布希賓德（Neil Buchbinder）一起出現。我記得我很驚訝會在七月的一個星期五下午看到布希賓德。我甚至不知道他也被叫來。他看了一下測試結果，聆聽我的症狀描述，並做出要我馬上做血管造影的結論。這是爲了更進一步檢查動脈本身。他們以一根針刺進上大腿，然後導引一根塑膠細管到大動脈，好將一種染液直接注入冠狀動脈，以X光讀出血管阻塞的細節。警覺到一切進行的速度之快，珍試著緩和整個場面。她開始提問所有合理的問題，並指出他們連壓力測驗都尚未做完。我感到訝異的是，我竟然開始生她的氣。

「服從多數吧，珍，」我說：「我們已經等十年了。這一次是眞的。讓我們看清事實，不要再否認了。」我擺出主管的模樣。接下來，我堅持以化名住進醫院。然後我打電話叫露西兒過來，要她幫忙編故事，以防消息在媒體上曝光。我相信我當晚或頂多第二天早上就可以出院了，沒有必要讓他人對我的健康產生不必要的疑慮。

「做血管造影有什麼危險嗎？」我問布希賓德。

他仔細地解釋了風險，但是我只聽進去他說的最後一句話：「百分之九十八是安全的。」

我覺得自己好像是以八十英里的時速撞上公路路肩。我腦中響起警鈴。「你意思是說有百分之二的問題或死亡機率？」我問道，希望得到一個果決的不。

「是的。」他說。

我愛追根究底的本性讓我嚐到了苦頭。我頓時感到不安，幾乎就要驚慌失措。過了一會，我覺得不只我的手臂，連我的脖子和胸口都發出劇痛。我的焦慮更使疼痛加劇。安傑柏格決定要調嗎啡來，那可以藉由減輕會加重不安的疼痛來和緩心跳。不幸的是，沒有人找到嗎啡。嗎啡是庫存在藥局裡，以防嗑藥的人從供應室的架上順手牽羊。安傑柏格變得憤怒，室內的緊張氣氛明顯升高。接下來我坐在輪椅上被推進急診室。我旁邊圍了一群人在問我問題，向我遞同意書要我簽名。我唯一能想到的是《急診室的春天》，我剛剛看過的試片。沒想到這會兒我竟親身經歷。

我要珍簽署文件。他們說不行。我只好在沒帶眼鏡的情況下盡力簽好名。布希賓德說他預期血管造影會顯示出不小的血管阻塞。他說如果眞是如此，他們希望馬上做血管手術，也就是利用冠狀動脈裡的管子放入一個小氣球。等氣球脹大後，可以製造更寬敞的通路方便血液流過。總之我還是可能可以於第二天出院。

他們把我移到急診室後，找到了一些嗎啡。我所有的擔憂都化爲烏有。連我鄰床男子的尖叫在我聽來也只是小事一樁。我懷疑這全是麻藥的功勞。我痛恨坐以待斃，他們總算對我採取了些行動。這是我首次確定我的心臟眞有問題，現在這個問題就要被解決了，終於。我很放心把身體交給這些好醫生。我還想到——在我因爲嗎啡而輕飄飄的時候——我剛好有藉口可以對我數個月前答應的兩個週末邀約黃牛。當時，我對去聽三大男高音在道奇體育場唱歌劇以及去看世界盃足球賽決賽都很感興趣。但是時間越近，我就越不想去塞車和跟人家擠。我在想這些事時，露西兒到了。她帶來我不在辦公室時所累積的一大疊信件。我忍不住要在難關當前時擺出穩如泰山的模樣。「我不認爲我現在可以處理這些事。」我躺平著告訴她。

當血管造影的影像開始在螢幕上顯現時，我自己都看得見阻塞的部份。這是少數電腦螢幕上出現的影像無法使我興奮的時刻。我的左冠狀動脈有超過百分之九十五的部份——那是身體結構裡我向來很少注意的部份——被阻塞了。這時另一名醫生到了現場。阿勒菲多・川鐸（Alfredo Trento）是西達斯賽奈醫院心臟外科的義大利裔主治大夫，他做出直率的判斷：「我建議立刻做冠狀動脈繞道手術。」這是種雙重的打擊。我不認識這位川鐸，而且我也從沒想過我竟會要動繞道手術。

我喚珍過來。「這人是哪裡畢業的？」她知道我會希望聽到哈佛或是耶魯。「提華納（Tijuna）。」她板著臉回答（譯按：提華納是墨西哥西北部城市）。她還能開玩笑讓我感到輕鬆不少。即便如此，我還是擔心無法在星期五晚上找到一個不疲倦的頂尖外科醫生。十年前，我父親動繞道手術時，我堅持要在星期一早上動手術。

「我們不能再等等看別人怎麼說嗎？」我問川鐸。

「等不是個好主意。」他回答。這時我突然覺得動手術也沒關係。這是件緊急事件。火車已經開上了軌道，爲什麼要現在喊停，結果一整個週末都要在那裡擔心？我後來才知道川鐸是個優秀的心臟外科醫生。我不記得的是在等候動手術時，我是怎麼發現他也是個狂熱足球迷的。很顯然地我在就範之前，還很明智地跟他做了個交易。「你可以把我的世足盃決賽門票拿去，」我告訴川鐸：「只要我可以活著看電視轉播。」

我被推進手術室時已經快晚上十點了。珍帶著我們三個兒子中的兩個，當時二十三歲的布萊克和二十歲的艾力克，站在我旁邊。她找不到我們最小的兒子，十六歲的安德斯。我相當輕鬆地——或者說是相當戲劇性地——花了點時間做最後的要求。也許是因爲我白天看太多電影了，也可能是因爲我想繼續掌控局面。

「我要埋在地面上，不是地面下。」我告訴珍。(我覺得聽起來地面上比較舒服。)「還有，」我繼續說：「我眞的不希望妳去蓋我們還在考慮的新房子，因爲我們的房子還好好的，我們不需要一間更大的房子。」這兩件事，我都是利用即將到來的手術作爲要脅，逼我太太遵照我的囑咐。我最後一個要求是對珍、布萊克和艾力克三人一起提出的。「如果眞有狀況的話，」我說：「那麼讓歐維茲或是迪勒繼任我的位置都是好的選擇。」珍不敢相信我竟然在手術前提出這些要求。「好，好。」她說，然後親了我，跟我說我不會有事的。爲了我好，她壓抑住自己的情緒。當我看著兒子們走出手術室，我看得出來他們看起來既悲傷又憂心。

我不記得我曾感到一絲恐懼。當我再度睜開眼睛看到床附近的時鐘，上頭顯示早上六點半。我一個人在加護病房，我迫切希望插進我喉嚨的管子趕快被拿掉。再過幾小時，我又再度被我的家人所圍繞著。到了十一點，歐維茲出現了，他把自己家人長久計畫的假期取消來探望我。我姊姊和母親已經在從紐約趕來的途中。派蒂（Patty）和羅伊·迪士尼正趕忙從他們在愛爾蘭的度假別墅，搭飛機趕回洛杉磯。早上九點過後我喉嚨的管子就被拔除，我一能開口說話，就堅持發給媒體關於我健康狀況的消息裡，要引述外科醫生的話。我看過太多公司對主管的健康狀況發佈錯誤的消息。如果我眞的脫離危險了，我要阿勒菲多・川鐸自己親口說。不過，當然，我眞正想要的是藉此安下心來。

但是我從痲醉狀態醒來時，心裡想的全不是這些事。我反倒只有一個快樂的念頭：「那是我一年來晚上睡得最好的一次。」

2

成長的荒野

從戲裡學習想像

父親對我的教誨並沒有白費。

我被法蘭克・威爾斯深深吸引的原因之一，

是他讓我想起我的父親。法蘭克過世後，

他兒子在他的皮夾裡發現一小張紙片，上面寫著：

「謙卑是生命的本質。」

後來我才知道法蘭克把那張紙帶在身邊有三十年之久。

跟我父親一樣，但是更爲溫柔地，法蘭克扮演著我的管教者

——每當我忍不住要踰矩時，

他就是我可以尋求幫助的道德權威。

我三歲以前，父親出外參戰，在空軍裡飛運輸機。我身邊圍繞著母親、姊姊瑪歌（Magot），女管家們與保姆們——我是唯一的男性。因此我有種特殊地位，而且我很早就發現只要聰明、活潑點，而且懂得討人喜歡，我幾乎可以要什麼有什麼。直到我父親回家後，我的情況開始出現戲劇性轉變。突然間，家裡出現了一個新的競爭對手——一個極具權威的注意力焦點，是我母親急於討好的對象。我的事情未必永遠擺在第一位，這是我必須適應的。我接下來的一輩子，可以說都花在平衡我父母之間的差異上。我從母親身上學會如何設立目標，訂下我自己的規則，然後再以甜言蜜語誘拐人來配合我。從我父親身上，我學到一項座右銘：不可抄捷徑或耍詭計。

我在富裕的環境中長大，但是小時候我沒想到這一點。我以爲大家的生活都跟我們一樣。我們在曼哈頓上東城區的公園大道（Park Avenue）上有間又大又舒適的公寓，但是艾倫史帝文生（Allen-Stevenson）大部分的男孩也都一樣。艾倫史帝文生是離我們家有十二條街遠，我上的私立學校。從一年級開始，我就穿著藍色絨布外套、灰色褲子、白色襯衫以及上頭帶有艾倫史帝文生校徽的領帶。我從來不覺得我穿西裝打領帶跟家人一起吃燭光晚餐有什麼奇怪的。雖然我父親認爲我們應該清楚我們所擁有的，但我從不覺得我可以要什麼有什麼。錢不是拿來隨便揮霍或是招搖的。錢得爲了下一代保存起來，或是花在子孫身上。我沒花過腦筋想這件事情。我活在一個安全而又自足的世界裡，而且有好長一段時間，這是我唯一知道的世界。

在上學日，一天的開始，我都在史丹利・高杰（Stanley Gauger）的指導下，在學校的管絃樂隊練打擊樂器。我練鼓、鐵琴（津津有味地敲著國歌）、木琴與定音鼓。但我耍起鼓棒——我的記錄是旋轉八次再接住——反而比做音樂家行。不過我還是熱心地參與艾倫史帝文生管絃樂隊共六年。我是個好學生，但是學校本身是我排第二的興趣；第一是運動。幾乎每次放學後，只要天氣許可，我們都會坐公車去城裡少數的運動場之一藍道斯島（Randalls Island），去練美式足球、足球或棒球。

在艾倫史帝文生，我是矮子堆裡的高個子。我們班上約有二十個小孩，我是全校最棒的運動員，從四年級起擔任足球隊的四分衛，而且在每項運動裡都名列前茅——這是我這輩子僅有的一次這樣的經驗。即使年紀很小，我就開始喜歡擔任領導者的角色。我現在發現，當時我就很清楚不要以太咄咄逼人的方式爭取權力。我有好多好兄弟，而約翰・安傑羅（John Angelo）是我最要好的朋友。又瘦又好玩的他，從六歲起就跟在我身邊。他父親死在戰場上，他母親是我母親最要好的朋友，而我父親幫他們家解決收入問題，並且儼然扮演著約翰的父親的角色，讓他十分敬畏。

我每天會去八十六街接約翰，然後一起走路上學。約翰有一次告訴我：「你很懂得掌控一切，讓人自然想追隨你，即使大家不見得說得出爲什麼。」九歲時，我帶著十歲的約翰去我參加的夏令營所舉辦的非夏季聚會，因爲他打算第二年要加入。我們走進一家位居商業區與住宅區之間的旅館的舞會廳，開始跟其他男孩聊天。沒有一個人是我熟的，但是我們一起吃午餐並唱了營歌。我記不起歌詞，但是我假裝唱。吃到一半時我的營長走進來，看到我，就帶著笑容走過來。他說：「孩子，我想你們是走錯聚會了。」我不好意思到了極點，但一旦我自以爲知道自己在做什麼，要阻止我可不是一件簡單的事。

就我的回憶所及，我向來樂觀進取。我記得，七歲時，有人告訴我我的拳師狗布區（Butch）被車撞死了。我拒絕相信。我就坐在母親的大腿上等牠回來。我總是相信事情最後一定會皆大歡喜的。長大後，我發現我應付危機比起應付成功要來得輕鬆。似乎沒有任何一項阻礙是超越不了的。我清楚記得小時候與約翰去看紐約巨人隊的美式足球比賽的經驗。那時巨人隊是個沒什麼看頭的隊伍，到了第四節，他們通常會落後四、五次觸地得分。約翰會央求我：「我們走吧，以免人擠。」「不，」我會回答：「我們得留下。巨人隊得四次得分並達陣，不過還有五分鐘，他們辦得到的。」

巨人隊最後當然還是輸了。幾個星期後我們又再去看，他們又會沒有救地再次落後，而我還是對他們會反敗爲勝一事深信不疑。同樣的模式也發生在洋基隊上。他們可能在第九局因對手五次得分而落後，但是我非要看到最後一球投出才走。有一次洋基隊賽完後我在座位上坐了二十分鐘，希望比賽不是眞的結束了。

週末和暑假時，我們的生活重心放在外公米爾頓・丹曼（Milton Dammann）身上，他是家族裡的明星，在紐約州的貝佛山（Bedford Hills）擁有地產——杉丘農莊（Cedar Knoll Farm）。我父母在農莊裡有間房子。杉丘農莊佔地很廣，在我出生前，裡頭的雇工一度超過十五人，包括農人、園丁與上下樓層的女傭。我外公是個道地的白手起家人物，小時候在華盛頓特區的街上幫人家擦鞋，後來一直念到喬治城（Georgetown）的法學院。許久之後，他成爲美國安全刮鬍刀公司（American Safety Razor Company）的總經理。這家公司後來被賣給了菲力浦・莫利斯公司（Philip Morris Company）。他雖然事業成功，而且他太太瑞塔・威爾（Reta Weil）出身喬治亞州沙凡那（Savannah）的旺族，卻從未曾忘記他的財富是辛苦掙來的。比方說，我外公有個司機，但是他卻被逼去開旅行車而非大轎車。外公還堅持每天走威利斯大道橋（Willis Avenue Bridge）進城，雖然不怎麼順路，但可以省下在崔柏若（Triborough）的二十五分錢通行費。「賺錢的方法，」他會說：「就是不要花錢。」

節儉是我們家的美德。外婆瑞塔甚至到了八十歲還是拒絕請司機，有時甚至還堅持不坐計程車。

有一天我剛好坐計程車經過布魯明戴爾（Bloomingdale），看見外婆正在奮力爬上公車，在大雪紛飛之中。我跳下車，把她從擠著上車的人群中拉出來，扶她上我的計程車。這時她開始對我大吼大叫。

「你幹嘛浪費錢坐計程車？」她問道。

「妳幹嘛坐公車？」我回答：『而且外頭下著大雪，又是壅塞時段！」

「因爲你的表親需要床單，」外婆說，好像這是再明顯不過的原因。

身爲大公司的老闆，米爾頓從不掩飾他對自身成就的驕傲。我是他唯一的外孫。我大約五歲時有一天，他邀請我去看他公司運作的狀況。我們開車到布魯克林（Brooklyn）生產刮鬍刀的工廠。我在車內幾乎一句話不說。跟外公在一起讓我非常緊張。我們在大廳等電梯時，我的腳邊開始形成一灘水，逼得他年輕的秘書跑出去幫我買新的內褲。數年後我外公才說出我在回程路上也尿在公司車裡。我再也沒去過工廠了。

我父親家族那邊白手起家的人，則是他的祖父西格蒙・艾斯納（Sigmund Eisner），他於一八五九年生於波西米亞的賀羅茲多維奇（Horazdovice），二十二歲時來到美國。他抵達時幾乎口袋空空，但是充滿了野心與努力工作的決心。他從小販做起，最後靠爲美軍——後來幫童子軍——做制服而發財。他娶了柏莎・衛斯（Bertha Weis），她的家族是紐澤西紅岸（Red Bank）的第一批住民，後來還成爲該城最有名望的家族。他的兒子，我祖父傑克柏・萊斯特・艾斯納（Jacob Lester Eisner），從家族的制服生意開始做起，但很快就變得浮躁不安。第一次世界大戰後，萊斯特加入國民兵，並晉陞到上校的位階。在第二次世界大戰期間，他變成英格蘭的美國紅十字會會長。

發生在我父親人生初期的一件大事，是他母親柏莎死於急性盲腸炎，當時他才十歲大。在一陣難過的日子之後，他的父親萊斯特開始將大部分的時間花在紐約市，幾乎每晚都在「二十一」俱樂部吃晚餐。我父親與他的兩個弟弟都是由在紅岸的傭人帶大的，他們也要懂得自己照顧自己。我父親把注意力都放在學校課業。他大學念普林斯頓，然後讀哈佛法學院，接著在一家律師事務所短暫地工作過一段時間，因爲他很快就領悟到自己對執業沒有興趣。他嘗試家族的制服生意，但是也不甚滿意。一九四二年，大戰中斷了他在事業上的追求。他的弟弟傑克（Jacques）是太平洋戰爭第一批陣亡將士之一，這是家族裡另一項重大的打擊。我父親從飛行員的任務中存活下來，但是等他三年後回來，許多跟他同世代的人都已經開展他們的事業了。

我父親的戰爭經驗啓發了他的第一個生意念頭：在厄瓜多爾成立一家航空公司。但最後，這個事業因爲革命或經濟疲軟而失敗——我從來不確定是何種原因。不過他自己還是繼續飛。我小時候偶爾會跟他一起飛，直到他帶著我坐在副駕駛座位上，在我們位於貝佛山的鄉下房子上空表演飛行特技，我母親開始禁止我上飛機。然後他去幫他的岳父工作，做Lightfoot-Schultz肥皀推銷員，那也是美國安全刮鬍刀所生產的。父親痛恨這項工作。我至今還淸楚地記得他在一九四九年，看完亞瑟・米勒（Arthur Miller）在百老匯製作的《推銷員之死》（*Death of a Salesman*）一劇後回到家中的模樣。這是我第一次眞正目睹戲劇的力量。我當時才七歲，但是我淸楚知道那齣戲深深地觸動我父親。害怕變成像威利・洛曼（Willy Loman）的他，第二個星期就辭去推銷員的工作。

很快地，我父親想到一個點子，先在布朗克斯（Bronx）的國王橋軍事訓練場（Kingsbridge Armory）辦一場運動與休閒商展，然後在哥倫布廣場（Columbus Circle）的紐約體育場（New York Coliseum）辦。他與他社交圈裡一個名爲維多・歐瑞斯塔諾（Victor Oristano）的生意人朋友合作。這活動變成我少年時期的高潮。對我而言那既浪漫又有趣，是我與娛樂業第一次的接觸。三年後，正當商展剛開始要賺進大把鈔票，維多和我爸失去與市政府的租約。他們是羅勃・摩西斯（Robert Moses）的受害者，他是崔柏若橋與隧道管理局（Triborough Bridge and Tunnel Authority）的惡霸長官，控制住了體育場。我從來不敢問父親原因，但即使我還是個青少年，我記得我還是會納悶他爲何沒有爲自己的商展簽下長期有保障的租約。

結果我父親決定完全脫離私人企業。他在艾森豪總統時期被提名爲住宅與都市更新管理局（Housing and Urban Renewal Authority）的東區首長，後來在尼爾森・洛克斐勒（Nelson Rockefeller）州長時期變成紐約州的公共住宅首長。我常常可以看到成功的生意人，但是在這個時期我才開始習慣在我們公寓、我們位於貝佛山的家，還有在波卻斯（Purchase）我父親打高爾夫球的世紀鄉間俱樂部（Century Country Club），看到這些政府官員及慈善人士。我去那裡游泳並學打網球與高爾夫，但是當父親跟他的朋友們打球時我偶爾也會陪著走球場——他們包括洛勃（Loeb）、賴曼（Lehman）、沙諾夫（Sarnoff）與布魯明戴爾（Bloomingdale）等人。對我來說，他們只是父親的友人。我只是大略知道他們是蠻重要、蠻有影響力的人物。我從來沒有被他們嚇到或對他們印象深刻。我最記得的是他們打高爾夫失手、他們日常生活上的問題以及脆弱的地方。

在家裡，父親是注意力的焦點。每個人都被吸向他——因爲他的魅力、他俊俏的外貌、他的幽默感與冒險精神。他是我所有朋友最崇拜的父親，這倒蠻諷刺的，因爲他向來對父親的角色感到不自在。從我有記憶以來，我和我姊姊瑪歌應他的要求都叫他萊斯特。直接喚他的名字讓我們之間產生一種距離——一種拘泥的感覺——但我還是崇拜他。我父親看起來總是不可思議的年輕、迷人、體力充沛。他是俱樂部裡唯一在跳水板上可以翻兩個圈的人，而我朋友的父親們則只懂得看報或玩牌。

我父親還喜歡高爾夫、網球、釣魚，以及他在普林斯頓大學（Princeton）玩過的馬球。對他來說，認眞運動的意思是弄得瘀青、流血回家。在他後來購得的佛蒙特（Vermont）農場上工作表示日出就得起床修牆或種蘋果樹。照料地產表示割掉林子裡的蔓生植物，或修剪枝條，或是自己給馬釘蹄鐵——還要以他用不盡的精力載送我們。大部分的青少年在週末假期都會睡得比較晚，但在我們家上帝從不准你睡超過八點。我父親了解青少年，但是他卻不怎麼尊重。我姊姊和我從不被准許像我們的朋友那樣，在暑假時可以整天泡在游泳池。我們被要求要有工作，或是去參加活動。

在貝佛山的週末，我父親會一大早就帶我出去騎兩個小時的馬。他奮力地飛奔，跳躍護欄，直到馬兒冒出汗沫爲止。他希望我也能跟上。他還帶我到中央公園裡騎馬，那裡沒有原木可供跳躍也沒山坡好爬。當我們只需迴避行人時，摔下與撞擊的次數也隨之減少。我姊姊變得很怕馬，後來完全不騎。多年後，當我帶著我的未婚妻珍・布雷肯瑞吉（Jane Breckenridge）到我父母位於佛蒙特的農場，我父親堅持要我們三個人去騎馬。珍從來沒有騎過馬，但她很勇敢地答應要試看看。我父親兇猛的騎法讓她驚慌，就像二十年前我姊姊一樣，從此珍再也不愛騎馬。我雖然有時也會討厭和害怕騎馬，但我拒絕抱怨或放棄，而我父親的速度也不曾放慢。我們奔馳過樹林直到馬兒汗流浹背。接著我父親會展開下一個活動。如果他週末被困在我們位於紐約的公寓，到了週日他會像隻關在籠裡的獅子，滿是怨懟之氣。

我姊姊的最愛是花式滑冰，受到我父親的充分鼓勵。他不厭其煩地常在早上五點前喚醒她，帶她到西卻斯特（Westchester）的溜冰場練習。好幾年來，我一直納悶爲何瑪歌不在麥迪遜廣場花園（Madison Square Garden）上的紐約滑冰俱樂部（New York Skating Club）滑冰。沒有人提出過令人滿意的答案。後來我才知道猶太人是不准入會的。然而我姊姊的夢想是參加一九六〇年的奧運。她是個絕佳的運動員與卓越的選手，但即使她在冰上風姿迷人，她卻不是競賽裡的萬人迷。其他的女孩會卑躬屈膝，在自由滑冰時會對裁判眨眼微笑。瑪歌只會專注於她的技巧，這讓我很沮喪。我試著說服她必須要懂得推銷自己，要懂得遊戲規則，但身爲弟弟的我的建議並不被當成一回事。她盡了全力但卻只得到二、三名，無法獲選參加奧運。幸好，她還有很多其他興趣。她進入史密斯學院（Smith College），幾年後結了婚，生養了兩個很棒的小孩，雖有些許遺憾，但日子過得很充實。我父親的競爭基因大部分都遺傳了給我。

就我所知，我父親跟其他人不一樣的另一種特質是強烈的道德感。他的行爲準則嚴苛到即使危及自己的利益也在所不惜。在水門案爆發前夕，有道要求所有公務員必須提供個人財產清單的法令頒佈。「我決不可能那麼做，」我父親告訴我：「那是侵犯我的隱私。」

我楞住了。「你的財產沒有什麼見不得人的啊，」我認爲：「你唯一擁有的股票是上市公司的，政府只是要知道資產的名稱，並非數額。」我不會對這種要求感到驚訝——公佈財產看似有理而且實際——但對我父親而言那是原則問題。如果要犧牲他的隱私權，他是不會繼續擔任公職，結果他寧可辭職也不願配合。

當艾斯納家族制服事業遇上難關時，他也一樣毫不屈服。我曾祖父西格蒙於一九二五年過世後，他的兒子們接手經營，以我的伯叔公孟洛（Monroe）最爲積極。孟洛的處事態度似乎將財富與成功視為理所當然。他曾經認為，男人會選擇褲襠用釦子而非拉鍊的褲子。因此，公司拒絕了取得拉鍊專利權的機會。他們並且決定沒有必要花多餘的錢將童軍上衣用塑膠包裝，或是正確地標示制服尺碼與開發新客戶。西格蒙與老羅斯福總統一起協助成立了美國的童軍，而西格蒙的兒子們則以為他們會永遠有利可圖。但是最後，他們更饑渴的競爭對手把生意搶走了。後來，他們所生產用來攜帶設備的降落傘無法正常開啓，因而無法對政府交代。

那時我父親開始介入。他純粹是因為受不了讓家族的名聲受辱。他不找藉口，已不尋求補救，反而在一九五五年強迫公司歇業。我父親對我講述他叔伯的故事，那是我印象中最早也是最深刻的訓誡：過度自信是危險的，不管做什麼一定要求盡善盡美，而且做生意一定要保持活水常流。在大學裡，當我讀到另一齣亞瑟・米勒的劇作，《我所有的兒子們》(*All My Sons*)，它讓我想起我們的家族故事：傲慢無能、缺乏道德準則與自尊心的後代，最後毀掉了他們父親所辛苦經營的一切。

我父親因為財產透明法而放棄公職後，在佛蒙特買了一座蘋果園和農場，還蠻賺錢的。有一個時期他必須在紐約州西南部買一座兩百畝的果園，以生產足夠的蘋果來填滿他的控溫儲藏庫。父親與一個當地農民談妥一筆一萬六千美元的土地交易，那是那個農民開的價，即使那塊地的價值可能值三倍。當那位農民要結清這筆交易時，他有一個新要求。「我的牽引機也要賣錢，」他說。那可能會把價錢提高六百塊美金，但那並不在原先的合約裡。我父親對這臨時的要求十分憤怒，不願付錢就直接走人。

如果是我來談的話，我也許會有些不悅，但我也會很實際。我會加入那台牽引機，盡量不要抱怨，因為我知道自己還是談成了一筆很棒的交易。現在，那塊地的價值可能在一、兩百萬美元之間。

但即使我父親知道那塊地會增值那麼多，他也不會眨眼的。一九八六年他因癌症過世前幾個月，我們一起開車繞著果園走時，他回顧起他的人生。「我做得還不錯，」他告訴我說：「但是我最感到驕傲的，是在我的職業生涯裡，我從未做過一件不道德或違反原則的事。」那是個很大膽的陳述。

我生命中最主要的衝突點是來自於達成我父親的期望，包括在道德與學識方面。我想取悅他，但那幾乎不可能。讀八年級時，他曾幫我解答一個關於畢達哥拉斯定理的問題。我已經把公式背起來，不覺得有必要知道畢達哥拉斯是怎麼發現在一個直角三角形裡，斜邊的平方會等於其他兩邊的平方和。我只想把問題算出來。「那樣不夠，」我父親告訴我，然後跑去他的書房拿出畢達哥拉斯在沙上畫公式的模型。「等你真正了解公式，我就把這雕像給你。」他說，接著一步一步地把公式解釋給我聽。

我的雙親都希望姊姊和我可以獲得文化薰陶。他們帶我們去博物館和演奏會，尤其是百老匯的劇院。從五歲起，去百老匯看秀是我們慶祝生日與週年慶的方式——我們藉此來紀念生命中的某些里程碑。從《吻我吧，凱特》(*Kiss Me Kate*) 到《紅男綠女》(*Guys and Dolls*)，從《南太平洋》(*South Pacific*) 到《奧克拉荷馬！》(*Oklahoma!*)，我什麼都看。我還可以唱上《查理在哪？》(*Where's Charley?*) 裡一段很難聽的「愛上艾美」(Once in Love with Amy)。同時我也很早就接觸藝術與建築。我父母有個密友，維多・甘斯 (Victor Ganz)，他對這兩個範疇出奇地熟稔。後來當我在迪士尼服務，決定我們應該蓋具有創意的建築，而非傳統中庸的作品時，維多成爲協助我們的重要顧問。我記得小時候，維多需要牆壁空間來掛他衆多的藝術收藏，所以借我父母一幅畢卡索的《鬥牛》(*The Bull-fight*)，他們把它掛在我房間。我看這幅畫看了十年，直到維多取回它。讓我訝異的是，他把它賣了，用收入買了間大間的新公寓。

大衆文化引不起我父母的興趣。他們很少帶我們去看電影。我父親在電視開始普遍販售前就買了一套RCA電視自己組裝，但是他和母親只有當我們全家人一星期看一次米爾頓・波爾（Milton Berle）的節目時才會開機。我們家的規定是我姊姊和我只有在讀了兩個小時的書之後才能看一小時的電視。我父母外出時，我會馬上打開電視機，這讓瑪歌很害怕。只要我一聽到鑰匙開門聲或貝佛山莊車道上的車聲，我會倉皇地關機。我父親常常會走進來用手檢查，看電視是不是還是溫的。如果是的話，我就完了，原因不是看電視而是試圖欺騙他，而且還連累我姊姊犯下知情不報的罪。是我爸爸教我認識華特・史考特爵士（Sir Walter Scott）在小說《馬密翁》（*Marmion*）裡的名言：「喔，我們織的網有多混亂啊，／當我們首度開始練習欺騙！」

我父親對於他認定爲不當行爲的管教亦很嚴厲。九年級——也是我在羅倫斯維爾（Lawrenceville）寄宿學校的第二年——快結束時，我父母接到一封來自舍監布魯斯・麥克連能（Bruce McClellan）的信，談我在學校的表現。「麥可當然有些困難——在自律、同儕關係與課業方面，」麥克連能寫道。他還提到我有一回從三樓的窗戶扔下鞭炮，並指出我有「耍詭計」的傾向。不過麥克連能的結論是我已經「度過難關並蛻變成一個優秀且堅強的年輕人」。我知道我父親會把注意力放在壞消息上。麥克連能的信剛好在春假前寄達。通常我母親會去學校接我，但放假那天，我至今還記得，下課後，我突然看到父親在等我時心裡那種戒愼恐懼的心情，他的臉色很難看。那天回家是一段長得不能再長的車程。

即使如此，我依舊不停地挑戰各種限制。十年級時，宿舍規定十點一定要熄燈，屆時整棟建築的總電源會被關掉。但浴室的燈還是亮著的，我便想辦法從那裡的插座偷接電。有時，我還會做些偷抽香菸或半夜溜出宿舍等破壞校規的事。我算不上是個搗蛋鬼，但是我分得出哪些規定我犯得起，哪些規定我犯不起，並在對權威的基本尊重及年少叛逆中求得平衡。

父親對我的教誨並沒有白費。我被法蘭克・威爾斯深深吸引的原因之一，是他讓我想起我的父親。他們作生意時那種低調、守規矩的作風特別相像。法蘭克過世後，他兒子在他的皮夾裡發現一小張紙片，上面寫著：「謙卑是生命的本質。」後來我才知道法蘭克把那張紙帶在身邊有三十年之久。跟我父親一樣，但是更爲溫柔地，法蘭克扮演著我的管教者——每當我忍不住要踰矩時，他就是我可以尋求幫助的道德權威。

那些有時叫我忍禁不住的力量，有一部份是遺傳自我母親，瑪格麗特・丹曼・艾斯納（Margaret Dammann Eisner）。她的本質誠實正派，不過她並不排斥以哄騙、改變規則的手段來得到她所想要的。我母親也比我父親更具野心，更重視目標的達成。「如果她生在別的時代，就有可能會掌理通用汽車。」約翰・安傑羅有回這樣告訴我，而我懷疑他的說法。身爲受寵的獨生女，母親宣佈要嫁給我父親時才十九歲。不過那倒是從一位過度保護子女的父親身上謀求獨立的方法。在他們快結婚時，我母親和父親一起去曼哈頓的隆鄉（Longchamps）吃早餐。當我外公米爾頓聽到這消息時，覺得非常痛心。「要是被別人看到妳早上八點鐘和萊斯特吃早餐怎麼辦？」他問。

「我不管別人怎麼想。」我母親說——至少我想她會這麼說。

我母親從未做過傳統意義下的事業，不過她總是忙於慈善事業，其中包括在艾文頓醫院（Irvington Institute）做了好幾年的院長，那是一家專事照顧急性關節風溼症兒童的醫院。艾文頓也是我獲得第一份工作的地方，如果不把八歲時幫祖父剪草、清理車道的工作算在內的話。醫院讓我見識到那些比我不幸的人們，並提供我初次在職場探險的機會。

對我母親而言，家庭永遠排在第一位。每天下午姊姊和我回去後，她就是家。晚上，她會繼續和我父親進行忙碌的社交活動。跟她母親一樣，她認為維繫家人的感情是她的任務，而那包括表堂親、叔伯姑舅與祖父母。她每天打電話給自己的母親。「我從沒見過有人不喜歡你母親的，」我父親有次告訴我。輪到我自己的小孩，以及我姊姊的小孩時，我母親參加了他們每一次的畢業典禮——前後共十三次，最後一次是我么兒安德斯的中學畢業典禮，那是在她於一九九六年夏天發生嚴重中風前一個月。

我母親也是我的保護傘。每當我父親對我的過失感到不耐、挫折或極度憤怒時，我母親總是負責調解扮白臉。每當我父親被我問不完的問題煩死了，她就會出面。我知道我可以擄獲她的心，就像她知道怎麼擄獲他的心一樣。我們之間有個祕密：在小學，當我把回家作業拖到最後一刻，她會幫我寫功課，甚至還會仿造我的筆跡。（當然，幾年後她不承認有此事，但那是眞的。）不管我父親對我的不守規矩有多生氣，我知道母親都會替我抵擋他的怒氣，最後還會打圓場。如果我把流浪狗帶回家堅持要養的話，母親會變成我的盟友，一起對抗父親的反對。如果我們外出吃晚餐而我點了鮮蝦濃湯——唯一不列入套餐計費的開胃菜——我父親一定會阻止。「那旣荒謬又沒必要，」他會這麼說。那時我會向母親討救兵，而且通常可以如我所願，就像她一樣。

那個時期，我生命中最重要的成長經驗，是去參加位於佛蒙特索茲貝利（Salisbury）的奇威丁營（Camp Keewaydin）。奇威丁是美國最老的野外訓練營，教男孩子們如何野炊、搭帳篷、搬運獨木舟、

「毆打」鍋子（奇威丁語的意思是「清洗」之意），並以「大象屁股」（紙巾）擦乾。至今，奇威丁營還保持著斯巴達精神，不經修飾，而且十分低科技。露營者住在帳篷裡，唯一的電話在主辦公室裡。我父親的母親過世後的那個夏天，他被他父親送到奇威丁。還在傷痛的他當然痛恨這段成長經驗。但我父親仍愛上了奇威丁，並常常回去，最後甚至變成新進職員之一，直到他十七歲那一年被發現跟一個女孩子在獨木舟上數個小時而被開除。

我很訝異父親會在營區附近找到一個女生，或把她騙上獨木舟。不過他的被驅逐並未降低他對奇威丁的熱愛。我七歲時，他帶我去那裡度週末，還主動替我報名參加拳擊賽，對抗一個體型是我兩倍大的九歲小孩。我熬過了那段入會式而且第二年又回到奇威丁，之後幾乎每年暑假都去，直到我二十二歲，最後幾次是以職員身分。我的三個兒子都跟隨我的腳步。跟我一樣，他們在印第安營裡唱營歌，在露天拳台上打拳，向西南風夏萬大希（Shawondasee）鞠躬，在莫沙拉摩山（Mount Moosalamoo）的陰影下走過「校區」。

令人驚訝的是，我主要的價值觀是在夏令營的考驗中形成的。與傳統重視運動競賽的男生夏令營不同的是，奇威丁注重實用技巧的訓練與鼓勵團隊合作，尤其是在我們每年夏天搭獨木舟的長程野外旅行中。在奇威丁棒球或網球打得好不算什麼，但是做一個好的遠足者則相當重要。不論是在阿拉卡須河（Allagash River）、蘭吉里湖（Rangeley Lakes）或是加拿大的愛爾哥昆國家公園（Algonquin National Park），最高的美德是即使你學會自力更生也要協助其他同伴，做一個贏家更要懂得做輸家，並在充滿挑戰的情況下學會生存，保持風範而不發怨言。在那樣一種單純的環境中生活可以感受到一種迷人的力量，尤其是當我們進入原野時。

我特別高興的發現是，在奇威丁的生活與我之後所居住的制度世界截然不同。我在那裡如魚得水是因爲我很輕易就學會露營技巧。我在營隊裡是可以讓人依靠的角色，不管是搭帳篷，做菜或是埋垃圾。我很喜歡做小組的領隊，但是我也學到合作的重要，大家爲共同目標齊心協力。那是很俗套的東西，但是我相信。

我童年的下一個轉捩點發生在八年級後，當我到紐澤西羅倫斯維爾上寄宿學校。我在艾倫史帝文生的功課總是輕易過關，常常是班上二十人的領袖。現在，突然地，我發現自己身處一個課業競爭相當激烈的學校，與我同年級的約有一百八十個男孩——所以我變成大池裡的小魚。到今日，羅倫斯維爾仍是我所遭遇過最爲競爭最充滿挑戰性的環境，連好萊塢都比不上。即使我在頭兩年就長高了十英吋也無助於我的適應。我逐漸失去我的肌肉協調，我的運動傲氣也消失無蹤。足球方面我最多是進了校隊，籃球則是我只進青少年代表隊。我在課業方面表現較好，尤其是歷史和英文，甚至拉丁文，但我並未名列前茅。這是我首次必須甘於處在一群人之中而非領先。現在，我的兒子們看到我差強人意的成績單和舍監的來信還是會覺得很好笑。

在羅倫斯維爾之前，我從未對身爲猶太人有太多意識。艾倫史帝文生算是基督教，但是沒有人去強調。我姐和我在成長期間都沒有參加什麼宗教儀式。一九四四年，當大部分的美國人都還不太清楚歐洲到底發生了什麼事，我父母雇了一個德國管家。我當時兩歲，瑪麗雅 (Maria) 待在我們家直到我十二歲，大戰早已結束許久。當我父母外出，瑪麗雅 (Maria) 常會帶我姊姊和我到八十六街的德國城，我們會一起吃德國香腸和蒜腸。直到今天，我還聽得懂一點德文，尤其是表示親密的話。我後來才明白當美國決定參戰而希特勒正在歐洲大陸上屠殺猶太人的同時，一個猶太家庭請德國女傭是件多麼稀奇甚至奇怪的事情。最後我們發現至少有十六個艾斯納家族的人，許多是我曾祖父的兄弟姊妹，死在特洛辛史塔（Theresienstadt）的捷克集中營裡。不過在那之前，瑪麗雅早已成爲我們家中的一份子。

我父親雖然對生爲猶太人感到驕傲，但他母親的死使他無法再對任何宗教產生信仰。我母親那邊的家人對宗教比較有興趣，但我們是屬於文化型猶太人而非宗教型猶太人。在羅倫斯維爾，我第一次被人點醒，生爲猶太人這件事使我有別於其他人，是個局外人。直到有同學喊我「猶太鬼」，激起我打了畢生唯一的一次拳架，我才意識到原來有人不喜歡猶太人。現在事情鬧開了，我很痛恨這種結果。我討厭被人歸類。我討厭有人跟我開耶路撒冷聖殿、猶太成人禮與主日學校的笑話。我跟父親一樣對生爲猶太人感到驕傲，但是我不喜歡被人視爲異類。

許多問題只是出自於青春期的過度階段以及伴隨而來的不安。《麥田補手》（*Catcher in the Rye*）變成我最喜歡的書，我在中學生活期間常常在想侯登・考柏菲爾（Holden Caulfield）在不同的寄宿學校裡會怎麼過。我叛逆的方式之一是想辦法在課業上偷懶，這如果被我爸知道一定會很生氣。比方說我二年級的拉丁文期中考，老師說要我們從三十六段凱撒的話當中，抽其中一段從拉丁文翻譯成英文。我沒有把全部的字彙學會，只把每一段前面三、四個拉丁字背下來，其餘的內容直接看英文——這工程很浩大，但是沒有比全部看拉丁文來得難。按照我的方式，我可以看任何一段的前三個字，然後把我記得的英文寫出來，這樣根本就用不著翻譯。這個考試只花了我二十分鐘而非兩小時，而且我得了一百分。不幸的是我的技巧並不完備。下一個學期，老師不先告訴我們要考翻譯的範圍，以我所知有限的拉丁文字彙，我的期末考最後還是當掉了。

我之所以這樣是因爲我喜歡用自己的方式做事。如果我知道歷史期末考的形式是考論述題，我會先寫出一篇可以回答各種問題的論文來。在這過程中，我會把二十個重要或複雜的史實背下來，把它們編成我的答案，不管我們的考題是什麼。我當時是有點罪惡感，但我認爲那是在學習如何以我手邊所能用到的工具應付體制。我很受不了那種機械式的背書與考試。我喜歡用我的想像力來創造新的做事方法。我也許學得沒有那些整天用功的同學多，但是我的確培養了寫作技巧與想像力，而且堅守自己的立場。

即便如此，我還是覺得被規定、制度與持久的壓力壓得喘不過氣。我希望過完全不一樣的生活。我想上男女合校的公立學校。我不想住在公園大道上的公寓，反而想住在有白色柵欄的簡樸小屋，由媽媽做菜，所有的小孩一起在街上玩到天黑爲止。我當時說不出這樣的話，但是我所企盼的是五〇年代中產階級的郊區生活——那是我在無數的桃樂絲黛（Doris Day）電影裡以及像《歐奇與哈瑞特的冒險》（*The Adventures of Ozzie and Harriet*）、《父親最知道》（*Father Knows Best*）與《我愛露西》（*I Love Lucy*）等電視影集裡看到的。一定有數百萬名比我不幸的小孩跟我有一樣的夢想。即使我們的出發點有所不同，但是把我們凝聚在一起的是我們一起看的電視影集所提供的理想畫面。

當我想到大學，我覺得自己已準備好要接受男女合校、大學兄弟會以及無人管的自由。我的第一選擇是去加州上大學，那裡象徵著陽光、玩樂與舒適生活。我父親馬上否決這個想法。他認爲那裡太遠而且旅費太高。在我高三那年的秋天，計畫上大學的事因我感染腦膜炎而擱置，我病得嚴重到家人都以爲我會活不了。

一九五九年初冬，我碰見一個我在宿舍裡認識的人，帶著位於俄亥俄州格蘭維爾（Granville）的丹尼森大學（Denison University）的目錄。封面是田園式的校園景象，就像我小時候在電視上看到的一樣。我父親比較希望我步他的後塵去念普林斯頓，但是要再花四年待在同樣全是男性的競爭環境裡是我無法接受的，就像他無法接受加州一樣。我下定決心要換個環境，於是我在連校園都沒看過的情況下申請丹尼森大學，直到被錄取才告訴我父母。

我打從一開始就喜歡丹尼森。在鄉村氣息濃厚的俄亥俄州校園裡只有一千六百個學生。女生很漂亮而且每個人都很友善。當時是一九六〇年，約翰·甘迺迪（John F. Kennedy）即將成爲國家最年輕的總統，越戰還沒開始，反文化、嬉皮或狂亂的吸毒場景也尙未出現。週末盛事指的是在兄弟會的聚會上喝啤酒。丹尼森原本是浸信會大學，但我的猶太人身分並不是個問題。那裡大概有六個猶太人，我們被視爲古怪而非具有威脅性的少數社會族群。

我大一時決定要念醫預科，主要是因爲我想不出更好的主意，而且當醫生好像蠻浪漫的。那個感覺在我選了解剖課要解剖一隻貓時就快速消逝。我沒有轉系，但我大部分是選修英文與戲劇課程，並試著迴避科學必修課。大二快結束時，我終於面對我必須修有機化學的現實，報名參加在哥倫比亞大學的暑假密集課程。上課一星期五天，一天八小時，在曼哈頓的酷暑中進行。我撐了三星期後放棄，轉而去選一門文學課。那樣終結了我的醫預科生涯。英文變成我的主修。於是，我得到一個相當廣泛的教育，而非專門的學識。

後來，當我想當導演的大兒子布萊克考慮要申請電影學校時，我很欣賞導演喬治·盧卡斯（George Lucas）說的一句話。「拍電影就像學開車一樣。大家都辦得到，」喬治告訴他：「眞正的問題是，你的目的是什麼？要找出答案，你最好接受文科教育。」布萊克把喬治的話銘記在心——要是我說的話可沒那個功效。他決定上喬治城大學，主修英文，然後再去USC念電影研究所。喬治的話對業界來說也同理可證。即使最終的目標是進入娛樂業，我仍深信大學文科的廣泛教育是必要的。

以我的例子來說，念文學很適合我特殊的創造力。比方說有一次我選了多明尼克・康所羅（Dominick Consolo）教授的十九世紀文學課，一個站在他桌子上授課的好老師，喜歡詩，而且後來成爲羅賓・威廉斯（Robin Williams）在《春風化雨》（*Dead Poets Society*）的角色靈感來源之一。康所羅教授當時正在教《白鯨記》（*Moby-Dick*），一本我覺得複雜但是很吸引人的小說。最後，在三堂課過後，我舉手發問。「如果說，」我問教授，「這整個書是在講一條大魚的故事呢？」我眞的開始懷疑梅爾維爾（Melville）寫《白鯨記》的目的不是要寫一個偉大的道德寓言，而是要寫一個偉大諷刺的荒誕故事。當我在一篇報告裡寫出這樣的理論，康所羅教授馬上喊我爲「如果說先生」。回想起來，那似乎蠻適合的。「如果說」是我一生中常問的問題。（布萊克繼承了這個特點。「等我死後被埋葬時泥土會跑進我的眼睛嗎？」他三歲時問。我要他去問他媽。）

我向來喜歡以眞正具有原創性，但不致於適得其反的方式表現創意。我在一篇歷史課的報告裡，寫了一齣關於巫卓・威爾森（Woodrow Wilson）的戲。那比傳統的報告要來得有趣，也有點算計。我很容易想像我的老師得在一個週末裡看三、四十篇其他沒什麼新意的長篇報告。我相信他看到有一齣戲可以看時會覺得輕鬆多了，結果我就有可能達到高分。比起寫一篇一般形態的報告，寫這樣一齣戲可能讓我更了解巫卓・威爾森——雖然那不是我原先的目的。以他的一生來編造一齣戲會更有三度立體空間感，而且更令人印象深刻。

大三那年暑假，我到NBC去打工，那是因爲我父親認識巴比・沙諾夫（Bobby Sarnoff），NB

C的總經理以及大衛・沙諾夫將軍（David Sarnoff）的兒子，他創立了NBC的母公司RCA。在那三個月期間，我愛上了娛樂事業。我負責接聽電話、跑腿、帶人到攝影棚，以及站在電梯旁觀察人們的眼睛，看在大樓裡誰有正事要做，誰沒有。我在NBC是最下層的人，但是我熱愛我的工作。

我還在類似《猜猜多少錢》（*The Price Is Right*）等益智節目的現場工作，帶觀眾回座位。有一次爲了好玩，我一本正經地把一群人帶到女廁而非錄影棚。有一段時間，我幫《今夜秀》（*The Tonight Show*）接聽電話。傑克・帕爾（Jack Paar）的主持即將結束，強尼・卡森（Johnny Carson）則預定於秋天開始接手。當夏季結束，巴比・沙諾夫寫了封信給我父親，告訴他我是NBC有史以來最棒的工讀生。他很可能是說客套話，但我眞的很認眞工作。我很有條理，我準時上班，而且做起事來一絲不苟。很多跟我一起打工的人一直抱怨個沒完。我幾乎時時刻刻都很開心。

我秋天時回去上大四並開始寫劇本。我在英文課上讀了所有偉大的現代劇作家——米勒、田納西・威廉斯（Tennessee Williams）、蕭（Shaw）、皮藍德婁（Pirandello）——我很崇拜他們的作品。我也很喜歡看到自己寫的文字被演員活生生地演出。製作一齣戲的團隊合作也很吸引我，尤其是當我的作品被搬上舞台。我可以用三、四天的時間寫一齣戲，寫對白對我來說尤其容易。相較之下，寫小說就困難多了，而且感覺十分孤立。我寫第一齣戲是希望讓芭芭拉・愛柏哈特（Barbara Eberhardt）留下深刻印象，她是戲劇系一個很漂亮的女同學。我甚至還想出一個聽起來很自命不凡的劇名，《轉移河流》（*To Metastasize a River*），後來改成《阻擋河流》（*To Stop a River*），因爲我發現「轉移」通常是用在癌細胞上。

雖然我跟芭芭拉的關係沒有什麼進展，戲還是推出了，由她主演。距離我成爲下一個偉大美國劇作家的夢想還遠得很。我結束最後一次在奇威丁工作的兩個星期後，同時也是從丹尼森畢業十個星期後，我搭乘油輪茅里塔尼亞號（Mauritania）出發到巴黎，心想我可以找到一家咖啡館在裡面寫作，過幾年的流浪生活，創作出可以登上百老匯的劇作。那趟旅程是個很刺激的開始。船上搭載了好幾百名其他剛從大學畢業的學生，跟我一樣想從事浪漫之旅。

我在巴黎的前三週寫了三個劇本，包括一個關於一對夫妻因困在加拿大川布朗山（Mont Tremblant）的滑雪纜車上而凍死的故事。我還發現自己不喜歡重寫，而那卻是我想成爲眞正劇作家的必要步驟。在最初那一陣創作力過了之後，我開始文思枯竭。我所幻想的浪漫生活並未眞的發生。我沒想到自己會那麼想家，尤其是當我在香榭里舍大道上看過卡山（Kazan）的《美國，美國》（*America, America*）一片後。我租的房間不管我噴了多少消毒劑總是會發出尿味。原來直到我抵達的兩星期前，它都是一間男廁。我發現以後，想找別家旅館都沒找成。一個陽光普照的夏日午後，最恐怖的意外發生了，一個美國學生從聖母院（Notre Dame）頂樓跳樓自殺，就落在我不久前剛好站著的廣場對面。

我後來明白我來巴黎是爲了慶祝大學畢業而休假的，不是來過起步藝術家的苦活。幾星期後，在巴黎沒有什麼事好做的情況下，我渴望回紐約找工作。我不太確定自己想做什麼，但我已等不及要開始找工作。

3

你不會從地板上摔下來的

我從不回頭看

1969 年夏天，我調升新職位——電影與節目開發主任，
首次直接隸屬於巴瑞之下，密切地介入劇情、腳本與宣傳。
巴瑞和我都越來越難拒絕來自經紀公司、
製作人與編劇的誘惑和關說。
我們試著把注意力集中在電影的基本前提與衍生而來的腳本上
——也就是除掉其他所有顧慮後，整個計畫的本質。
我們很快就發現那才是真正的重點。同時，
我發現好的點子會對我的身心產生影響。
有時我會覺得它就在我的胃裡，有時在我的喉嚨裡，
或在我的皮膚裡——類似一種即時測謊測驗。

我於一九六四年秋天回到紐約，打算展開八年來首度與父母同住的生活。在幾星期內，我發現我住在家裡跟在巴黎自我放逐並沒什麼兩樣。「我會幫你找個公寓，」我母親說，很明顯地她認為該是我獨立的時候了。在幾天內，我在介於麥迪遜大道和公園大道之間的六十四街找到一間一個月一百八十二塊五美金的單房五樓無電梯公寓。我一搬進去就發現我根本不知道自己要做什麼。我從家裡到營隊到寄宿學校到大學宿舍到兄弟會，卻從沒有眞正自己謀生的經驗。我甚至學會喜歡上各種機關所提供的咖啡，不過土司上的燻牛肉片卻在我的接受範圍之外。但是一旦我終於有了一間公寓，我發現我喜歡獨立，我甚至很喜歡做簡單的料理，因爲我在奇威丁學過基本的烹飪技巧。

唯一的問題是我找不到工作。我發現企業界並不企盼我的服務。即使巴比·沙諾夫曾經寫信給我父親，讚美我以前暑假在NBC打工時的表現，我父親和我卻再也無法以電話和他搭上線。我寫了很多信，還去了幾個我父母親設法在電視和廣告界幫我弄到的幾個草率的面試。我得到許多普通、友善的建議，但沒有獲得工作機會。後來，我父親安排我去見公共電視在紐約的旗艦電台，也就是日後的WNET的老闆，一個很會潑人冷水的人。「娛樂事業的飯碗不固定，競爭激烈而且爾虞我詐，」這位主管告訴我：「你最好不要碰這行。找一個聰明的行業，一個高尙的行業。這行不適合你。」我父親對於竟有人會在一個找第一份工作的年輕人面前貶低他自己那一行感到十分憤怒。

那年秋天我大部分的時間不是坐在我的公寓裡等人家回電——電話答錄機還要十年才會出現——就是去看電影，通常是一個人去。找不到工作讓我覺得孤單，沒有歸屬感，而且有點快要發瘋。我有精力有野心，但就是不知到哪裡去發洩。我受過教育取得大學學位，但是沒地方讓我學以致用。我還曾經一度寄望我的劇本創作事業會有起色。我把我最引以爲傲的劇本，《開鎖》(*Unscrew the*

Lock)，寄給我找得到的所有聯繫人。他們的答覆不太能鼓舞人心。「恕我直言，我並不覺得你有什麼東西要說——至少在這部戲裡面沒有，」傑克·休頓（Jack Hutton）寫道，他是威廉莫利斯的一個經紀人。後來，當我設法將劇本弄到製作人哈爾·普林斯（Hal Prince）的手上——透過他的會計——他的反應更簡潔扼要：「我就是不喜歡。」在這些回絕之後，我就再也不把我的劇本寄出去了。

最後，在十一月底有一天，電話響了。那是ＮＢＣ人事部的某個人，叫我去做一星期六十五塊美金的聯邦傳播委員會ＦＣＣ（Federal Communications Commission）場記員。我馬上就接受。我的職責是記錄電視上播出的每一則廣告，記下它們是黑白或是彩色。這比失業要好很多，但是跟打工沒什麼兩樣。很快地，我就開始不耐煩了。當我聽說紐約的ＷＮＢＣ廣播電台在找週末交通調查員時，我馬上把握住這個機會。在ＮＢＣ裡面工作似乎還算有幫助。現在我有兩份工作。每逢週末，我從早上四點進去幫「大威爾森」秀（Big Wilson）播報交通狀況一直報到中午。

這就是娛樂業，而且好像讓我感到相當興奮。即使是要在清晨三點半摸黑起來搭公車也很令人振奮。街上零星的幾個人與我一同分享早起的祕密特權：我們是眞正的工作者！我第一個週六上工時，我的老闆要我坐在收音機前塡一份表格。「聽聽別家電台的交通報告並把它們寫下來，」他說。每隔十五分鐘我就要把我寫下來的東西交給大威爾森這位早上的ＤＪ。簡單地說，我的工作就是向敵台抄一些交通報告。我沒有資格去反對這種做法，只好告訴自己這樣做也沒什麼大害。爲了突破這單調的狀態，我開始替據稱發生交通意外的街道捏造路名，通常是用前女友的名字。我印象最深刻的交叉路口是珍和布雷肯瑞吉，那剛好是我當時正在約會的一個年輕小姐的名字和姓氏。

我在一九六四年的耶誕舞會上認識珍。舞會是傑夫·畢裘（Jeff Bijur）開的，一個小時候的朋友，是他要我見見這位他在聖羅倫斯大學（St. Lawrence University）認識的「好女孩」。我拒絕這項邀請，因爲當時我還是被「釘死的」——這個現在聽起來老掉牙的辭彙，指的是把你兄弟會的胸針送給大學女朋友當作定情物。我從大二就跟茱蒂・阿姆斯壯（Judy Armstrong）在一起。她聰明、有魅力，而且風趣，不過最重要的是，她是我第一個固定的女友。雖然我現在住在紐約而她在俄亥俄州的漢彌爾頓（Hamilton），我卻深信我們的關係會持續，而她最後會搬來紐約。

在傑夫開耶誕舞會當晚，我打電話問茱蒂爲什麼我寄給她的耶誕禮物被原封不動地退回來。我以爲我地址寫錯了。她母親接的電話。「茱蒂不在，」她說，我跟她聊了一下後，我問了毛衣的事。阿姆斯壯太太聽起來怪怪的。「我想我應該告訴你茱蒂昨天結婚了，」她說。我掛電話，身心交瘁。我維持跟父母吃晚餐的計畫，但是我什麼也吃不下。晚餐結束時，我決定還是去傑夫的舞會。也許那可以助我忘掉茱蒂。

我很快就發現自己坐在沙發上，旁邊圍著一群我從未見過的人。或許是因爲我需要吐吐苦水，我把我悲情的故事告訴室內的每個人。爲了增加戲劇效果，我說我的女友大三去德國唸書，回來後變成一個見過世面的女人——現在會塗眼影，穿著比較暴露。我說我是如何假裝沒有事情發生，即使我知道情況已經不同。我試著用自嘲的方式來講故事，而大家似乎也聽得津津有味。

我很快就發現唯一例外的人是珍・布雷肯瑞吉，傑夫提過的那個女孩。我走進去時她正坐在地板上跟朋友聊天，我立刻就注意到她。我說故事的同時，我也偷聽到珍跟她朋友說的話，感覺她很活潑、聰明、沈著。她也是一個相當迷人的粉嫩金髮美女。（經過三十四年的爭論，我已經放棄向她說服她是紅髮的事實。）那天晚上我們沒交談，但在傑夫的鼓勵下我第二星期打電話約珍出來，毫未意識到珍離開那場宴會時覺得我是個隨便、專橫、土氣的人。她在電話上拒絕我的邀約，還有接下來的幾次，不過每次都回絕得很有智慧。那些有格調的拒絕只是更增加我的決心。最後有一天，我打電話說我有戲票，而珍發了慈悲。結果她跟我一樣喜歡戲劇。這不是我的毅力最後一次獲得回報，不過絕對是最重要的一次。

從我們倆第一天晚上在一起，我就覺得跟珍相處很愉快。她很大方、直接，對金錢、權勢或社會地位毫不看在眼裡。我們開始常常見面，出去吃晚餐、看電影或看戲，週末在紐約散步或去佛蒙特滑雪。我們墜入愛河，但是我們也成爲最要好的朋友。珍似乎很欣賞我用之不竭的熱心和精力。我很珍惜她的理智，還有她的美貌、幽默感與聰明。她大學主修英文，但是她現在是大都會人壽（Metropolitan Life Insurance）的菁英程式設計員之一，把漢尼威爾電腦（Honeywell Computer）的「怪獸」語言轉成英文，方便其他三百名程式設計員工作。那是早在蘋果、微軟與領航員（Netscape）出現之前的年代，六十四K的記憶體就可以佔據大都會人壽大樓的一層樓。她一年賺一萬兩千塊美金——比我多很多。

珍與我越來越要好的同時，我也等不及向她介紹我終生的最愛的活動之一。「爲了讓妳明白什麼東西對我很重要，」我解釋說，「我們得一起參加一次野生露營。」我向她保證我是梭羅（Thoreau）所崇拜的戶外型男人。她不情願地同意了。我立刻開始用奇威丁的背包打包：艾迪隆戴克公園服務處（Adirondack Park Services）的地圖、艾柏克倫比與費區（Abercrombie & Fitch）的鍋子、A&P的臀墊、兩個布魯明戴爾的睡袋，還有佛蒙特 Bellows Falls 的山姆陸海軍商店（Sam's Army & Navy Store）賣的反射烤箱。我也把自己因多年野地經驗所得來的無比信心打包進去。

一個星期六早上我們很早就出發。我的背上背了約八十磅重，珍大概是五十磅，第一天我們上下走了十二英里。珍喜歡運動，但對於步行沒特別興趣。我原先幻想，到了營地，煮頓大餐後，度過一個浪漫的夜晚。結果，我們倆都累到在煮義大利麵的水燒開前就睡著了。第二天我們繼續登山。在路上，我們遇見兩個也是出來登山的二十幾歲年輕人，而且他們不久又跟上我們。我們紮好營後，我去他們距離半英里遠的營地，請他們過來跟我們吃甜點。他們過來後，我們一起吃我做的銀色蛋糕（在奇威丁學的），在夕陽西下時輪流說露營的鬼故事。

我們兩個新朋友打算離開時，有一隻熊在我們的營地打轉。牠很大，是我所見過最大的動物。珍和我決定離開，去我們新朋友的披屋過夜——但那頭熊跟過來。牠繞著我們躺在睡袋裡的四個人打轉。那兩個年輕人中年紀比較大的那個後來睡著了。另外一個顯然是嚇壞了，只是安靜不做聲。有一刻，那頭熊的大頭離我的臉只有一英尺。我可以聞到牠的鼻息。那小子跳起來，手上拿著斧頭。我阻止他做傻事，然後我們看著熊在披屋周圍遊蕩，整晚來來回回的。珍和我像用功的英文系學生一樣，整晚討論福克納（Faulkner）寫的故事「熊」（The Bear）。珍冷靜地給火添柴，一直敲鍋子以防熊攻擊我們。她沒有驚慌，使我也沒有驚慌。她顯然是我們四個裡面最勇敢的，整晚醒著而且沒抱怨，直到熊於黎明時離去為止。

第二天早上大家都累死了，珍提議我們把鍋子丟掉好輕便上路。我實在無法忍受把新買的工具和還沒吃的食物丟掉。於是我堅持我們帶著全部的東西走那八十英里路。我們走到車子時累垮了。珍再也不跟我去露營，但是我們去看洋基棒球隊打球時，那是我另一個終生樂趣，她做了一件讓我無法置信的事。我看球賽時她在玩《紐約時報》上的填字謎。人沒有完美的。

提到我們倆的背景，那更是差得不能再遠。珍的外祖父母，克萊拉（Clara）與維多・林葛蘭（Victor Lindgren），生在瑞典的三斯瓦（Sunsdvall）。他們後來與珍的母親移民到紐約州的詹姆士鎮（James-town），一個位於水牛城（Buffalo）西南方，以生產傢具聞名的小鎮。珍的母親後來嫁給詹姆士・布雷肯瑞吉，一個從小跟林葛蘭家族在詹姆士鎮同一條街長大的男孩，他的父母來自蘇格蘭。跟所有來美國尋找新生活的移民一樣，林葛蘭與布雷肯瑞吉家族都很重視教育。大部分的女性主要負責持家，而男性則成爲工程師——如珍的父親——以及物理學家與會計師。下一代也是一樣。珍是家族裡第一個上大學的女生。她獲得紐約州獎學金到聖羅倫斯大學唸書。畢業後，她明白如果她不馬上結婚生子，她就要離開詹姆士鎮發展自己的事業。搬到紐約表示要放棄她童年的窩。

因爲珍來自這麼一個小地方，我假定我跟她父母不會有什麼共同處。很快我就發現自己錯了。她父親很開朗博學，晚上以讀字典爲樂，我跟他幾乎無所不談。藉由教橋牌，她身爲路德教派信徒（Lutheran）的母親，反叛了一個連玩牌都禁止的信仰。我懷疑她的父母在我之前沒有認識過什麼猶太人，但那從來不是個問題。珍是信一位論派（Unitarian）長大的，新教中最開明的一支。我們決定於一九六七年夏天舉行一個小而簡單的婚禮，因爲我姊姊才辦過一場盛大的婚禮。

即使在婚前，我就已經讓珍幫我寫信找工作。在NBC和WNBC電台工作三個月後，我在CBS得到一個機會，負責協調周日上午兒童節目的安排與業務。也就是要確定在每次節目中播對了麥片和玩具廣告。我第一天上班，在人事部遇到莉莉安・寇帝斯（Lillian Curtis）。我面試時從沒問過薪水的事。「你的週薪是一百四十塊，」她主動提到。「哇，」我說，「妳一定是在開玩笑。太棒了。謝謝妳，謝謝妳。」六個月後，我大膽要求加薪，莉莉安提醒我不要忘記當初我對薪水有多興奮，讓我學到協商要謹慎的第一課。

雖然CBS的工作不算是從NBC跨前一步，我卻覺得那是很大的晉升，因爲我現在屬於「排節目」階層。我跟製作節目的人有些接觸，即便那主要只是在辦公室看到他們。過了一陣子，我被「擢升」到去幫遊戲節目作同樣的廣告安排工作，後來幫《艾德蘇利文秀》(*The Ed Sullivan Show*)做。我仍然只是個職員，但是就像我在NBC打工一樣，我喜歡那種參與的感覺。我的上司是賈姬・史密斯(Jackie Smith)，一個和善而體貼人意的女人，後來執掌公司日間節目的安排。她替弗萊德・西佛曼(Fred Silverman)工作，此人後來變成公司裡鼎鼎大名的節目部主管。

不久我又開始搜尋更具有挑戰性的工作。我把大部分空下來的時間都花在寫信給我在娛樂業界可以找到的每個人，同時翻新八十二街的褐砂石房屋，並且幫我父親重新設計在佛蒙特我們家蘋果園附近一七八五年蓋的農舍。我的房地產生涯在佛蒙特的西魯特蘭(West Rutland)開始與結束，我搞了個房屋發展計畫。約翰・安傑羅和我賠了一萬兩千塊美金——六〇年代唯一兩個在房地產上賠錢的人！我用空閒時間寫了齣黃金檔戲劇《美國製造》(*Made in America*)。我沒把它賣出去過，但是我還保有幾份拷貝。不過我主要的興趣是寫信。珍和我會到圖書館裡查其他城市的電視台經理姓名。我還寫信給三大電視台的節目主管以及好萊塢各片廠的老闆。我所得到的回報是一封封的回絕通函——總共有七十五封以上。其中，我還設法以電話連絡上幾位CBS主管的秘書。

以弗萊德・西佛曼的例子來說，我起先是寄一封急切的信給他：「我目前在籌備幾個劇本，」我寫道，「除了嚴肅的劇場寫作外，其中一個劇本是一個叫《最後一搏》(*Bet Your Bottom Dollar*)的遊戲節目，我很期盼能有機會與您討論。」我一直等不到回音，於是打電話給凱西・奇恩(Cathy Kihn)，她是西佛曼的秘書，後來變成他的妻子。最後，不知道她是覺得我可憐還是受不了我一直打電話，她幫我安排跟她老闆見面。那甚至不是個正式的面談。我依照指示，一天早上就這麼出現在他位於五十二街與美洲大道（Avenue of the Americas）的CBS辦公室。我向來對CBS的所在地感到敬畏。我認爲那棟建築——由艾羅・沙瑞南（Eero Saarinen）設計，有「黑石」之稱——是優雅與品味的具體呈現。

「我可以爲你做什麼？」我走進辦公室時不耐煩的西佛曼問。他連頭都沒抬起來。

「是這樣的，」我回答：「我在CBS工作一年多，我想做些比較有創意的工作。我大學主修英文與戲劇，我希望自己能有機會發揮。」

「你聽聽看，」西佛曼說：「告訴我你比較喜歡哪一個。」原來他手上有兩個新遊戲節目的錄音帶，一個叫《好萊塢方塊》（*Hollywood Squares*），另一個叫《熟悉臉孔》（*The Face Is Familiar*）。曾經擔任《危險重重》（*Jeopardy*）節目領賓員的我，把自己當成是遊戲節目的專家。不過，因爲無法眞正看到節目內容，我被錄音帶裡的內容搞得一頭霧水。

「西佛曼先生，」我最後說：「我不知道那些節目在做什麼。」他試著在一張紙上畫圖給我看，然後親自演給我看，但我還是很迷惑。我問他可不可以看試片。「沒有時間，」他說。「我得馬上做決定。」最後，西佛曼決定選《熟悉臉孔》，結果收視率慘兮兮，換成《好萊塢方塊》後，卻一躍成爲史上最成功的遊戲節目之一。那是西佛曼主掌日間節目以來所犯下的少有錯誤之一。我當然是沒有幫上忙。我回到我在五十七街和第十大道交界舊博頓牛奶工廠（Borden's Milk Factory）裡的辦公室，在我於CBS工作的期間再也沒有接到來自西佛曼的消息。不過我利用空餘時間寫更多的信，構想其他遊戲節目的點子，並到紐約大學夜間部研究所修會計課程。

經過幾個月的沈寂，我終於在一九六六年的夏天收到一個叫泰德・費特（Ted Fetter）的回音，他的頭銜是ABC全國性節目主任。我後來才知道在娛樂界裡職稱都很誇張。費特一度是高層主管，但是他現在只管特別節目——不是很重要的工作。不過對我而言這是很重要的機會。面談過程很順利，但過了幾星期卻沒回音。最後費特打電話給我。「我想讓你過來，但是你得先跟雷歐納德・戈柏（Leonard Goldberg）面談，」他解釋說。戈柏是ABC管安排節目的副總裁。我對他的認識不止來自報紙上——他是重要主管而且正在和女演員瑪蘿・湯馬斯（Marlo Thomas）約會——而且得自我未來的姊夫諾曼・費德曼（Norman Freedman）那裡，他和戈柏在布魯克林同一棟公寓裡長大。他們的母親是很好的朋友。

要面談的那天，我中午跑回家換衣服，因爲我忘了穿上我最好的西裝。我還把公寓鑰匙給忘了，辦公室裡的一個秘書奈不住我的死求活求只好跑著把鑰匙送來給我。ABC的大樓令人失望：一棟方方正正的普通建築，比不上「黑石」的優雅。當我抵達三十七樓的接待室，迎接我的是一個跟我年紀相仿的年輕人。「你是來見雷・戈柏（Len Goldberg）的嗎？」他問。我說是的，然後他示意要我跟他進辦公室。我立刻被他的少年禿與昂貴高檔的西裝給嚇到。

他沒有眞正介紹自己，就開始跟我面談約二十分鐘。他很客氣但有些馬虎，而且很明顯他認爲這項面談不太重要。這次經驗最特別的事是大約每五分鐘，他電話上的燈會亮起，他會拿起耳機不發一言地聽個一分鐘，然後繼續我們的談話。他沒有提出任何解釋。雖然他沒有擺出鼓勵的態度，我覺得我們的面談只是形式，而且我會得到這個工作。感覺樂觀的我接下來就去赴珍和我與瑪歌和諾曼約好的晚餐。

我們吃飯時我描述了我跟雷歐納德・戈柏奇怪的面談情形。我提到戈柏蠻矮的。「他不矮，」諾曼說。然後我提到戈柏快禿光了。「那也不是真的，」諾曼回答說。最後我說戈柏是個唐突的生意人。「那倒可能，」諾曼說，「不過根據你剛剛所說的每件事，你不是跟我認識的雷歐納德・戈柏見面。」

結果我是被巴瑞・迪勒（Barry Diller）面談的，戈柏的助理。巴瑞年紀跟我一樣大，他是在瑪蘿・湯馬斯的建議下從威廉莫利斯的收發室雇來的，瑪蘿・湯馬斯是巴瑞家的老朋友。後來我才知道在ABC秘書和助理都會監聽上司的電話，可能是要多學著做生意但主要是爲了能掌握在電話中誕生的商機。我至今仍不知道爲何巴瑞沒在面談過程中自我介紹，不過結果倒是很不錯。第二天泰德・費特打電話來，要我做他的助理。

ABC是一九四三年成立來經營NBC第二「藍」頻道的，但聯邦傳播委員會下令要它跟母公司分離。十年後，在一九五三年，ABC與雷歐納德・勾登森（Leonard Goldenson）的聯合派拉蒙戲院（United Paramount Theatres）合併。勾登森變成美國廣播—派拉蒙戲院的總經理。新公司只有十四個分屬單位——CBS和NBC各有六十個以上。那年秋天，勾登森把節目擴充成一週三十五小時，包括後來走紅的《歐奇與哈瑞特的冒險》與《獨行俠》（*The Lone Ranger*）等節目。接下來的春天開始播夜間十五分鐘新聞。由於還未排出日間節目表，ABC在一九五四年決定全程播出一百八十六小時的麥卡錫（McCarthy）聽證會，結果受到普遍的讚揚。兩年後，這個年輕的電視台獲頒皮博迪獎（Peabody Award），原因是它報導了一九五六年的政治集會。

到了一九六〇年，ABC擴充到超過一百個附屬單位。第二年，一個叫隆恩・阿勒吉（Roone

Arledge）的年輕主管以《體育世界》（*Wide World of Sports*）帶起電視體育報導之風。ABC在黃金時段的收視率雖仍遠遠落在NBC與CBS之後，但是它卻有其他的強項。一九六三年的《綜合醫院》（*General Hospital*）協助拓展電視台的日間節目。一年後，ABC開始與奧運展開長期而且是獨家的合作，由吉姆・麥凱（Jim McKay）主持。新聞部也逐漸擴張，一九六五年，二十六歲的彼得・詹寧斯（Peter Jennings）開始擔任夜間新聞的主播。第二年，電視台搬到美洲大道一三三〇號的新辦公大樓，我一九六六年初即在那裡上班。

眼見自己地位的突然提升是很興奮的，隨之而來的好更是不得了。我才二十四歲就有自己的小辦公室，在華倫・萊恩斯（Warren Lyons）的旁邊，他是ABC的選角主管，是《紐約郵報》（*New York Post*）著名專欄作家雷歐納德・萊恩斯（Leonard Lyons）的兒子。我的辦公室有扇窗——剛好對著「黑石」大樓——而且我還有自己的秘書。唯一的問題是我沒有多少事好做，而她也沒有。我大部分的時間都在看人家發給我的各種人事小冊子。儘管如此，我還是覺得自己終於有機會參與，在訂定黃金時段節目決策的同一層樓裡擁有一間辦公室。同時我也開始認識巴瑞，儘管不是在私底下。他是個很重隱私的人，我們在紐約共識的幾年裡，他只有請我去他公寓一次。不過在工作上，我們常常交談，我很快就發現他很精明、有野心、不說廢話，而且非常專注。

我曾經跟巴瑞提過我覺得《伊森佛姆》（*Ethan Frome*）是愛迪特・沃頓（Edith Wharton）最棒的小說。他點頭但沒多說。幾天後的一個週五晚上，我在電梯裡碰到他，他拿著幾本愛迪特・沃頓的書和一本傳記。巴瑞從沒上過大學，但是他是個孜孜不倦的學習者。不像我在娛樂界裡認識的大多數人，他從來不假裝。只要他的知識出現不足，他會立刻補強。

因爲巴瑞在職位上高過我，他對待我也會擺出某種優越感。最後導致我們第一次的攤牌。有一天他坐在他的座位上大吼：「艾斯納！」我直接走到他的辦公室並關上門。「你不能像剛剛那樣跟我說話，」我說。讓我驚訝的是，他沒有反擊我的挑戰。「你說得對，」他說。「我很抱歉。」

此後巴瑞對我的行爲有了很大的轉變。我很快發現他只尊重力量與直接，而且他喜歡學識上的衝突。還有一回，我因爲他在見過珍三、四次後還記不住她的名字而非常生氣。他再一次承認我有理，而且再也沒忘記她的名字。他和珍後來還變成好朋友。我第三次對巴瑞生氣是因爲當我在一群人面前要說話時，他用手摀住我的嘴不讓我說。那也只發生過一次。由於我對這些早先的衝突反應迅速直接，所以沒在我們倆之間造成永遠的芥蒂。當我動怒時，巴瑞通常會保持沈默，後來我才明白問題是在我身上而不是在他身上。後來我們還有過許多爭執，但是只要我們互相理解，我覺得巴瑞以誠實尊重待我，我也會以同樣態度對他。結果我們發展出三十年以上、歷經高低潮的密切關係。

ABC在一九六〇年代中期還在掙扎。大家開玩笑說我們在三大電視網裡排名第四。米爾頓·波爾有一次說如果林頓·強生（Lyndon Johnson）在ABC播越戰的話，十三週就演完了。在一切未上軌道之前，我有很多機會可以大刀闊斧地改革。不久，除了接泰德·費特的電話外，我也開始看脚本，爲節目提供意見，盡量找機會參與。比方說有一次我還安排了新秋季節目的試片會。其中一個新的半小時影集叫《正義》（*And Justice for All*），是根據英國劇集《至死不渝》（*Till Death Us Do Part*）拍成。那是由凱羅歐康納（Carroll O'Connor）與尙史塔普列頓（Jean Stapleton）主演，公開處理刻板印象與種族主義的議題。主管們爲了要不要播的問題爭論許久。「你覺得怎麼樣？」他們突然問我。我說我覺得很有趣、很有創意，他們應該要播。（至少我認爲我是那樣說的。如果我沒有，我希望我有。）最後，他們決定放棄，主要是因爲看試片觀衆的反應——委婉地說就是「觀衆調查」——非常負面。

我後來發現觀衆調查可以是自欺欺人的，因爲它提供了嚴苛的資料——有讓人看起來一目了然的數據統計和圖表。事實上，你可以從受訪人身上引導出任何答案，端看你怎麼問問題。而且觀衆和主管們一樣，比較偏愛熟悉的事物而抗拒新奇的東西。所以你去問人們希望在電視上看到什麼是沒有用的，因爲他們不是告訴你他們還要再多看一點他們已經知道的，就是會告訴你一些他們認爲你想聽的話。

就《正義》這個例子來說，CBS最後從製作人諾曼・李爾（Norman Lear）和艾倫「小蟲」約金（Alan "Bud" Yorkin）那裡挑了這部劇集，不管調查結果有多負面。莎莉史塔德（Sally Struthers）與羅伯韋納（Rob Reiner）加入了演員陣容，影集被更名爲《我們一家人》（*All in the Family*），播出後一下子就變成收視冠軍影集。特定對象調查則是另一個容易誤導人的方法。針對某個節目去請來一群人作意見抽樣調查。問題是一個抽樣團體裡一、兩個會講話或有魅力的人可以左右其他人的意見，就像在陪審團裡一樣。即使在沒有主流聲音的特定團體裡，人們還是會選擇說可以被整個團體接受的話，而非他們眞正的想法。我後來學會只把意見調查當成是決策過程中的工具之一。（尤其是當調查結果與你的想法吻合時！）

要相信本能必須先願意冒險，問看起來蠢的問題，分享稀奇古怪的點子，以及承擔失敗的危險。我從一開始工作就很少自我限制。我曾經爲一齣名叫《葬禮》（*The Funeral*）的半小時劇集寫了四頁的提案，那是演一家人家裡開殯儀館而且還住在殯儀館樓上的故事。那是個很糟糕的點子——死亡不是觀衆想要每星期看到的題材——不過那也是開發創意的一種認眞嘗試。後來等我有更大的權限，我讓每個人明白千萬不要怕說「錯」話。我發現越多人動腦筋，就越可能產生夠說服力、夠有創意的點子。如果我喜歡某人的想法，我會馬上熱切地說出來。如果我不喜歡，我也一樣坦白。許多好萊塢的主管做決定時都很頭痛。我的經驗是想法不會隨時間變得更好或更糟，成功不只是要有原始創意而是要有心去採取立即果斷的行動。我的信心是來自於知道我喜歡什麼，而且歷經歲月之後，我發現我做對的次數多得足以彌補我做錯的時候。

每個合格的製作人每交給公司一個想法，他或她事先至少已經想過十種可能性。每當公司聽到最後三個可能的想法時，會有一個劇本出來。每三個劇本寫出來時，公司會試拍一段。每三部試片，只有一部會播出。每四部播出的影集，會有一部下一季會再出現。即使如此，每四部回鍋影集也只有一部會眞的叫座。也許十年裡只有兩、三次，像《我們一家人》、《歡樂酒店》(*Cheers*)、*Hill Street Blues*、《歡樂DIY》(*Home Improvement*)、《天才老爹》、《歡樂單身派對》(*Seinfeld*)、《急診室的春天》的影集才會創造出一種文化現象。先不管那些超級熱門影集，要做一齣收視率還可以的影集機率約爲一比四千，即使對一個資深製作人來說。儘管如此，一次的大成功可以抵消許多的失敗。毅力與創意是同等重要。

單是我的工作量就給我絕佳的磨練。早先，我開始盤點所有我們有播映權的影片。在過程中，我發現我們沒有一部是來自華納公司。我到羅婁戴克斯 (Rolodex) 去查負責賣華納電影給電視台的人是誰，然後打電話過去。這位主管接了電話。他問我要什麼，我說，「我是ABC的麥可・艾斯納，我很納悶爲什麼我們沒有一部你們的影片。」

我還不如指控他虐待小孩算了。「你知道我是誰嗎？」他對我大吼。「我是華納的董事長。如果我想賣影片給ＡＢＣ，我會直接找雷歐納德・勾登森。」然後他掛電話。我嚇到了，不過我把這事當成另一個教訓。即使身處娛樂業的權力高層，領導人物還是會因為不安全感作祟而讓面子問題影響了判斷能力。如果今天有一個年輕資淺的主管敢打電話來跟我說迪士尼應該多賣點產品給他的公司，我希望我對他不僅是客氣，我還要想辦法把他挖角過來。

在ＡＢＣ，我對成就的意識勝於對形象的意識。儘管如此，我卻從未扯入拉關係的把戲，像是去探究隔壁辦公室的人在做什麼，或是跑到特定餐廳裡，或是去拍老闆的馬屁。我看起來也不會像是個要升官的主管。即使我從一年級就戴領帶，我從來也打不好領帶。我離開ＡＢＣ許久之後，參觀了在艾許蘭（Ashland）的奧瑞岡莎士比亞節（Oregon Shakespeare Festival）並進行一趟後台之旅。有一個化妝室的門後釘著一張如何打領帶的指示。我繼續走我的，但我很想要那張指示。直到過了一年，同一家劇院又再請求我捐款。我同意了，但是唯一的條件是要他們送一張那種指示給我。募款辦公室的人一定覺得我很奇怪，但是還是把指示寄來給我。我回敬一份捐款，自此以後我打得一手好領帶。

不過在ＡＢＣ，我的領帶總是歪歪的，我的西裝穿起來總是不對勁，我的頭髮更是不聽使喚。相反的，雷・戈柏總是完美無暇。他穿著當時有名的裁縫羅蘭・麥雷丹地（Roland Meledandi）做的貼身而又斯文的西裝，打扮永遠是那麼完美。有一天，巴瑞走過來突兀地告訴我，「雷要我過來看看為什麼你的頭髮總是亂七八糟。」我想了一會兒。「跟他說，」我說，「那是因為我騎摩托車上班。」那是真的。不過我坐地鐵上班頭髮也沒好到哪去也是真的。

我到任ABC一年後換了新上司，蓋瑞・龐尼（Gary Pudney），以及新職位，負責特別節目與新人。我的第一個大突破是在一九六七年，當ABC的決策階層想要做一個電視特別節目來促銷他們剛開始的新生意：主題公園。海洋世界（Marine World）的建造才剛完成，在舊金山市郊，但是我們節目部的人沒人想參與。我自願接下任務，心裡想那是一個機會。我的結論是要以有名的明星做爲特別節目的基礎。我的第一個發現是ABC答應要跟賓克勞斯比（Bing Crosby）做一個節目，以換取他在加州圓石海灘（Pebble Beach）的年度高爾夫巡迴賽轉播權。

我飛到圓石海灘，說服賓克勞斯比做海洋世界特別節目的主持人。然後我們與小流氓合唱團（Young Rascals）簽約，要他們在公園裡做現場演出，他們在榜上有一首叫「舞吧」（Groovin）的熱門單曲。我們把特別節目取名爲「舞動在海洋世界」（*Feelin' Groovy at Marine World*），安排了各式各樣的精彩橋段，包括一隻會滑水的大象。因爲沒有一位資深導演願意接這種蠢節目，所以我們簽了一個自認這是大好機會的年輕廣告導演。那是我第一次接觸一個沒名、沒經驗但卻有天分、有野心的人。特別節目的收視率不錯，讓我贏得ABC高層對我的首次注意。我從不知道他們對節目本身的看法，不過他們肯定很滿意在海洋世界門票銷售上所造成的立即效果。

我的下一個突破發生在一九六八年中期，廣告公司Foote Cone & Belding提供我一個工作機會。我對廣告沒興趣，所以拒絕了，但是我告訴他們可以考慮我在三十七樓的一個同事。當他接下機會跳槽，我要求並得到他的東岸黃金時段節目策劃主管職位，讓我的權責加重。大約在同時，巴瑞・迪勒在ABC也升了職，當時雷・戈柏和他的副手馬丁・史塔傑（Martin Starger），決定推出新形態影集：電視長片。除了一九五〇年代在ABC播的迪士尼電影，電視公司自一九六一年才開始播戲劇電影。它們的收視率很好，但是適合全家觀賞的影片數量有限。

一九六四年，NBC董事長勞伯・金特納（Robert Kintner）與環球公司主管詹寧斯・藍（Jennings Lang）和琉・瓦瑟曼（Lew Wasserman）達成實驗性決議。電視公司爲了戲劇電影播映權已經付出高達一百萬美元給電影公司。現在金特納要爲每一集專爲電視製作的兩小時電影支付八十萬美元給環球公司，以電視明星演員爲主角。一九六六年，NBC開始不時地安排他們所謂的「世界首映電影」（World Premiere Movies）。第二部片——一部名爲《世界末日的飛航》（*Doomsday Flight*）的空難片——吸引了將近百分之五十的觀衆。顯然即使預算相對起來不高，電視電影也可以很成功。對環球公司而言有加倍的利益。除了拿錢拍電影外，他們還拿許多影片作爲試片。

一九六八年，雷・戈柏決定要超越NBC。仗著他自己做的調查顯示觀衆偏好電影勝於任何一種帶狀節目——也就是我向來會相信的那種簡單調查結論——他指定巴瑞去做一個由二十六部專爲電視拍攝的電影所組成的每週單元。每一部都是九十分鐘長。電影的預算是三十七萬五千美金，加上來自ABC所屬電台所提供的七萬五千美金，也就是NBC製作電視電影所花的約一半的價錢。

找電影製作人並不容易。當巴瑞去接觸大電影公司時，他們拒絕了，不只是因爲預算太低，而且他們不想拍片來打自己的影片。最後，雷和巴瑞去找獨立製片，包括艾倫・史拜林（Aaron Spelling）與李・瑞奇（Lee Rich），他們渴望有工作，而且不怕大電影公司壓頂。當雷公開宣佈ABC即將開始製作頭兩部電影，而且後續還有二十四部，電話響個沒完。突然間，電影公司的主管們擠破頭要來。不過，這項實驗仍舊被視爲極度冒險。即使在ABC，高層主管們之間都認爲這些低預算的電影會滑鐵盧。

一九六九年夏天，我又被調整職位——電影與節目開發主任——首次直接隸屬於巴瑞之下。那時他已經雇了一個叫傑瑞・伊森伯格（Jerry Isenberg）的主管來協助在洛杉磯的業務。不過製作二十六部電影是個大工程，巴瑞顯然需要更多的協助。我的職責之一是負責聯繫巴瑞與那些幫他工作的人，因為巴瑞很容易生氣而且又很難找。我也密切地介入劇情、腳本與宣傳。巴瑞和我都越來越難拒絕來自經紀公司、製作人與編劇的誘惑和關說。我們試著把注意力集中在電影的基本前提與衍生而來的腳本上——也就是除掉其他所有顧慮後，整個計畫的本質。我們很快就發現那才是眞正的重點。

那年秋天，ABC為電視量身定做的電影開始於每週二晚上播出。雷・戈柏和馬丁・史塔傑挑選出最佳時段——八點半到十點——介於我們唯一兩個賣座節目之間：七點半到八點半的*The Mod Squad*，以及那年秋天十點檔的新節目*Marcus Welby, M.D.*。我們的第一部電影碰巧是另一部空難片——一個幾乎肯定賣座的公式，我當時領悟到——不過這次還加了個新的點子。《空難倖存者》（*Seven in Darkness*），由米爾頓波爾主演，描述一場空難的唯一倖存者是七個盲人，他們得摸索下山求救。（今天聽起來那像是在諷刺《週六夜現場》（*Saturday Night Live*）。）那部片的收視率特高，而且在一年內我們的電視電影通常都在每週節目收視排行的前十名內。漸漸地，我們開始推出主題辛辣的電影，像是離婚、青少年吸毒與越戰等。

就在此時「高理念」（high concept）一詞誕生，指的是電影或電視節目的概念，可以用一、兩句話簡單說出。不幸的是，這一個辭彙後來被批評家重傷，把它當成是過度簡化的象徵。我的經驗是如果一個概念不能被一言以蔽之，那通常表示它有不對勁。就實用觀點來看，以簡單的戲劇化概念出發的電影——尤其是那些跟現實生活有關的事件——宣傳起來容易多了，而且收視率也很好。我發現好的點子會對我的身心產生影響。有時我會覺得它就在我的胃裡，有時在我的喉嚨裡，或在我的皮膚裡——類似一種即時測謊測驗。

我們的成功使我們得以朝更具野心的方向去做。例如《布萊恩之歌》（*Brian's Song*）是兩個足球球員之間眞正的友情故事，蓋爾賽爾斯（Gayle Sayers）與布萊恩畢可洛（Brian Piccolo）（後者不幸地罹患癌症並過世）。由霍爾霍布克（Hol Holbrook）主演的《那年夏天》（*That Certain Summer*），是電視劇首次公開處理同性戀議題，描述一個父親如何在掙扎中向兒子吐露他深藏已久的祕密。這些影片不僅收視率高而且引起熱切的討論，讓巴瑞成爲ＡＢＣ的大紅人。

同時，ＡＢＣ的節目部高層主管在進行調整。「每週一片」推出後不久，雷・戈柏離職到螢寶電視（Screen Gems Television），哥倫比亞的分部。跟我比較熟的馬丁・史塔傑接下雷的節目部主管職位。一九七○年夏天，馬丁決定派巴瑞到洛杉磯，部份原因是那裡是電影製作業務的中心所在，再來也是因爲巴瑞很難管而馬丁需要一點呼吸空間。巴瑞在洛城繼續發達。幾年內，他的電視電影在ＡＢＣ的八點半到十點時段一週播三次，讓他得以主導台內的黃金時段。

我變成馬丁的執行助理，表示我也參與安排節目的所有重要決定。隨著我從下屬身分躍升成同等職位，我與巴瑞的關係幾乎立即改變。很不幸的，ＡＢＣ大部分的晚間節目仍舊慘兮兮。馬丁對製作觀衆愛看的每週節目就是不感興趣。他了解商業電視的運作，但是他就是不喜歡把精力放在那上面。相反地，他想表達自己的主張——提升電視水準。如果威廉・培利（William Paley）可以在ＣＢＳ播《劇場九○》（*Playhouse 90*），讓嚴肅的戲劇在ＣＢＳ的節目表上站一席之地，馬丁決定用《Ａ

BC劇場》(*ABC Theater*) 來跟培利抗衡。後來他還弄了幾個有深度的策劃，包括BBC製作的十小時莎士比亞特別節目；七集的史特勞斯 (Strauss) 作曲家族節目；以及根據文學作家所寫的短篇故事拍成的影集。

馬丁的努力很可貴但是不實際。每次我們的黃金時段影集有一點好的表現，節目表上就會出現這種難懂而有過長的節目，把整晚的收視率往下拉。並不是說有水準的節目在ABC沒有棲身之地，而是不像CBS，我們還沒有成功到足以安排比較小衆的節目。我把我大部分的時間都花在開發新的黃金時段影集。一九七〇年夏天，我們第一個兒子布萊克出生後三個月，珍和我因爲往洛杉磯的班機取消而被困在紐華克機場 (Newark Airport)。當我們坐在候機室，我巧遇湯姆・米勒 (Tom Miller)，他當時是派拉蒙的電視發展部門主管。在下一班飛機起飛前三小時裡，我設法充分利用時間。「我們何不合作一個新節目？」我問他。

「好極了，」湯姆說，覺得這是個機會。畢竟我是買家。如果他可以和我一起合作構想，他賣片給ABC的機會就會大增。我們提出了一打的點子。「你記得一個叫《我記得媽媽？》的節目嗎？」我最後問。這個關於世紀初一個斯堪地那維亞家庭的影集，在一九五〇年代紅極一時。我們剛過完動盪的六〇年代，我感覺觀衆會喜歡復古懷舊的節目，帶他們回到單純的時光。接下來的幾小時，湯姆和我一起坐在機場交換主意。在飛往洛杉磯的班機上，我爲我們最後命名爲《新家庭》(*New Family in Town*) 的影集寫了個四頁的介紹。等我們回到洛杉磯，我們開始找人撰寫。剛剛把尼爾・賽門 (Neil Simon) 的《怪夫妻》(*The Odd Couple*) 改編成電視劇的蓋瑞・馬歇爾 (Garry Marshall)，很快就簽約成爲編劇兼製作人，我們把背景設在湯姆・米勒在密瓦基 (Milwaukee) 的家鄉，約在一九五五年。朗霍華（Ron Howard）同意飾演一個叫瑞奇・康寧漢（Richie Cunningham）中學學生。

我們的點子是前十三集各以某樣五〇年代獨特的東西做為主題——比方說一個家庭第一次買電視機，或是第一次經歷貓王（Elvis）。節目部對初稿和試片都很滿意。不幸的是，觀衆意見調查所呈現的結果是不喜歡。ABC的高層最後當然是推翻了這個提案。

到了一九七一年春天，我在ABC擔任中層主管四年之後，馬丁・史塔傑決定讓我做白天和兒童節目的主管。我極力爭取這項工作，即使日間節目在電視台裡並不算是什麼高檔的時段。（大餐白請了！）然而我還是看出來日間節目是ABC獲利的重點之一。調到那裡去之後，我終於可以自己做一些有創意的決定。如果我成功了，高層主管當然會注意到。再說，ABC的日間節目排行墊底。已經在地板上了哪還怕摔，所以沒什麼風險。

隨之而來的問題是我根本不懂肥皂劇，而那正是日間節目的核心所在。我的速成教育是連續幾星期把我們的每一齣肥皂劇各看五集。我很快就發現做肥皂劇跟其他戲劇沒有兩樣。而且我還發現大部分的女性肥皂劇觀衆對她們看的影集都相當死忠。一旦她們被一組人物和故事吸引住，很難叫她們不再看。我們的工作就是要以精彩的故事情節、吸引人的角色以及大量的廣告宣傳來達到誘人上鉤的目的。

我和我念過耶魯的博學助手布蘭登・史多達（Brandon Stoddard）合作，創作出兩齣新的肥皂劇——《我的孩子們》（*All My Children*）與《一條命》（*One Life to Live*）——以及穩住我們最成功的現有影集《綜合醫院》。日間劇集的製作人和編劇，是我在娛樂界裡面所認識過最辛苦工作也最有創意的一群人。以《綜合醫院》來說，編劇朶瑞絲（Doris）和法蘭克・賀斯里（Frank Hursley）是獨一無二的。法蘭克一開始是個大學老師，並做到了威斯康辛大學的英語系主任。當他遇上他未來的太太朵瑞絲時，她是個律師，是另一個教授的妻子。法蘭克和朵瑞絲展開一段婚外晴，結果演變成醜聞並上了當地報紙的頭版。那是活生生的一齣肥皀劇，尤其是朵瑞絲的母親還剛好是學校的校務委員長。

朵瑞絲和法蘭克最後結了婚，有一回好玩地寄了一個兩人合寫的廣播劇本去參加萊格力口香糖（Wrigley's Chewing Gum）贊助的比賽。當他們贏了之後，討厭當律師的朵瑞絲求她丈夫搬到洛杉磯好展開兩人的新事業。結果他們當然搖身成爲成功而又多產的肥皀劇編劇，成名作是CBS播出的《尋找明天》（*Search for Tomorrow*）。一九六四年，賀斯里夫婦爲ABC創作出《綜合醫院》，每星期要寫五個半小時長的劇本。

我一九七二年認識賀斯里夫婦時，他們既未江郎才盡也沒有落入老套。在布蘭登和我的敦促下，他們完全翻新《綜合醫院》。他們並且還交棒給後代。賀斯里的女兒碧姬·多布森（Bridget Dobson），從史丹佛大學和哈佛商業學校畢業，結果卻跑到《綜合醫院》裡來幫她父母工作。後來碧姬和她的丈夫接下CBS的《明燈》（*Guiding Light*）和《世間情》（*As the World Turns*），並且還繼續爲NBC創作出另一齣叫座的肥皀劇《聖塔芭芭拉》（*Santa Barbara*）。我到現在還很好奇，一個作家可以花三年爲百老匯的秀寫書，甚至花一年來寫電影脚本，而像賀斯里夫婦卻可以在一天內交出很有內容的肥皀劇劇本，數年來都是如此。

日間節目的第二種類型是遊戲節目。我在這方面的經驗最主要是來自我大學時期在NBC打工的那個暑假。現在我的工作之一是看我們可能購買的遊戲節目的預映。有一次去加州，我帶了珍同行。我們走進一個片廠，裡面全是製作人的朋友和一大票擠在後面的威廉莫利斯公司的經紀人。傑克・巴瑞（Jack Barry）所構想的節目讓我覺得非常沈悶愚蠢。我離開時，一個年輕的經紀人走過來向我自我介紹。「我是麥可・歐維茲，」他說，在我臨走前我們彼此敷衍了幾句話。珍和我一回到旅館，電話就響了。「嗨，我是麥可・歐維茲，我只是想知道你喜不喜歡那個節目，」他不自主地說。

「還好，還不錯，」我說，一邊想辦法要盡快結束掉電話。「那你太太喜歡嗎？」他堅持再問。「喔，她很喜歡，」我說，心想這樣就可以抽身了。第二天當珍和我要飛回紐約，她收到兩打玫瑰花。「親愛的珍，」卡片上說，「很高興妳喜歡我們的節目。謝謝幫忙。麥可・歐維茲。」我對他的肆無忌憚感到憤怒，馬上打電話給他。「利用我太太來推銷節目實在太過分了，」我說。他道歉，說了三個有趣的笑話，而且完全解除我的武裝。這是我第一次見識到歐維茲的推銷功力。

我的新職位的第三個責任是管理星期六早上的兒童節目。跟肥皂劇一樣，我對兒童節目也不懂，但是我還是和布蘭登埋頭苦幹。這回的改變壓力有部份是來自ABC以外。聯邦傳播委員會FCC和兒童節目的公益監督團體等都要求我們在節目製作上負起更大的責任。我們的任務是要兼顧觀眾的胃口與批評家的高標準，從中求取平衡。

我們的第一個點子來源很不可思議：大衛・麥高（David McCall），麥卡非和麥高廣告公司（McCaffrey & McCall）的老闆。麥高的公司負責ABC的廣告，但是他第一次來看我們時，是來哀悼兒童電視的品質。「我的小孩知道每一首搖滾歌曲的歌詞，」他告訴我，「但是他們不會三乘以三。有沒有什麼方法可以讓音樂和資訊結合，讓小孩子學點東西？」那次談話後，我們決定製作一系列三分鐘的動畫片段，以搖滾歌詞和創作音樂形式來傳達各種資訊。以麥卡非和麥高廣告公司年輕有創意的主管湯姆・優西（Tom Yohe）為首，我們開發出了《校園搖滾》（*Schoolhouse Rock*）。《神奇數字三》（*Three Is a Magic Number*）是我們的試片，內容主要是以娛樂的方式來教導乘法和除法。我們最有趣的會議是決定要挑哪個數字。我們最後決議三是最煽情的一個數字。後來我們開始做文法，推出如《連接詞大連結》（*Conjunction Junction*）等片段。我們在正規節目當中插進這些小段。一代接一代的小朋友，包括我自己的孩子，都是唱著《校園搖滾》的歌長大的。三十年後，這項理念還強到足以作為紐約市百老匯之外一齣秀的基礎。

此外我們還推出《放學後特別節目》（*Afterschool Specials*）——六十分鐘的劇集，內容是與孩童有關的社會議題。第一集《最後的鷸鳥》（*Last of the Curlews*）至今仍是我最喜歡的電視電影之一。這是由漢娜芭芭拉（Hanna-Barbera）製作的一小時卡通，講的是兩個平行的故事。一個是鷸鳥家庭的最後一隻公鳥大老遠的飛去找最後一隻母鳥。第二個故事是講一對父子在坎薩斯州出發去打獵。結果父親射死了母鷸鳥，影片的結尾是公鳥悲傷地在天上盤旋。這齣戲強烈地表達了親密關係的力量與槍枝的破壞力，但是卻不流於說教。（我的生命中再也沒有滑水大象。）

我們繼續製作不同主題的《放學後特別節目》，包括青少年自殺問題，移民少年到美國找父親的故事，以及一個女孩子想盡辦法加入全是男生天下的少棒隊。最後那一集叫做《年度菜鳥球員》（*Rookie of the Year*），由新人演員茱蒂佛斯特（Jodie Foster）主演。我們的目的是不僅要吸引孩子，還有他們的父母——通常是他們的母親——結果相當成功，為傍晚的節目引來了一批新觀眾。這些節目不但受歡迎而且還讓我們能發揮創意。

至於星期六早上的節目安排，我開始先看了數百部卡通。有天晚上珍和我突發奇想，帶著九個月大的布萊克到布朗克斯的一家露天電影院看我們的第一部迪士尼電影《木偶奇遇記》(*Pinocchio*)。布萊克從頭睡到尾，但是我卻看得很入迷。儘管我們的擋風玻璃很髒，露天電影的音響系統不大，動畫本身的品質卻無話可說，斯壯波利 (Stromboli) 的車子走在街上的俯拍鏡頭更是神奇的不得了。電影雖然是一九四〇年代做的，卻比我們星期六的晨間節目要來得寫實、複雜、有創意得多。要跟迪士尼比是自不量力，因爲他們的動畫是花了四、五年製作，而在ABC我們則是一星期要擠出一部來。最重要的是，我們沒有華特．迪士尼。不過《木偶奇遇記》仍是我們有待努力的全新標準。

同時我也開始爲節目尋找一些現代的題材。那時候流行的是 *Heckle & Jeckle* 與《太空飛鼠》(*Mighty Mouse*)。當一群自稱爲「傑克森五兄弟」(Jackson Five) 的兄弟們突然走紅，我決定飛到拉斯維加斯去聽他們唱歌，身邊還跟著兩個兒童電視製作人，茱勒斯．巴斯 (Jules Bass) 以及亞瑟．藍金 (Arthur Rankin)。傑克森五兄弟既甜美又有魅力——那是他們生命中早期比較純真的年代——我們靈機一動，覺得可以他們爲基礎做一個很棒的動畫。當《傑克森五兄弟秀》(*The Jackson Five Show*) 眞的大受歡迎，我們又決定要做奧斯蒙兄弟 (Osmond Brothers) 的故事，那是另一個年輕人喜歡的團體。我們還說服華納公司做了一個叫《超級朋友》(*Superfriends*) 的系列。把超人、蝙蝠俠、Aquaman 與 Wonder Woman 放在同一個節目裡肯定是會成功的。

這些改變的效應幾乎是立即的。與肥皂劇的固定觀眾相較之下，年輕觀眾比較反覆無常。經營我們的肥皂劇是個緩慢的過程。而星期六早上的成功則要靠對下一波流行的預測以及在點子被玩爛之前做反應。不到一年，我們星期六早上的收視率從第三爬升到第一，我們的《放學後特別節目》

還贏了許多的艾美獎。

一九七三年七月，執掌兒童和日間節目兩年後，馬丁・史塔傑要我回到黃金時段，這一次是做副理。他的提議引出了搬家問題。珍和我已經有一個孩子，而且第二個也快生出來，我們倆都開始不喜歡紐約市。我們覺得讓孩子在草地上玩好過在水泥地上。我的第一個實驗是從我姊姊也住的西卻斯特郊區通勤到市內。一天晚上，在工作累了一整天後，我搭了計程車從ABC到中央車站趕搭最後一班車，站在中間走道上一直到一百二十五街才有座位可坐。我拿出一本ABC的劇本要看時突然覺得噁心，也許是原本非吸菸車廂裡有人抽菸，也許是因爲車子晃的緣故。我放下劇本，接下來的行程中都在想像我周圍那些通勤者的生活。在馬馬洛奈克車站（Mamaroneck）我打電話叫計程車——在郊區沒辦法招手叫車。我到我姊姊家時大家都吃完晚餐。在那之前我早就認清楚我不適合擁擠而且速度不快的鐵路運輸。郊區通勤的生活不是我過的。

洛杉磯似乎越來越吸引人。珍和我開始愛上我偶爾到那裡出差的生活。在一個夏天裡，我們租了瑞奇尼爾森（Ricky Nelson）的房子——是的，瑞奇尼爾森——在好萊塢山莊。我們愛極了那次經驗。我對洛城的認識還很有限：在美日飯店（Bel Air Hotel）的早餐，有天鵝和美景，以及我主要從電影裡得知的沙灘和衝浪。最主要的非搬家不可的原因，是幾乎所有的黃金時段節目製作都是在洛杉磯。我受夠了三小時的時差問題，也就是說在紐約晚上十一點鐘還在電話上，而在西岸卻只是晚上八點而已。我希望在醒著的時間裡身處於行動中心。

好幾個月來，珍一直對搬家一事有些猶豫。然後一天下午，她歇斯底里地打電話到我辦公室。懷著第二胎的她躺在沙發上，突然有子彈破窗掃過她的頭上。等警察到時事情已經結束，我們永遠也查不出到底發生了什麼事。但是對珍來說那是最後的一擊。馬丁同意我們搬家。那也表示可以和巴瑞重聚，他現在不僅負責電視電影，而且還有所有的黃金時段影集開發。

我們在找房子時二度租下瑞奇尼爾森的房子。有一天巴瑞告訴我保羅紐曼（Paul Newman）要賣掉他在冷水峽谷（Coldwater Canyon）的家。「他想快點脫手，」巴瑞說，「你應該去看看。」那地方很棒，但有點大。我們當然不需要放映室或是十三個浴室，但是當我們談到一個合理的價錢時，不買又覺得很可惜。然後，在我們簽約的前一個晚上，珍夢見在紐曼的土地上舉行了狐狸狩獵而我們未被邀請。我們兩人的解釋是這代表我們太高攀，根本不屬於那麼高級的地方。在一年內，那棟房子被依我們出的價錢的四倍賣給別人。我搞娛樂業還是比房地產高明多了。

我們在洛杉磯的前三個月裡，珍和我開始爲第二胎去上拉梅茲（Lamaze）課程。每星期有一天我會在下班後衝回家接珍和她的枕頭去上課。跟我們一起上課的雙人組是各式各樣的人都有，我總是唯一穿西裝的人。有一個搖滾女星和她的伴侶一起坐勞斯萊斯來上課；一個女人帶著她母親；另一個和一個女性友人一起來；以及兩個同時懷孕的好朋友想一同分享拉梅茲經驗。八週後我們都熟了起來，我問了大家許多問題來了解每個人的生活。最後，大家因爲生孩子而慢慢一組組脫隊，課程也隨之結束。

珍在一九七三年十月十五號半夜開始分娩。在去醫院的路上，我們的車沒油了。幸好我們是在日落大道（Sunset Boulevard）上，路上有很多二十四小時加油站，我設法推車子下坡找到其中一家。在加油過程中，珍的陣痛間隔從六分鐘縮短到四分鐘。當我們抵達舊的西達斯賽奈醫院——現在是一家科學論中心——我急忙送珍進入病房。藉拉梅茲呼吸法之助，她設法減輕陣痛，我對心靈的力量能勝過身體感到驚異。同時我還不得不注意到在醫院裡的一個怪現象。當時是大半夜，但是我們周圍有工作人員在拖地、擦窗子、整理東整理西。當十分鐘內有第二個女人進來我們的房間倒垃圾時，我隨口問了一下醫院是不是常常都保持這麼乾淨。

「不是的——這是特別的，」她解釋說。「我們早上有電視台要來拍。」我向外面探頭，在走廊上往我們房間走來的是製作人兼《美國舞台》(*American Bandstand*) 的主持人迪克・克拉克 (Dick Clark)。「你在這裡幹嘛？」我走出去問。

「我在做你六個月前在紐約要的特別節目，」他說。「我們今天晚上要拍眞實的生產過程。」我突然想起我是請了迪克・克拉克來製作《娛樂大搜奇》(*Wide World of Entertainment*) 系列的其中一集，那是馬丁・史塔傑要求開的夜間節目。

「那你在這裡做什麼？」克拉克問我。

「生小孩，」我有些驕傲地說。這時，我又看到一張有點熟的面孔朝我走過來。這次是看到ABC《早安美國》(*Good Morning America*) 的大衛・哈特曼 (David Hartman)，迪克・克拉克請他來主持他的特別節目。我最後遇到的人讓這次經驗變得很超現實。菲爾・布魯克斯 (Phil Brooks)，珍的產科醫生——全副武裝。在一陣莫名其妙的打招呼後，我推論他將在迪克・克拉克的特別節目中做接生。布魯克斯醫生和藹地問珍和我是否要參與。我客氣地拒絕了。一小時後，他幫我們健康的紅髮男嬰接生——珍是紅髮的另一項證據！——然後趕去扮演他電視醫生的更重要角色。

數個月後，珍和我抱著我們的嬰兒艾力克收看《寶寶與誕生》(*Of Birth and Babies*)。布魯克斯醫生爲另一個嬰兒接生，而大衛・哈特曼的敍事工夫更是棒。我決定編一個叫《拉梅茲》的電視電影劇本，以珍和我在上自然生產課程碰到的人爲根據，以每個女人的生產作爲影片結尾。大家都沒想到那竟會是下一季電視電影的收視冠軍，而且變成我們下一個秋季推出的常態影集《生孩子！》（*Having Babies!*）的基礎。這些事情都不是新鮮事。我向來覺得日常生活是好戲的最佳題材。

巴瑞和我面對的最大挑戰是扭轉黃金時段。ABC的黃金時段收視率已經年年排最後。在我到洛城前不久，巴瑞已經被賦予這項重大任務。雖然我還沒有職權做最後安排節目的決定，不過我的影響力已不可同日而語。我的第一招是讓湯姆・米勒和我想出來的《新家庭》復活。由喬治・盧卡斯導演，朗霍華主演的電影《美國風情畫》（*American Graffiti*）才剛開始賣座，而百老匯音樂劇《火爆浪子》（*Grease*）也是。這些成功證明的確有廣大觀衆喜歡懷舊主題，同時也加強我們研究部門對於一九五〇年代作爲戲劇背景的信心。

我們把蓋瑞・馬歇爾的試播節目重新命名爲《歡樂時光》（*Happy Days*），並加了一個次要的角色——一個叫瘋奇（Fonzie）的阿飛，目的是要讓節目更有噱頭。爲了這個有顆善心的義大利裔美國阿飛的角色，我們選了一個耶魯畢業、受過古典演員訓練的猶太人，名叫亨利溫克勒（Henry Winkler）。他很風趣，很像義大利人，是不二人選。不過我們還是不確定他能爲節目帶來多少正面效力。在派拉蒙選角結束後，巴瑞和我爬進巴瑞那輛看起來像條香蕉的黃色積架車裡。我們出片廠大門時，注意到亨利溫克勒試圖要搭便車。巴瑞和我彼此互看。

「不要，」巴瑞說。我同意。

我們繼續開，兩人都有點內疚。幾年後我向亨利自首，不過卻向他保證他是幸運的。巴瑞是個折磨人的駕駛。他從不帶駕照或是穿鞋，而且喜歡開快車。我能活著下他的車總是感到一陣解脫。

《歡樂時光》於一九七四年一月推出，立刻獲得極大迴響，擊敗了CBS的熱門影集《穆德》(*Maude*)。我們的成功獲得弗萊德・西佛曼嘲笑的回應：「CBS，」他告訴一個記者，「在黃金時段的節目是爲成人設計的，不是爲了小孩。」的確，西佛曼注意到我們的新節目吸引的正是廣告人最注意的年輕族群。那年春季，他也定做了《美好時光》(*Good Times*)，他自己針對孩子設計的懷舊家庭喜劇，由吉米沃克(Jimmie Walker)主演。

不幸的是我們其他黃金時段依舊沒有起色。一九七四年十月，我到洛杉磯一年後，巴瑞接受了海灣與西部集團(Gulf & Western)董事長查理・布拉東(Charlie Bluhdorn)的提議，就任派拉蒙電影公司的董事長。永遠具有競爭力的弗萊德・西佛曼在《多采多姿》雜誌(*Variety*)上說，「巴瑞・迪勒爬不上去了，」——一個無視巴瑞在ABC多年來成就的可笑聲明。不過巴瑞選擇去經營派拉蒙的決定依舊震撼了業界。他才三十二歲，從未在電影公司裡做過事，更不用說管理了。

對ABC來說，巴瑞的離去形成一個空缺。馬丁・史塔傑仍然在紐約擔任節目部的主管，不過他開始花越來越多的時間去製作他自己的電影和戲劇。巴瑞離開幾個月後，馬丁決定做全職的製作人。我首次成爲眞正的黃金時段策劃主管，職責是爲一九七五年的秋季安排節目。我與費德・皮爾斯(Fred Pierce)密切合作，他是大家公認當時ABC電視台總經理的接班人。費德和我有極大的不同。生爲紐約市計程車司機的兒子，他拼命唸到市立大學，主修會計。他是他們家族中第一個唸到大學的人。對外面的世界而言，費德似乎是個一板一眼的公司主管。其實他也是有很強的創意的。

費德・皮爾斯和我最相似的地方是我們都很想成功。ABC一九七四年秋季的每個新節目都慘敗。即使《歡樂時光》也在掙扎，必須面對來自CBS西佛曼快步調的《歡樂時光》的競爭。我們第一個做的決定之一是開始現場錄製《歡樂時光》，在觀衆面前，不加罐頭笑聲。我們預演了四天，第五天在有聲電影攝影棚裡拍攝，使用至少三架攝影機。劇本改寫一直持續到最後一分鐘，視現場觀衆的反應而定。我們還決定把亨利溫克勒的瘋奇角色份量加重，提高可看性。不用說，《歡樂時光》的收視率立即上升，而「瘋奇」也成爲一種全國現象。

然而要吸引第一線的電視製作人到ABC還是很困難。CBS長久以來綁住了幾位頂尖的編劇—製作人，像是寫《瑪莉泰勒摩爾秀》（*The Mary Tyler Moore Show*）的吉姆・布魯克斯（Jim Brooks）和艾倫・伯恩斯（Allan Burns），製作《外科醫生》（*M*A*S*H**）的金・雷諾斯（Gene Reynolds）和賴瑞傑・歐巴特（Larry Gelbart），以及創作出《我們一家人》和《穆德》的諾曼・里爾（Norman Lear）。我們學會心甘情願地去做非做不可的事。我們不去搶大牌，而是去尋找有潛力的年輕作家，或是已經不紅但仍有天分的老作家。

丹尼・阿諾（Danny Arnold）便是個例子。阿諾是個暴躁、緊張而又十分有創意的紐約人，爲NBC編劇製作過《歡迎光臨我的世界》（*My World and Welcome to It*）。一個有創意的奇想，但是叫好不叫座。阿諾的下一個點子比較容易接近。一個他命名爲《邦尼米勒》（*Barney Miller*）的半小時喜劇，背景設在紐約的一個警察轄區。跟其他警察影集不同的是，這齣戲說的比做的多。跟《歡樂時光》一樣，我們的節目部很喜歡試片，但是ABC高層看過觀衆意見調查後決定不要播出。看試片的觀衆尤其受不了阿諾在一集節目中所運用的多條敍事架構——這是史帝芬・波奇哥（Steven Bochco）後來在多部極爲成功的一小時劇集裡用的招牌手法，例如*Hill Street Blues*、《洛城法網》（*L.A. Law*）與《霹靂警探》（*NYPD Blue*）。雖然我們無法說服高層把《邦尼米勒》排進一九七四年的秋季檔中，我卻被允許再多編四個腳本，把這個影集當做有可能播映的墊檔先放著。

一九七五年一月，ABC還在第三名掙扎，我們說服了費德・皮爾斯給《邦尼米勒》一次機會。收視率剛開始起步很慢，但是第五集講的是天真的華傑警探（Detective Wojehowicz）愛上了他轄區裡一個說話很快的妓女。突然間有個爭議出現。《邦尼米勒》，在所謂的「閤家觀賞時段」，而ABC台內的檢查制度——說好聽點是「施行標準」——做出妓女情節不適合該時段播出的決議。丹尼說如果ABC不給播的話就要結束他的影集。這項對峙引起媒體極大的注意，最後是ABC的檢查人員投降。幾天後這一集推出時，又吸引了一批新觀眾，一夜間我們又有一部熱門影集。

年中時，我們開發了一系列看好的影集，其中包括動作類的*S.W.A.T.*、*Baretta*、*Starsky and Hutch*。我們還推出情境喜劇《歡迎回來，科特》（*Welcome Back, Kotter*），主演者包括一個叫約翰屈伏塔（John Travolta）的年輕演員。幾集過後屈伏塔顯然成爲一個重要人物。他很快變成像亨利溫克勒的瘋奇一樣能吸引年輕觀衆。在媒體上，我們因爲比CBS和NBC更能抓住年輕觀衆的口味而受到讚揚。我們的策略眞的很單純：製作我們自己愛看的戲劇和戲劇，希望觀衆會分享我們的品味。到了一九七五年五月，這些影集有半數都逐漸形成熱門影集。我們有好幾年在失敗中打轉。沒人敢提加薪，沒有主管敢以離職做要脅。現在我們首次有機會學習如何面對成功。我們得和熱門紅星、愛發脾氣的編劇、製作人和導演據理力爭。我自己則得學習按重要性先後接聽電話，立即回覆重要電話。

我也同意簽長期合約，假定我已經足以繼續擔任ABC的熱門時段節目安排主管。但是到了六月中旬，費德・皮爾斯叫我到他三十八樓的辦公室。「我決定聘請CBS的弗萊德・西佛曼來主管所有節目，」他告訴我。我了解皮爾斯的一時衝動。西佛曼絕對是電視台節目部主管的第一把交椅。把他搶過來可以立即讓CBS變弱，CBS的熱門時段收視第一已經持續超過十年以上。但是這些都安慰不了我。這是我職業生涯中第一次覺得自己能力被低估，決定另尋出路。我馬上打電話給多年來一直要我過去工作的兩家電影公司的老闆。他們拖了很久才給我回覆，而且回覆時早已經忘了有這麼回事。我彷彿大夢初醒，明白自己現在是有求於人，而不是什麼待價而沽的熱門人物。

這時我又往現實面看。在沒有找到更好的選擇前，只因爲心裡受到傷害就辭職實在沒有意義。「我只好看開點，盡力而爲，」我告訴珍。皮爾斯要求我留在ABC。「我會保護你的獨立，不讓西佛曼壓過你，」他說：「你們兩個人合作一定會讓ABC所向無敵。」

令我驚訝的是，我一開始就跟西佛曼處得異常地好。與我所聽到關於他脾氣大和控制慾重的傳言相反，他對我很親切，一點也不傲慢不專制。我們英雄所見略同，而且他很高興有個做事認眞又不需要一直盯的人來幫他。有弗萊德在也特別好玩——他反應快又直接，有種自嘲式的幽默。熱情而又戲劇化的他胃口特大——他愛食物愛菸草愛說話，但是最愛的是電視，一天二十四小時都不可少。

對你的直屬上司不忠是件愚蠢而又不利己的事。但是跟上司的上司保持密切關係可以提供額外的保障和安全感。西佛曼當然知道如果我們倆意見不合，我可以到費德・皮爾斯那裡告狀。幸好沒有那樣的狀況發生。西佛曼在紐約，我在洛杉磯，他讓我全權掌管西岸的運作。

西佛曼到職時讓我們的團隊保持完整。其中包括布蘭登・史多達，當時主管電影和迷你影集；布蘭登・塔提可夫（Brandon Tartikoff），後來主掌了NBC的年輕主管，還有一同負責喜劇的瑪西・

卡賽（Marcy Carsey）與湯姆・威那（Tom Werner）。我請瑪西做一級主管時她有三個月的身孕，在很短的時間內她就開始在台內做她自己的節目。她初試啼聲之作是《肥皂劇》（*Soap*）——由蘇珊・哈瑞斯編寫的一齣肥皂劇諷刺劇。結果馬上大受歡迎。弗萊德特別擅長節目的編排與補綴。比方說他想到要說服蓋瑞・馬歇爾以瘋奇在《歡樂時光》其中一集出現過的兩個朋友，拉維那・德奇歐（Laverne De Fazio)和雪莉・費尼(Shirley Feeney)爲主角，衍生出新的影集。《拉維那和雪莉》（*Laverne and Shirley*）一夜間就走紅。

除了專注在黃金時段上，我們還繼續推出新的電視電影。《友善的火》（*Friendly Fire*）也許是我最喜歡的。馬丁・史塔傑離開ＡＢＣ成爲獨立製作人一年後，我在紐約第五大道上遇見他，他描述了一篇他在《紐約客》（*The New Yorker*）上看到，布萊恩（C.D.B. Bryan）寫的好文章。內容是關於愛荷華州一個兒子死在越南的農婦。她拒絕接受政府對她兒子的死的解釋，她揭露一連串的欺騙，最後發現他其實是被自己人殺死的。期間，她與其他母親共同發起一個不太可能成功的反戰運動。我們請人去拍這個事件，結果贏了許多重要獎項。

另一個巴瑞・迪勒在ＡＢＣ協助開創的節目是迷你影集。一九七三年，巴瑞委託製作一齣十二小時的劇集，以爾文・蕭（Irwin Shaw）的小說《富人，窮人》（*Rich Man, Poor Man*）爲基礎。即使有人預測觀衆不會連續幾晚收看同一個節目，結果一九七六年播映時這個影集獲得很大的成功。幾個月後，那個成功被另一個巴瑞在離開ＡＢＣ之前買的影集給比了下去：亞歷・哈雷（Alex Haley）的《根》（*Roots*）。一個講述家庭力量與克服苦難的動人故事，《根》劇一躍成爲七〇年代的電視界盛事。它的內容觸動了各種族群、背景的人。最後一集有超過一億人收看。連續七個晚上的播映更加強它的戲劇效果。諷刺的是這個決定的原始動機剛好相反。我們原先計畫以十二週的時間一週播一集。後來研究單位開始失去興趣。我們尙未看過完成好的作品，而且他們擔心觀衆是否會喜歡全是黑人角色的故事。

最後西佛曼決定把整個十二小時的《根》在一個週末裡看完。他喜歡這個影集，但是覺得花將近三個月時間在每星期一晚上播出太冒險了。如果眞的像他擔心的一樣收視率不好，這樣ＡＢＣ一九七七年第一季的黃金時段就會全毀了。在一月的一個星期裡播掉——避免牽扯到二月份的收視率，這樣對ＡＢＣ的影響就不會那麼大。結果《根》劇創下了預料不到的收視率，而且讓播出影集的ＡＢＣ也沾光不少。西佛曼再度證明他是個安排節目的天才。

此時我開始覺得不滿足。並不是因爲弗萊德搶走了所有的功勞。我認爲那是無可避免的。最主要的原因是因爲我覺得在ＡＢＣ沒有多少再往上爬的機會，我想尋找另一個挑戰。第一個出現的機會是在一九七六年春末。製作人大衛．葛芬正在擔任華納公司的短命副董事長。他有一天打電話給我，問我想不想過去當電影公司的電視部門主管。我對另一個電視工作不是特別感興趣，但是我喜歡被人要的感覺。我同意去見葛芬，然後跟他的老闆泰德．艾西禮（Ted Ashley）和法蘭克．威爾斯談。好萊塢是個小地方，結果葛芬是瑪羅．湯馬斯的好友，瑪羅．湯馬斯跟她的老朋友巴瑞．迪勒說葛芬在挖我。

這時巴瑞的競爭本能被激起。兩年前他離開ＡＢＣ到派拉蒙後，我們就沒有說過什麼話。他現在跟華倫比提（Warren Beatty）、羅勃伊凡斯（Robert Evans）等電影界人物混在一起，我還只是個電視台主管。他現在只有要什麼東西時才會找我。比方說有一次他打電話來問ＡＢＣ是否願意讓約翰屈伏塔離開《歡迎回來，科特》一段長時間，好去拍一部叫《天堂之日》(*Days of Heaven*)的電影，那是派拉蒙和導演泰倫斯・馬力克(Terrence Malick)合作的片子。

「巴瑞，你知道我不會那樣做的，」我告訴他。「你去找你自己的演員。」結果他找理查吉爾(Richard Gere)演主角。那是個很棒的選擇，結果《天堂之日》一直是我最喜歡的電影之一。

我和葛芬及華納談到一半時，接到巴瑞打來的另一種電話。「聽說你當主管已經很純熟了，」他說。「你甚至還回你的電話。」巴瑞還在設法讓派拉蒙好轉，他想試探我是否有意做他的副手。他知道，這一年，我會像他兩年前一樣，在毫無經驗的情況下接手專題影片。但是他相信我的創意直覺，他知道可以和我合作。我向來是巴瑞和ABC其他主管的溝通管道，我想他是希望我到派拉蒙去扮演同樣的角色。我還猜到巴瑞不想我去幫他的朋友葛芬或是華納工作，那是主要的競爭對手。我們第一次面談結束時，巴瑞要給我派拉蒙總經理的職位。我跟他一樣是三十四歲。

那似乎是正確的選擇。我還是幫一個強硬難搞的老闆做事，但是我的責任更爲重大，不只要開發電視節目還要監督專題影片——讓我感興趣的全新領域。我跟ABC有合約，但是我讓弗萊德和費德清楚知道我想接受派拉蒙的工作。西佛曼馬上表明願意讓我走。費德・皮爾斯比較不願意，但最後他也放棄。在我離開的六個月裡，ABC的黃金時段收視率攀升到第一。我從來沒有回頭看。

4
做生意和做藝術
決定成功和失敗的不是你錯過的電影

電影也是一種生意。

我們沒有義務要創造藝術。

我們沒有義務創造歷史。我們沒有義務發表聲明。

但要賺錢，通常需要創造歷史、藝術，或者發表重要聲明……

爲了賺錢，我們必須一直拍娛樂性的電影，

而如果我們拍娛樂性的電影，

不時我們就會創造歷史、藝術、聲明，或三者兼備。

我們不能指望無數的賣座片，

但如果每部影片都有原創和有想像力的觀念，

那麼我們就可以相信終會有突破。

就在我被正式聘任之前，海灣與西部集團的董事長查理・布拉東告訴巴瑞，他想和我見面。查理一向不依常規做事，因此我們是在比佛利山的奈特與艾爾餐廳（Nate & Al's Delicatessen）吃早午餐，而不是在他辦公室會面。當天出席者有我、巴瑞、查理與他的妻子伊薇特（Yvette），以及當時G&W關係企業西蒙與夏斯特公司（Simon & Schuster）的董事長里察・史奈德（Richard Snyder）。我立刻被查理吸引。他充滿活力，熱愛電影事業，而且顯然非常精明。他也立刻有了結論。飯吃到一半，他轉向巴瑞和我。「你們是我們的未來，」他邊吃醃牛肉三明治邊告訴我們：「拍電影是偉大的事業，你們將會拯救公司。」

派拉蒙雖有輝煌的過去，但當時正在掙扎求生存。該公司係由一位匈牙利移民阿道夫・祖柯爾（Adolph Zukor）所創立，他是好萊塢最早也最不朽的鉅子之一，領導派拉蒙五十年。旗下的明星及導演從梅衛斯特（Mae West）到卡萊葛倫（Cary Grant），費爾茲（W.C. Fields）到賓克勞斯比與鮑伯霍伯（Bob Hope），賽西兒德米爾（Cecil B. deMille）到比利懷德（Billy Wilder）。一九六四年祖柯爾終於以九十一歲高齡退休，長久以來擔任總裁的巴尼・巴拉班（Barney Balaban）成爲董事長。兩年後，在當時擔任派拉蒙財務長的馬丁・戴維斯（Martin Davis）瞞著巴拉班秘密仲介之下，布拉東買下了派拉蒙。

接著數年裡，派拉蒙的財務偶爾會吃緊，即使有賣座名片問世。《愛的故事》（*Love Story*）在一九七〇年以淨利一億美元，創下派拉蒙的記錄，同時獲得七項奧斯卡金像獎提名。次年，由業務部逐步爬升的法蘭克・亞伯藍斯（Frank Yablans）被指派爲總裁。鮑伯・伊凡斯（Bob Evans）繼續擔任製片部主管。在他們任內，派拉蒙出品了柯波拉（Francis Ford Coppola）的二部偉大的《教父》

（*Godfather*）電影——兩部都獲得奧斯卡最佳影片獎——以及其他許多名片，包括《唐人街》（*Chinatown*）、《納許維爾》（*Nashville*）、《紙月亮》（*Paper Moon*）、《拯救老虎》（*Save the Tiger*）、*The Conversation* 以及《馬拉松人》（*Marathon Man*）。

問題是布拉東不再支持亞伯藍斯及伊凡斯。他們有很多成功的電影，但布拉東認爲他們對控制成本不夠用心，也不注意有利可圖但比較不流行的電視事業。伊凡斯同時花費相當多時間製作自己的影片，而亞伯藍斯則半開玩笑地宣布他想在最新的派拉蒙影片中初次演出，該片是伊蓮梅（Elaine May）的 *Mikey & Nicky*。一九七四年夏天，安德魯・托比亞斯（Andrew Tobias）爲《紐約》雜誌寫了一篇名爲「法蘭克・亞伯藍斯的實習生涯」的文章，文中亞伯藍斯對他的上司語多不尊重。

幾星期後，布拉東決定延攬巴瑞爲派拉蒙董事長。巴瑞不能開除亞伯藍斯，因爲布拉東明白表示他不願意花錢請他走路。巴瑞解決問題的方式是設立一個亞伯藍斯無法忍受的組織結構。所有以前向亞伯藍斯報告的主管，現在改向巴瑞報告。這是巴瑞稱爲「程序性開除」的技巧——基本上就是把人逼走。在六週之內，亞伯藍斯解決了他的合約並且辭職。鮑伯・伊凡斯不久後也離職成爲專職製作人，巴瑞很快地錄用大衛・皮克（David Picker）爲派拉蒙總經理，他曾經是UA聯合藝人公司（United Artists）的前製作主管。

巴瑞把我帶入派拉蒙的目的，與布拉東把巴瑞帶進去取代亞伯藍斯的目的類似。皮克來自於一個傳奇的電影家族（他伯伯曾經主掌UA聯合藝人公司，父親曾經擔任 Loews 的總裁），他本人在好萊塢圈內頗受愛戴。但他與巴瑞自始即不合。皮克的風格是輕鬆，消極，自由放任的。巴瑞則是緊張，積極，並且要完全掌控。在聯合藝人公司，和藹可親的皮克以讓拍片者自己做聞名，他把同樣的哲學帶到派拉蒙來。巴瑞認爲拍片過程中要嚴格控制財務以及密切機動地介入。巴瑞不直接面對他對皮克的不滿，他採取兩年前對付亞伯藍斯的方式。他拿走皮克大部份的責任，而這一次則是全都交給我。

我處理混亂的方式是忽視它，而改著眼於手邊遇到阻礙的工作。電影事業的玩家擺明相信製片廠應該由電影界人士掌管。現在派拉蒙的兩位最高主管都來自電視界。巴瑞輕易地接受電影界完成交易所不可或缺的社交方式，在短期之內他獲得了少許的接納。相對的，我仍是個電視人。令巴瑞氣惱的是，我花了六個月才改掉把電影稱爲「節目」的習慣。

我在ABC花了相當多時間發展電視播出的電影及迷你影集，所以我對電影形式並不完全陌生。我在派拉蒙上班的第一週，上班途中我就有了電影的第一個構想。間接激發我靈感的是我駕駛的車——我新工作的意外補助之一。在紐約的ABC沒有人開公司車，但在與巴瑞協談近尾聲時，他問我要那一種車。在紐約二手車永遠比新車受歡迎，因爲不管你擁有哪一種車，它一定會被其他進出停車位的駕駛撞到。當你的車子被偷（我的車就被偷過三次），你會覺得被侵犯，也會覺得安慰。「好了，那堆廢鐵不見了，」我會對珍說：「現在我們可以回到皇后大道，找一部比較好的車子了。」

搬到洛杉磯以後，我們稍微升級——座車變爲一部新奥迪——但當要在餐廳停車時情況也沒好到哪去。沒有自愛的泊車服務生會把奥迪放在他轄區之內，這表示珍和我在用餐完畢後，一定是最後一位拿到車的。在電影製片廠的大門口也是一樣的情形。我在ABC任職時，經常開車去製片廠拜訪某位主管，並停在正門口。「麥可・艾斯納要來拜訪某某先生，」我會說。「等一下，」警衛會這樣回答並走回警衛室查問。當我在等的時候，他會揮手讓無數的保時捷、BMW及賓士車駛入。

當巴瑞告訴我他爲自己選了一部賓士，我說，「聽起來不錯。」忽然間我有了一部強勁、狀況優良的一九七六年賓士敞篷車四五〇。

第一天開車上班，我高速駛入聖塔莫尼卡大道（Santa Monica Boulevard），音響開得很大聲。突然，我聽到警笛聲。我從後視鏡看到一個警察，警車頂上紅燈閃爍，示意要我靠邊停。一位高大，強壯，看起來嚇人的傢伙，把我拖出車外。「你知道你開得多快嗎？」他問。我說我不知道，當時他把我推靠向警車側面，一邊檢查我的駕照及行照。我又害怕又興奮。我瞄進他的車窗內，看到車內充滿了電腦、電子設備及滿架的槍枝，宛如中央情報局的小崗哨。

「很對不起，我道歉，我是第一天開這車，」我說：「我從來沒有開過這種車，我眞的不知道剛才開得多快。」這時他放鬆了點，他告訴我他那天過得很不順，開了張罰單給我，然後我就開去派拉蒙了。途中我發現自己在想那位警察的生活——在比佛利山工作，保護有錢人和名人，但自己卻住在一小時車程外的藍領階級社區內。我越想就越覺得可以拍一部關於比佛利山警察的有趣電影。

等我終於到達派拉蒙，很顯然地巴瑞沒有派任何人迎接我。我連大衛・皮克都沒見過。巴瑞從沒想到要舉辦雞尾酒會或高階主管會議來歡迎我。最後，過了幾天之後，我告訴他：「聽著，我是公司的新總經理。你必須帶我到處走走，並且替我介紹一下。」他似乎吃了一驚，但不情願地同意了。上午十點左右，我們從派拉蒙主大樓走廊出發，逐一敲開人們通常關著的門。當我們來到一位中階女士的辦公室門口，她正好是城裡另一家大娛樂公司的老闆的女兒。巴瑞雇用她是賣她父親一個面子。我們敲了她的門。

「等一下，」一個女人的聲音說，然後有很多疾走及沙沙聲。終於，門開了。一位年輕、衣著凌亂的男人出現了，他飛快地經過我們時還在拉自己的衣服。那位女性主管跟著出現，有點臉紅。巴瑞只是轉向我聳聳肩。老實說，我新加入的生態和我在ABC所經歷的相差甚多。

數週後，當我參加在我就任前即已開拍的一部片子的試映時，這種情況更爲明顯。該片重拍《金剛》，由潔西卡蘭芝（Jessica Lange）主演。試映會在丹佛舉行，出席者包括喜歡這種場合的查理・布拉東，和該片製片人迪諾・羅倫提斯（Dino de Laurentiis）。在ABC，像費德・皮爾斯和雷歐納德・勾登森等人物，很容易被當做銀行家或公司律師。他們沉穩而且有條理。相對地，像查理及迪諾等人物爲人豪邁，風趣又愛炫耀，善於表達又敏感。他們又擁抱又扮鬼臉，又開玩笑又發脾氣。他們活在一個有噴射機而且富麗堂皇的世界裡。我假裝自在，巴瑞也一樣，但我們實際上並不自在。

巴瑞和我的共識，介於注重細節和刻板的電視台文化，以及自由和鬆散的電影文化之間。在ABC，我們之所以不得不講求紀律是因爲我們每週要塡滿二十一小時的黃金時段，根據廣告商願意爲節目片段支付的金額擬定預算，而且還要應付每天收視率調查的壓力。除此之外，還要注意時時在監視我們的FCC。相對地，電影事業大體上不受法令限制，電影的預算也很主觀。有容納非凡創意和大手筆的空間，但也有超出預算和損失慘重的可能性。既刺激又令人不安。我們在派拉蒙的挑戰就是將財務規劃及穩健帶入電影事業，而不犧牲創意和自發性——在藝術和商業之間尋求較合理的平衡。

巴瑞和大衛・皮克一起負責了幾部看好的電影，包括《馬拉松人》、*Looking for Mr. Goodbar* 和《少棒闖天下》（*The Bad News Bears*）。當我到任時發現的問題是只有幾個劇本在研究中。我上班後第二或第三天，召集所有製片部主管開早會——大約十二人左右。「今天我們要想出二十個好點子，」我告訴他們，「就算我們得要待到半夜。」我先說我的警察故事，大家同意要開發這個故事。經過數年以及數個劇本之後，我的構想演變成熱門喜劇片《比佛利山超級警探》(*Beverly Hills Cop*)。那天下班前，我們還想出其他幾個好點子。

我向來是這樣運作的。在ABC，對新節目的要求一向冷酷無情，單靠外界提供點子是不可能成功的。我從沒想過要換其他方式來開發電影。爲何要等作家帶著點子上門，或是等經紀人和製作人讓我們去競買熱門劇本？後來我才知道我的想法近乎革新。即使現在，大多數製片廠還是資助別人的點子及劇本，並爲拍成的電影行銷。很少有人固定開發自己的點子。

在我們第一次會議中最讓我印象深刻的，是故事部門裡的一個三十一歲中階主管唐・辛普森(Don Simpson)——蓄鬍、厚胸而且直率。但我立刻就發現唐比室內其他人更精明，有學問，而且有戲劇感。他性急但表達清晰，對電影相當了解，而且瘋狂地愛上好萊塢。他在阿拉斯加出生長大，父母是虔誠的正統基督教徒，而他則想像自己是個文人叛徒。「基本上，我住在圖書館裡並且偷車，」他後來告訴記者說。從奧瑞岡大學畢業後，唐前往好萊塢加入華納公司的行銷部門，不工作時則寫寫劇本。他在我就職前剛被派拉蒙雇用。

我欣賞唐的部份原因，在於他似乎是我們團體中唯一知道電影和文學的人。我私底下也喜歡他。風趣、戲劇化、活力充沛的他，喜歡與我分享他在阿拉斯加的童年故事，或描述他最近的單身漢奇遇。我被他無窮的矛盾所吸引。雖然外表強硬又健壯，唐其實敏感，容易受傷，甚至內心溫柔。他對商業電影的點子有本能預感——他喜歡稱之爲「乳酪漢堡心」——但他也是閉門苦讀的知識份子。

他自大而且相當獨立，但又沒有安全感而且渴望傳統的成功。有時候我會羨慕唐：派對，自由，自我放縱的冒險行爲等，都不是我在傳統的青年時期曾眞正經歷過的事情。但我更常看到他有多寂寞，以及他多渴望過像我一樣穩定的生活。到頭來，成功成爲唐最大的敵人。他累積的權力與金錢越多，他越沒有安全感，越會有虐待行爲出現——對他人，而且最終對他自己。最後，嗑藥及酗酒過度會讓他送命。

但在頭幾年，唐是個有高度創意、對故事感覺敏銳的主管。在我到派拉蒙的第一個月內，我們坐下與作家保羅・布里克曼（Paul Brickman）一起設法在數天之內創造出一個《少棒闖天下》的續集劇本。《少棒闖天下》是巴瑞到派拉蒙後製作的第一部電影。巴瑞後來說：「待過ＡＢＣ讓我習慣動作快、反應快。在派拉蒙則好像沒事可做。有一天我翻抽屜發現一本名爲《少棒闖天下》的劇本。這我看得懂。一共三幕。一個爛團體變好，解散，然後成功。我說：『天啊，一個故事。』」那部電影很轟動。建議拍續集的人是我們以前在ＡＢＣ的上司，現在是獨立製作人的雷歐納德・戈柏。一九七七年春天，*The Bad News Bears in Breaking Training* 在戲院上演。它幾乎與第一集一樣成功。保羅・布里克曼繼續編寫並執導 *Risky Business*，由湯姆克魯斯（Tom Cruise）主演，而辛普森則成爲我們主要的創意總監。

《週末狂熱》（*Saturday Night Fever*）是第一部眞正讓我們東山再起的電影。諷刺的是，把拍片計畫帶進片廠的是大衛・皮克。他和巴瑞與製作人勞勃・史提克伍德（Robert Stigwood）談成交易，勞勃擁有登在《紐約》雜誌上，尼克・柯恩（Nik Cohn）寫的「週六夜的部落儀式」（Tribal Rites of a Saturday Night）的文章版權，是該文激發了電影的靈感。柯恩的文章好懂，容易引起共鳴，是典型的「高理念」故事，描寫關於克服紛爭以及有勇氣面對自己的信念。東尼・馬內羅（Tony Manero）是來自布魯克林的勞動階級年輕人，不願屈屈只當他家附近的舞王和最酷的人。他反而去追求更大的夢想，在電影結尾越過布魯克林大橋到曼哈頓開始新生活。使這部電影成功的是一個基本前提——一位年輕人熱烈追求更好的生活。我完全相信這套，並且一直想見見東尼・馬內羅本人——但卻在二十年後於《紐約》雜誌尼克・柯恩寫的後續故事中，得知沒有東尼・馬內羅這號人物。柯恩根據他在研究中遇到的人，綜合創造出東尼這個角色。

我們不找昂貴的電影明星主演《週末狂熱》，卻同意用約翰屈伏塔這位巴瑞和我當初在《歡迎回來，科特》中起用的年輕演員。選角和製片的成本不高，使我們得以維持相當低的電影成本。我們更進一步以高價將播映權賣給ABC以減少過度曝光。屈伏塔當時還不是電影明星，但他在電視上絕對有吸引力，因此該電影對ABC來說更有價值。我們一路上學到一些教訓。其中之一是新面孔的威力。知名電影明星可爲電影「奠定基本票房」，但也可能使票房受限。實際上，觀眾已經針對明星投票了——贊成或反對——就如同讀者對某些暢銷作家一樣，他們的小說銷售量多固定在同一範圍內。新的明星或作家是所有看電影的觀眾可以共同發掘的，約翰屈伏塔就是這種情形，二十年後《鐵達尼號》的李奧納多狄卡皮歐（Leonardo DiCaprio）也是一樣。

我仍然記得當我明白《週末狂熱》不單是叫好又叫座，同時還是一種文化現象的那一刻。在一九七七年十二月中旬電影首映的前一週，我在維爾滑雪。當我要上纜椅時，我聽到手提收音機裡播放的主題曲「Staying Alive」。滑兩趟以後，當我在山頂下纜椅時又聽到同一首歌。那天稍後，我在暖身房聽到第三次。「珍，」我說，「這有點不太尋常。」《週末狂熱》在聖誕節發片，正當迪斯可已開始風行全國之時。電影與比吉斯（Bee Gees）的原聲帶都造成大轟動——後來我們從《火爆浪子》到《閃舞》（*Flashdance*）到《渾身是勁》（*Footloose*）等片都有類似經歷。

以《週末狂熱》來說，是由史提克伍德的公司製作原聲帶的。音樂成爲促銷電影的另一種方式，正如同電影的成功使唱片更引人注意一樣。這是我在派拉蒙第一個也是最後一個見識到協力合作的威力。在這個例子裡，我們幾乎完全沒有計畫，也沒有事先預料到。但一直讓我吃驚及受挫的是，之後我屢次嘗試和海灣與西部集團的其他部門交互促銷及合作都被斷然拒絕。特別是巴瑞和我都試著與西蒙與夏斯特公司合作，我們認爲他們的某些書可能改編爲電影。不幸的是，迪克的工作是盡量爲西蒙與夏斯特公司增加利潤，而不是海灣與西部集團。【譯注：迪克是里察・史奈德的暱稱。】因此——而且也許是因爲他與巴瑞和我的競爭性——他通常讓其他電影公司在我們之前看西蒙與夏斯特公司的手稿。

多年來，巴瑞和我一直無法說服查理，讓我們把將發行電影的宣傳單放入海灣與西部集團十萬個雇員的薪水袋內。我們也無法說服西蒙與夏斯特公司或是Kayser/Roth，或是麥迪遜廣場花園，或是紐約尼克隊（Knicks）與道奇隊（Rangers）的主管——他們全都是G&W的——幫忙推銷我們的產品，或接受我們的幫助來促銷他們的產品。（我從來不知道海灣與西部集團有製造棺材的部門！）G&W的各事業互不相干。我們想利用在派拉蒙成功開發的名字來賺錢。例如《歡樂時光》和《拉維那和雪莉》是我到派拉蒙時收視率最高的兩個電視節目。我鼓吹設立一個五〇年代格調的連鎖餐廳，並建造一系列的《拉維那和雪莉》保齡球館。但我的建議沒有人聽。幾乎G&W所有人，包括查理在內，都認爲派拉蒙表示電視和電影的製作——如此而已。

我新工作最大的未知數竟然是查理他自己。我到派拉蒙不到兩個月，巴瑞建議珍和我及我們的孩子到多明尼加共和國共度感恩節。巴瑞說這是我了解查理的好機會，查理在那裡有很多資產，包括一個叫鄉村之屋（Casa de Campo）的大渡假村。珍很謹慎。「我不確定布拉東一家人眞的希望二位小孩干擾他們的假期，」她說。我知道她顧慮的是，其他人可能不喜歡一個掛著鼻涕的三歲小孩，以及一個好像永遠跑個不停的六歲小孩。但是我不打算把小孩留在家裡，而這項邀請又好像非去不可。我們四人搭商用客機到邁阿密，我假設可以從那裡轉機到聖多明各（Santo Domingo）。可是當我們抵達時，G&W公司的飛機已在等候了。小飛機讓我非常緊張，但我身邊帶著小孩，做父親的應該要勇敢。我大膽登機。航程平安無事——而且非常方便。我們降落在鄉村之屋的一條小跑道上，就在高爾夫球場球道的右側。查理在柏油路上等，當機門打開時，他立刻戲劇化地鞠躬並跪下。「我的救世主來了，我的救世主來了，」他在我們步下階梯時說。我不敢想像我的小孩怎麼想。

查理已經安排我們住宿在設計師奧斯卡・德拉宏塔（Oscar de la Renta）的房子，有高爾夫球車載我們過去。布萊克和艾力克像在天堂一樣。珍和我則覺得尷尬。當我們到達房子時，我們找尋其他據說會加入我們的賓客，包括巴瑞和他當時的女友黛安・佛斯坦柏格（Diane Von Furstenberg）；迪克・史奈德和他當時的妻子瓊妮・伊凡斯（Joni Evans），經紀人大衛・歐布斯特（David Obst）和他當時的妻子琳達（Lynda），她是《紐約時報雜誌》（*The New York Times Magazine*）的編輯。我們遇到的第一個人是黛安，她正好在游泳池邊上空做日光浴，而旁邊則有侍者來回走動以及武裝警衛巡邏房子，好保護我們免於隱藏的威脅。黛安熱情、自在地歡迎我們。布萊克和艾力克瞪著她看，直到我們帶他們去打開行李。當晚我們在查理住的主屋晚餐。當布萊克四處走動並且想把高爾夫球車開入泳池時，珍的恐懼成真了。

但大部份的時候一切順利。查理喜歡坐在冰冷的浴池內講話。已經經歷過這種休假方式好幾次的巴瑞，週末大部份的時間都消失無蹤。我花了數小時與查理討論電影。他有無數的點子，有些點子怪的不得了。有一次他告訴我他的一個拍片點子，讓坐牛（Sitting Bull）遇上希特勒。【譯注：坐牛（一八三四至九〇年）是北美蘇人印第安人的首領，領導蘇人抗拒白人入侵。】「我們應該要讓達斯汀霍夫曼來演，」他說。另一次他建議《少棒闖天下》續集到古巴拍，讓卡斯楚擊出致勝全壘打。我回答說美國小孩或許應該贏得比賽，而且不管如何，卡斯楚可能太老不適合打棒球。查理不屈服，堅持要自己打電話給卡斯楚提這個點子。

我們一回到洛杉磯，查理就開始固定打電話給我。（他沒有再提到卡斯楚。）巴瑞可能希望把查理和我分開來應付，讓我們之間沒有直接溝通，但他很快了解那是不可能的。查理不接受任何傳統公司的權威運作方式。他是公司的創辦人，創辦人不該受制於規則。只要他想，他隨時可與他帝國內的任何僕人談話。當巴瑞了解我沒有利用我與老闆之間的關係來取巧時，共同應付查理使我和巴瑞更親近。那變成我們共同的挑戰。

每次我和查理談過後，我會打電話告訴巴瑞我和查理談話的內容。我們一起笑，一起想辦法，並且互相同情。查理可能這一刻聰明、有趣，而且熱情地支持你，下一刻就變得潑辣、霸道又偏執。他好像總帶有些陰謀意味。他一九二六年生於維也納，一九四二年以難民身份抵達紐約，他告訴某些人他是猶太人，又告訴其他人他不是猶太人。他第一個工作是棉花中盤商，他買賣的技巧使他二十出頭就賺大錢。他有說服力又有企業頭腦，說服銀行貸款給他，於五〇年代中期就開始購併公司。

海灣與西部集團是由紐澤西鋅公司（Jersey Zinc）到聯合雪茄股份有限公司（Consolidated Cigar Corporation），由科萊爾絕緣線公司（Collyer Insulated Wire Company）到派拉蒙等公司的結合體——各公司之間沒有多大關聯。查理還是個很棒的商人。他在G&W所建立的有價證券在他去世時價值超過十億，若以今天而論價值更是數倍之多。

查理雖然聰明，但他幾乎不信任任何人，使得他手下的高階主管日子相當難過。例如，他會固定接聽外人抱怨巴瑞和我的電話，而且相信他所聽到的每一句話——直到他再和另一人談過爲止。在我就職初期，他會打電話給我並設法叫我批評巴瑞，等他知道我總會將他告訴我的話轉告給巴瑞時，他才放棄這個策略。就這事而言，巴瑞和我是經由查理的反面示範才學到個經驗。我們了解到，公開而且明白地支持爲你做事的人是健全的管理。同時也是件該做的事。

每當我無法立刻接聽查理的電話時，他會很生氣，有時還會抓狂。有一次他來電時，我正與勞勃瑞福會談，我告訴秘書說我會回電給他。接下來的一小時裡，他又打了幾次。等我的會議終於結束後，我打給查理，他開始對我吼：「我是董事長，你怎麼敢不接我的電話？」我設法安撫他，但他火冒三丈。我們講完後，他打給巴瑞繼續抱怨我的事。然後巴瑞打給我，設法平息這件事。查理用他不可思議的戲劇化方式，直到次日還是一整天不高興。最後在巴瑞和查理的妻子伊薇特的敦促下，我讓步並且打電話道歉。想要與查理比耐力是不可能的，即使他的行爲舉止像個小孩。

巴瑞有他的脾氣而且反覆無常，他對手下也可能怠慢和嚴厲，尤其是當他查覺到自己的弱點或不安時。我很快就成爲他和派拉蒙其他主管之間的緩衝，如同我在ABC做的一樣，只不過在ABC需要的程度比較低。巴瑞對與他唱反調的人仁慈多了，而在我們共事後不久我就開始反抗他。我現在扮演類似母親的角色，保護小孩不受一個聰明而有權威、不好相處而又要求很高的父親影響——很像我母親在家中的角色一樣。至於我自己和巴瑞的關係，則比人們想像的還要密切的多。巴瑞脾氣暴躁而我則是心平氣和。(至少我認爲如此。他可能會有正好相反的看法。) 他處事態度悲觀而且愛鑽牛角尖，我則是樂觀進取。他單身，無子，而且好交際；我已婚，有子女，而且幾乎不交際。

但在很多方面，表面的差異遮掩了內在的相似性。我們都銳不可當，衝動，而且相當有競爭力。我們在事業上都會伺機冒風險，也會反對冒險。講到選片，我們都會完全以故事爲依歸。我通常扮演熱中份子而巴瑞則是懷疑論者。如果說我傾向贊同計畫，他則本能地找那裡會出錯。如同他有一次說的：「我會專注於所有負面因素，但會在麥可的推動下放心向前。」他的風格就是鄭重宣告爲何某些地方會行不通。我則是質疑他的肯定——並且爲我的熱情辯解。

「爲何行不通？」我可能會問。「我難道就應該把你的說法當成上帝的旨意而不反駁嗎？」

但其他時候我們的角色會互換。如果巴瑞太熱衷於某個計畫，我會轉而注意該計畫的障礙。我們彼此本能地互相制衡。巴瑞的確喜歡自比爲有特色的作者，有著比我高雅卓越的品味。人們認爲我——部份是透過巴瑞的宣傳——有比較商業化、大衆化訴求的品味。那實是誤導。巴瑞的確喜歡《烽火赤焰萬里情》(*Reds*) 與《大西洋城》(*Atlantic City*)，我則愛《閃舞》和《渾身是勁》。不過我也眞的擁護《象人》(*The Elephant Man*)，而他則決定買《十三號星期五》(*Friday the 13th*)。我們對從通俗如《火爆浪子》到贏得奧斯卡的《凡夫俗子》(*Ordinary People*) 等電影都同樣熱衷。我們共同的前提是創造成功的電影。如同巴瑞曾經說過，「電影表現得比劇本好的機會很少，通常電影只會比劇本差。只有讓選擇過程淨化——維持在你感興趣的範圍內——成功才有希望。」

巴瑞和我向製片部同仁明白表示，他們要願意爲自己相信的計畫奮鬥。我討厭逼迫主管們同意我的意見，正如同我討厭他們不同意我。我希望他們不怕被開除，勇於表達想法，但也不要認爲他們理所當然可以保有職位。我自己就是抱持這種態度。「我要說出我的想法，」早年我會這麼告訴自己：「我有能力，我總是可以另找出路。」但就在我開口之前，我會找一個禮貌的方式表達，以免不必要地引起我上司的反感，在自我堅持與自保之間找一個折衷點。後來我發現那套方法在當主管的時候一樣有用。當我面對某人的表現時，我會盡量先去注意優點，在我提到缺失或需要改進之處前，我會先語帶恭維和鼓勵。經驗讓我知道不是第一次，或第二次，甚至是第三次的努力就能造就完美。最佳作品是需要你願意去額外投入，即使你覺得你才剛跑完一場馬拉松——您總是可能超越你所相信的限度。

巴瑞與我有同感。他曾經說過，「我們的過程是辯護和吼叫。」所以我們辯論，意見不合，甚至吵架。最後，我們幾乎意見一致。當我們處理創意的部份時，我們會輪流扮演好警察與壞警察。我們共同的目標是抗拒常見的引誘、花招，以及超支預算的誘惑。我不確定我們兩個人各自孤軍奮鬥的話是否成功，但在同一個處事程序的運作下，我們得以堅持下去。我們最大的凝聚力在於我們倆對彼此的互信與互敬超過於我們對其他人。我們一起把在電視界工作十年的所學帶進派拉蒙，建立起財務規範。我們入行時電影業沒有這種限制。你可能爲一部電影花費八百萬而全盤皆墨，但也可能花五千萬而賺得一億。我仍然記得我第一次與派拉蒙商業事務主管里察・辛柏特（Richard Zimbert）討論一項交易的情形。他與巴瑞和我曾是ABC的同事。我告訴里察我希望他同意向某作家買劇本。

「好。你要付給他多少?」他問。

「一般價錢,」我回答。

「電影界沒有一般價錢,」里察說。

在巴瑞的支持下,我們開始設立指導方針。我們的第一項挑戰是在最少的曝光度下拍電影。巴瑞和我都不喜歡自投羅網——不管那指的是投資高成本電影,迷信最貴的明星和導演,參加「熱門」劇本競價,或是付錢買經紀人推出的「套餐」,然後被經紀人拿走一大筆經紀費。

不同於其他大製片廠盛行的鉅片心態,我們發展出一壘安打和二壘安打的概念,亦即根據自己開發出來的好點子,配上有節制的預算來拍片。在電影界,揮霍及不負責任地花錢常被誤認爲有風格和大膽。我們傾向將公司的錢看成是自己的錢。我們喜歡反其道而行,少付點給明星或是推翻沒有道理的預算。

例如,麥可・歐維茲和我是工作外的朋友,但我不斷抗拒支付龐大費用給他,讓他將他的客戶納入我們的計畫中。蘇・曼爵斯(Sue Mengers)是當時城裡最成功的經紀人之一,從不諱言我帶給她的挫折。「艾斯納是我交涉過最難纏的人。我這麼說可不是恭維他,」她曾經這樣告訴過記者。「他就是非贏不可。」巴瑞爲了交涉成功,比我願意妥協。在我初到派拉蒙的頭幾週內,我接到傳奇性經紀人斯衛夫提・拉薩(Swifty Lazar)的電話。他有一本書想賣給我們,正好我很想買。在我們談話中,斯衛夫提表示他要當計畫的製作人。我退縮了,因爲我知道斯衛夫提沒有當製作人的興趣和經驗,他只是想藉著頭銜多拿錢。我們談完後,我打電話給巴瑞解釋問題。

「你是對的,」巴瑞回答,「但你只能照斯衛夫提的要求做。」

「那麼我就是入錯行了，」我回答。在這件事情上我壓過巴瑞，我們沒有買那本書。因此我招致斯衛夫提永遠的憤怒。他從此不再向我提出任何計畫。我可能也是唯一一位好萊塢大電影公司的主管，不曾被他邀請參加他舉辦的年度奧斯卡獎宴會。

在我就職一年後左右，我們開始因爲預算合理的電影而享受相當大的成功，包括 *Foul Play*、《上錯天堂投錯胎》（*Heaven Can Wait*）和《火爆浪子》。我也花相當多時間在電視部門。在一九七八年秋天，我們在一季內史無前例地製作了三部半小時的強檔喜劇。最受歡迎的是另一齣《歡樂時光》的衍生劇集。蓋瑞·馬歇爾一直想爲曾在《歡樂時光》露過一次臉，演外星人的一位沒沒無聞的個人秀喜劇演員開一個節目。當時負責ABC喜劇部門的瑪西·卡賽爲他的點子催生，《莫克與敏迪》（*Mork & Mindy*）就誕生了。任何人都看得出來羅賓威廉斯是個天才。每週節目錄影時，劇本幾乎變成是臨時創作。利用即席演出的天份，羅賓會脫口而出一連串關於性、毒品、政治和一般文化的連珠炮。很多他的最佳台詞都太生動而通不過電視的電檢，結果該節目的現場錄影入場券變得炙手可熱。同時，蓋瑞又造就該季另一個熱門劇集《安琪》（*Angie*），敍述一位費城藍領女侍愛上一個出身名門的小兒科醫師，由唐娜貝絲考（Donna Pescow）主演；她在《週末狂熱》演約翰屈伏塔的歌迷時，就被馬歇爾發現了。

我們那一季爲ABC製作的第三個成功的節目是《計程車》（*Taxi*），其構想來自吉姆·布魯克斯。巴瑞和我都是吉姆的戲迷，我們尤其愛看《瑪莉泰勒摩爾秀》，那是他和艾倫·伯恩斯在一九七〇年爲CBS做的。吉姆和MTM有協議——MTM是以瑪莉泰勒摩爾爲名，由她丈夫葛蘭特·汀克（Grant Tinker）經營的電視製作公司——但巴瑞和我開始想辦法吸引吉姆到派拉蒙。最後我們提供了MTM所不能給的機會：撰寫並且執導劇情片。協議的一部分是他同意爲派拉蒙製作至少一部電視劇集。吉姆和他的伙伴設法爲《計程車》網羅了非凡的卡司，包括丹尼狄維托（Danny DeVito）、馬利露漢納（Marilu Henner）、克里斯多夫洛伊德（Christopher Lloyd）、東尼丹薩（Tony Danza）、賈德赫許（Judd Hirsch），和已過世的安迪克夫曼（Andy Kaufman）。《計程車》播出第一年即名列十大熱門節目之一，前三季內分別贏得艾美獎的最佳喜劇。派拉蒙也因此享有驚人的收視率。在我們的巔峰期，我們佔了十大熱門電視節目中的五個——《計程車》、《歡樂時光》、《拉維那和雪莉》、《安琪》，以及《莫克與敏迪》。

在我就任後不久就推行的另一個新措施是派拉蒙電視服務。ABC、NBC，和CBS事實上仍舊是主要電視台。巴瑞和我相信有第四個電視網的空間，足以與三大台競爭。我們的想法是結合越來越多與大電視台無關的獨立頻道，建立一個新的電視網。我們想從播放一個晚上開始，再慢慢增加其他的時段。派拉蒙的財務長亞特‧拜倫（Art Barron）建議我們在晚上八點播放新的一小時《星際大戰》（*Star Trek*）影集，派拉蒙已擁有該影集的權利。《星際大戰》是專利名牌，我們有信心可以利用它建立起晚上九點到十一點的強檔電視電影招牌。

我們雇用瑞奇‧法蘭克（Rich Frank）領導新的電視網，他之前負責洛杉磯獨立電視台KCOP，是一位迷人、風趣、活力十足的業務員。瑞奇選擇積極進取的年輕派拉蒙行銷主管傑佛瑞‧卡森柏格爲他的手下。傑佛瑞當時才二十六歲——比我年輕十歲。雖然他與我都在公園大道上長大，但他邁向好萊塢的路與我大不相同。他十三歲開始政治生涯，那年夏天他因玩撲克牌賭M&M巧克力被抓到而被趕出坎納白營（Camp Kennebec）。回到紐約後，他在約翰‧林賽（John V. Lindsay）第一次競選市長的活動中自願擔任義工。秋天時傑佛瑞回到布朗克斯頗負盛名的私立高中費爾德斯頓(Fieldston)就讀。等他終於畢業——甚至還在紐約大學念了一年——傑佛瑞接下來的八年大部分都在市長辦公室工作。他被暱稱爲「水槍」，但那綽號代表他的個頭和他的年輕，而不代表他的才能。事實上，他設法把自己塑造成林賽首席顧問里察·歐瑞里歐（Richard Aurelio）和席德·大衛朶夫（Sid Davidoff）的助理。

二十六歲時，傑佛瑞決定變換跑道。他在娛樂界的第一份工作是在大衛·皮克製作的一部片中做製片助理，大衛正好是林賽市長的朋友。電影殺青後皮克把傑佛瑞帶入派拉蒙。皮克離職後，傑佛瑞去幫巴瑞工作，巴瑞很快就發現叫傑佛瑞做事從不用詳細指示或一再交待。問題是他常擺架子，樹立不少敵人。巴瑞數年後告訴記者：「他太積極，使人無法忍受，他觸怒了不少人，使我無法讓他繼續工作。」數個月後，巴瑞讓傑佛瑞選擇。「如果你留在這裡，」他告訴傑佛瑞，「我終究得開除你。另一個選擇是把你放在行銷部門，你好學習如何在組織中稱職。」傑佛瑞最初是抗拒，但最後還是同意了。如同以往，他很快就進入情況。

他被調到行銷和宣傳工作後我才開始認識他。他連身材看起來都很有效率。他細小的體格和瘦長的臉，讓他看起來好像連一吋肥肉都不見，只留下眼鏡和牙齒。他早到晚退，做事認眞。有時人們成功是因爲聰明有遠見；但大部分的人是因爲比別人勤奮。傑佛瑞很精明，而且他不斷成長。但最重要的是他專注、銳不可當，而且毫不懈怠。

有巴瑞和我的支持，瑞奇讓傑佛瑞負責二小時長的《星際大戰》電影，作爲我們新電視網的影集先鋒。籌畫一年後，查理·布拉東突然決定整個電視網計畫叫停。「當沒有明顯證據顯示計畫會成功時，我不願拿一億元冒險，」他告訴我們。十年後，巴瑞成功地在二十世紀福斯公司（Twentieth century Fox）推出第四個電視網，但當時無法說服查理。既然我們已經開始建造《星際大戰》的永久布景，我們決定繼續做下去，讓它成爲劇情片。傑佛瑞繼續負責監督電影，此時這項製作已經變得昂貴。這對我們大家都很痛苦。傑佛瑞雇用來處理特殊效果的第一個人花了數百萬元做的效果，最後卻得被扔掉。然後爲獲得電影院老板們一致的放映保證，我們承諾《星際大戰》在特定日期發行。因爲沒有經驗，時間壓力又大，傑佛瑞只好該花的就花，使得後製成本相當高。該片最終預算是三千五百萬美元——在當時已是天價。不過他倒是及時完成電影。他也因此挽回了戲院給我們的擔保。當電影賣座後，我們還小有盈餘。

巴瑞認爲傑佛瑞在期限內完成工作應該得到額外獎勵。我認爲他讓電影的預算失去掌控。我們決定給他一個混合訊息：將一分一分的紅利送到他家門口。這次經驗的眞正價值是從錯誤中學習。當要拍《星際大戰》續集時，我們求教於電視部門，他們習慣在相當有限的預算中壓榨出高製作價值。一九八〇年我們電視台的最高層領導蓋瑞·納迪諾（Gary Nardino）決定辭職轉任製作人。瑞奇·法蘭克取代他的職位，我們則把《星際大戰》續集交給蓋瑞作爲他的第一個計畫。他讓我們賺了一千三百萬。續集不如第一集的大手筆，但在戲院演出仍猶有餘刃。續集成本只有第一集的三分之一，但利潤卻將近有四倍之多。

巴瑞和我開始把派拉蒙當成事業來經營。雖然不可能每部電影都成功，但在財務上自保卻是可行的。巴瑞和亞特·拜倫設計了避稅投資，使我們得以達成此一目標。我們的電影是由大部分在紐約、洛杉磯和芝加哥的醫師、牙醫與律師資助的。後來，當稅法不准在國內有此種作法時，我們跟隨避稅投資的錢到英國。我們也開始預售我們的電影給電視網。在預售、避稅投資和全力控制預算的策略運作下，我們的電影幾乎不曾賠錢。

至於傑佛瑞，一九八〇年我們決定讓他在唐・辛普森手下擔任製片經理。他們倆個性迥異，這樣的安排似乎是互補的搭配。唐很有創意，但是雜亂無章而且不太有興趣當管理者。他的工作習慣也沒有規律，有時在週末過後根本不來上班，也很少在上午十或十一點之前到公司。傑佛瑞則是太有條理而且特別勤奮。他早上六點開始工作，而且很少在晚上十點前下班。

傑佛瑞知道把他自己放在訊息流通中心的重要性。結果他比城裡任何其他經理都知道業界的現況。至於我們的工作關係，我們發展出一套速記。我會用幾個字告訴傑佛瑞，關於某部片第三幕的問題，或是我對某個計畫的想法，他就會想出對策。「我無法帶他去任何地方，」唐・辛普森抱怨說：「他實在太積極了，當我們抵達晚餐會，在我們還未開始前他就已經纏著導演或明星了。」但巴瑞和我明白這種毅力通常很值得。傑佛瑞絕對不會被拒絕所擾，而且如果偶爾需要駕馭他一下，代價也不大。

有一次，我聽說傑佛瑞對派拉蒙以外的人士抱怨我的管理風格——尤其是他認為我在給答案時動作很慢。這一次我把他叫到我辦公室。「你可以把你的想法直接告訴我，」我說，「但是公然談論我則是另一回事。」我不能忍受一個經理向外人貶低他的老板。在公司內，異議、辯論與自我批評是必需的。但在市場上，公司的成功全靠同仁共同的使命感和團結一致對外。公然的不合只會使對手獲利。

值得稱讚的是，傑佛瑞自這次衝突中獲得教訓。在之後的十二年中，他經常不同意我的觀點，有時候態度很堅決，但我不曾再聽到他說我的壞話。他也了解當我無法如他預期般很快地給他答案，那與我的決策能力無關。那實際上是蓄意的協商拖延戰術。在娛樂界，耐心幾乎總是可以獲得回報。爲某計畫過度興奮和激動時，很容易多付錢給劇本或演員，或導演。只要多等片刻，你通常會得到較好與較合理的交易。有時候那表示劇本會被人先買走，或是失去你要的演員或導演。當然，我們不太可能每個決定都是正確的，不管我們對某個計畫多有信心。我就是那個錯過《小迷糊當大兵》(*Private Benjamin*) 劇本的人，我認爲它的第三幕力道不夠——最後半小時無法抓住觀衆。我完全低估了歌蒂韓 (Goldie Hawn) 扮演士兵的魅力。但我從不爲錯失的機會懊惱太久。決定成功和失敗的不是你錯過的電影，而是你決定拍的電影。

大約在同時，梅爾・布魯克斯 (Mel Brooks) 送給我一份劇本。他說他希望立刻開拍一部低成本電影。我很興奮。「我不演也不導，」他說：「我只製作。」我的興趣開始減弱。

「不是喜劇，」他繼續說。現在我只想盡快結束談話。

梅爾說服我至少讀讀劇本，其名爲《象人》。我被故事深深吸引，它是說一位醜怪的畸形人，生平第一次獲得一位倫敦醫師的同情——他們的關係同時改變了他們二人。與巴瑞談過後，我打電話告訴梅爾，我們準備要拍這部片，但要視他心中導演的人選而定。

「大衛・林區 (David Lynch)，」他回答。「你沒有聽過他，但我想他會很棒的。」梅爾就送《橡皮頭》(*Eraserhead*) 給我看，那是林區的超現實而且視覺上讓人反感，但同時吸引人又才華洋溢的學生電影，描述一位幾乎瘖啞不適應環境的人，他有痙攣性麻痺症的女友，與他們不太像人的小孩。我要求梅爾安排我們見面。我想像林區是個矮小的人——不梳頭髮，不洗澡，而且無法掌握。雖然他很有才華，我擔心這種人不會遵循《象人》這種比較傳統敍事的劇本。

在梅爾位於福斯辦公室的會議，有幾位投資的銀行家和律師之類的人出席，我猜想他們是梅爾的金主。沒有林區的蹤影。然後梅爾把那群人裡面穿著最得體，最像律師的人介紹給我。他就是林區。會談很順利。事後，我指責梅爾找體面演員扮演林區。事實上，林區完全掌控局面，他把《象人》拍得好極了，影評及票房都成功。這告訴我高度實驗性的導演加上有傳統故事的有力劇本是多麼驚人的組合。

不論我們如何抉擇，我們決定在過程中享樂。我們的會議很輕鬆，非正式而且愉快，承續了我們在ABC的時光。當時我們的排名殿後，沒有必要對自己太認眞。笑口常開變成撐過一天的方式。我們對工作嚴肅，但以輕鬆的方式做。這種做法在派拉蒙延續，因爲查理本身不太喜歡行爲守則。我們的大學生作風在銀行或法律事務所可能會遭到開除的命運，甚至在CBS或環球電影（Universal）也行不通。但在ABC卻有用，然後是派拉蒙，而我們最終會在迪士尼採取同樣作風。

因爲我們堅持密切介入我們所拍的片子，我們被業界認爲是很難做生意的地方。有個笑話是這麼說的：「派拉蒙是准許你拍片然後又跟你挑戰拍片的製片廠。」我自己有時候會被指責是在做「彈性決策」——表示我之所以做承諾只是爲了要在第二天或下一週推翻它們。我相信那是不公平的批評，但回想起來，我想我知道爲何人們那麼說我。我天生喜歡對我中意的點子表現出熱忱和興奮。在與作家或製作人面談過計畫後，我可能說：「太好了，就這麼做。」我不會假裝熱心，但我也從不認爲「就這麼做」與「不論如何，就這麼做」意義相同。承諾製作電影，或範圍較小的電視節目，牽涉許多變數。你要考慮預算，還有卡司、導演、時間以及劇本的最終品質。要衡量所有變數才能做聰明的買賣，然後才有合理的出價。通常一個計畫在某種價錢可做，但換了別的價錢則不可行。

派拉蒙不是壟斷事業，沒有人被迫與我們做生意。他們願意與我們合作是因為我們過去的記錄太好了。在派拉蒙，電影成功的機率就是比在其他公司多。例如在一九七七年，勞勃瑞福來到派拉蒙，希望執導他的第一部電影，根據茱蒂·蓋斯特（Judith Guest）小說改編而成的《凡夫俗子》。那是一個不易討好又悲慘的故事，描述一對情緒緊繃的夫妻，誤認為他們的兒子要為他哥哥的死負責。男孩最終想要自殺，但在一位英勇的心理醫師的治療下得救。巴瑞和我都很喜歡劇本，而且我們願意在我們認為有才能的人身上下注。但那不是一部篤定成功的大片，我們堅持瑞福同意接受我們支付他所有第一次當導演的人的薪水——當時大約是五萬美元。我認為導演與演員、作家一樣，應該根據他們的表現領錢。

瑞福最後同意我們的出價，我們得以使《凡夫俗子》維持合理的預算。巴瑞很喜歡完成的影片，甚至在影片還未發行前，就決定給瑞福七十五萬美元的紅利。他認為那樣做是對的，而且他相信會讓瑞福喜歡我們。但我相信重要的是原則與先例，我會遵守原先的協議。如果巴瑞一定要給瑞福分紅，我想至少應該在電影賣錢後再說。不出所料，《凡夫俗子》的確賣座，也在一九八〇年贏得奧斯卡金像獎。但巴瑞的慷慨並沒有讓瑞福對我們的印象特好。他在領獎時感謝巴瑞，但他不曾與派拉蒙繼續合作。

在同期，我們為三位完全沒沒無聞但有抱負的導演冒不同程度的風險。一九七九年的一個晚上，珍和我與我的兒時朋友蘇珊·拜沃德（Susan Baerwald）共進晚餐，她剛好在UA聯合藝人公司的故事部門看劇本。她提到有一個劇本她認為有趣，但大部分其他製片廠，包括UA聯合藝人公司，都已讀過並退回了。它是根據一九五七年的電影 *Zero Hour* 改編的諷刺性空難電影，描述駕駛及副駕駛吃了不新鮮的魚，最後因爲身體太不舒服而無法開飛機。

我們在ＡＢＣ就學到觀衆有多喜歡災難片，而諷刺的點子則令我感到新鮮。我離座去打電話給在家中的唐・辛普森。「你必須馬上看這個劇本，」我說。我老早就學會當某件事情感覺對的時候不要猶豫。除非你行動，否則好點子沒有意義。我以採取行動的方式來解放自己。如果我不這麼做就會倍感折磨。通常人們會假定點子已經有別人想過，或在沒開始之前就找一些理由放棄計畫。我很早以前就從在紐約開車學到教訓。珍和我會繞圈子看能否在離我們六十四街公寓近的地方找到車位。如果正好找到一個，珍會立刻建議我們繼續找，因爲她認爲如果有空位，一定是有問題。我會說：「不，也許有人剛開走。」結果那停車位通常是合法的。

在接著的週一上午，我們買下了《空前絕後滿天飛》(*Airplane!*)，並同意一個獨特的交易。大衛和傑瑞・扎克 (Jerry Zucker) 以及吉姆・亞布拉罕 (Jim Abrahams) 之前只寫過一個劇本，一個名爲《肯德基炸電影》(*The Kentucky Fried Movie*) 的喜劇。他們沒人有導演經驗，但我們同意讓他們執導《空前絕後滿天飛》——三人一起。扎克兄弟和亞布拉罕則同意按工資等級支薪，並且使電影預算控制在六百萬內。就那個價錢來說，我們的風險是微不足道。《空前絕後滿天飛》結果賺進八千三百萬的票房，並且成爲我們歷來最賺錢的電影之一。

我們在派拉蒙一直努力使成本降低，但偶爾我們也會破例。例如，我們並不反對高額支付我們相信有很好價值和正面意義的東西。《法櫃奇兵》(*Raiders of the Lost Ark*) 就是一個例子。唐・辛普森聽說過原來的故事，一九七九年史蒂芬・史匹柏和喬治盧卡斯一起帶劇本來找我們。我仍然記得劇本來時我坐在辦公室的情景。我開始讀，我讀完一頁，就隔著桌子遞給唐。印第安那瓊斯（Indiana Jones）跑出洞穴，後面一個大球緊跟著他的第一幕既吸引人又嚇人。「光這一幕讀起來就好像是一千萬美元的鋪張場面，」我告訴唐。

「對，」他笑著回答，「但是它太棒了。」

劇本的其他部分一樣分分秒秒吸引人。很顯然地這部電影本身有極大潛力，跟史匹柏與盧卡斯是電影界二位最成功和有才華的人自然有關。雖然如此，要下決定並非易事。。史匹柏的上一部電影《一九四一》票房失利，而盧卡斯的《星際大戰》續集《帝國大反擊》（*The Empire Strikes Back*）超出預算太多。盧卡斯和史匹柏要求一個史無前例的交易。除了非常高的費用之外，他們要求分一大塊的的票房收入。簡單地說，他們要派拉蒙承擔所有風險，而且在我們還沒有扣除成本之前就想分享我們的總收益。與史匹柏關係密切的環球電影公司已拒絕他們的條件，華納也一樣。

我認識史匹柏，但我沒見過盧卡斯，因此我決定去他在舊金山市郊的牧場見他。我半期待遇到一位像聖西米恩（San Simeon）一般的威廉・藍道夫・賀斯特（William Randolph Hearst）級人物。【譯注：賀斯特是美國報業鉅子。】事實上，他的天行者牧場（Skywalker Ranch）漂亮但不華麗，而且盧卡斯本人說話溫和，害羞又低調。在我開口談《法櫃奇兵》之前，盧卡斯已開始談到他打算如何拍片。「就拿印第安那搭機去尼泊爾那一幕來說，」他告訴我，「我們可以建造整架飛機，或者我們只造一片機翼，用一具引擎，再加上轟隆的音效。我們可以得到相同結果。我就是打算這樣拍整部片。」

喬治幾乎不停地開始說起他的拍片哲學。「你不需要拍一部完美的電影·，那只是破產的公式，」

他解釋說：「你必須使電影好到足以達到你所想要的神奇。神奇和完美之間有差別。神奇是巧手妙計，拍電影也是一樣。我們不是要畫圖，我們是拍影片。每秒有二十四個畫面。太多的導演爲眼睛拍片而忽略了耳朵。聲音可以創造一樣的神奇，而且便宜多了。」不到十分鐘，我已站在喬治・盧卡斯那邊了，他的拍片哲學是我一向贊同的，只是我不曾如此清楚地說出來。

唐和我開始盯著計畫。巴瑞和我們一樣被吸引，但是更怕它的成本。我們花很多時間討論如何建構一個我們大家都可安心接受的交易。其中一個辦法是事先談好任何可能的續集條件。二十世紀福斯公司只注意維護《星際大戰》的音樂版權，而讓盧卡斯保有所有電影續集的權利。那是典型的只注重短期利益的經理——他們知道拍續集的時候，他們可能早已離職。眼光不夠遠大讓福斯公司損失將近六億美元。

我們最後與盧卡斯和史匹柏談妥的交易使我們有權分享音樂收益與續集。我們最初選擇扮演印第安那瓊斯的是湯姆謝立克（Tom Selleck），但CBS和華納都不讓他向電視影集《夏威夷之虎》（*Magnum P.I.*）告假。我們改用哈里遜福特（Harrison Ford），他剛演《星際大戰》成功，因此使得電影成本提高到二千五百萬，那在當時是大預算，用現在的標準來說則是小錢。事實證明投資正確。《法櫃奇兵》在一九八一年影評極佳，最後在國內賺了超過二億五千萬。三年後的續集《魔宮傳奇》（*Indiana Jones and the Temple of Doom*）表現也一樣好。

我們同期下的另一個大賭注是《烽火赤焰萬里情》，劇本很棒，但比《法櫃奇兵》的票房潛力差。《烽火赤焰萬里情》是美國新聞記者約翰・瑞德（John Reed）的眞實故事，描述他在蘇俄革命期間與共產主義的政治糾葛，以及他與露易絲・白蘭特（Louise Bryant）的情愛關係。就某些方面來說，這計畫最不尋常的事就是我們可以開拍。政府當局不曾反對我們拍一位美國人因爲理想而成爲共產黨員的電影。就是這種藝術創作的特權——因憲法第一修正案而永不失效——美國電影得以與衆不同，而且在全世界廣受歡迎。在我三十年拍電影和電視劇的歲月中，我不曾擔心市長、國會議員或甚至總統想要做電檢官或用思想壓人。能夠完全基於藝術價值做選擇，是一項珍貴卻通常不太被感激的自由。

這一次巴瑞是《烽火赤焰萬里情》的主要優勝者。這是少數幾次我覺得他是被點子以外的東西所左右——在這個例子中，是華倫比提的魅力，他爲《烽火赤焰萬里情》合寫劇本、製作、導演並主演。巴瑞喜歡與華倫合作，也喜歡一個如此情操高尚的計畫。我也喜歡這個劇本，也信任華倫的才能，但我相當懷疑《烽火赤焰萬里情》的盈收可以抵消其高成本。

爲了讓自己安心，巴瑞決定要求華倫直接向查理・布拉東提出計畫。一九八〇年初，巴瑞、華倫和我飛去紐約，一起去查理的辦公室。華倫和我坐在查理的對面，而巴瑞則躲在我們幾乎看不到的角落裡。華倫接著演了一齣戲，在企業國王面前同時扮演熱情的拍片者、歷史學家、電影明星和奉承者。他的表演是奧斯卡級的，到一半時，查理不由自主地跳起來，用力抱住華倫，並且大叫，「我們來拍吧！」巴瑞在角落裡偷笑，我嘆氣，接著我們全體共進晚餐。第二天，查理打電話給巴瑞，問他我們如何才能從那個計畫脫身。巴瑞告訴他太遲了。

一開始拍片，巴瑞自己也開始懷疑了。五天後，電影進度已落後五天——什麼也沒做——成本一天天增加。查理一直訓斥巴瑞認賠並且停拍。但巴瑞設法縮小派拉蒙在財務上的負擔：把巴克雷銀行（Barclay's Bank）拉進來投資——一個聰明而複雜的稅務屏障交易。最後華倫拍了一部很棒的電影。《烽火赤焰萬里情》的票房不錯，影評也很好，華倫更在一九八二年贏得奧斯卡最佳導演獎。因爲得獎的哄抬，電影最後小賺。或許同樣重要的是，即使搞了一部昂貴、難懂又超出預算相當多的電影，巴瑞也不曾使製片廠遭受嚴重損失。

《烽火赤焰萬里情》和《法櫃奇兵》的經驗，使我在一九八一年底寫了一份蠻長的備忘錄給派拉蒙電影團隊的成員。我不得不舉起紅旗示警。我們正要結束另一個高度成功的年度，但數字誤導大家了。我們一九八一年的利潤幾乎全來自《法櫃奇兵》，這種昂貴的賣座鉅片卻不是我們通常會拍的電影。我們其他部分的表現則差強人意。巴瑞支持重新考慮我們優先順序的想法，最後備忘錄長達二十一頁。「電影事業的成功很容易引起自滿和不在乎，」是我的開場白。「通常大勝利來自於單一一部成功的電影。陶醉於賣座熱門片會讓人以爲幸運會一直眷顧。過去五年來派拉蒙是電影界數一數二的公司。成功會讓你忘記成功的因素，而在你最不懷疑的時候，一個大錯誤就扭轉情勢。成功會哄騙我們陷入致命的不利情況嗎？」

我主張要記住電影也是一種生意。「如果娛樂事業不是事業，它就會被稱爲『娛樂節目』，」伍迪艾倫（Woody Allen）這樣說過。我誇大宣示同樣的論調：「我們沒有義務要創造藝術。我們沒有義務創造歷史。我們沒有義務發表聲明。但要賺錢，通常需要創造歷史，創造藝術，或者發表某重要聲明……。爲了賺錢，我們必須一直拍娛樂性的電影，而如果我們拍娛樂性的電影，不時我們就會創造歷史、藝術、聲明，或三者兼備。我們甚至可能得獎……。我們不能指望無數的賣座片，但如果每部影片都有原創和有想像力的觀念，那麼我們就可以相信終會有突破。」

我同時重申聰明的拍片宗旨，以及非常容易犯下的錯誤：「顯然沒有風險的交易絕不是製作平凡電影的正當理由。低成本不能成爲劇本有缺陷的藉口。即使有最偉大的編劇或演員或導演，我們也不能依靠他們來拯救缺乏有力內容的影片。我們應該抗拒與票房明星和頂尖導演做昂貴的交易，因爲我們日後可以用有力的題材來吸引他們。」我的備忘錄最重要的目的是使我們派拉蒙團隊回到最初使我們成功的方法上。

一九八二年春天，當賴瑞・戈登（Larry Gordon）出現在我辦公室時，第一個機會出現了。賴瑞是與派拉蒙一直有合作關係的製作人，也是我在這行業少數親近的朋友之一。他是典型的好萊塢人物——性急，直率，說話快，跟得上流行——他成長於密西西比貝勒宗尼（Belzoni）唯一的猶太家庭。我覺得他幽默風趣，我最初支持他成爲ABC的電視製作人，然後是派拉蒙的電影製作人。當時我們想爲尼克・諾特（Nick Nolte）安排一個計畫，我們與他的合約即將到期。

「你有沒有可能適合尼克的計畫？」我問賴瑞。他提到一個名爲《四十八小時》（*48 Hours*）的劇本，大意可用一句話形容：一個警察爲追捕一位殺手，把一位犯人自監獄中借調出來，追捕過程中二人化敵爲友。

「你能讓電影在十二月上映嗎？」我問。賴瑞說可以，第二天上午我們就批准計畫。我們找里察普萊歐（Richard Pryor）、比爾寇斯比（Bill Cosby）和喬治海尼斯（Gregory Hines）飾演犯人的角色，但他們都排不出檔期。最後有人提到艾迪墨菲（Eddie Murphy）的名字。（不知究竟是誰提出的。好萊塢有一半的人都說是自己的功勞。）墨菲是年輕的個人秀喜劇演員，當時在《週六夜現場》節目中正開始嶄露頭角。他不曾演過電影，他快樂地接受了平實的價碼，使得預算降低。開拍二週之內，我們就發現我們無意間發掘大明星了。

巴瑞同意我們應該在《四十八小時》發行之前，與墨菲簽獨佔合約。我們派一位商務經理去見墨菲的經紀人。「你要拿到簽好的合約才能走，」我們告訴那位經理。決定大筆生意通常要花很多時間，但有時候只要早行動而且果斷，可以免除無止境的來回磋商。這一次交易在當晚就完成了——我們簽下墨菲接下來的三部電影。

拍《四十八小時》時，我們與賴瑞・戈登和導演華特・希爾（Walter Hill）從頭吵到尾，從如何把艾迪的才能表現得淋漓盡至，到行銷活動，到是否要試映給觀衆看，以決定最後剪接的版本。雖然有衝突——也可能是因爲有衝突——結果產生一部很棒的電影，再度凸顯故事性的重要，並使艾迪墨菲成爲明星。製片成本是一千萬美元，票房收入賺得七千六百萬，在一九八二年是一筆大金額。我們與墨菲重訂合約，而他接下來二部片子更爲成功。《你整我我整你》（*Trading Places*）和《比佛利山超級警探》——我一九七六年剛到派拉蒙時就開始開發的點子——後來成爲派拉蒙有史以來最賣座的二部片子。

與你的朋友做生意需要技巧。娛樂事業控制了西洛杉磯，幾乎所有你認識的人多少都與拍電影和電視有關。我還沒有算上在幫你注射麻醉劑之前遞上劇本的牙醫，或是在做疝氣試驗時想與你討論電視影集點子的醫師。我是指像賴瑞這樣的朋友，他的孩子與你的孩子上同一所學校，在你工作的電視網或製片廠剛好又有電影和電視計畫。雖然我極不願意與朋友做生意，但有時候是無法避免——而且有時候會導致災難發生。

就在《四十八小時》發行之後，賴瑞找到一個他下一部電影要用的劇本。劇名爲《財神有難》（*Brewster's Millions*），前提很吸引人：一個人要在一個月內花掉一百萬美元。問題是賴瑞想以該片做爲其執導處女作，但沒有人願意支持他。環球很想拍該片，但不願用沒有經驗的導演。雖然原片已經重拍過幾次，那計畫仍然引起我的興趣。

「我們跟你合作，」我告訴賴瑞，然後我讓傑佛瑞去談條件。如同對瑞福和所有其他第一次執導的人，我們堅持按薪資結構付費。我們也要求撤換賴瑞的權利，如果他超出預算到某一限度——這是標準的保護形式，因爲他沒有經驗而且我們要控制預算。

然而在同時賴瑞卻回頭找環球，並且告訴他們發生的事。爲了不失去計畫，環球改變立場同意讓他導演。他們也提出一個比我們更有利的條件。在與傑佛瑞談過後，賴瑞決定搬移計畫。賴瑞堅持傑佛瑞同意讓他把計畫搬去環球，而且保證不會傷感情。我很憤怒。我認爲賴瑞利用了我們的出價。當沒有人願意爲他下注時我們出價，而且我相信他用我們的出價誘使環球開更高的價。沒有事情比被背叛的感覺更讓我生氣——而且這一次還是被親近的朋友背叛。

第二天上午，我開始切斷派拉蒙與賴瑞的關係，下令把他辦公室的傢俱裝上卡車，搬離片場。他告上法庭並且贏得一紙暫時的禁制令，使得搬遷行動中止。諷刺的是，最後他決定不執導了，由華特·希爾取而代之。《財神有難》的票房慘敗。至於賴瑞，我們的裂痕很久以後才癒合。在餐廳我假裝沒看到他，當他到我家接他的小孩時，我躲起來。有一次我們正好到奇威丁營看小孩。當我看到賴瑞走向我時，我正穿著泳衣站在船塢尾端。我本能地跳入水中游走，腳上還穿著帆布鞋。我太太、小孩和父母都認爲我反應過度，他們也許是對的，但我頑固地堅持立場。我們的失和還激發我的靈感成爲劇本《最佳損友》（*Worst of Friends*），我仍然認爲那會成爲一部很棒的黑色喜劇。不幸的是我們沒有恢復像從前一樣。時間的流逝似乎降低了事情的嚴重性，賴瑞和我又成爲朋友。我們不曾再合作拍片——但只要有好點子，我不排除合作的可能性。

那時期我們面對的最大人事問題是唐．辛普森。他在協助督導《四十八小時》和《軍官與紳士》（*An Officer and a Gentleman*）的劇本成形上，功不可沒。但他在創意方面的表現越來越乖僻。唐在讀劇本時，向來是以聲音啓動式的錄音機做筆記。兩位幫我整理備忘錄的主管瑞卡多．麥斯特斯（Ricardo Mestres）和大衛．寇克派翠克（David Kirkpatrick）就要把辛普森五十頁的謄本，改編爲較扼要的五到八頁作家或導演眞正可用的備忘錄。在最巔峰時期，唐精於架構和人物，也能找出使電影令人難忘的主要戲劇化時刻。但他也會失去重點，漫天胡扯些哲學題外話，而沒有令人信服的見解。

雖然他從來未與我討論，但唐的毒品酒精問題越來越嚴重，也越來越令人困擾。他來上班的時間更少了，也不回覆電話，而且怠忽職守。我很看重他的忠心和技巧，我也比其他的同事能忍受他的脫序。但到了一九八二年春天，我也體認到採取行動的必要。五月，我們決定讓傑佛瑞．卡森柏格擔任製片總裁，另和唐簽獨立製片約。傑佛瑞就是比較適合負責大組織，但巴瑞和我仍相信，只要不讓唐負責整個製片廠，他仍然可以有貢獻。我們指定《閃舞》爲他的第一個計畫，其主題很可行，但劇本卻有問題。唐因此與傑瑞．布拉克海默（Jerry Bruckheimer）合作，傑瑞剛爲我們製作了《美國舞男》（*American Gigolo*）。他低調，注意細節，而且高度組織化，與唐是絕妙互補。

最初支持《閃舞》的是唐恩．史提爾（Dawn Steel），這位年輕女士第一次事業的成功是賣有 Gucci 標誌的衛生紙——直到 Gucci 公司阻止她爲止。亞特．拜倫雇用她做電影商品行銷，而她的活力、創意和幽默感使我們相信她會成爲一位強勢的製片經理。《閃舞》最初是一部關於模特兒晚上在加拿大酒吧跳桌舞的電影。故事有點俗氣，但唐恩認爲有更大潛力。當辛普森與布拉克海默接手時，他們雇用了前新聞記者喬·艾斯特哈斯（Joe Eszterhas）來改寫劇本，當時他還不是好萊塢最高價和最有爭議性的劇作家。即使在最商業化的電影裡，主人翁也要有觀衆可以認同的目標。在華特·希爾敍述街頭混混的電影《戰士》（*Warriors*）中，我們堅持幫派主要人物要聰明而且要有某種目標。後來我們在迪士尼拍名爲《雞尾酒》（*Cocktail*）的電影時，我們主張由湯姆克魯斯扮演的酒保至少要有擁有自己酒吧與上夜校的野心。在辛普森和布拉克海默的指導之下，《閃舞》成爲一位美麗年輕女人的故事，她白天在鐵工廠做銲接工，晚上在酒吧跳舞，不過卻一直追求在古典學院學芭蕾的夢想。

我們用珍妮佛貝兒（Jennifer Beals）做主角，一個沒有職業演出經驗的美女。她也正好是耶魯大學學生，我們知道我們可以拿她的背景大作文章。結果珍妮佛只有有限的舞者技巧。我們只有將片尾她在芭蕾學校的面試部分重拍，利用四位不同替身——其中有我們能找到最好的跳躍者與最好的單脚旋轉者，以及一位會用背部打轉的男性街頭舞者，我們讓他戴假髮且多從他背後取鏡。製片費低於七百萬的《閃舞》賺得九千四百萬，也是我們再度成功地拍出價錢較合理的電影。

有時爲了堅守這種原則需要下困難和痛苦的決定。例如一九八一年吉姆·布魯克斯來找我們，希望把賴瑞·麥克墨崔（Larry McMurtry）的小說《親密關係》（*Terms of Endearment*）拍成電影。巴瑞和我都對吉姆很有信心，他已寫好的劇本充滿智慧，有趣而且感人。我也喜歡他拿電話作爲電影中心角色的主意。在吉姆的劇本中，二大主角——母親和女兒——不斷地用電話聊天，話人長短以及互相辯論，如同我印象中母親和姊姊多年來的做法一樣。然而巴瑞和我對它的票房仍有懷疑，因爲劇本是說一位年輕女人發現自己得了癌症，最後也死了，留下悲痛的丈夫和二個小孩。吉姆對我們既愛又怕的心理感到失望。「你們怎麼可以因爲電影是關於死亡就覺得有風險呢？」他說：「拍《愛的故事》的是派拉蒙。你們在ABC拍過《布萊恩之歌》。我有一個很棒的臨終場景。你們還要求什麼？」

我們最後同意拍《親密關係》，但規定吉姆的預算在七百萬，我們相信如此我們一定可以回收。吉姆竭盡所能降低成本，但包括傑克尼克遜（Jack Nicholson）、黛博拉溫姬（Debra Winger）、傑夫丹尼爾（Jeff Daniels）和莎劵麥克琳（Shirley MacLaine）的大卡司，他就是無法低於八百萬——以今天來說是無法想像的便宜。最後吉姆設法說服他的老東家MTM支援一百萬，電影得以開拍。回來當時，我們眞是低估了此片的吸引力。《親密關係》在一九八三年贏得五座奧斯卡金像獎，而且賺得一億八百萬美元。即使如此，我相信嚴密的財務規範對電影有正面的衝擊，因爲它迫使你厲行節約和效率。吉姆．布魯克斯當然在與我們打交道時曾覺得失望，但當電影發行時，他認爲我們的難纏對雙方未嘗沒有好處。「當製片廠決定監督你——如果他們不這麼做，願老天保佑你——其實是很有助益的，」他告訴記者：「事實是如果我們用更高預算來拍，《親密關係》可能不會這麼好。」

大家都注意到我們在派拉蒙的成功，我也開始接到其他工作機會的詢問。其中只有二個吸引我。一個是掌管迪士尼，城裡唯一有品牌形象，而且是孩子心中獨一無二的製片廠。另一個是掌管CBS。我在ABC工作期間，與CBS競爭了十年後開始仰慕這家公司。在威廉．培利和法蘭克．史丹頓（Dr. Frank Stanton）領導之下，CBS展現的不只是成功，還有風格和品味。

在我和派拉蒙的合約到期前，威廉．培利打電話給我。他快八十歲了，而且十年來斷斷續續提到要退休。至少可能接班人之一亞瑟．泰勒（Arthur Taylor）已經來了又走。第二位的約翰．貝克（John

Backe）仍在位，但培利沒有要放棄掌控的意思。我不想從洛杉磯搬去紐約，而且我在派拉蒙依舊工作愉快。即使如此，我對培利知道我是誰感到受寵若驚，而且我無法抗拒會見傳奇人物並且測試自己勝算的機會。CBS最近在黃金時段收視率跌到第三名，那意謂著培利可能被迫在像我這樣有創意但欠缺傳統商業文憑的人身上冒險。

我修過的唯一商業課程是當我六〇年代初期在CBS工作時，在紐約大學修的會計。我在大學時從沒修過經濟學。到ABC工作後，我忙得無法再進修。有一次我說服珍去修財務課程，她好了解一些「事情」，好讓我的責任減輕一些。她當時懷孕，又沒有興趣，最後還是放棄了。七〇年代末期在派拉蒙工作時，我得知一個在當地旅館舉行的三天研討會，名爲「高通膨年代的公司經營之道」。我不曾告訴巴瑞或公司任何人那三天我人在哪裡，而課程本身則乏善可陳。唯一的價值是我得以用一些新字彙和一知半解而又危險的知識使巴瑞和查理．布拉東印象深刻。

當我和派拉蒙的合約即將到期時，我決定到加州大學洛杉磯分校（UCLA）修會計。我不認爲我有一天會要看懂資產負債表，但我不想單獨一個人去念。我再一次說服珍和我一起註冊——爲了一起分享痛苦。珍和我在週末和飛機旅行時做的全是作業。我們對考試的恐慌和二十年前一樣。我們好像二個想當榮譽生的高三生一樣。期末考是大事一件。珍對她的表現很不滿而拒絕交卷，得了個F。我確定我的表現不好，但我想題目太難，教授可能必須送分。不出所料，我得了A，但我確定如果確實計分，我會被當掉。事後我看了珍的答案，而且如同以往，她的表現比我好，但得到正式A的是我。我現在仍會向她提到我的勝利。她則提醒我我老愛和人比的個性。

我和培利在他CBS的辦公室以及他在第五大道的公寓見面，二者皆高雅地放滿畢卡索、吉亞可梅帝（Giacometti）與克林（Kline）的作品。他的太太貝比（Babe）最近去世。他似乎不趕時間，我們坐下來聊CBS、節目和進度、戲院和藝術，以及他驚人的一生。我尤其訝異培利竟然相當喜歡談論點子和故事。我發現我很敬畏一位公司的董事長介入之深，對過程也很關心。培利希望我爲他和約翰・貝克工作。他的建議使我失望，但我同意與貝克見面。如同我所害怕的，貝克只想談預算、下情上達的結構、員工會議，和組織計畫。我回覆培利，圓滑地告訴他，我對貝克的思想僵化感到失望。

「你還是應該過來，」培利說。他沒有告訴我的是他即將開除貝克。數月後，當他採取行動時，他沒有給我的電話。他改而雇用湯馬斯・懷曼（Thomas Wyman），他是拍立得（Polaroid）的經理，和貝克一樣沒有娛樂界的經驗。懷曼最後也被開除。培利沒有再雇用任何一個跟他一樣有創意的人。

我和CBS的會談有一個出乎意料的好處。查理・布拉東中途得知培利在爭取我。查理由當時在派拉蒙還有一個片約的鮑伯・伊凡斯處聽說。如同典型的好萊塢故事，原來伊凡斯正與一位年輕女子來往，而培利也正在追求她，培利的愛情胃口不因年紀大而衰減。我個人不認識那位女子，但她向培利打聽我，也許她和伊凡斯先討論過了。布拉東一聽到消息就打電話給我。我當時正好在紐約。

「你怎麼可以這麼做？」布拉東劈頭就問我。「我們必須立刻坐下談。」我即將換新約，所以我站在比較有利的協商立場。派拉蒙已成爲城裡最成功的製片廠。在一九七七年到八二年間，公司收益躍增三倍，利潤則由一千三百萬增加爲超過一億。但是巴瑞和我不曾分享成功。當時的主管還無法得到大額的業績紅利和重要的股票選擇權。但因爲有培利爭取我，我突然處於爭取有利交易的立場。查理急於把我留在派拉蒙——而巴瑞則高興看到我簽下有利的新約。不管我的條件如何，身爲董事長的他會得到更多。

「我並不想去ＣＢＳ，」我誠實地告訴查理：「但除非你給我一個公平待遇，否則我會離開。」

「你的想法是什麼?」查理問。

我知道他不會考慮更高的薪水，因爲巴瑞和我已經比Ｇ＆Ｗ其他大部分的主管賺得多。他也不會同意任何大量的股票選擇權。我改而建議Ｇ＆Ｗ借我錢買房子——不管我選什麼樣的房子。而且如果我被開除，Ｇ＆Ｗ必須豁免這筆貸款。

我很驚訝查理竟然說「好」。我一離開他的辦公室，立刻打電話給在洛杉磯家中的珍。「我要妳儘可能地幫我們找一間最漂亮的房子，」我告訴她。「不用考慮價錢。」我的優先考量是後院要大到足以同我三個小兒子（最年輕的安德斯生於一九七八年）玩足球。第二天，當我步下從紐約飛來的飛機時，我聽到廣播叫我接聽紅色禮賓電話。

「我已找到一棟房子，」珍說。「你必須立刻到那裡與我碰面。唯一的問題是我們不能進去看。」屋主是一個剛因賄賂罪在日本被起訴的企業主管。顯然地他羞於見人。我趕過去，並且光看外貌就愛上那棟房子——尤其那大而平整的後院。我們立刻出價，如果查理沒有同意資助，我絕對不會考慮這種價位。當對方接受後，我立刻打電話給查理告訴他這個消息。

「沒有人花這麼多錢買房子，」他告訴我。

「好，那麼就不傷和氣地讓我去ＣＢＳ，」我半開玩笑地逗他。查理咆哮了幾句，但是他承諾在先，因爲他畢竟重實效又誠實，而且他不願意失去我。他也同意依據表現設立紅利基金，獎賞巴瑞、我，和製片廠高階主管。一九八二年中，我簽了一份新的兩年合約，並對我們即將上映的一連串強片感到興奮。包括《閃舞》、《親密關係》、《魔宮傳奇》（《法櫃奇兵》的第一個續集），由唐・辛普森和傑瑞・布拉克海默製作的《比佛利山超級警探》，以及《證人》（*Witness*），描述由哈里遜福特扮演的偵探，在門諾教派鄉下調查謀殺案。該片由澳洲人彼得・威爾（Peter Weir）執導，是我最喜歡的電影之一。當時看起來，巴瑞和我似乎會在派拉蒙再待上十年。

事實上，結局已經將近。雖然當時我沒有發現，但已有跡象顯示查理健康不佳。一九八二年底，我們注意到他的頭髮不一樣了。我們懷疑他是否開始戴假髮，但他斷然地否認。大約在同時，我們上午都找不到他。終於在一九八三年二月初某天，巴瑞和我在紐約時，查理叫我們到他辦公室。在談話中，他神祕地要求我們照顧他的兒子保羅，他當時在派拉蒙工作。巴瑞和我都不知道如何應對。我們後來才知道查理得了白血病，他做化學治療時幾乎沒有告訴任何人。

一九八三年二月第二週，查理飛去他在多明尼加共和國的家，宣稱是要度假。數天後，二月十九日，他死於嚴重的心臟病發作，他的私人醫師隨侍在側。由於我從來不知道的理由，官方的說法是他在飛回家途中去世。一個不平凡的生命就這麼令人沮喪地結束了。對巴瑞和我而言，查理・布拉東的死一夜之間改變了一切。我們痛苦地學到天下沒有不散的宴席。

5

打開王國的鑰匙

輪到我們了

史丹利的想法是讓我跟法蘭克組成工作團隊，

這樣也許郝利還有其他非董事會投資人比較能接受。

這種安排曖昧草率，我不相信行得通。

而且這也是一個政治性解決方案，

政治性解決方案很少有成功的。

「我不想當聯合執行長（co-CEO），」我聽到自己這麼說。

「無論如何，我都不認爲這樣的安排有意義。

我們必須告訴員工、創作群以及華爾街的人，

這家公司是由一個有創意的主管所領導。」

連我自己都很驚訝我的立場竟如此強硬。

查理・布拉東死後的那一年派拉蒙比從前更加成功，但是這並沒有讓我們得到他的繼位者的喜愛。好幾年後我才知道原因爲何，但當時我們很快就嘗到不得寵的後果。在查理心臟病發死後沒幾天，經過一段簡短而激烈的內鬥之後，馬丁・戴維斯（Martin Davis）被任命爲海灣與西部集團的董事長。我只知道馬丁一開始是在派拉蒙工作，曾擔任G＆W的管理首長。我只見過他三、四次，而且都是在查理的辦公室碰見的。「出去，馬丁，」查理會揮舞手臂，裝得很暴躁地大聲咆哮。「當我跟派拉蒙的總經理談話時，不希望有海灣與西部集團的人在場。」查理的裝模作樣令我覺得有趣，但也讓我替馬丁感到困窘。

巴瑞努力要與馬丁建立友善的工作關係，以保護他自己與派拉蒙。加上他們兩個都跟布拉東一家很親近，彼此間的關係良好與否非常重要。查理死後，他的妻子伊薇特成爲董事會的一員。正如大家所料，她對繼位的人選有相當大的影響力。巴瑞非常鼓勵她將票投給馬丁，認爲他是現有的最佳人選。伊薇特聽從巴瑞的建議。爲了回報巴瑞的支持，馬丁在重組公司人事時賦予巴瑞更多的責任，包括監督G＆W所屬的西蒙與夏斯特公司與麥迪遜廣場花園。然而巴瑞和伊薇特後來都很後悔支持馬丁。

我跟巴瑞的關係幾乎馬上起了變化。我們一向處於平等地位，對彼此也很坦承。我們會定期一起吃飯，雖然不是親近的朋友，和他在一起我覺得自在輕鬆。但是現在一股寒意滲進我們之間。好幾年來我們都習慣一起討論事情，但突然間他開始把我排除在外。我從他的工作夥伴變成他的手下。他否認事情有任何改變，所以我假定他的求生本能已經覺醒，開始想要設法鞏固自己的權力。

過了很久之後巴瑞才承認情況眞的有變。他說是馬丁在G＆W各子公司高階主管之間製造嫌隙，以鞏固他的勢力。馬丁一定會否認這件事，但巴瑞解釋說，在接管的那幾個月裡，馬丁曾打過電話，直接了當地告訴他：「我必須與這個公司各主管處得好，而我不喜歡艾斯納。」巴瑞楞住了，因爲馬丁幾乎不認識我，而派拉蒙此時正要創造另一個年收益的新高。這通電話讓巴瑞開始明白馬丁並不打算想辦法和我好好相處。

「如果你的意思是我該開除麥可，那你必須先把我解雇，」巴瑞說。戴維斯則是毫不猶豫地回應，「我已準備好要這麼做。」巴瑞告訴我接下來幾個月馬丁會強迫G&W許多部門的主要主管撤換部屬。巴瑞認爲馬丁的作法是想要完全掌控高階主管——藉由趕走主管最得力的助手來給他們下馬威。巴瑞決定抵抗這股壓力，但沒告訴我事情的來龍去脈。多年後他才告訴我，他認爲這是他該解決的問題，不是我的。我的想法則是巴瑞害怕如果我知道馬丁的打算，會馬上開始找新工作。巴瑞試著阻止馬丁，但是他也因爲必須爲我這麼做而開始對我心懷怨恨。共事十五年多來，我們第一次開始疏遠。

一九八三年的秋天，查理死後八個月，我才得到第一個暗示，知道馬丁對我的看法。當時傑佛瑞・卡森柏格到紐約參觀，並決定順便去看看馬丁。由於派拉蒙一直表現得很成功，他預期會受到熱烈的歡迎。然而，他只聽到馬丁開始對好萊塢的缺點發表長篇大論，對我們這個派拉蒙團隊更是頗多微詞。「你們都拿太多報酬，而且被寵壞了，」他說。馬丁對傑佛瑞更是無情。「我認爲你有點像小 Sammy Glick，」他說，然後表明他的主要憂慮：「我聽說你們合謀要讓董事會趕我走。」傑佛瑞打電話告訴我這次會面的情況，他很震驚，我也是。

關於馬丁嚴苛的管理風格與時常無故刪減預算的做法，我繼續時有所聞。最極端的例子是他對伊薇特·布拉東這位算是賞他飯碗的人。儘管伊薇特是董事會的一員，也是主要的股東，馬丁仍決定撤除她的公司座車與司機，拆掉她家與G＆W間的電話連線，取消對布拉東家族設在多明尼加共和國一間藝術中心的資助，這是布拉東家族最喜愛的慈善計畫之一。在查理死後不久，馬丁開始視伊薇特爲可以犧牲掉的礙事者。

我也聽說馬丁到處說我的壞話。在一九八四年初，我總算跟巴瑞攤牌。「馬丁對我有何不滿？」我直接問他：「我跟他幾乎沒碰過面。你何不向他解釋說我不是那種只會穿著短褲、灌可樂、參加狂野派對的好萊塢製作人？」

巴瑞低估問題的嚴重性。「你太敏感了，」他對我說。「讓我處理就行了。重要的是他不再來煩我們。」

我實在很難接受我的工作將不保，而巴瑞的保證也無法令我寬心。所以我首次開始認眞思考其他的選擇。最吸引我的公司是華特·迪士尼。自從我第一次帶珍到布拉克諾大道（Bruckner Boulevard）的露天汽車電影院看《木偶奇遇記》，我就深深爲迪士尼在娛樂圈的獨特性所吸引。珍和我搬到加州後，我們開始帶孩子們到迪士尼樂園玩，整個遊樂場對品質與細節的注重令我印象深刻。對於逝於一九六六年的華特我仍了解不多，但我非常欽佩他的創造力，他對卓越的追求，以及他不與其他好萊塢製片廠同流合汚的堅持。迪士尼不只是提供家庭娛樂的第一品牌，更是唯一的金字招牌。

我開始跟這家公司往來是在一九八○年，當時巴瑞和我曾到位於伯班克的迪士尼製片場談生意。我們是和卡德·沃克（Card Walker）與朗·米勒（Ron Miller）見面。沃克是公司的董事長，他一九三八年自加州大學洛杉磯分校畢業後，就在迪士尼從信差開始做起；米勒則是英俊的前南加大足球隊員，娶華特的女兒黛安（Diane）爲妻，目前身兼總裁與營運主管（COO）。我們打算邀迪士尼投資兩部我們正在拍攝的電影，這兩部片比我們原先預料的更麻煩、更昂貴。

其中一部由羅賓威廉斯主演，羅勃・亞特曼（Robert Altman）執導的《大力水手》（*Popeye*），當時正在地中海的馬爾它島（Malta）拍攝。去迪士尼製片場之前我們剛從馬爾它島回來，我們在那兒見到自聖保羅（St. Paul）以來最有趣（也是最揮金如土）的人（聖保羅是在西元五十九年前往羅馬受審時，在這個著名的戰略要塞島嶼碰上船難）。我們離開時是憂心忡忡。另一部則是由喬治・盧卡斯高價製作的*Dragonslayer*。巴瑞還是跟以前一樣要確保公司有財務保障，我也同意。這兩部電影設定的觀衆對象是家庭成員，我們相信迪士尼的招牌對於幫忙開拓海外票房很有助益。令我們非常高與的是卡德和朗很快就答應負責海外行銷，並且願意爲這兩部片出一半的資金。

兩年後，派拉蒙在電影業愈來愈成功，當時朗・米勒曾打電話給我。身爲公司總裁，朗顯然會接替卡德成爲董事長。「我想知道你是不是有與趣經營我們的電影公司，」他說。我則告訴他我已經是一家成功電影公司的總經理。他談到想拍一些觀衆群較廣的電影，不再以有小孩的家庭爲對象，我則聽得頗有同感。他提到想開始製作更多不打迪士尼招牌，並以成人爲對象的當代電影，我也支持他的想法。

「如果迪士尼眞的想在家庭電影市場增加競爭力，」我說，「你得開始吸收外來的頂尖人物，並像其他製片公司一樣提供優惠條件。在創意上你無法取代華特，而史蒂芬・史匹柏與喬治・盧卡斯這樣的人已經成爲當代的華特・迪士尼。他們拿走了你的經銷權。」我還跟他說，一個不打迪士尼招牌的電影公司不僅能擴大公司的生意，也可以和最棒的電影人士建立關係。「一旦你跟他們做生意，他們將來也會替你拍迪士尼的家庭電影，因爲這些人自己也有小孩。」

最後我回到我的情況。「如果你想找我過去做我現在在派拉蒙做的事，那我只能說抱歉了，」我說。「我眞正感興趣的工作，是要能同時掌管製片公司與主題樂園。」這是個蠻厚臉皮的提議——因爲基本上我是在要求他現在擔任的職位——但是我覺得這麼做也沒什麼損失。朗客氣地拒絕，完全不令人訝異。但他仍感謝我提供的點子，同時提出一些他想找來管製片公司的人選，問我對這些人的看法。我強烈不贊成他所提的人選。但是沒幾星期，他還是僱用了他們。又隔不久，他設立了一家不打迪士尼招牌並鎖定成人觀衆的電影公司，叫做試金石（Touchstone）。

一九八二年秋天，卡德·沃克在迪士尼最新的主題樂園艾波卡特中心（Epcot Center）（或譯爲「明日世界」）的開幕式中，宣布他明年退休的計畫。他並表明朗·米勒將接任他的職位。迪士尼公司的情況則依舊艱困。華特迪士尼世界的第二個樂園艾波卡特因爲造價過高，使公司高額負債，同時營收又減少，再加上製片廠只做了幾部劇情長片，而迪士尼又完全從電視界退出。我覺得朗的新職位讓他需要更多幫助，所以一九八三年年初碰面時，我又提了之前的提議。這次我直接表態，快得連我自己都很訝異。

「如果我跳槽過去當總裁，」我說，「而你當董事長如何？」我知道朗可能無法說服卡德及其他董事讓我掌管整個公司。所以我提議我只管電影與電視的部份，而他則繼續監督樂園。我相信只要我當上總裁，總有一天我可以擴張我的職權。朗對這個想法很感興趣，但是擔憂無法說服其他人接受。卡德仍舊主導整個公司的運作，所以很顯然，如果有人有權力決定我的角色，那一定是他。

朗設法安排我們三個人見面，但當然是由卡德主導。卡德是個高大英俊的銀髮男人，在很多方面令人印象深刻。他把青春歲月都貢獻給公司。雖然大多時候他都將與創作有關的決定權留給別人，可是他是天生的生意人，做起生意充滿自信與幹勁。他同意朗成立試金石，這家公司即將發行它第一部賣座的電影《美人魚》（*Splash*）。他也準備成立迪士尼有線電視頻道。不過他最大的成就是興建華特夢想中的未來世界艾波卡特，以及開創東京迪士尼樂園。同時他也意識到公司需要更多有創意的領導才能持續獲利，所以他接納我到迪士尼的程度比朗所預期的還高。那次會面快結束時，我們的談話好像已經談成似的。就在我準備要離開之際，卡德突然冒出一句奇怪的話。

「我想你可能希望我們發個新聞稿宣佈你的新工作，」他說。我突然了解到卡德把我當成一般的好萊塢影壇人士——生性狡詐，喜好自抬身價，迷戀權勢與地位。我不認爲自己是這種人，但卡德的話還是讓我在那片刻失去平靜。

「我想如果我將被任命爲總裁的話，」我最後回答說，「發佈新聞稿可能是很恰當的。」卡德點點頭，然後我們互相握手。卡德告訴我，迪士尼的業務首長朗・卡尤（Ron Cayo）會跟我的律師洽談條件。會後我跟珍碰面，我們到凡度拉大道（Ventura Boulevard）吃披薩。我向珍說明一切經過。我說完後，我也說服自己放棄這項工作了。

「我不會接受這份工作，」我說。「他們尚未準備好接受任何外來者，不管他有何來頭。」珍同意我的看法，我決定打電話告訴朗・米勒我的決定。但結果是他先打給我。我一離開，卡德就表示要重新考慮雇用我的可能性。朗覺得不好意思而且對我很抱歉，不過他只是印證了我自己的預感。（我當然更希望他能說服我放棄這個預感！）

卡德仍然相信朗的新職位需要協助。所以卡德在一九八三年秋天正式退休時，任命雷・瓦森（Ray

Watson）爲新任董事長。瓦森是位建築師與開發者，早在華特草創迪士尼時期就已長期擔任顧問，卡德雇用他來彌補朗在商場上的生澀。這個做法可能可以挽救公司的命運。所以朗繼續經營迪士尼，至於外面想接收並分開拍賣迪士尼的掠奪者，則是由雷專心對付。雷最厲害之處是他明智的判斷力與臨危不亂的應變能力。

幾個月之後，我發現自己又開始討論去迪士尼工作的可能性，只是這次是和華特的侄子羅伊·迪士尼談，他不但長得酷似華特，同時也是公司的最大股東。態度和善而且說話溫柔的羅伊容易讓人低估他，而這正也是卡德·沃克與朗·米勒多年來犯的錯誤。這種表象掩飾了羅伊敏銳的心智與冷面笑匠的性格。他極度熱愛自己父親與華特共同創立的公司，強烈渴望看到公司在藝術與業績上都能繁榮興盛。羅伊跟法蘭克·威爾斯一樣都是冒險家——他會開船也會開飛機。他對迪士尼的熱愛有一部份是來自他太太派蒂（Patty）的刺激。派蒂活力充沛，個性坦率，求知慾旺盛，而且見多識廣。她和羅伊合作無間。羅伊每天不管做什麼，一定回家跟派蒂吃午餐。他們是不可分割。

一九七七年，也就是在卡德成爲董事長並任命朗爲總裁的前一年，羅伊對迪士尼的失望終於爆發。因爲無法影響公司的方向，羅伊決定離開這個他自二十出頭就開始待的公司。「對我而言，公司賴以聞名並引以自傲的創作氣氛已經停滯不前了，」他在給卡德的辭職信上寫道。辭職後羅伊仍是董事會的成員，但年復一年，他只是變得越來越不快樂——尤其是在一九八三他的股票開始下跌的那一年。不久他也辭去董事一職，但暗中計畫準備奪取公司的控制權。

我第一次見到羅伊，是在一九八〇年的加州藝術學院（California Institute of Arts）的董事會上，該校由華特·迪士尼在一九六一年創立，作爲培養動畫家與其他藝術家的基地。我願意加入這個董事會，主要是因爲這個學校與我日常所處的娛樂圈與商業圈極端不同。加州藝術學院位於洛杉磯北方三十公里處的華倫西亞（Valencia），華特希望這是個藝術無國界的地方——無論是導演、音樂家、畫家或舞蹈家，都能齊聚一堂，互相啓發。加州藝術學院最卓越之處，就是它已成爲供應迪士尼動畫家的主要來源。

一九八四年春天羅伊和我通電話時，他才剛從迪士尼的董事會辭職。我覺得問他原因不怎麼恰當，但從之前數次的談話裡，我了解他對公司的經營方針有多麼不滿。我問他迪士尼現在怎麼樣。他沒說什麼，但反問我一個很敏感的問題：「你跟派拉蒙還有約嗎？」

「對，」我告訴他，「但快到期了。」

「我希望你在簽任何新約之前能先跟我談一下，」羅伊回應說。「目前我無權向你提任何條件，但我希望與你保持聯繫。」

同時間，我們在派拉蒙的表現也越來越成功，吸引前所未有的關注。一九八四年四月，《親密關係》得到五座奧斯卡，包括最佳影片。接下來的三個月，讚美我們製片公司的文章不斷刊登在《商業週刊》、《華爾街日報》、《新聞週刊》與《紐約》雜誌上。媒體的關注只惹得馬丁・戴維斯更加不快。《紐約》雜誌一篇名爲「好萊塢當紅炸子雞」的文章，是以我們爲封面的專題報導，讓馬丁尤其惱怒。他後來跟記者抱怨這篇文章太過褒揚我與巴瑞，而忽略了派拉蒙其他的工作人員——尤其是法蘭克・曼古索（Frank Mancuso）帶領的行銷部門。我在這篇文章中說的一段話，同時惹火了馬丁與法蘭克。「有良好的行銷是很棒的，我認爲我們的行銷是最棒的，」記者如此寫道，「但是《外星人》（*E.T.*）不需要行銷也能大賣，行銷對 *The Pirate Movie* 的票房也沒有幫助。這個行業靠的是一年中十到十二個關鍵性的決策。再也沒有其他事情比這個更重要的了。」曼古索把這段話圈起來並影印送給傑佛瑞、巴瑞跟我，並且附上一段極爲嘲諷的話。到現在我還是相信我所說的，但是當時那只是讓我與馬丁還有法蘭克之間的情況更糟。

這時巴瑞花在製片公司的時間也越來越少。他和派拉蒙的約九月三十號到期，而他沒有做出任何要續約的動作。我終於在那年夏天與巴瑞起了衝突。他首次承認馬丁曾施壓要他開除我。我覺得難以置信。

「不論他個人怎麼看我，也不太可能這樣吧？」

「我不知道，」巴瑞回答。「馬丁是個白癡，但這件事是眞的。」

巴瑞沒有告訴我的是，他已經在商談要離開派拉蒙，以便去接管福斯。一九八四年稍早，丹佛石油大亨馬文・戴維斯（Marvin Davis）就已經跟他接觸過。馬文跟馬丁・戴維斯並沒有親戚關係。馬文在三年前以七億兩千兩百萬收購福斯。自那之後電影公司一直在虧損，所以馬文想找巴瑞來經營。

七月時，就在我與巴瑞談完後不久，羅伊・迪士尼打電話到奇威丁夏令營找我，我是去那裡看我的孩子。羅伊跟我有三個月沒說過話了，他在這三個月內祕密找尋取得公司主控權的方法。我跟其他看商業新聞的讀者一樣，知道迪士尼內部的對峙情勢持續升高。該公司前一年的收入跌了七個百分點，而之前一九八二年早已掉落十九個百分點。蓋艾波卡特的費用超支是主因，而且第二年到這個新樂園的遊客人數遠低於預期。而開闢迪士尼頻道的高額花費，以及電影部門一直表現不佳，更是雪上加霜。即使如此，迪士尼的資產仍比市場上基於它不振的股價所估計的二十億美金來得高，因爲它的負債比例比較低，有一間價值非凡的電影圖書館，以及年收入達十億美元的樂園。這使得迪士尼變成最好的收購目標。

索爾・史坦伯格（Saul Steinberg）是第一個行動的人，他在一九八四年三月開始買進迪士尼的股票。他很快取得將近百分之十的流通股票，而在六月初，他出價想買剩下的全部。他計畫將迪士尼的資產拆開來廉價出售，以大增自己的收益。六月九號，迪士尼同意以超過市價的七・五美元價格向史坦伯格買回股票。史坦伯格九十天的投資，就賺了將近三千兩百萬。此後，其他有興趣的買家與投資人，包括明尼阿波利斯（Minneapolis）的厄文・傑克伯（Irwin Jacobs）與伊凡・波斯基（Ivan Boesky），都對迪士尼虎視眈眈。其他重要投資人則比較友善，尤其是德州沃斯堡的巴斯兄弟，迪士尼此時同意購買他們的不動產公司阿維達（Arvida）以增加負債，好降低其他惡意收購者的興趣。但是迪士尼的獨立性仍處於危險之中，每一階層的員工都憂心忡忡。

我當時還不知道的羅伊在其中扮演什麼角色。後來我才知道他也是積極要買下公司控制權的人之一。當我回電時，他只解釋說他正積極催促高階管理人事的變動。他也提到他現在已有些影響力了。爲了回報他願意重回董事會，他可以多加兩個席位——一席給他的妹夫彼得・戴利（Peter Dailey）；另一席給他的密友，同時也是律師兼生意夥伴的史丹利・歌德（Stanley Gold）。羅伊也提到他與史丹利把法蘭克・威爾斯納入決策小組之中。迪士尼董事會八月中的會議要討論經營管理的問題，看起來好像打算要求朗・米勒辭職。

「我只是打電話來問你是否仍有興趣到迪士尼來，」羅伊說。「如果有，我會叫史丹利打電話給你。」我告訴他這樣可以。

此時我體認到我在派拉蒙的處境已無轉圜的餘地，但我對這種情形的發展是好奇多於擔憂。我覺得自己是在看一齣刺激的舞台劇，只是我剛好也是劇中的主角之一。大多時候我仍繼續做我的工作。一直到八月十九號星期天的晚上，離羅伊打電話到奇威丁夏令營給我已過了將近一個月，我才在家裡接到法蘭克・威爾斯從史丹利・歌德家打給我的電話。

「你今晚可以過來一趟嗎？」法蘭克問我。我跟他還不熟，只是在生意場合碰過幾次。我跟他最長的談話記錄是幾年前在維爾的晚餐聚會上。他在成功登上全球六大洲的最高峰之後，回到華納做顧問。

沒多久我發現法蘭克和史丹利在甘—泰爾與布朗律師事務所（Gang, Tyre & Brown）時，是亦師亦友的關係。他們一直是好朋友，是史丹利向羅伊・迪士尼推薦，讓法蘭克成爲顧問，好幫助他們改變迪士尼的管理階層結構。法蘭克與羅伊是一起就讀波莫那大學（Pomona College）的。史丹利是個傳奇人物。他好動，胸部渾厚，一直很成功地控制飲食，無論走到哪裡都是注目焦點。如果說他外表華麗——穿著高貴的定做西裝、印上字母的襯衫與吊褲帶——史丹利也是個行事保守而有系統的律師、投資者與生意人。他靠自己闖出名號，同時也是羅伊的財政顧問、頭號軍師與非正式的發言人。派蒂跟羅伊都對他推崇至極。

史丹利找上法蘭克，是因爲他有經營管理與電影方面的專業知識。他們第一次的午餐聚會，談的是目前迪士尼主管的優缺點，話題後來轉到有可能的替代人選。當時法蘭克可以利用機會毛遂自薦，但是他沒有。根據約翰泰勒（John Taylor）在其所著的《神奇王國風暴》（*Storming the Magic Kingdom*）（此書詳細敘述迪士尼爭奪戰）的記載，法蘭克告訴史丹利：「不管你怎麼做，一定要找到麥可・艾斯納來經營公司。他很搶手，有輝煌的資歷。你要想盡辦法網羅他，我也一定幫忙。」這是多麼慷慨無私的舉動啊！沒多久，我也了解到無私是法蘭克最大的特色。

史丹利同時想提攜法蘭克，他先試著說服朗・米勒讓法蘭克成爲現有主管之一。法蘭克去見朗，這個他在社交場合見過並視爲朋友的人，但是結果不了了之。然後在八月初，在史丹利的催促下，法蘭克飛到南塔齊特（Nantucket），花了三天時間拜訪里察・雷瓦特（Richard Rainwater），他是公司最大股東之一巴斯兄弟的事業夥伴。法蘭克與雷瓦特兩人是相見歡，因爲兩人都喜歡跑步、談生意與戶外活動。但問題是，不管是雷瓦特或巴斯兄弟都還沒有權力影響迪士尼下任最高主管的人選。

我到史丹利家後，他跟法蘭克告知我最新的狀況。當天稍早，迪士尼的董事會迫於壓力，開會考慮撤換朗・米勒。會議最後決定組一個特別委員會評估米勒的表現。跟羅伊一樣是董事之一的史丹利，說他預期米勒會在幾星期之內被要求離職。那時董事會就會開始尋找接替的人選。卡特郝利亥爾公司（Carter Hawley Hale Stcres）的董事長菲力普・郝利（Philip Hawley），亦是迪士尼的董事，推舉丹尼斯・史坦菲爾（Dennis Stanfill）接任。史坦菲爾之前是福斯的首腦，但是馬文・戴維斯買下福斯後馬上就辭退史坦菲爾，改任他的副手亞倫・賀許菲爾德（Alan Hirschfield）。現在戴維斯即將以巴瑞・迪勒取代賀許菲爾德。史丹利說他希望董事會考慮讓法蘭克跟我接任，並建議由我負責創意部份，法蘭克則專職業務。

我們沒有討論在這種安排裡誰會是最高行政主管，但我很清楚我沒興趣再屈居人下，我也不認爲兩人同享最高職位行得通。我只是對史丹利與法蘭克說我很想要到迪士尼工作。接下來幾個小時，我們都在討論公司的事。我們談得越多，我越興奮。

「那我們要怎麼做？」最後我問。「寄份履歷表過去，然後看他們是否會打電話通知我們？」我只是半開玩笑。史丹利說他會替我們安排面試。

我認爲此時該是跟巴瑞攤牌的時候。所以第二天早上我去見他，並直接問他是否打算續約留在派拉蒙。好幾個月來我都覺得他考慮要離開，但這是他第一次承認有離開的可能。「機率是一半一半，」他說，但他不願詳細說明。他沒問我是否有任何計畫，而我也沒說。這段時間我們兩個都不好過。我跟他都積極在商談離開派拉蒙後的去處，但是我們每天做的決定卻表現得像是要留下來似的。例如，我仍繼續與吉姆・布魯克斯商談新的長期契約——即使我比較想讓他跟我一塊到迪士尼，如果我眞的去了的話，就像巴瑞也會想要他到福斯。基於職業尊嚴，我仍全神貫注在派拉蒙的事務上。而另一方面，我仍然拒絕相信馬丁・戴維斯不願讓我繼續爲派拉蒙效力。

過了兩個星期史丹利才有辦法替我安排與雷・瓦森的面談，因爲是由他主導迪士尼董事會尋找新總裁的任務。瓦森優雅而冷靜，相當自豪自己能建立大家的共識，並與每個人和睦相處。九月一號星期六，他開車到我家跟我見面。我們坐在客廳裡，我馬上覺得和他在一起很自在。我們談論彼此都感興趣的建築話題，也略提了一下迪士尼的情況。然後我開始談我對公司前景的看法。我也向雷介紹我的工作經歷，尤其是我在ABC電視台做的兒童節目，《木偶奇遇記》如何帶我接觸迪士尼的動畫世界，以及我認爲能夠提高公司聲望與重新進入電視、電影界的機會。我還拿了紙筆畫圖表給雷看。這張圖表是派拉蒙一九七七到一九八四年間的收益表，在巴瑞跟我掌管的這七年內收益大幅提升，從一千七百萬提高到一億四千五百萬。但是我告訴他，如果我們不向其他領域擴張，就不可能繼續維持這種高成長率。

「一家製片公司只能拍十二到十五部電影，同時還要在創意與行銷方面都面面俱到，」我告訴他。「我們在派拉蒙已經這麼做了。所以也沒剩多少空間可以發揮。海灣與西部集團不想從派拉蒙那裡得到更多東西——沒有樂園、餐廳或其他新的投資。」迪士尼得另當別論。「你們在電視與電影界改頭換面的時機已經到了。你們的情形跟我剛到派拉蒙或之前的ＡＢＣ一樣。迪士尼只拍了幾部劇情長片，每四年一部動畫片，完全沒有電視節目。所以還有很大的機會可以提高生產力。」迪士尼不同於派拉蒙，早已發展其他事業——主題樂園與消費性產品——很明顯有交互推銷的潛能。我的結論是：「迪士尼這個招牌仍是獨一無二、極待開發的資產。」

會談結束時，我自信已留給雷相當好的印象。他要離開時，我也跟他提到時機是非常重要的。接下來那星期馬丁・戴維斯計畫來洛杉磯一趟，我期望開始與派拉蒙協商新合約的事。我不曉得對馬丁該有什麼期望，但是只要我能保留與派拉蒙訂新合約的可能性，我才有更多的籌碼跟迪士尼談。

第二天——就是九月二日星期天——我接到法蘭克・威爾斯的電話。他剛結束與雷的面談。他說在面談時，他強調自己的律師、生意人與實業家的背景。他覺得面試進行得不錯，但快結束時，雷承認他們只要找一位總裁而已。「那就找艾斯納，」法蘭克告訴我他的回答。「你們最需要的是創意。」雷也同意。「我想你已經得到這個工作了，」法蘭克告訴我。

法蘭克可能在某種程度上表現出對接受這份重責大任的懷疑。雖然他在生命中的各個階段，靠著自己的創新、幹勁與勤勉而做得非常成功，但我總是能感受到在他非凡的表現之下有一絲的不確定。後來當我更了解他之後，法蘭克告訴我他在華納任期的尾聲，他被要求扮演的創意性角色讓他覺得很不自在。他是個不折不扣的領導者，可是我不認爲他會比較喜歡成爲最高決策的領袖。如果迪士尼提供這個機會，他應該會接受，可是最後他爲了我撇開自己的抱負——因爲他相信迪士尼比較需要的是我的才能而不是他的。其他任何事情，包括他自己的未來，都是次要的。

很湊巧的是馬丁·戴維斯挑這個時候蒞臨派拉蒙，這是他自十八個月前接管海灣與西部集團之後第一次來。他於勞動節當天到達，剛好是我跟雷·瓦森面談完兩天後。這時巴瑞只含糊地跟我提了他的計畫，但不是很明確。九月四號星期二，巴瑞開車到比佛利威爾雪爾旅館（Beverly Wilshire Hotel）接馬丁到派拉蒙片廠。他們談了一個多小時，馬丁勸巴瑞續約，因爲舊約不到三十天就要到期。

馬丁明白表示，他認爲巴瑞跟我在目前合約裡所獲得的聯合經營紅利過高。他也告訴巴瑞，在定任何新約之前，必須先確定「人事重組」的事宜。明白講他就是要增加法蘭克·曼古索的職權，讓他不必再聽命於我。巴瑞知道我不會接受這種重組安排，所以拒絕跟馬丁談下去。他也迴避商談新合約的問題。會後巴瑞只跟我約略提了一下。

那天下午，馬丁要求我到他使用的會客室見他。他沒有費心事先安排會面，態度也不客氣。「你跟巴瑞得到的聯合經營紅利過高，」他一開始就這麼說，跟他當天稍早對巴瑞說的一樣。我猜最讓馬丁惱怒的事情，是一九八四年我跟巴瑞在派拉蒙的表現，會讓我們賺得比他多。我們的會談簡短而且沒有結果。

馬丁接下來是會見傑佛瑞·卡森柏格。奇怪的是這次他收回幾個月前在紐約見面時對傑佛瑞所做的所有批評。「上次的批評並沒有眞憑實據，」馬丁告訴他。「我聽了第三者的話，他們成功地貶低了你。既然我有機會自己做判斷，我了解到我是被誤導了。我收回我的批評。我認爲你的未來會飛黃騰達。」馬丁一離開，傑佛瑞就打電話給我，他被這番感情洋溢的讚美弄得一頭霧水，就跟上次他聽到馬丁的批評時一樣。

星期二晚上，就在我見過馬丁幾個小時後，雷・瓦森打電話問我他可否再來我家一趟。我一直到後來才知道，我們第一次碰面後，雷就馬上回家寫了一份六頁的摘要給負責找尋朗・米勒接替者的特別委員會看。他在摘要中表明，迪士尼如果想成功避開惡意收購者並保持公司的獨立，董事會必須馬上找到一個可靠的新任總裁。接著他推薦我，他首先提到朗・米勒以前就建議引我進迪士尼。「艾斯納是這行數一數二的頂尖人物，」瓦森寫道：「如果能吸引他到迪士尼，我們馬上有本錢可以向全世界證明，我們要讓公司改頭換面不是空口說白話。」九月三號星期三，我們見面後的第二天，雷親手把這份摘要送到每位委員會成員的手中。不幸的是，這份摘要無法說服包含菲力普・郝利在內的好幾位董事。

雷星期三早上重回我家，同行的還有律師喬・夏比洛（Joe Shapiro）。我則請我自己的律師厄文・羅素（Irwin Russell）到場。雷先問我願不願意在迪士尼當二號首腦。我拒絕了，就像我之前拒絕朗・米勒一樣。「我在派拉蒙已是屈居一人之下，」我說。「這樣我又何必跳槽？」

我們開始討論其他的可能性。「只要我能身兼總裁與執行長，我可以不當董事長，」我告訴雷。這樣子我才能實際管理公司。我後來才知道雷在他的摘要中也是這麼建議的，由他自己當董事長。我喜歡雷繼續留任。因爲他銜接了迪士尼的過去，我也覺得他會支持公司的成長。我擔心法蘭克只能撿我們不要的，但是我也了解到這種安排根本就是史丹利與羅伊的要求——而不是我的。當我告知法蘭克時，他很興奮。「不用管我了！」他說。

那天晚上，瓦森打電話給我，說他準備在那週的特別會議上建議董事會提名我當總裁，他也會同時提議繼續留任董事長。「我碰到的是個相當獨立的董事會，」他說。「他們可能會要求面試或需要時間研究。但是你讓我印象深刻。我會設法把事情安排妥當。」當我打電話給法蘭克向他描述那天的情形並徵求他的反應，他明白地表示：「如果他們提供你這個工作，你就接受吧。」

第二天早上——星期四——董事們聚在一起要決定朗·米勒的命運。根據後來的描述，那是個相當戲劇性的集會。朗覺得遭到背叛，並爲自己的工作準備書面辯護，最後則是訴諸情感，向每位董事會成員懇求，求過一個又一個。然而他離開後，董事會正如雷·瓦森所料，一致投票通過要朗辭職。董事的全員大會也安排在次日，以便認可這項決議並考慮繼任人選。

至於我呢，則是星期五早上去上班，滿心期待午餐之前就能得到迪士尼的工作。我九點左右到派拉蒙的辦公室。十點時，馬丁·戴維斯突然又叫我到他的辦公室去。他想進一步談談我在派拉蒙的前途，但是我決定我應該坦白。我也很高興終於能夠壓壓他的氣勢。「我想有人即將找我去當迪士尼的總裁與執行長，」我在他開口之前就先說。戴維斯聽到這個消息時臉整個僵掉。

「我不會擋你的路，」他答道。剩下的對話客客氣氣，而且是敷衍了事。離開他的辦公室時，我最重要的感覺就是鬆了一口氣。我再也不要替這種似乎完全不欣賞我對公司貢獻的人工作。

我回到辦公室等迪士尼的消息，董事會預定在早上十一點開會。我既掛心又苦惱，但仍強迫自己做例行工作、打電話、主持幾項計畫的會議。到下午一點，電話還是沒響。我仍舊不感驚慌，因爲我認爲會議可能很冗長。但隨著時間過去，我越來越焦慮。到下午三點半，我知道事情一定出了差錯。四點之後電話總算響了。是法蘭克打來的。

「你覺得如何？」他問道。

「爲什麼這麼問？我應該覺得如何？」我答道。

「沒人打電話告訴你嗎？」他說。

「沒有，」我說，並試著要表現得漫不經心。法蘭克顯然很窘迫，他想裝做沒事地告訴我，他自己也是剛從史丹利那兒聽到消息。「董事會批准米勒的辭職案，」他說，「但他們擱置討論繼任者的議案，反而決定要成立搜尋委員會。」我突然覺得胃不舒服。在這輩子的職業生涯中，我一直很小心避免高估自己手中的籌碼。但是我現在了解到我犯了極嚴重的錯誤，我不該在那天早上向馬丁‧戴維斯透露太多。

我後來才了解，迪士尼的董事會行事小心慎重，是負責任的表現。無論是哪個董事會，最重要的工作是雇用總裁與監控其表現。強迫朗‧米勒辭職——他是華特的女婿，也是卡德‧沃克欽點的繼任者——表示這個董事會夠獨立而且有勇氣。找到正確的人選取代米勒是決定公司前途的關鍵，所以可能應該要分開來考慮。但對我而言，董事會決定要用更多時間來考慮，只是讓我感到挫敗。

那天晚上我別無選擇，只得去參加款待馬丁的宴會。那個星期稍早，馬丁就已經告訴巴瑞，他要跟派拉蒙所有高階主管進行非正式會面，所以巴瑞就同意辦自助式晚宴，邀請這些人到他家吃飯。這件事對巴瑞跟對我都是同樣尷尬。當天晚上，巴瑞拉我到一旁，告訴我他那個週末打算對他的未來做出重要的決定。我記不起來，但他可能曾說新的選擇是去掌管福斯公司。無論如何，他說我們應該要保持密切聯繫。當我很不自在地夾在宴會的人群中時，有好幾個人跑過來告訴我，馬丁對今晚未出席的派拉蒙高階主管法蘭克‧曼古索，特別加以讚揚。

第二天早上，我載第二個兒子艾力克到聖伯納迪諾（San Bernardino）去打他的第一個網球比賽。換場時，我溜出去打公共電話，向巴瑞詢問祕密協商的結果。在比賽結束時，巴瑞完成了他的交易。「我將去福斯做董事長，」他告訴我。表面上看起來他好像沒有升官。但對巴瑞而言，跟馬丁在一起的日子也變得令人無法忍受，而當我知道馬文．戴維斯同意讓巴瑞以特定價格購買大量的公司股份，以及福斯增值時給他一定比例的分紅，我才曉得這個工作的吸引力在哪裡。

「至少幫我這個忙，」我說，「這幾天先別告訴馬丁你的計畫，好讓我有時間考慮我的選擇。」巴瑞告訴我，他打算下星期二在紐約親自告知馬丁．戴維斯這件事。但在星期二之前，他就接到馬文．戴維斯從福斯打來的電話，告訴他賀許菲爾德已經洩漏他要離職的消息，還有馬文馬上就會宣佈任命巴瑞為繼任者。才剛掛斷一個戴維斯的電話，巴瑞就打給另一個。他那天很晚才連絡上在紐約的馬丁，並在電話中提出辭職。然後他試著連絡我，但找不到人。當時我正坐在比佛利山莊的一家牙醫診所裡，口中還有個鑽頭。

等我終於到家，馬丁．戴維斯已留了好幾個口信。他要我不管多晚到家都要回他電話。我覺得自己像被追捕的獵物。晚上剛過八點不久——紐約時間是晚上十一點——我回馬丁電話。「我要你今晚飛過來，明天早上到我辦公室見我。」他說。

我很久以前就發過誓，如果我哪天被解雇，我希望待在家裡跟家人在一起。丟了電影公司的工作並不會讓我覺得丟臉。這是在這行要冒的風險之一，很多有才能的人也碰過相同的命運。但我仍然厭惡得飛過整個國家去聽這個壞消息，然後再回到空蕩蕩的旅館房間。所以我決定要爭取些時間。

「我今晚不能過去，」我告訴馬丁。「因為明天是我兒子第一天上學。」這是真的，但並非是全部的實情。坐夜間商務飛機令人疲累，而我希望去會面時能容光煥發。更重要的是隔天早上八點，我已經安排好要跟雷・瓦森及菲力普・郝利見面，我不打算取消。最後一個理由是，如果馬丁已決定繼任巴瑞的人選，跑這一趟根本沒有意義。我不跟他正面衝突，改用迂迴的方式問他：「你打算讓曼古索當我的上司嗎？」

「我尚未做最後決定，」馬丁回答。

我別無選擇只能接受他的說法。我同意隔天下午搭飛機過去，晚上到達時再跟他碰面。掛斷電話後，我馬上打給巴瑞，告訴他我們之間的對話。

「千萬別去，」他勸我。「去了只是更丟臉而已。馬丁根本不打算讓你當董事長。」

但是還有其他的事情得考慮。我跟查理・布拉東兩年前簽的合約裡，明訂如果派拉蒙董事長一職有缺，必須讓我接任。如果沒有執行，我有權立刻得到所有尚未拿到的報酬，而且也不必還我房子的貸款。拒絕去紐約可能構成不服從的罪名，而我不願讓馬丁有任何藉口不付這些我相信是我該得的錢。

第二天星期三早上八點，我坐下來跟瓦森及郝利吃早餐。我知道若是想得到迪士尼的工作，我必須說服郝利，所以我用以前爭取雷・瓦森的方法來爭取他的贊同。郝利暗示了好幾次，他對我的商業管理資格有疑慮。我們起身時，我感覺到我失敗了。但我沒時間擔憂。正午過後，我馬上和珍及傑佛瑞到機場，馬丁也召喚了傑佛瑞到紐約。在飛機上的時間，我們都在思考如何應付即將到來的會面。

我的結論是：「最好是想辦法讓馬丁不讓我接巴瑞的工作，好讓他背上違約之名。」傑佛瑞則最好別對馬丁許下任何承諾，這是我跟他的共識。

當我們抵達時已幾近午夜，傑佛瑞跟我直接驅車前往海灣與西部集團的總部。當我進去見馬丁時，傑佛瑞在外面等候。馬丁開門見山問我：「你願不願意聽命於曼古索？」

「我已經告訴過你我不願意，」我回答說。「我有興趣的是接任巴瑞的職位。」他又問我是否有興趣訂個合約，爲派拉蒙製作電影。我拒絕了。這個會面五分鐘就結束了。

「我晚上還要再考慮看看，」馬丁告訴我。「我還沒做任何決定。明早再給你答案。」

我從馬丁的辦公室出來時已是凌晨一點過後。那時還有好幾個他的手下在那裡逗留，傑佛瑞進去時，我就跟他們一起坐，對這次頗似諜報劇的會面開了幾個玩笑。同時間馬丁力勸傑佛瑞續約，他的約十二月就到期了。傑佛瑞拒絕做任何承諾。

清晨快兩點時，我跟傑佛瑞一起搭計程車離開，我在梅費爾酒店（Mayfair Regent）下車，他則繼續搭到三條街外的麗晶酒店。半小時後，當我準備上床睡覺時，房間的電話響了。

「我要念個東西給你聽，」傑佛瑞說。他進入旅館大廳時看到當天的《華爾街日報》。他把頭版第二頁的文章讀給我聽，是有關派拉蒙的消息。文中引述不具名G&W主管的說法，說法蘭克・曼古索會在當天被任命爲派拉蒙的董事長。這份日報是前一天晚上印的，所以很顯然這則消息是在前一天就給了報導的記者蘿拉・藍卓（Laura Landro）。這跟馬丁告訴我的完全相反，這代表早在我跟傑佛瑞從洛杉磯搭飛機之前他就已經決定了。很顯然他破壞了對我的合約。

文章接下來直接引馬丁的話，他對派拉蒙最近的表現很失望。他一開始就抱怨我們製作的電影不夠多：「電影產量一直在減少，但市場佔有率是成功的關鍵。我們的佔有率還太低。」事實上，電影業最要緊的是利潤而不是市場佔有率。但是我的自尊還是被傷到了。我知道我們一直做的很好，但此時此刻聽到馬丁的批評還是讓人覺得不高興——尤其是這些批評有誤導之嫌，更是讓人氣惱。他接著表示對我們的電視部門失望，因爲過去這幾年賣給電視網黃金時段的電視影集數量都沒有增加。這有一小部份是眞的，但是他都不提我們有兩個正在上映的影集——《歡樂酒店》與《天才家庭》(*Family Ties*)——才剛以同步放映的條件高價賣出去，而且電影公司的收益也創新高。

傑佛瑞念完這篇報導時，已經快凌晨三點了，此時正是洛杉磯的午夜。我無法阻止自己打電話到迪勒家。迪勒還沒睡，所以我把《華爾街日報》的報導詳細告訴他。「我猜馬丁現在打算改寫歷史了，」巴瑞說：「上個月他才向股東們大力讚揚我們。現在我們突然變得不再厲害了。」

就在同一天，也就是九月十三號星期四，剛過正午我又去見馬丁。我堅持他必須請G＆W公司的律師顧問到場，這樣才有證人。當我跟他對質時，他否認是他提供《華爾街日報》這則消息，但是很顯然只有他才有權力透露這件事。「我決定由曼古索繼任，」他告訴我，「那麼你願意繼續留下來替他工作嗎？」

「我不願意，」我說。然後我要求他立刻開張支票，把該給我的報酬結清，這是合約上的規定，我也帶了合約的影本過來。我也要求他寫一封信，確保我不必還房子的貸款。戴維斯說好。他拿出一份新聞稿要我簽名。但是我說：「我要先拿到我該得的支票跟證明信，我才同意發新聞稿。」

馬丁拒絕。「我不能這麼快就開支票給你。」

我告訴他這太可笑了，如果他不做這兩件事，我不會同意他發佈我辭職的消息。二十分鐘後我拿到支票。「我一個小時後回來，」我告訴馬丁。他好像我瘋了似的看著我，但我還是離開了，我跟珍走了五條街，到第七十四街與公園大道路口的化學銀行（Chemical Bank）分行。我在那裡找到比爾・透納（Bill Turner），我從一九六四年在ＡＢＣ工作時就認識他了。

我走進他的辦公室，交給他那張支票，要他馬上轉成現金存到我戶頭。他說不可能，待交票需要三天的時間入帳。我告訴他支票是用Ｇ＆Ｗ在化學銀行的戶頭開的，而我們家從曾祖父那代就是化學銀行的客戶了。透納離開了幾分鐘，回來時他說錢已經轉成現金存到我的戶頭了。現在回想起來，我知道當時海灣與西部集團根本不可能中止支票兌現。我那只是被背叛後的反應。我一直都知道我從事的行業是反覆無常的，我的職位也不比棒球經理來得有保障。但是解雇的消息傳來時，我還是完全沒有心理準備。

到目前爲止，別人都是用我在工作上的優越表現來評斷我，這些成就替我帶來優渥的報酬。現在我第一次嘗到生命並非永遠這麼美好。離開馬丁的辦公室後，我回到旅館，剩下來的時間都用來回電話。其中一通是巴瑞打的，他立刻提議要我加入福斯。我很高興他突然又開始對我有興趣。經過一年多的疏離之後，他又開始變得比較坦誠，因爲過去這幾個星期以來，我們又再次找到共同的敵人。我心裡很清楚我們無法回到從前，我應該要繼續往前走，並做我自己的老闆。但是我還沒有工作，所以決定讓自己多點選擇機會。

「等我回去，我們再坐下來談，」我說。

我原本打算那天晚上就回洛杉磯，但是下午時亞瑟・克林（Arthur B. Krim）打電話給我，他是獵戶星電影公司（Orion Pictures）的董事長，也是ＵＡ聯合藝人公司的前任總裁。六年前，ＵＡ聯合藝人公司的高階管理人員集體辭職，以抗議總公司聯美（Transamerica）的干涉。ＵＡ聯合藝人公司已經跟以前完全不同。「我很同情你的遭遇，」克林告訴我。「我想請你過來一起晚餐。」我很欣賞克林，而且我也不想拒絕這個意見交流的機會。

晚上八點，珍和我到克林與他的妻子瑪蒂德（Mathilde）位於東區的房子。一開始我們談派拉蒙、UA聯合藝人公司及獵戶星電影公司。克林明白表示他有興趣要讓我經營獵戶星。晚餐進行到一半時，話題轉到瑪蒂德主持的愛滋病研究計畫，她是個科學家。這個病最近開始廣爲流傳，並開始得到全國的注意。從最早的愛滋病例被發現後，瑪蒂德就開始進行研究。她回答了我提出的問題，讓我第一次了解到這個病的恐怖程度。了解愛滋的眞實情況遠比馬丁・戴維斯那天稍早打的電話重要多了。

第二天早上，九月十四號星期五，珍和我飛回洛杉磯，我們搭麗晶航空（Regent Air）的飛機，在紐約飛洛杉磯的短暫航程中，享受了一段超級奢侈的服務。在某一方面，我覺得自己誤判了我在派拉蒙與迪士尼的處境，而且我很確定自己將無法再得到這麼好的工作機會。但在另一方面，我相信自己沒有做錯任何事情，而且我也無法影響派拉蒙或迪士尼的結果。我覺得自己被出賣、被遺棄，但很奇異地，我也感到鬆了一口氣。十五年來，我第一次搭飛機不用看資料、不用寫報告、不用研究評估結果，也不需要把腦袋裡飛舞的點子寫下來。沒有人等著我說出會影響他們職業生涯或生計的答案。我不必做任何事情。

碰巧有個曾報導過派拉蒙這次事件的記者訂的機位就在我對面。這位東尼・史瓦茲（Tony Schwartz），後來變成我寫這本書的搭檔。那時他是《紐約》雜誌的記者。原先我不想跟他說話。後來我想到接下來的五小時裡我們會被困在一起，所以我決定利用這個機會說出我這邊的情況。這段航程的大部分時間裡我都在重組過去幾個星期發生的事。保護欲向來很強的珍一直注意我們的談話，並默默提醒我，我是在跟記者講話。

下飛機時，航空公司的人拿了張紙條給我，上頭有史丹利．歌德的名字跟一個電話號碼。史丹利那邊沒有讓人振奮的消息。正如我猜想的，星期二的早餐會議我沒有說服郝利，法蘭克在我之後的會面也沒好多少。會後郝利告訴雷．瓦森，他仍然很擔心我們缺乏「企業經驗」。對於要找有創意的領導者進迪士尼這件事，郝利是嗤之以鼻。「我們總是能買到創造力，」他說。

但史丹利仍不放棄。如約翰．泰勒在《神奇王國風暴》所記載的，史丹利告訴郝利，「這一行裡的每家大電影公司都是由瘋子經營。不然你以爲華特．迪士尼是什麼人？若不是他的兄弟羅伊阻止他，他早是匹脫韁野馬。收起你對一般瘋子的印象。我們談的是創意狂人。這才是我們該找的人。要買MBA的天才才容易呢。」

但郝利不願讓步。

在泰勒書中，郝利如此回答：「我就是無法說服自己接受。艾斯納與威爾斯的確非常非常傑出，但他們只是部門主管。他們只經營過分公司。」然而我們帶領過的分公司，法蘭克的華納與我的派拉蒙，都是年收入超過十億美金的分公司，跟整個迪士尼差沒多少，這個事實對郝利而言似乎並不重要。

九月十六號星期天正午，就是我從紐約回來的第二天，法蘭克打電話叫我到史丹利家裡跟他碰面。我到達時，他們有了新計畫，是法蘭克提議的。「我們可以共同執掌，」他說，「你管創意，我管業務。但是我們處於同等地位。」

史丹利的想法是讓我跟法蘭克組成工作團隊，這樣也許郝利還有其他非董事會投資人比較能接受。這種安排曖昧草率，我不相信行得通。而且這也是一個政治性解決方案，政治性解決方案很少有成功的。

「我不想當聯合執行長（co-CEO），」我聽到自己這麼說。「無論如何，我都不認爲這樣的安排有意義。我們必須告訴員工、創作群以及華爾街的人，這家公司是由一個有創意的主管所領導。」連我自己都很驚訝我的立場竟如此強硬。我根本不想住在紐約爲獵戶星工作，更沒興趣到福斯成爲巴瑞和馬文・戴維斯的手下。能成爲迪士尼的聯合執行長是個很棒的機會。但是我心裡實在不認爲這樣行得通。然而有那麼一瞬間，我懷疑自己是不是犯了致命的錯誤。後來法蘭克開口說話了。

「好吧，」他說。「那這麼辦吧。只要我們兩個都是向董事會直接負責，你可以當董事長兼執行長ＣＥＯ，我則做總經理兼營運主管ＣＯＯ。」

「聽起來不錯，」我說。

史丹利對這樣的你來我往越來越不耐煩。「我只想知道你的態度是什麼？」他最後問我，「你想當迪士尼的董事長兼執行長嗎？這是全世界最棒的工作。你不能等著它來找你。你必須自己去爭取。」

在那一刻，事情完全改觀。這已經不是隨隨便便去勸迪士尼接受我們。有史丹利爲我們詳細制定作戰計畫，這已轉變成全面性的戰爭。迪士尼預定接下來的那個星期六要開會決定——這表示只剩六天的時間。

九月十七號星期日，法蘭克和我開始進行一場密集的拉票活動，希望能贏得十三席董事會中的七席。史丹利畫了一張圖表列出每一位董事，還有他們的好友、同事與顧客的名字。法蘭克和我開始一個一個去拜訪——力勸他們請這些董事投我們一票。我們也開始去贏取主要投資人的支持，雖然那時他們仍忙著爭奪公司的控制權。

索爾・史坦伯格已經出局了，但是除了巴斯兄弟和里察・雷瓦特之外，厄文・傑克伯與伊凡・波斯基也是主要股東。有這些投資人、投機客和套利者仍舊虎視眈眈，我們甚至不確定是否還有迪士尼能留下來讓我們經營。謠傳幾乎所有潛在的買主仍考慮要肢解公司，然後拍賣各項資產，包括主題樂園與電影圖書館。我們的工作不只是要說服大家相信法蘭克和我是經營迪士尼最好的人選，而且還必須讓他們相信在我們的營運之下，完整的公司比個別的部份更有賺頭。

在爭取迪士尼工作的百忙之中，我也沒有拒絕其他的工作機會。例如我同意跟巴瑞及馬文・戴維斯坐下來討論到福斯工作的提議。主要是因爲這場會面讓我有機會去看馬文・戴維斯富麗堂皇的豪宅，房子的前任屋主是迪諾羅倫提斯，再前任則是鄉村歌手肯尼羅傑斯（Kenny Rogers）。面談的場景相當超現實。下午當我們坐在有足球場那麼大的客廳時，僕人立即出現，捧著小山般的大白鱘魚子醬，以及用管狀長玻璃杯裝著的香檳。（我喝的是可樂。）最後我確信這個工作不適合我——也不適合巴瑞。我覺得他又讓自己再次聽命於一位難相處的老闆，而且如果我也去，我就註定得永遠供人差遣。

星期三時，雷・瓦森打電話給史丹利・歌德。雷告訴史丹利他很欣賞我們的宣傳，也支持我當CEO，但是他最想要的是共識。他說目前至少有九位董事已準備要投票給丹尼斯・史坦菲爾——他是菲力普・郝利推舉的人選。若眞是這樣，他也會改投給史坦菲爾。雷後來解釋說，他誇大這個壞消息是要激起史丹利的鬥志。而史丹利離開時也眞的決心要顚覆這個壓力。

「我們現在必須做的，」他告訴法蘭克和我，「是贏得巴斯兄弟，厄文·傑克伯，伊凡·波斯基及其他主要股東的支持。他們才能讓我們有勝算。」正如史丹利所言，董事會不太可能違背股東的期望，因爲他們才是眞正控制公司的人。

我們第一個目標是巴斯兄弟，史丹利相信他們對其他股東最有影響力。法蘭克和我都沒見過席德·巴斯，但法蘭克夏天在南塔齊特時已和雷·瓦特取得強而有力的聯繫。雷·瓦特與喬治·盧卡斯的關係也不錯，盧卡斯曾打電話來支持我，告訴雷·瓦特我比史坦菲爾有創意，很顯然是比較好的人選。

席德·巴斯早在夏天時就讀過《紐約》雜誌上關於我的封面故事，並依此推斷我會是個強有力的管理者。後來他告訴我，這篇文章所附的照片中，有一張對他影響最大。在這張照片裡，有我跟結婚十五年的妻子，還有三個兒子，背景則是我們的家。這張相片讓他再次確定我不是狂野、喜歡開派對的典型好萊塢主管。但諷刺的是，珍要到最後一刻才願意一起合照，因爲她不希望隱私受到侵擾。當她了解到沒有她，我還是要拍照，她就加入我們，因爲不一起照相會讓我們看起來像是離婚了。

即使有這張全家福，席德與雷瓦特兩人仍然懷疑我是不是有能力、有本事當CEO——還有法蘭克是不是比我更夠資格。九月十九日星期三早上——也是我們開始進行宣傳活動的第三天——我坐在廚房吃早餐時，抬頭剛好看到法蘭克跟史丹利跑上我家的車道。

「完了，」我告訴珍。「事情一定沒成功。」我的直覺還沒完全消失。當我到門口接他們時，史丹利就宣佈了結果。

「巴斯兄弟決定不讓你當最高執行長，」他說。「他們要法蘭克當董事長，你當總經理。」有那麼一瞬間，我懷疑或許法蘭克和史丹利的想法也跟巴斯兄弟一樣。

「你何不自己打個電話給巴斯兄弟說服他們？」法蘭克建議。

史丹利也同意，在那一刻，我知道我的疑慮完全是多餘的。然後我們一起進到小書房，以免持聽筒的方式撥電話，好讓所有的人都能聽到對話：珍和我，以及仍穿著汗溼衣服的法蘭克與史丹利。在沃斯堡的巴斯兄弟也讓他們的人圍著電話：有席德、里察·雷瓦特與艾爾契奇（Al Checchi），他是他們另一位高階主管。

電話一接通，我直接開始用我自己的話闡述爲什麼應該由我經營迪士尼。「像迪士尼這樣的公司總是由天才型企業家所創辦，但最後這些人不是死了或被淘汰，就是轉行。公司無可避免地就被生意人接收，這些人首先在意的是保留能讓公司偉大的遠景。他們自己沒有任何創意，到最後，圍在他們身邊的只有分析師與會計師，這些人只會想辦法控制創意人士並刪減經費。他們阻礙變革與創新，這樣公司會開始僵硬、萎縮，最後死亡。重要的是要維持財務上的靈活度，但千萬別把老本拿去賭，這就是我們一直用來保護派拉蒙的方法。但在講創意的行業裡，你必須願意冒險，有時甚至得經歷失敗，因爲不這樣就無法求新求變。如果你經營事業只喜歡看數據，我可以理解。但這樣你就不該捲入像迪士尼這種以創意維生的公司。」

這麼直言不諱是在冒險，可是我想我也沒什麼好損失的。講這些話時，我應該會很容易結巴，但我卻說得非常清楚明白，連我自己都很訝異。當我講完時，聽到一聲敲擊聲。可是我還來不及煩惱那是什麼時，聲音就從電話傳了出來。

「好吧，」席德巴斯說，「你是對的。我們站在你們這一邊。」

我楞住了。後來我才知道這是巴斯一貫的作風：果斷、扼要，連討論都減至最少。有巴斯這群人支持我當董事長，法蘭克當總經理，情勢馬上逆轉。對於我們這兩位剛起跑的人而言，至少又多了一票了。巴斯兄弟也向我們保證，經營阿維達（這家不動產經紀公司是由巴斯兄弟賣給迪士尼）的查克・克伯（Chuck Cobb）會投給他們中意的人選，他不但是迪士尼的董事，自己也想進入迪士尼的高層。這麼一來，我們需要的七張票中，至少已獲得克伯、羅伊、史丹利及彼得・戴利這四張了。雷・瓦森沒有正式做出承諾，但是我相信他最後還是會投給我們。我即將發現——這是第一次，但絕對不是最後一次——席德・巴斯是個多麼有力的盟友。

席德出身於一個充滿傳奇性的德州家族，很早就被引入商業投資世界。他的曾舅父席德・理查森（Sid Richardson），是個生活多采多姿的德州傳奇人物，席德的名字就是跟著他取的。席德・理查森在二十幾歲時，靠著尋找油田與牛隻買賣曾兩度成爲百萬富翁，也曾兩度破產，到了三〇年代因爲發現豐富的石油，他才差一點沒第三度破產。席德・巴斯的父親培瑞・巴斯（Perry Bass）是獨子，十八歲時父親就過世了。席德・理查森後來就像是培瑞的父親，最後他們倆一起合夥做生意。

席德是四個小孩中的老大，十歲時，他父親第一次帶他去參觀紐約證券交易所。十四歲時席德已經在讀報紙的證券交易版。十八歲時，他用父親最初給他的一千塊美金當股本，開始測試各種不同的投資策略。從安多佛（Andover）及耶魯畢業後，他原本想念藝術學校當畫家。但是後來跑去念史丹佛的商研所。一九六八年席德滿二十六歲時，他父親把家族生意交給他。當時高姿態的共同基金經理人都是分散投資，但席德反其道而行，他只投資少數幾家他清楚營運狀況的公司。

在我們第一次碰面後不久，席德就告訴我：「我只是簡化遊戲規則。我的第一條規則是：如果我不會想擁有某家公司全部的股票，那我是一張也不會買。如果某家公司股票下跌，這是好消息，因爲它的價格比你當初決定要買時來得便宜。」接下來的十年，席德和他三個兄弟以及他們底下的小團隊，做了一些非常成功的投資，對象包括德州炸雞（Church's Fried Chicken）、馬拉松石油公司（Marathon Oil）、德州油業（Texaco）等等。

席德哲學的第二條是他從不企圖接收自己投資的公司。與其花費額外的資金取得公司控制權，他寧願安於次要的地位，因爲這樣的位置他可以靜靜地只花市價購得。他也沒興趣成爲任何公司的董事，或是讓自己陷入日復一日的管理工作。對於他大筆投資的公司，他比較喜歡當CEO表現的評估者。席德不玩心機。他只是意志堅定、有耐心、行事低調，但絕不廢話。到了三十歲，他已經替自己累積了大筆的財富。「如此可見內線消息的價值，我從來沒有內線消息，」他有次對我說。

決定選擇法蘭克跟我之後，席德主動要替我們跟其他股東說好話，第一個對象就是雷・瓦森。就在那天下午，他打電話給厄文・傑克伯與伊凡・波斯基，設法要他們倆個跟我們同一陣線。丹尼斯・史坦菲爾也選在同一天打電話給巴斯兄弟尋求支持。席德告訴他在經過深思熟慮後，他決定站在法蘭克跟我這一邊。史坦菲爾聽了很生氣，並暗示他已取得多數董事會成員的支持。

「如果星期六的投票結果是我贏怎麼辦？」他問道。

「那我們星期一舉行代理表決，」席德回答，「我們換掉原來的董事會並指定新的執行董事。」

雖然席德跟我們都非常努力，但是到九月二十號星期五，我們只得到四張肯定票。最有影響力的票則是卡德・沃克那一張，因爲另外至少兩個董事會成員——卡德之前的迪士尼董事長唐・泰坦

（Donn Tatum），與主持主題樂園的里察・納尼斯（Richard Nunis）——會跟沃克投一樣的票。加上這三個人可以讓我們取到所需的七張票。我們一致同意法蘭克應該直接向卡德爭取他那一票，他們全家剛好在亞歷桑納的波威爾湖（Lake Powell）渡假。法蘭克搭羅伊・迪士尼的公司座機飛去找他。我則待在洛杉磯，去見另外兩位董事。那天早上我開車去市中心，到山姆・威廉斯（Sam Williams）的律師事務所向他遊說。然後下午珍跟我開車到新港海灘（Newport Beach）。珍在車上等，我下去找納丘・洛札諾（Nacho Lozano）談。回家途中，我打電話給史丹利，告訴他我不確定是否已經讓威廉斯或洛札諾改變心意。

「沒關係，」史丹利告訴我。「我們已經贏了。」五分鐘前，法蘭克才從飛機上打來電話告訴他，卡德不只同意支持我們，還準備在第二天早上的董事會上發表我們的提名演說。原來卡德老早就已經準備支持我們，只是我們都沒有問他。也許是因爲法蘭克和我結盟，他才覺得我可以當ＣＥＯ。但是我從未確定他改變心意的眞正原因。

史丹利要我跟法蘭克第二天早上六點到他家會合，商談報酬的事。厄文・羅素淸晨五點四十五分來接我。我不是很關心薪水的問題。我告訴厄文，迪士尼董事長的薪水如果和我在派拉蒙當總裁時一樣，我就很高興了。我比較感興趣的是得到獎賞的機會——透過紅利與公司股票——如果我跟法蘭克能讓公司起死回生的話。

我跟史丹利要了迪士尼的年度報告書，上面記載迪士尼淨賺的最高記錄爲一億美元。厄文與我向史丹利提議，如果公司賺超過一億美元，多出來的收益我抽百分之二。也就是說，如果我們能增加百分之五十的收益，我可以得到一百萬的額外紅利——如果眞那麼成功，這樣的報酬不算過分。

厄文加上另一個條款，就是我必須能取得五十萬股的迪士尼股票，當時的市價是一股近六十美金。這代表未來我正式上任後，有權以每股六十美元的價格購得這個數量的股票。這麼一來，我不是領限額股票或一定金額的紅利，這種報酬都不管公司的營運狀況如何。相反的，只有我們能爲所有股東增加公司的價值時，我才有酬金可拿。

結果法蘭克比我更不在意薪水如何算。他很快就同意立個跟我差不多的合約。整個協商過程只花了二十分鐘。到後來，我們讓所有迪士尼的高層主管都援用這個方案——這樣就不必付高薪或保證有一定的收入，而是看個人的表現決定紅利的分發及購買股票的數量，股票的價值則是隨公司的整體營運狀況而變。

討論完之後，史丹利到董事會開會。法蘭克和我則回家等消息。這次我們根本還來不及擔憂，電話鈴聲在正午時就響了。史丹利在電話中說：「恭喜，你們成功了。」卡德・沃克宣佈提名我們後，董事會就無異議通過。連菲力普・郝利最後也投給我們。他還接過史丹利的電話告訴我們，他覺得結局「很棒」，他全力支持我們。史丹利拿回電話後，要法蘭克和我到托魯卡湖（Toluca Lake）的湖邊鄉村俱樂部（Lakeside Country Club），跟他、羅伊・迪士尼及其他董事見面，他們要在那裡辦慶祝餐會。

珍跟我都很訝異事情進行得如此順利。因爲不知道該說什麼，我們只是看著對方，然後互相擁抱。接著我跑上樓，脫掉牛仔褲，換上西裝。我用樓上的電話打給巴瑞・迪勒，告訴他這個消息。我覺得讓他從車上收音機或晚報知道這消息很不對。他應該會很失望甚至生氣我不跟他一起去福斯，但是我確定他會承認能經營迪士尼是相當難得的機會。在告訴他這件事情時，我才突然間感受到這整件事情的衝擊力，我聽到自己的聲音啞了。我有點困窘，希望巴瑞沒發現。從我的長子出生後，我很久沒這麼激動了。

第一次與董事會的聚餐讓法蘭克和我了解到他們是一群寶藏。每當管理階層換人，新任者總是自大地認爲自己知道得最多，而且輕視上一任的人。法蘭克和我馬上同意迪士尼還有個遺產亟需保護。公司過去的成功不是偶然，雖然這幾年情況很不好，公司的每個階層都還有些能人異士在。直到今天，董事會中還有好幾個是華特時代就開始待在公司的主管，羅伊・迪士尼當然是其中之一，還有雷・瓦森、卡德・沃克與里察・納尼斯——他到現在仍是樂園部門的最高主管。我們繼續依賴這些人的專業，還有他們對公司的記憶。那時，我們也沒有匆匆忙忙地把各個部門的人全部撤換掉。今天，雖然已經過了十四年，好幾個早在我們來之前就已經在公司工作的人仍身居要職。我們也從非公司成員的董事身上學到很多，例如納丘・洛札諾，國內最大的西班牙語報紙《意見報》(*La Opinion*) 就是他辦的。

湖邊的這一餐，是法蘭克和我好長一段時間來終於有機會享受到的輕鬆一餐。我們花了好大的力氣最後總算得到這個工作，但是公司仍隨時有被購併的可能。我們下一個挑戰就是要能掌控迪士尼的命運——以及我們自己的。星期天我很早就醒了，然後跟法蘭克一起到伯班克的迪士尼片廠巡視。下午的時間我們跟銀行投資業者開會，他們是受雇來阻止公司被購併的。史卡頓—爾普斯—史雷特—米格與福隆法律事務所 (Skadden Arps Slate Meagher & Flom) 的資深合夥人約瑟夫・福隆 (Joseph Flom)，對迪士尼的處境做了簡報。福隆特別強調厄文・傑克伯。他不但是公司目前最大的股東，也是公認最想把公司解體的人。我突然發覺到這場漫長討論所牽涉到的問題，都是我不曾花時間思考過的：爲奪取經營權而造成的股價哄抬、套利或套匯行爲、證交會檔案彙集、代理權爭奪戰、增資以防被購併等等。這時我才知道我必須趕快研究一下。儘管我深信法蘭克和我絕對有能力扭轉迪士尼的情勢，但是對財務金融我是一竅不通，對法人組織的遊戲規則所知亦相當有限。

九月二十四號星期一早上，我開車到製片廠開始第一天的工作。我甚至不知道該到哪裡去辦公，所以我決定使用朗・米勒先前位在動畫大樓三樓的辦公室。這間辦公室也曾屬於華特・迪士尼。這些都是露西兒・馬丁告訴我的。她曾短暫做過華特的秘書，然後是朗的秘書，現在則即將成爲我的秘書。我覺得讓一個眞正了解公司的人來當秘書是很正確的事情。就在我跟露西兒互相自我介紹後沒幾分鐘，法蘭克跳了進來並坐在我對面。剛開始我以爲他有話要說，但後來我發現他根本沒有移動的打算。

「法蘭克，我們要一起坐在這裡嗎？」我問道。

「是啊，」他說。「我是這樣想。」

我對他這麼毫無矯飾的反應感到好笑，但我知道這種安排不夠理想。爲了委婉解決這件事，我說：「聽我說，這樣我沒辦法工作。如果我得教訓小孩或者和珍吵架時怎麼辦？這樣好不好，你留在這間辦公室，我另外找一間？」

「不用，不用，你待在這裡，」他說完跳起來。我還來不及開口說話，他就走到隔壁的會議室去，在那裡他自在得很。我們兩個早上的時間都花在回恭喜的電話。下午我們則回製片廠，向聚在一起的幾百位員工致詞。有位員工自我介紹，說她是BVD的副理，於是我很愚蠢地問迪士尼是否也生產內衣。

「不是，」她憋著不笑出來，「BVD是 Buena Vista Distribution 的簡稱，專門管理戲院放映公司電影的部門。」顯然我還有很多要學。不過受到這樣的歡迎，法蘭克和我還是得到鼓舞。無論這些員工可能有何疑問，每個人似乎都很興奮，期望我們能爲長期陷入危機的公司帶來活力。這是我第一次了解到迪士尼如果解體，對底下兩萬八千名員工有多大的影響。這些人都是忠心耿耿，全心付出，卻得面臨失去工作的危機。站在法蘭克和我面前的男人與女人，好幾個月來都在擔心工作可能不保，家庭生計有虞。對他們而言，我們代表的是安全與穩定的可能性。我們是尚未有英雄事蹟的英雄。

不幸的是我們沒有多少時間去適應。第二天下午法蘭克、我以及麥克・巴克諾（Mike Bagnall）就上了飛機。巴克諾是朗・米勒當家時的財務主管。我們要飛到沃斯堡去見巴斯兄弟，他們在我們爭取這個工作時非常支持我們，這是我們第一次見面。前一天我已經和席德通過電話，但是法蘭克和我都認爲應該親自去見他跟他的合夥人。席德提議邀請厄文一起來，因爲他是另一個公司的大股東。

在飛機上巴克諾幫我們惡補，好讓我們了解迪士尼的全部業務。降落後我們直接驅車前往位於市中心，巴斯兄弟爲他們自己蓋的總部——這是兩棟極顯眼且高聳入雲的摩天大樓，由保羅・魯道夫（Paul Rudoph）設計。這是我第一次到沃斯堡，我後來才曉得這個市中心的重建與復興，幾乎是由巴斯家族一手促成的，市中心大部分的設計，則是由一位較不出名的建築師大衛・舒瓦茲（David Schwartz）所構思的。巴斯的辦公室在三十二樓，看起來卻不像辦公室。辦公室多是用玻璃隔間，所以看得清清楚楚的。辦公室的氣氛很像休息室。年輕的主管穿著西裝，但是行爲卻像球員，他們跑進跑出，互相擊掌加油，對著電話大聲吼著數字，交易成功時還會大聲歡呼。

我們聚集在一間小會議室，其中一面牆是白板，上面用麥克筆潦草寫著各種商談中的交易細節，然後再擦去。開會的人有厄文．傑克伯與席德．巴斯——另外還有他們的夥伴里察．雷瓦特、艾爾．契奇、湯米．泰勒（Tommy Taylor）、查克．克伯。當然法蘭克、麥克．巴克諾跟我也在內。在還沒介紹之前，我不確定誰是誰。席德溫文有禮，非常紳士，看起來比較像常春藤名校的研究生而不是德州企業家。我不打算說客套話。談了一下之後，席德就轉過頭來問我：「那你對公司有什麼看法？」我站了起來，抓了桌上的黑色麥克筆，接下來的半個小時我就在牆上寫重點，談迪士尼的業務。

我從描述創作流程開始，並強調不管是哪種娛樂，最初的點子是關鍵。然後我談電影如何製作，會有哪些成本，可能帶來的收益爲何，還有如何讓我們的財務狀況安全無慮。

「電影院之後的流通點將是錄影帶出租，」我解釋，「再來是有線電視，然後是電視網。」過去這幾年，這幾個收入來源暴增，結果造成電影圖書館越來越有價值。過去六個月裡，我們在派拉蒙也試過開價，希望能買下迪士尼的電影圖書館。「接下來這幾年，經典卡通片的收益可能至少有兩億美元，如果行銷做得更好，收入會更多。」

如果我早知道這個預估值太過保守，我會考慮試著說服巴斯兄弟把整個公司買下來。接下來是談到電視的部份，我告訴他們如果能讓某個影集播映的時間長到變成聯合同步放映，帶來的收益會有多大。我向他們強調：「迪士尼因爲沒有加入電視業，就快要錯失這個大好機會了。」最後我談到我相信可以善加利用主題樂園來促銷迪士尼的電影，而電影中的人物也能成爲樂園的新賣點。

我講完後席德沒有說什麼，但是雷瓦特跟契奇卻有一籮筐的問題。「跟喬治．盧卡斯做生意怎麼樣？」雷瓦特問。「我猜你打算跟他這一類的人合作拍電影。」

「我不知道那是不是最好的方式。」我回答。「你想想看，盧卡斯已經拍了《美國風情畫》、《星際大戰》與《法櫃奇兵》。現在他拍任何一部電影都能賺大錢，還得加上每部電影之前預付的五百萬以上的訂金。眞正的挑戰是去找下一個喬治・盧卡斯，下一個史帝芬・史匹柏，或下一個法蘭西斯・柯波拉，並在他們未成爲高價明星之前就和他們建立關係。我寧願爲主題樂園向盧卡斯買《星際大戰》或《法櫃奇兵》的專利，並說服他根據這些電影創造新的遊樂設施，沒有人可以做得比他的公司更好。這樣做比現在找他拍電影對迪士尼更有利。」我知道我正踩在地雷區上，因爲雷瓦特和盧卡斯是好友。但是是他自己問我這個問題的。我不打算讓我們的關係一開始就是欺騙。如果我自己不相信，我是不會告訴他我認爲他想聽的答案。

約半個小時後，雷瓦特站起來去接電話，席德和他一起離開。當時我們不知道，但是他們一走出房門，席德就轉頭對他的同伴說話。

「我喜歡我聽到的，」他說。

「我跟你一樣。」雷瓦特答道。

「讓我們進去告訴他們，我們要合作個五年，」席德說。

席德後來告訴我他們之間的談話。不到半小時，席德和里察就決定當我們設法讓公司起死回生時，他們會保留對迪士尼的投資，這樣他們賺的錢才會比公司被拆開來拍賣要多。在還沒回會議室之前，席德把厄文・傑克伯也叫了出去，三個人在他的辦公室談了一會。「這些人知道他們要怎麼經營公司，」席德說。「要看到像這樣敢公開對股東說話的人，實在很難得。」然後席德建議他們不要只考慮繼續持有迪士尼的股票，還要買進更多。傑克伯也很贊同。

等他們回來時，討論的話題明顯地變了。他們仍然沒有說出剛剛做好的決定，但是他們講話的方式好像把我們當成合夥人一樣。席德和他那群夥伴們提了很多點子，想提高公司的價值，大部份的想法都跟開發華特迪士尼世界內的房地產有關。艾爾・契奇對旅館業很熟，他以前在馬利歐（Marriott）旅館公司工作。有段時間馬利歐也考慮要出價收購迪士尼，當時他還幫忙處理奧蘭多市場的研究調查。

艾爾指出迪士尼在奧蘭多只擁有三間大型旅館，而且自一九七三年以來就沒有再蓋過任何一間新旅館，即使現有旅館的空房率幾乎是零。但是同時，華特迪士尼世界周圍卻冒出兩百五十家以上的旅館，每年超過一千萬的遊客讓這些旅館撈了不少錢。艾爾的研究顯示，遊客比較喜歡住在華特迪士尼世界裡面而不是外面，而且就算在迪士尼的土地上蓋數千間的旅館房間提供給遊客，也肯定會供不應求。艾爾指出外面同等級旅館的價錢實際上比樂園內的高。我們的對話持續了三個多小時。散會時我們都覺得非常興奮。

「我們會合作個五年，」我們要前往機場時，席德告訴我們。「至少這五年內我們不會賣出任何持股。」

一星期左右後，我們得知巴斯兄弟大幅度地增加他們的持股。席德猜測伊凡・波斯基可能會拋售他手中一百五十萬股迪士尼股票，所以他馬上要經紀人打電話波斯基，開價要買他的股票。他們以一股六十美元成交——這價格實際上並沒有比市價高。這樁大買賣的消息刺激了道瓊工業指數，沒多久厄文就打電話給席德。他因爲沒有加入這筆買賣而懊惱。他問席德不是說好要一起買的嗎？

「我只是告訴你買這家的股票是很好的投資，」席德回答。「我可沒向你承諾任何事情。」傑克伯了解到他被排擠，所以開價一股六十五要買席德所有的股票。這個價錢會立刻讓巴斯兄弟每股多賺五到十五美金，全部大約是四千萬美元。

席德的反應是：「不管你出什麼價我都不賣。」然後他反過來開價要買斷傑克伯的持股。顯然現在席德有優勢。第二天早上，他向傑克伯開價一股六十，要買他手中百分之八的持股，最後以六十一塊敲定——這比前一天傑克伯開給席德的價格少了四塊。這筆交易讓投資迪士尼一年的傑克伯獲利近三千萬，但是這也許是傑克伯做過損失最大的金融決策之一。如果在接下來的十年裡他繼續保有迪士尼股票，他的獲利會超過二十億。

至於巴斯兄弟，在幾個星期內，他們就把所有可以找得到的股票都搜刮一空，持股比例達到百分之二十五。他們因此成爲最大的股東，也確保法蘭克和我有足夠的時間讓迪士尼改頭換面。這眞是刺激又嚇人。經過這麼長的時間，總算輪到我們掌控局面了。

6

少有人注意的數字

不能依賴偶爾冒出一部賣座鉅片

1989 年，迪士尼除原來的品牌外，成立了
「好萊塢電影公司」。往後四年，發片量遽增一倍多，
但產品越多，賠的錢也越多。統計數字是不會說謊的。
不管成本多低，有多少新的附加市場出現，
爛片都只有賠錢的份。原因是：拍片量大增，
想在每一部片子投注和以前一樣多的心力是不可能的。
一旦力量分散，不只我們拍的電影顯得缺乏鮮明特色，
而且也看不出有任何值得拍攝的理由。
觀眾可是一部比一部忘得快。

法蘭克和我剛到迪士尼時所面臨的最大挑戰，是如何使迪士尼重新進入影視界。那時我們唯一的路就是往上衝，這種經歷我之前在ABC和派拉蒙就曾碰過。那時迪士尼已算是完全脫離了電視網，而且似乎沒有一個在醞釀中的計畫有任何拍攝的價值。雖然有幾部動畫片正在進行，但自從三年前的《狐狸與獵狗》（*The Fox and the Hound*）上映後已沒有新動畫片推出。我們非常有信心能再度成為影視界的重要成員。只不過我們沒有想到在往後的八年內，我們的命運經歷了戲劇性的起伏。

我們一開始下的最重要決定，該算是僱用傑佛瑞・卡森柏格來運作片廠。馬丁・戴維斯還企圖說服傑佛瑞留在派拉蒙，要把他留到八四年晚秋他們的合約結束為止。但是傑佛瑞和我早有共識，不管在那裡，我們都將持續合作。法蘭克和我被任命的那個週末，傑佛瑞就先到我家來討論重建迪士尼片廠一事。幾個星期後，我們三人約在比佛利山莊飯店裡的一個小木屋，傑佛瑞和法蘭克第一次正式被介紹認識。會約在比佛利山莊飯店的小木屋，是因為這是法蘭克過去在華納的習慣，他覺得這個地方會為我們的初次見面帶來一種戲劇性和刺激感。不過最後法蘭克的熱忱恐怕也只有他自己的食慾才比得上。他才狼吞虎嚥完他自己的沙拉沒一會兒，就已經把身子橫過桌面，開始大口吃起傑佛瑞的沙拉。傑佛瑞不可置信地看著法蘭克，然後轉向我，想要知道為什麼。

「他只要一談合約就會變得飢餓不堪，」我聳聳肩膀說。

傑佛瑞的飢渴是表現在工作上。他已經展現他蒐集資料、吸引人才、推動事務與掌握電影合理預算的能力。當時傑佛瑞的能力無人能比。打從他進迪士尼的那天起，迪士尼的利益和他自己的利益就已合而為一。

那時我們都同意要重新將迪士尼的名號打入觀衆的心，最有效的辦法就是讓迪士尼影集重回黃金時段。華特最早的電視影集是在一九五四年開播的《迪士尼樂園》(*Disneyland*)。這個影集換過幾次名字，並在三大電視網播映，後來成爲電視史上放映最久的影集——共達三十四季之久。這個節目是源於華特那種永不滿足的創作欲望以及他想籌錢蓋主題樂園的意圖，也就是後來的迪士尼樂園。從來沒有人想過要花一千七百萬來蓋座樂園——而且也沒有任何一家銀行願意提供資金。華特於是轉而向新的電視頻道尋求協助。每一家電視台的老闆都渴望有機會每星期播放迪士尼製作的影集。華特決定，凡是眞心想要迪士尼影集的電視台都得答應投資迪士尼樂園。NBC的大衛・沙諾夫和CBS的威廉・培利兩人都拒絕了華特。只剩下ABC的雷歐納德・勾登森是華特的最後一線生機。勾登森旗下的附屬機構只有十四個，他極想靠節目安排來和遠強過ABC的CBS和NBC競爭。

最後ABC同意投資五十萬在迪士尼樂園上，並擔保高達四百五十萬的貸款。相對的，ABC電視台可得迪士尼樂園百分之三十四的股份以及往後十年裡特許商品的全額利潤。華特同意幫ABC製作每星期一小時的迪士尼節目。ABC除了提供影集五百萬元的預算外，還同意在每次節目裡給華特一分鐘的廣告時間讓他任意運用。這筆交易對迪士尼來說相當棒。片廠的老板都很擔心來自電視台的競爭，華特馬上就知道如何善用電視媒介。尤其電視不但幫助迪士尼以其特有風格擄獲觀衆的心，也提供迪士尼實驗如自然紀錄片等新影片類型的機會。在還沒人開始用「聯合宣傳」(synergy)一詞，華特已直覺看到迪士尼影集是個讓觀衆熟悉迪士尼樂園、迪士尼電影以及華特迪士尼這個名字的好機會。「電視，」華特曾在受訪時說過：「將是我直接走向人群的方式。」

華特把新的電視影集命名爲《迪士尼樂園》，所以早在主題樂園開幕前，迪士尼樂園就已經家喻戶曉。華特自己主持節目的決定，也使得迪士尼成為一個人性化的公司。尤其華特說話時帶有中西部特有的鼻音，再加上沒有職業演員的修飾，使他更受到觀眾的喜愛。第一集節目名為「迪士尼樂園的故事」，是關於樂園成立的特別節目。幾個星期後又推出迪士尼即將推出的電影《海底兩萬哩》（*20,000 Leagues Under the Sea*）的拍攝過程紀錄片。當季最成功的影片是由費斯帕克（Fess Parker）主演的《大衛克羅凱特》（*Davy Crockett*）。這是齣三集各一小時長的節目，描述一個粗獷的美國平民英雄，深受觀眾喜愛，街頭巷尾流行著排行榜冠軍歌曲「大衛克羅凱特的歌謠」（The Ballad of Davy Crockett），並掀起一陣迪士尼授權銷售的浣熊皮帽等產品熱。這個節目還在一九五六年榮獲艾美獎。至於《迪士尼樂園》影集，直到一九六六年華特去世後還一直是觀眾認識迪士尼的管道。最後，在一九八三年，卡德・沃克決定把迪士尼影集從電視台拿掉，擔心這個影集會分散掉新開的迪士尼頻道的觀眾。

法蘭克和我的想法剛好相反。迪士尼頻道設定的觀眾是那些在任何時候想看迪士尼節目就可以看到的人。而週日晚間在主要電視台播放的迪士尼電影卻是一個不可多得的機會，可以讓觀眾了解我們提昇家庭節目品質的用心。跟三十年前華特一樣，我們也相信那是個讓大眾注意迪士尼新動態的好機會。我是在一九八四年聖誕假期，第一次跟費德・皮爾斯提出讓迪士尼影集重回電視頻道的想法。在我離開ＡＢＣ十年期間，費德還繼續留在那帶領ＡＢＣ。我向費德提出我的想法時，我們兩個正在亞斯平（Aspen）山上一同乘坐著纜椅上山。我跟他解釋說，ＦＣＣ要求每家電視公司於晚間七點到八點的時段播放新聞或家庭性節目，而且ＡＢＣ也正想要在這個時段製作出成功的節目，和星期天晚上ＣＢＳ的《六十分鐘》對打。等我們下纜椅時，費德已經等不及要和迪士尼合作。我雖然很得意談成這個案子，但也承認，自己竟然趁度假，在一萬英呎的高空向人推銷，是有些「厚臉皮」。

我們加入迪士尼以後，第一次聚會激盪創意，是八五年初春的一個週末在棕櫚泉（Palm Springs）舉行。就像我在派拉蒙的頭一星期一樣，我聚集迪士尼的創意小組開了一場馬拉松會議。後來這種會被我們稱爲「炮轟秀」（Gong Shows）。每個與會者都可以把他們最誇張、最不可能的點子提出來。儘管這些點子常被「炮轟」，但卻沒有人會不愉快。大多數公司開的點子大會，盡是提些安全又平凡的點子。人們只有在累了、放鬆了，而且不再感到限制的時候，想像力才會開始活躍起來。「炮轟秀」雖然勞力勞心，倒也趣味十足。更重要的是往往成果豐收。

「炮轟秀」裡第一個被注意的點子是一個現代版的經典移民故事，敍述越戰時一個母親帶著孩子逃離柬埔寨的眞實故事。他們一家人生平第一次搭飛機卻躲在座椅下，等到飛機抵達美國後他們被送往一個臨時難民營。這位母親後來找到一個工作，最後也幫家人找到住處。電影結束時，不但每個孩子在學校裡都表現優異，大女兒還獲得全國拼字比賽勝利，場面熱烈如超級盃一般。「炮轟秀」後的那個禮拜，我在晚餐時講這個故事給珍、費德和他老婆瑪莉安（Marion）聽。故事說完後我們四個都熱淚盈眶，因此我更堅信我們一定得拍這部片子。我們並不是每部片都這麼感人肺腑，但是 *The Girl Who Spelled Freedom* 的確爲迪士尼影片立下一個令人印象深刻的標準。

當迪士尼的影集已經逐漸有了雛形，我們仍然欠缺一些每週都會有故事發生的連貫性角色。電視節目最注重舒適感。往往最成功的影集都是建立在那些會讓觀眾每週都想帶進他們家中的角色身上，例如丹尼狄維托在《計程車》中飾演的路易狄帕馬（Louie DiPalma），亨利溫克勒在《歡樂時光》

中飾演的瘋奇，泰德丹森（Ted Danson）在《歡樂酒店》中飾演的山姆馬龍（Sam Malone），以及提姆艾倫（Tim Allen）在《歡樂DIY》中的提姆泰勒（Tim Taylor）一角。我們也發現成功的影集和綜藝節目裡，通常會有一個觀眾覺得熟悉的人物——不管是華特・迪士尼自己的《迪士尼樂園》影集，艾德・蘇利文自己主持的綜藝節目，或是希區考克自己親自介紹他的電影。就在前一年，史蒂芬・史匹柏幫NBC製作了《神奇故事》(*Amazing Stories*)。雖然每個個別的故事都很好，卻沒能吸引更多觀眾，至少有部份原因是因爲每星期的節目間彼此缺乏連貫性。

我們花了好幾個月的時間找尋合適的主持人。在一九八五年初，我們找上卡萊葛倫，但他拒絕了。我們繼續討論其他可能的人選，包括朗霍華、狄克凡戴克（Dick Van Dyke）、茱莉安德魯絲（Julie Andrews），甚至是保羅紐曼。最後，我們的結論是這些人沒有一個和迪士尼有密切的關聯性（而且我們也不確定他們是否有意接受這項工作）。到了年中時，我開始和法蘭克・威爾斯討論自己上台主持的可能性。我太太和孩子們馬上表示反對。「老爸，你這樣會讓我很丟臉，」老大布萊克說。傑佛瑞和其他迪士尼主管的態度也不表樂觀。

只有法蘭克・威爾斯和席德・巴斯兩人支持我的點子，就如同往後十年他們也支持我所做的許多冒險決定一樣。他們同意我的看法，認爲迪士尼的總裁比其他主持人選更具可信度。而且這麼做可以證明迪士尼確實有人在管理，而非由華特的鬼魂在操縱。或許我主持起來不那麼順，但最起碼我的熱忱可以克服困難。話雖如此，對我主持能力的質疑依然甚囂塵上。爲了勝任這個工作，我買了新衣服，減掉十五磅，曬了一身古銅膚色，一而再再而三地反覆演練，只希望能精進我的主持技巧。我們請麥可・凱（Michael Kaye）來掌鏡，他曾經成功地製作過比爾・布萊利（Bill Bradley）和泰德・甘迺迪（Ted Kennedy）等候選人的政治廣告，這個人可以嚴肅也可以風趣。我很高興麥可跟好萊塢沒有什麼接觸，也不常上當地熱門的餐廳，因爲這樣他就不可能去跟別人閒話我當主持人的情形。

事實上，錄影起來比當初下決定主持更是令我神經緊張。一九八五年十二月三十號，也就是我進棚的前一晚，我在晚上十點鐘就上床睡覺。就像我中學考ＳＡＴ的前一個晚上一樣，結果我整夜都盯著天花板看。早上五點四十五分，我乾脆起床，我刮了兩次鬍子，試穿我新買的西裝，並打了一個再漂亮不過的溫莎領結。從早上七點半到十點半，我們一共重來十九次。結束時麥可還安慰我：「你做的很好！」我如釋重負。心想也許真沒那麼糟。當天晚上我到棕櫚泉陪我父母過除夕夜。隔天一整天不斷有電話打進來。「你有點緊張！」「你眼睛沒看攝影機！」「你重音放錯地方！」傑佛瑞的電話更直。「這根本就行不通，」他說。

那天晚上我就寢時還一直自問，幹嘛讓自己經歷這種不必要的苦難。不過，等我醒來，休息過後，我又覺得自己可以重回戰場。最後，別人的批評只有讓我更加堅決地去承擔這工作。所以在接下來的十年裡，我繼續主持了三百多場一分鐘的影片介紹，與米奇（Mickey）、米妮（Minnie）、布魯托（Pluto）、高飛狗（Goofy），還有蛇、大象、老虎和猴子等同台演出。我主持的背景幕從白宮到我們自己的迪士尼樂園都有。雖然這些年來我的表現進步不多，不過終究讓觀衆熟悉了我。至少我的主持讓觀衆和迪士尼同仁感受到有人在掌舵，帶領著迪士尼這艘船向前航行。

第一部迪士尼週日電影院的電影《招募兒童啓事》（*Help Wanted: Kids*）於一九八六年二月二號播出。這部電影由《拉維那和雪莉》的辛蒂威廉絲（Cindy Williams）和她丈夫比爾賀德森（Bill Hudson）

主演，劇情描述一對夫婦失業後，另外在一家要求員工要有小孩的公司裡謀得新職。因爲這對夫婦膝下無子，於是他們僱用了兩名孩子來扮演他們的小孩。這部片溫馨、詼諧，又合時代潮流，是一部適合闔家觀看的電影。它的觀衆就佔了快百分之三十——勝過之前ABC在同一時段的節目。不光是這一季，就連緊接的一季，收視率仍然很高，兒童觀衆尤其多。更重要的是，《迪士尼週日電影院》（*The Disney Sunday Movie*）讓觀衆見識到迪士尼正在不斷創新，既跟得上時代潮流，又不乏趣味性。《迪士尼週日電影院》讓我們東山再起。

我們企圖成爲電視黃金時段的玩家時，所面臨的挑戰又不相同。我們的第一張犧牲牌竟然大獲全勝。一九八五年春天我們接到主持CAA電視部的比爾・哈柏（Bill Haber）的電話。他代表編兼製作人蘇珊・哈里斯（Susan Harris），她在我任職ABC時製作了《肥皀劇》。哈里斯與她的父母，還有保羅・姜格・維特（Paul Junger Witt）與東尼・湯馬斯（Tony Thomas），一起幫NBC製作名爲《黃金女郎》（*The Golden Girls*）的新節目，描述四個正値黃金年華的女人一起住在邁阿密——其中還包括一對母女。哈柏正在尋找願意合作的製片廠，好彌補NBC願意出的價錢和實際製作所需花費之間的差距。我們大夥一致懷疑這部四個老女人的影集可以吸引到廣大觀衆。

我們詢問蘇珊影集的年齡訴求對象時，她指出一個八十歲母親和六十歲女兒之間衝突——分別由艾絲黛傑蒂（Estelle Getty）和貝雅亞瑟（Bea Arthur）來飾演——基本上和一個三十五歲母親和十五歲女兒的衝突沒有兩樣的，只不過是更好笑。我想起《親密關係》中莎莉麥克琳和黛博拉溫姬的關係，而且明白蘇珊所說一點也不假。再說，幾乎人人都有一位深藏在心中的祖父母。我們最後和哈里斯、維特和湯馬斯達成協議。《黃金女郎》不僅成爲八五年到八六年間收視最高的電視影集，在往後的五季中也一直是十大受歡迎的影集之一。哈里斯接著又拍了《空巢》(*Empty Nest*)，場景跟《黃金女郎》一樣設在邁阿密，故事圍繞一個鰥居的小兒科醫生和他兩個搬回來同住的女兒。這部影集的收視也一樣高。至於我們沒有和電視台合作的部分，成果也還不錯。我們直接把迪士尼製作的節目授權給各家獨立電視台播出，其中較爲人知的片子有 *Siskel & Ebert at the Movies* 和 *Live with Regis & Kathie Lee*——兩部片子的成本都不算太高。

《歡樂ＤＩＹ》則是我們在黃金時段的節目中最成功的節目。我們是一步一步發掘提姆艾倫的。起初是才剛開始在瑞奇・法蘭克帶領下負責電視業務的年輕主管迪恩・華倫汀（Dean Valentine）先對一卷提姆個人秀的帶子產生興趣。恰巧在同時，提姆艾倫的經紀人又送了卷帶子給傑佛瑞看。所有的電視台都對提姆興趣缺缺，而且也沒有經紀公司有意代理他。不過傑佛瑞仍然看了帶子，覺得提姆很有喜感，便邀了迪恩、我和其他幾個迪士尼的人一同前往現場觀賞提姆的演出。我們毫無異議地認爲提姆這種新意十足、又帶有反諷意味的「眞人演出」以電視影集播出是再適合不過了。

麥特・威廉斯（Matt Williams）是迪士尼特約的編劇。除了《天才老爹》外，他還成功地寫了 *A Different World* 和《我愛羅珊》(*Roseanne*)。他擅長寫大膽、有特色的角色。提姆想要做的是類似ＰＢＳ房屋整修影集 *This Old House* 的劇中劇。他說他想演一個使壞的鮑伯維拉（Bob Vila）。試片回應正負參半，尤其是女性觀衆的反應更是模糊，不過《歡樂ＤＩＹ》一上演，馬上就收視上揚到第一。我們在一九九五年賣出重播放映權時，這個影集還締造了不曾有過的高價。

在電影事業方面，法蘭克和我都認爲在我們奮力前衝的同時，必須謹防財務虧損。我們靠外來的財務資源來彌補電影不賣座時突來的大量金錢損失。不幸的是，由於後來國稅局對這類的投資法規更加嚴苛，我們在派拉蒙籌款時所運用的賦稅優惠業已不再適用。不過法蘭克發現另一個出路。他找到由羅蘭・貝茲（Roland Betts）和湯姆・伯恩斯坦（Tom Bernstein）合夥經營的銀幕合夥股份有限公司（Silver Screen Partners）。貝茲之前在紐約當律師，他的個性直率迷人，而伯恩斯坦則曾是奇威丁營的一員。他們兩人和赫頓信託公司（E. F. Hutton）的掮客們合作，在美國各地尋求投資者。到了一九八五年秋天，銀幕合夥公司已經幫我們找到兩億多美元的資金。因爲這些資金沒有利息的壓力，法蘭克和我晚上總算不必再輾轉反側。銀幕合夥公司的投資者可以分配票房收入。只要迪士尼的電影賣座，貝茲、伯恩斯坦以及他們的合夥人也跟著賺錢。

在創意方面，一開始我們就好運當頭。在迪士尼的頭一星期，我接到紐約經紀人山姆・柯恩（Sam Cohn）打來的電話，他說他手上有一個我們會感興趣的劇本。劇本是環球的，不過他們已經決定不拍。導演保羅・莫索斯基（Paul Mazursky）根據早期尙・雷諾（Jean Renoir）的電影《跳河的人》（*Boudu Saved from Drowning*）重新改寫劇本，把場景從巴黎移到了比佛利山莊。莫索斯基的版本描述一個掉到一對有錢夫婦家游泳池裡的無業遊民，在獲救後卻反客爲主的故事，是一個相當摩登的絕妙喜劇。我們馬上對這個劇本表示興趣，儘管我們深知這部片子一定會被列爲限制級——這是迪士尼，甚至連試金石都不曾允許過的。莫索斯基被某些人認爲很怪異，而且他的片子不見得片片賣座。但是這劇本很棒，交易又合理，而我又相當欣賞莫索斯基之前的作品，尤其是《不結婚的女人》（*An Unmarried Woman*）和《莫斯科先生》（*Moscow on the Hudson*）。最後我們重新命名莫索斯基的劇本，也就是《乞丐皇帝》（*Down and Out in Beverly Hills*）。

我們並沒打算花錢找大明星來拍《乞丐皇帝》，我們選擇的是我們賞識但卻正處於事業低潮的演員。我六〇年代在ABC時就開始注意貝蒂米勒(Bette Midler),當時我聽說她在夜總會的演出精湛。不過二十年來我都沒機會與她合作,其中的阻礙來自她的經紀人亞倫・盧梭(Aaron Russo)。原因出於一九六七年,珍和我在《紐約時報》刊登一則租屋廣告,打算出租我們另一間高級公寓。一個個性不錯,但看起來有點胖又邋遢的年輕人,和他金髮碧眼、外表完美的妻子一起出現,他們夫妻倆一下子就愛上了那間公寓並決定租下來。

就在他們要離開時,我問盧梭他是做什麼的,他說他是搖滾樂團的經紀人。那天晚上,珍和我發覺決定把房子租給他是個錯誤。我打電話告訴盧梭,電話裡他苦苦哀求,說他的婚姻得靠這房子維持下去。他和妻子又來了一趟,最後我讓步了。但不久珍和我又開始後悔。我眞是搞不懂爲什麼我能把公司的事處理得有條有理,卻對自己的私事一點辦法也沒有。(眞慶幸我不會被我自己的生命開除。)這次我再打給盧梭,他就沒有那麼友善了。「我要殺了你,」他開玩笑說。

幾年後,我在ABC參加一個會議,商討貝蒂米勒和幾個電視特別節目的合約。坐在對面桌子的竟然是亞倫・盧梭。我完全不曉得他是貝蒂的經紀人。我假裝不認得他。不過幾分鐘後他起身走過來直盯著我。「你就是那個房東對吧?」我也只好尷尬地承認。那時辦公室裡另外八個人完全不知道發生了什麼事。只見亞倫直接離開了辦公室,生意也吹了。過了幾年,我賣了我那高級公寓,而盧梭也離了婚,原因與我的公寓無關,於是我們成了朋友。後來他轉換跑道,還參選了內華達州州長。

貝蒂演完《星夢淚痕》(*The Rose*)以後就被束之高閣。我們請她飾演《乞丐皇帝》中貴婦的角色時,她毫不猶豫地就答應了。李察德瑞佛斯(Richard Dreyfuss)也是馬上就答應我們,不過他的際遇不一樣。我第一次看到他是在七〇年代我還在ＡＢＣ時，他根據約瑟夫．海勒（Joseph Heller）的《第22條軍規》（*Catch-22*）所飾演的飛行員角色令人讚賞。我不知為何當時ＡＢＣ沒有選這個影集。不過拒絕卻為德瑞佛斯帶來了好運。電視圈發展不順後，他跑去拍電影《大白鯊》（*Jaws*）、《第三類接觸》（*Close Encounter of the Third Kind*）和《再見女郎》（*The Goodbye Girl*）。後來他染上毒癮，那段時間他幾乎停止拍片。就在他才剛戒毒回來，我們決定冒險一試，請他和貝蒂演對手戲。至於流浪漢的角色，我們屬意尼克諾特。雖然他當時的事業正處中空期，不過他和我們合作過的影片，從ＡＢＣ的《富人，窮人》到派拉蒙的 *North Dallas Forty* 和《四十八小時》，都是相當成功的。我們請到這三位演技一流的明星，整部片子也才花了一千四百萬拍攝。

《乞丐皇帝》除了是我們第一部成功的電影外，它的重要性還在於它讓整個電影圈了解到我們的企圖心。華特死後，迪士尼可以說是成了電影界的邊緣人，暮氣沈沈，自然很難吸引好的編劇、導演、製作人和演員。但是華特已經不在我們身邊，唯一的彌補辦法就是培養新人才，用可以跟別家電影公司相比的薪水請他們，讓這些人有機會實現他們最感興趣的企劃。朗．米勒在一九八三年成立的試金石公司就是我們的第一步。這是我們首次不再拍把觀衆限制在收看傳統迪士尼影片的家庭及小孩。《美人魚》一片吸引了朗霍華和湯姆漢克（Tom Hanks）的加入，成為迪士尼的賣座強片。

《乞丐皇帝》的限制級分類與成人題材也代表另一種突破。在派拉蒙時，我可能會考慮要求莫索斯基做些許的改變，像減少一些髒話或是床戲。現在我給莫索斯基更自由的空間發揮，也等於是對外宣佈迪士尼已準備要支持出色的電影工作者，並要拍攝眞實反應成人世界的電影。吸收貝蒂米勒、李察德瑞佛斯和尼克諾特這些演員也有同樣的效果。一夜之間，迪士尼從電影圈的邊緣人搖身變成娛樂圈的領導者，從「落伍」變成「酷」。立即的效應是迪士尼號召了更強的人才。一旦一個好演員或導演在迪士尼參與過非迪士尼品牌的計畫後，他們就很有可能會被說服去加入迪士尼以家庭爲特定收視對象的影片計畫。

不過製作《乞丐皇帝》也使我們冒著可能失去迪士尼核心觀衆的危險。這部片子首映時，我坐在派蒂和羅伊．迪士尼旁就不是很好受。我事先已跟他們解釋過拍攝此片的原因，也獲得他們的認可。不過，每聽到他們的驚嘆聲，我就發覺身上冒出幾滴冷汗，到影片結束時我已經渾身溼透。幸好這部片叫好又叫座，沒有引起反感。

久而久之，越來越多的演員成爲迪士尼家族的一員，特別是當他們有自己的小孩後。就像貝蒂米勒後來又幫我們配了《奧麗華歷險記》（*Oliver & Company*）中喬潔特（Georgette）的聲音，並且加入 *Hocus Pocus* 的拍攝。羅賓威廉斯一開始是拍了試金石的《早安越南》（*Good Morning, Vietnam*）和《春風化雨》（*Dead Poet Society*）。後來他又陸續答應幫忙當迪士尼樂園 *Timekeeper* 裡的機器主持人，爲電影《阿拉丁》（*Aladdin*）的魔僕配音，最近還參與米拉麥克斯（Miramax）電影公司的《心靈捕手》（*Good Will Hunting*）以及迪士尼重新拍攝的《飛天法寶》（*Flubber*）——由雷斯梅菲爾德（Les Mayfield）執導，我們第一次合作是試金石出品的 *Encino Man*。湯姆漢克則是在拍完《美人魚》後將近十年，又回來幫《玩具總動員》（*Toy Story*）裡的伍迪（Woody）配音。而伍迪的對手太空戰警巴斯光年（Buzz Lightyear）的聲音則是由提姆艾倫代勞。提姆和迪士尼的關係始於試金石的電視影集《歡樂ＤＩＹ》。後來他又主演迪士尼的賣座強片 *Santa Clause* 和《野蠻城市》（*Jungle 2 Jungle*）。最後他甚至演而優則寫，他的第一部暢銷書 *Don't Stand too Close to a Naked Man*，也是交由迪士尼的出版部太陽神（Hyperion）發行。

成功在電影界裡通常是種良性循環，它不只幫助你吸收菁英，還可增加團隊本身的自信和熱忱。像傑佛瑞的電影工作小組就跟他一樣一大早六點就來，不到晚上九、十點不會離開。大夥的工作時間都很長，往往一星期工作七天。傑佛瑞甚至對他的手下說：「如果你們星期六不來，星期天也別來了。」這只是個笑話，不過也的確反映出我們投注的心力。也許我們都很喜歡那種從無到有的創作樂趣吧。畢竟我們的小團隊從一開始就對重建迪士尼懷抱著一種使命感。

傑佛瑞雖然天天帶領電影部門，但早期我們還是維持夥伴的關係。我們每年只拍攝十二部電影，所以每一部片子都很重要。我們還是像以前在派拉蒙一樣，一起想點子，堅持參與所有創作過程，而且拍片費用要比其他公司花得少。我們試著重建過去的片場制度，簽下年輕編劇的專利權——並以讓他們有機會執導作爲回報。演員們拍過試金石的片子後，儘管我們還沒請他們參與迪士尼的影片，也往往會再回來幫試金石拍片。李察德瑞佛斯在拍完《乞丐皇帝》後，又演出試金石的 *Stakeout*，片中他飾演一位警察，愛上自己負責盯哨的女子。貝蒂米勒在《家有惡夫》（*Ruthless People*）中飾演丹尼狄維托的妻子，然後分別在《四個千金兩個媽》（*Big Business*）和《悍妞萬里追》（*Outrageous Fortune*）中和莉莉湯姆林（Lily Tomlin）與莎莉朗（Shelley Long）演對手戲。迪士尼不像其他電影公司，我們相當樂意用那些只有拍過電視的演員。丹尼狄維托是我們從《計程車》發掘出來的，而我們對莎莉朗的認識則來自她在《歡樂酒店》裡的演出。

《光混添丁》（*Trois Hommes et un Couffin*）算是迪士尼早期的喜劇中點子最別出心裁的。我是在一九八五年秋天到巴黎跟法國政府接洽在巴黎近郊蓋主題樂園時，第一次看到這部片子。該片在法國大賣。那時我正努力想學法文，所以我跑到香榭大道去看場電影。我大概只聽懂了三分之一，但我卻能完全理解電影所要呈現的幽默。我想觀衆不用對白也知道這是一部滑稽的女性復仇電影——一個小嬰孩被扔給三個單身漢，搞得他們團團轉。難怪坐我身旁的女性觀衆從頭到尾沒有中斷地笑著。我們決定請傑佛瑞跟這部片的製作人與導演柯琳·賽荷（Coline Serrau）開一個合理的價錢，好讓我們用英文片名《三個奶爸一個娃》（*Three Men and a Baby*）重拍此片。其他的片商對這部片也有意思，但是我們不願讓步。

從某一個角度看來，我們這麼做似乎是孤注一擲。不過當時迪士尼還有一部片子得出，而且我們深信《三個奶爸一個娃》一定會成爲迪士尼的首部賣座電影。這讓我回想起我們在派拉蒙買下《法櫃奇兵》的經驗。在和法方交涉《三個奶爸一個娃》時，我在備忘錄寫下：「對方開的是天價！如果再加上大牌明星的費用，這部片的成本就太高了，或許應該要放棄。但換一方面想，這也許是一個關卡，如果不跨過，我們就不可能有機會超越 *Stripes* 或《窈窕淑男》（*Tootsie*）了。現在我唯一能確定的是《三個奶爸一個娃》一定會大賣。」（事實上我早在買下劇本前就已經預測到了。我選擇不去提我對哪些失敗的片子也做過同樣樂觀的預測。）

最後我們整整付了法國片商一百萬——這算是重拍外語片的天價。我們謹慎考慮該選誰當主角，也曾跟麥可·歐維茲討論過用CAA旗下的兩位大牌明星，達斯汀霍夫曼和比爾莫瑞（Bill Murray）。這兩位演員一定會讓電影的預算增加一倍。最後我們選擇用合理預算來拍攝《三個奶爸一個娃》，我們用的演員包括兩位電視明星，《夏威夷之虎》的湯姆謝立克與《歡樂酒店》的泰德丹森，再加上小有名氣的史提夫加坦柏格（Steve Guttenberg），導演是雷歐納德·尼莫伊（Leonard Nimoy），他之前的作品就只有電視影集《星際大戰》。這樣的卡司也花了傑佛瑞好大的功夫。像丹森就是拒絕了傑佛瑞三次後才答應。傑佛瑞告訴記者說：「我就是臉皮厚。被拒絕是一定的，如果我太過自責，那我不是每天早晨都不敢起床了。」另外我們還冒險在一九八七年感恩節假期上映這部片子，希望《三個奶爸一個娃》能夠勝過其他那些每年假期的高成本影片。結果這片子果眞成爲迪士尼當時最賣座的電影。

就這樣在這個往往虧多於盈的行業中，我們靠節約成本拍攝一系列受大衆歡迎的主流電影，也維持了相當穩定的成長。在《乞丐皇帝》之後的三年，我們拍的三十三部片子中就有二十七部賺錢，其中更有十九部是連著大賣。這些片子多數是商業化但又不落俗套的喜劇片，其中收入超過五億的就不只六部。也許是物極必反，有影評開始批評試金石出品的喜劇片廉價、低俗又一成不變。事實上我們從沒想要拍攝任何特定類型的電影。只是我們在當初轉入電影圈時，成人喜劇是最値得投資的，而且又讓我們可以有別於其他片商。誠如那時行銷部主管迪克・庫克（Dick Cook）說的：「別人往東，我們就該往西。」諷刺的是，當試金石的喜劇片引起批評時，我們早已開始拍攝其他類型的電影。

我們的成功讓我們敢大膽嚐試拍攝更具野心但又不盡然商業化的電影。《早安越南》講的是一位美軍DJ亞瑞安・克諾爾（Adrian Cronauer）的眞實故事。劇本是傑佛瑞去撿別家片廠不要的。一九六四年我自己被徵兵時越南還未成爲一項議題。一九五九年我高三聖誕節前有期中考，就在我走進教室時，我頭痛得要命。當天下午回家時，我已經幾乎站不起來。兩天後，我被診斷出患了可以致死的濾過性病毒腦膜炎。兩星期後我奇蹟似地康復。眞的是「大難不死，必有後福」。我雖然並非特別熱衷政治，但我也並沒有刻意逃避入伍，只要被徵召，我也一定會乖乖入伍。但是六四年當政府爲越戰徵兵時，由於我患過腦膜炎，兵役單上我被列爲4－F級，也就是說我不需要從軍。之後我到ABC上班，投身於星期六上午兒童節目與連續劇的製作。當林頓・強森（Lyndon Johnson）正在爲越戰增兵時，越戰對我卻是件遙遠的事。

《早安越南》的主角有著和我類似的經歷。亞瑞安・克諾爾一直到一九六八年二月越南春節攻勢發動後才發覺戰爭是眞的。《早安越南》是以成長故事形式來拍一個重大歷史事件的機會。巴瑞・李文森（Barry Levinson）同意執導此片，我們也決定啓用另一位正處事業低潮的演員：羅賓威廉斯。他拍了幾部人看了就忘的片子，他也承認自己染上毒癮。威廉斯後來還開玩笑說，迪士尼老是在貝蒂福特戒毒中心（Betty Ford Clinic）的後門等著找演員。《早安越南》在一九八七年《三個奶爸一個娃》之後幾星期上映，成爲一部叫好又叫座的熱門電影。這兩部電影光在美國國內就賺進近三億的票房，讓迪士尼首次登上票房冠軍。

我們一九八八年的大片是湯姆・克魯斯主演的《雞尾酒》。一九八九年我們推出兩部都是由湯姆・舒曼（Tom Schulman）編劇但風格迥異的賣座片。《親愛的我把孩子變小了》（*Honey, I Shrunk the Kids*）是由試金石總裁大衛・赫伯曼（David Hoberman）推動拍攝，稱得上是一部完美的迪士尼家庭電影——它的風趣幻想力足以吸引小孩，對家長來說又不失知性。另一部是《春風化雨》——可算是我們在迪士尼拍過的片子裡表面上看來雖不明顯商業化但卻是最具野心的。我一直想拍部電影來刻劃一位具有啓發性的老師。只是這部片的片名一點也不商業化，更何況主角只是預備學校裡一位愛詩的老師。

但《春風化雨》還是大受歡迎。首先它的劇本好，讓湯姆・舒曼贏了座奧斯卡金像獎；老師勉勵學生「把握今朝」的故事感人；角色能博取觀衆認同；演員和導演更是萬中之選。彼得・威爾把他導演《證人》時那套融合熱情、張力和劇情的技巧用到《春風化雨》上，而羅賓威廉斯的演出更是不在話下。發行這部影片時我們冒了一個更大的險——我們又搞了一次「反其道而行」。別家公司於暑假時紛紛推出如《蝙蝠俠》(*Batman*)、《致命武器》(*Lethal Weapon*)、《魔鬼剋星》第二集(*Ghostbusters II*)和印第安那瓊斯系列等以青少年爲訴求的電影。迪克・庫克提出來說八九年暑假電影裡，沒有一部影片是適合成人觀衆的，他建議我們嘗試推出《春風化雨》。我們讓《春風化雨》和《蝙蝠俠》在同一個檔期上映，結果受到觀衆和影評的賞識。

就在同一年的夏天，因爲人事考量和太過得意忘形，我們做了一個錯誤的決策。那時我按例於每週一晚上和傑佛瑞在餐廳用餐，順便討論公事。其中一件事就是商討大衛・赫伯曼和瑞卡多・麥斯特斯兩位試金石高層主管的人事問題。他們兩人競爭日烈，彼此都想要更多獨立自主的空間。「如果我們不解決這個問題，他們之中一定有人會走的，」傑佛瑞有一個晚上說。

傑佛瑞指出，過去十年裡戲院數量成長將近一倍，所以電影放映的管道變多了。我們都知道一家電影公司要在一年內拍攝十二部以上的電影並且照顧到每一部片子是不可能的。傑佛瑞建議增設另一家電影公司，讓赫伯曼和麥斯特斯分開管理。這樣一來除了可以滿足他們各自的野心，也可以增加公司的產量。但法蘭克持相反意見。他舉了以前哥倫比亞增設三星和ＵＡ聯合藝人公司與ＭＧＭ合併的兩個失敗例子，反對我們增加拍片量。但是最後傑佛瑞說服了我，法蘭克也做了讓步。我們在一九八九年增設好萊塢電影公司（Hollywood Pictures)，交給瑞卡多負責。往後的三年內，我們的拍片量多了一倍——從一年十二部增加到將近三十部。我們擴充得過快——而且我們也嚐到苦頭。

問題跡象始於一九九〇年。雖然公司的非動畫電影連續五年創下票房新高，但這是公司第一次光靠一部電影賺錢。《麻雀變鳳凰》(*Pretty Woman*) 成爲我們最賣座的電影，但一開始它只是個名爲《三千元》普通劇本。它講的是一個無情無義的生意人對一個阻街女郎始亂終棄的故事。看完劇本後，我只給傑佛瑞一個評語：「不要拍《計程車司機》(*Taxi Driver*) 了。我們把這個劇本改編爲現代版的桃樂絲黛 (Doris Day) 電影，讓女主角變成全好萊塢唯一一個處女阻街女郎。」傑佛瑞贊成我的想法，把劇本交給蓋瑞・馬歇爾，他在成功製作《歡樂時光》和《拉維那和雪莉》後轉去拍電影，例如貝蒂米勒主演的《情比姊妹深》(*Beaches*) 以及 *The Flamingo Kid*。經他巧手一揮，《三千元》就成了現代版的《窈窕淑女》(*Pygmalion*)，讓觀眾對一個不可能在富商和阻街女郎之間發生的故事產生幻想。

選角是電影大賣的原因之一。有一次我搭機去洛杉磯的途中，恰巧坐在莎莉菲爾德 (Sally Field) 的旁邊。她跟我聊到她剛拍完的電影《鋼木蘭》(*Steel Magnolias*)，叫我一定要去看看一位剛出道的女演員茱莉亞羅伯茲 (Julia Roberts)。我一到洛杉磯就馬上打電話給傑佛瑞。好幾年下來，我打過了好幾次這樣的緊急電話。雖然大多數結果不如人意，不過我也發現那些人家熱情提供的意見有時會提供突破性的發展。傑佛瑞最後簽了茱莉亞羅伯茲來演《麻雀變鳳凰》，不只讓她走紅，也讓我們的電影大賣。

問題是那一年除了這部片子外，我們只有另一部強片。《迪克崔西》(*Dick Tracy*) 和派拉蒙的《烽火赤焰萬里情》情況一樣。只不過這次是由傑佛瑞而非巴瑞・迪勒跟華倫比提接洽。我們再度碰上一個高成本製作，不同的是《迪克崔西》的商業價值比《烽火赤焰萬里情》高。我們從《迪克崔西》這部片賺到錢——一方面是因爲華倫比提的好製作，一方面是因爲我們積極投入宣傳。不過我們還是要質疑這樣大的付出是否值得。我們的宣傳主管泰莉・普萊斯（Terry Press）就提到：「我們想靠大明星來製造風潮。做一部這麼大的電影不是我們擅長的，而且做起來也不自在。」泰莉的話一點也沒錯。

而的確我們一九八九年的其他電影都失敗了，傑佛瑞開始正視這一連串的失敗。儘管我們已經慢慢偏離軌道，傑佛瑞爲了要重新確定基本方針，開始著手寫備忘錄。他提出的方針跟我十年前在派拉蒙寫的沒什麼不同。傑佛瑞請迪士尼的一位撰稿人丹・沃夫（Dan Wolf）寫的備忘錄於一九九〇年初完成，有二十八頁長。這份備忘錄只是忠實地把巴瑞和我在ABC開始著手，後來完成於派拉蒙的備忘錄重述一遍罷了。

備忘錄開頭提到：「迪士尼一開始成功的原因是在於它懂得說故事。大明星、特效和大導演並不重要。當初這樣開始是逼不得已的，因爲我們既沒充裕資金也還沒什麼名氣，只好用創意和人才來彌補資金和卡司的弱點。我們做到了。然而尾隨成功而來的是大預算和大明星。我們吸引了可以拍大片的人才。於是我們開始嚐試拍攝一些耗資龐大的電影。結果我們成本大增，但收益卻一直下滑，所面臨的危機更是不在話下。該是我們回到根本的時候了。」

傑佛瑞接著又提到劇本和創意的重要性。他認爲《迪克崔西》就是一個違背公司基本方針的例子。他說我們花了大筆的錢簽了華倫比提後，又投入了更多的時間和精力來證明我們的投資無誤。

但是我們卻忽略了這部片並沒有能引起觀衆共鳴的情節和角色。

雖然我還蠻喜歡《迪克崔西》的，不過我也同意傑佛瑞的分析。我在他給我的那份備忘錄上寫下這些話：「這個精闢分析，不只幫迪士尼重新定位，還提供公司未來該走的方向。我讚揚你的獨到見解與智慧。」然後我提出警告：「我要求別讓這份備忘錄流到公司以外的人手上，尤其是媒體、經紀公司和律師。只要瑞卡多．麥斯特斯和大衛．赫伯曼知道問題所在就夠了。」。

我們公司內部的業務分析不需要與外人分享，這也是爲什麼我不准許我的派拉蒙備忘錄流出去。至於傑佛瑞的備忘錄則還有一個原因不能公諸於世。他在裡面指名道姓，尤其是華倫比提的名字。如果他公開他的備忘錄，華倫比提和其他那些赫赫有名的人物一定會受到傷害。不幸的是我才寫完這些話不久，好萊塢的記者們早以開始在做傑佛瑞備忘錄的報導了。突然間，《紐約時報》、《洛杉磯時報》和整個好萊塢商界都在討論這個新聞。最後傑佛瑞的確是從他的備忘錄獲得別人的肯定，只是這不是他所想要的。因爲一個原本只是用來檢討公司內部如何重新拍好電影的備忘錄，卻被誤解爲自私自大的舉動。

這個時期公司最聰明的舉動就是一九九三年買下米拉麥克斯，這是傑佛瑞的點子。米拉麥克斯是由韋恩斯坦（Weinstein）兩兄弟在紐約所經營的獨立製片電影公司。四年前，他們就以《性、謊言、錄影帶》（*sex, lies, and videotape*）、《新天堂樂園》（*Cinema Paradiso*）和《我的左脚》（*My Left Foot*）一年三部低預算的片子，傲視其他獨立製片公司，這三部片不但影評好，得獎無數，而且票房也長紅。往後幾年米拉麥克斯又陸續以《巧克力情人》（*Like Water for Chocolate*）與《亂世浮生》（*The Crying Game*）繼續稱霸獨立製片界。不過哈維（Harvey）和巴伯（Bob）兩兄弟還是道地的紐約客：

率直、熱情、活力充沛，又鬥志旺盛。他們以自己皇后區的出身爲傲，而且毫不做作，不過他們也飽覽群書，對電影知識更是如數家珍。他們喜歡自己的工作——這是我最欣賞的。

米拉麥克斯的片子以成人觀衆爲訴求，往往突破傳統、具爭議性，表面上看來似乎很不合適迪士尼的走向。不過迪士尼和米拉麥克斯實際上是可以互補的。韋恩斯坦兄弟最重視點子本身，他們拒絕花錢請大明星大導演。「米拉麥克斯想要擊出的只是支漂亮的安打，而不是全壘打，」巴伯在受訪時說：「我們不需要那種壓力。那基本上和米拉麥克斯花小錢、賺大錢的原則是背道而馳的。」

最後我們只花了拍攝一部高成本電影所需的價碼就收購了米拉麥克斯。收購米拉麥克斯不僅讓我們獲得哈維和巴伯的才能，他們選片和行銷的本事，還有一寶庫的好片。這對日後迪士尼和試金石影片的海外銷售有非常大的幫助。而且迪士尼開始有機會接觸到那些在以前完全不可能有機會合作的電影工作者。迪士尼帶給米拉麥克斯的則是豐厚的資金和更大的市場。因爲在被我們收購前，米拉麥克斯的主要工作限於發行別家公司的電影。但在收購後，我們除了答應增加哈維和巴伯採購影片的預算外，還答應贊助他們一個合理的金額，讓他們製作自己想要製作的電影。因此米拉麥克斯自行製作的電影從百分之十逐漸增加到百分之四十。而且有了迪士尼的資金後，他們可以留住年輕的電影工作者，免得他們在第一次合作成功後就跳槽大公司。

《黑色追緝令》(*Pulp Fiction*) 就是一個成功的例子。哈維和巴伯第一次發現昆汀泰倫提諾(Quentin Tarantino)是在日舞影展(Sundance Film Festival)看到他的《霸道橫行》(*Reservoir Dogs*)，他們後來再看到《黑色追緝令》的劇本時喜歡極了，急著想要在泰倫提諾身上下賭注。有了我們的經濟支援，他們兩人才有辦法開拍《黑色追緝令》。這部片的特殊敘事結構，及處理暴力的手法，是不可能在試金石或好萊塢電影公司商標下出品。光憑它的劇本就吸引了約翰屈伏塔、山繆爾傑克森（Samuel L. Jackson）以及鄔瑪舒曼（Uma Thurman）等明星。《黑色追緝令》除了深受好評外，它更是破了獨立製片的票房記錄，在海內外市場總共賺進一億元的收入。迪士尼的海外發行網使該片的海外票房加倍，家庭錄影帶部門則讓該片成爲史上最受歡迎的出租錄影帶。約翰屈伏塔兩年後再度和迪士尼合作，主演《第三類奇蹟》（*Phenomenon*），而我們也再次請昆汀泰倫提諾幫我們重寫電影《赤色風暴》（*Crimson Tide*）的一段對白，該片是我們一九九五年夏天的強片。

哈維和巴伯選用題材的大膽風格也意味著與他們合作也有困難的時候。但實際上米拉麥克斯的影片獲得好評的機會比引發爭議要來的多。光是拿一九九四年來說，米拉麥克斯就有四部片子參加坎城影展：榮獲金棕櫚獎的《黑色追緝令》、*Mrs. Parker and the Vicious Circle*、《紅色情深》（*Red*）以及《瑪歌皇后》（*Queen Margot*）。在被我們購併的第二年，米拉麥克斯的收入成長了十倍。

然而迪士尼自己的電影就沒有那麼得意了。傑佛瑞寫完備忘錄之後的三年裡，我們卻沒能完全實現他所重申的公司方針。我們推出了新的好萊塢電影公司品牌，拍片量大增，所以想要在每一部片子投注和以前一樣多的心力是不可能的。這樣的影響是相當大的。一旦人力分散，不只我們拍的電影顯得缺乏鮮明特色，而且也看不出有任何值得拍攝的理由。一九九三年一整年只有 *Homeward Bound* 和 *Cool Runnings* 兩部片子算得上是賣座。同一年內所拍攝的其他影片如《福星急轉彎》（*Life with Milky*）、*My Boyfriend's Back*、*Indian Summer*、*Father Hood* 以及 *The Program*，觀衆可是一部比一部忘得快。

現在回想起來，發覺問題是出在我跟傑佛瑞早期在迪士尼的合作模式當時已無法有效運作。強而有力的合夥關係會使一個人的正負面意見被另一人調和。大多數成功的大電影、電視公司一定至少有兩個以上的主管，彼此相互支持平衡。過去我在ABC和費德・皮爾斯與弗萊德・西佛曼合作，後來在派拉蒙與巴瑞・迪勒合作。在環球電影公司，劉・瓦瑟曼（Lew Wasserman）和席德・仙伯克（Sid Sheinberg）的成功合作關係更長達將近二十年之久。就連迪士尼最強的對手華納公司，也是在葛鮑伯・戴利和泰利・瑟梅爾（Terry Semel）平等的合夥關係下發展。而NBC最得意的時候也是在葛蘭・特汀克（Grant Tinker）和布蘭登・塔提可夫（Brandon Tartikoff）二人合作的時期。此外還有米拉麥克斯的韋恩斯坦兄弟。

但是傑佛瑞一直想要獨立，而我也忙於去處理我份內的其他事務。一個有效率的主管應該要很有組織能力，他的桌子要整理乾淨，他要回信、回電話，還要保持足夠的冷靜來預防一些小問題擴大。這些事情大概就佔去我四分之三的時間。除非我把這些事處理好，不然我無法專注在最要緊的事情上——也就是加強創作的部份。所以在迪士尼擴充時，我的創作精力也不得不被分散。一方面是因爲我的時間不夠，另一方面是因爲要順著傑佛瑞的意思走，我答應他不再參加每週的創意小組討論劇本和新點子。傑佛瑞抱怨說，我的出席只會破壞他的權威。所以雖然我仍對自己所提出的建議有信心，我決定不讓傑佛瑞不好受，只讓他在我們每週的晚餐聚會向我報告。這時傑佛瑞開始獨自試映即將推出的電影。我們缺少的就是能跟他相抗衡的客觀意見。

一九九四年三月法蘭克拿了一份備忘錄給我和傑佛瑞看，上面翔實記錄了過去十年來迪士尼在電影上的糟糕表現。剛開始五年內所拍的三十五部片子都很成功。不把動畫電影算在內的話，我們每年平均收入近兩億美元，足以媲美好萊塢其他片商。然而在接下來四年內，由於增加了好萊塢電影公司，我們共推出七十六部片子，遠遠超過過去發片量一倍多，其中只有三十三部獲利，這還不到百分之四十。算一算成本，我們其實是賠錢。法蘭克的結論很坦白：「依這種情況看來，我們大可不必待在電影圈了。」

統計數字自己會說話。不管成本多低，有多少新的附加市場出現，爛片都只有賠錢的份。這一點不只我在派拉蒙的備忘錄提到，傑佛瑞也在他的備忘錄有同樣的看法。法蘭克有個單純、邏輯的解決之道：少拍點電影，然後給每一部片子足夠的心力。「我的確相信憑你們兩個像開頭四年一樣地合作，一定有辦法在每年拍出十五部上下的賣座電影，」法蘭克說。「不過我很擔心超過十五部的量……。我實在很難相信眞正的製片主管（那指的是傑佛瑞──這點我們可要搞清楚）怎麼可能一年掌握十五部片以上，還能給予每部片子需要的注意力。尤其是現在傑佛瑞有其他更大的責任，我們應該都同意從現在起，讓麥可成爲創意小組的一員。」

在此同時，挫折像先前的成功一樣也愈滾愈大。不管是以前在派拉蒙或後來到迪士尼，我們都堅持不浪費成本，不採用經紀人和花招，只專心拍好電影，這些原則都一直奏效。萊斯莉・迪克森（Leslie Dixon）就是個好例子。這位有才華的年輕編劇和迪士尼第一次合作成功的作品是《悍妞萬里追》。雖然迪克森和迪士尼還有一個劇本的約，即便她不願意另外幫我們寫東西，我們還是要求她來幫我們重寫《四個千金兩個媽》的劇本。結果不只電影賣座，還讓迪克森更加炙手可熱。但是她把她與迪士尼的關係比做主僕，還發誓永遠不再和迪士尼合作。只是不久後她發現在別的地方要成功並不容易，她想或許我們的舉動並非那麼不合理。兩年後，一位記者問她在迪士尼工作的感覺。「那對我是個不錯的經驗嗎？不是。如果我是他們，我是否會做同樣的事情？有可能。我會再幫他們寫劇本嗎？我只能說，歲月和智慧教我全身的細胞都想著再和他們的行銷部合作。」

但一旦我們的電影業績開始走下坡，想再用我們自己的方式經營是難上加難。傑佛瑞一消極退卻，經紀公司馬上就趁虛而入。「聽我說，」他們會這樣告訴他，「你們公司風評很差。你們應該要用對人。現在最棒的人才都不想跟你們合作。如果有某大牌要九百萬而不是八百萬才肯拍他下一部片子呢？這也不過是多花一百萬，你就等於跟整個電影圈子傳遞了正確的訊息。」傑佛瑞採取了比較溫和折衷的方式。他對外發佈說，他會讓他底下的人多一點自由，也會更加善用人才。不過問題就出在經紀公司往往不會去管電影的成本多寡。他們只關心自己是否能幫明星們談到好價錢。一旦你開始爲了取悅別人而做決定，那做出的決定一定會忽略了成本和創意的考量。不用多久，不只拍不出好電影，連賺錢更是談不上。

法蘭克的備忘錄最後給了兩個意見。第一個是停止一年拍兩打的電影。第二個則是要傑佛瑞和我重拾以前的夥伴關係。雖然我同法蘭克一樣覺得事情應該改變，但我知道這需要花不少時間。我也知道只要公司持續擴展，要我和傑佛瑞恢復從前的合作關係更是困難，而且我並不認爲傑佛瑞會同意這麼做。

報導好萊塢的記者一向只以電影的票房收入來衡量片商的成功與否。用這種方法，怎麼算迪士尼都能居好萊塢之首，因爲我們現在的發片量實在太多了。實際上，扣除製作、市場行銷和一般開銷後剩下的淨賺數目才眞正算數。那些數字通常沒人注意。所以眞正說來，九〇年代初期眞沒有幾部片賺錢。如果沒有偶爾冒出一部賣座鉅片，許多電影公司都會混不下去。光是電影製作和市場宣傳花費就已經是天價，而市場上的電影數量又早已供過於求。

一般人看不出迪士尼出品的眞人電影面臨這樣的危機，是因爲我們在動畫片的成就把問題蓋過去了。這不僅包括新的動畫電影，還有華特自一九三〇年代以來製作的經典動畫重新上映。儘管法蘭克和我並不樂於看到眞人電影的失敗，但要責怪傑佛瑞也不可能。所幸我們在一九九三年靠動畫片和家用錄影帶創下六億兩千兩百萬的新高利潤。動畫片變成一筆大生意——然而伴隨這樣成就而來的是其他問題的產生。

7
迪士尼動畫的文藝復興

有生命，會成長的作品

有一次一個小男孩問華特·迪士尼，
他到底在公司做些什麼。
華特回答：「有時候我覺得自己像隻小蜜蜂，
從這一區飛到另一區，採集花粉，
然後給所有的人帶來一點刺激。」
雖然有點往自己臉上貼金，
不過華特形容自己在迪士尼公司所扮演的角色，
和我個人的感覺非常接近。

法蘭克和我一九八四年進入迪士尼後之所以投注心力在動畫部門，完全要歸功於羅伊·迪士尼。法蘭克和我獲得職務提名前，我們問羅伊，如果我們順利接掌公司，他想做什麼。「你們何不讓我負責動畫部門？」他說：「我可能是公司內部唯一清楚動畫部如何運作的人。」我們立刻表示贊同。華特領導下的動畫黃金歲月已經一去不返。他過世後，動畫部從原來擁有六百五十名動畫師的規模，慢慢萎縮到只剩不到兩百人。許多傑出人才因爲挫折與不滿而離開迪士尼，提姆·波頓（Tim Burton）就是其中之一。他後來替其它片廠拍眞人電影，包括《陰間大法師》（*Beetlejuice*）和《蝙蝠俠》等，一九九三年又回到迪士尼執導《聖誕夜驚魂》（*The Nightmare Before Christmas*）。最有名的一次人才出走發生在一九七九年，唐·布拉斯（Don Bluth）帶著其它七名動畫師和四名助手一起離職。當時他對媒體表示：「我們覺得自己一直在畫相同的卡通，只不過臉孔稍加改變而已。」一九八六年，他替史蒂芬·史匹柏的安布林（Amblin）公司製作了一部相當成功的動畫長片《美國鼠譚》（*An American Tail*），這也是第一部廣受歡迎的非迪士尼動畫。突然間，迪士尼五十年來一直居於先驅者地位且獨領風騷的這片領域，似乎已經遭到侵蝕崩壞。

雖然無論在象徵層面還是實質層面上，動畫對迪士尼未來的前途至關重大，但眞人電影卻可以讓我們更快東山再起。一九八四年秋季傑佛瑞加入迪士尼公司，他向我表示想把動畫部門移到他處，騰出的辦公室讓給簽有長期合約的製作人、導演和編劇。羅伊並不特別反對，於是我開始著手進行，把整個動畫部門移到附近的格倫代爾（Glendale）。從某方面來看，這似乎是個短視的決定。動畫部在動畫大樓裡已經有超過四十年的歷史，而且前二十年還是由華特親自領軍。動畫代表迪士尼事業的靈魂，不論它未來是否還會蓬勃發展。不過動畫部的確需要一番整頓，而且遷移總部產生了意想不到的刺激效果。因爲整個部門普遍產生錯覺，以爲我們想裁撤動畫部，於是急著想表現實力。

我們到迪士尼任職約一個月後，羅伊邀請法蘭克、傑佛瑞和我到動畫部門去看一部還在進行中的動畫片故事圖版。所謂故事圖版就是一張張漫畫似的圖畫，在視覺上呈現出一部動畫電影的大綱。這部片暫時命名爲《貝克街的貝西》（*Basil of Baker Street*），描述一隻住在名偵探福爾摩斯公寓地板下的老鼠，不過後來這部動畫定名爲《妙妙探》（*The Great Mouse Detective*）。發想這部片的導演是朗・克雷蒙（Ron Clements）和約翰・瑪斯克（John Musker）。兩個人都是在一九七五年加入迪士尼，當時約翰才剛從加州藝術學院畢業，朗則剛獲准加入迪士尼爲年輕動畫師舉辦的培訓計畫。兩個人都從基層做起，從劇情畫師一路升到總動畫師的位置。以朗與約翰爲首的許多年輕動畫師，對當時動畫部正在進行的另一個電影計畫《黑神鍋傳奇》（*The Black Cauldron*）相當不滿。這部片的故事描述的是黑暗陰沈的煉丹法術，而且製作時間已經將近十年。朗後來告訴我，非正式的迪士尼動畫製作準則是：「我們寧讓觀衆無聊，也不可驚嚇觀衆」。

《黑神鍋傳奇》在技術上的一大突破，是迪士尼首次在這部動畫裡使用了電腦影像。帶進這項創新技術的是葛倫・金恩（Glen Keane）和約翰・拉賽特（John Lasseter），前者後來替我們創造了許多知名卡通人物，後者日後則替迪士尼製作了第一部電腦動畫片《玩具總動員》。但相較之下朗與約翰所主導的計畫，和《黑神鍋傳奇》比起來則是較具當代感，而且比較大膽。

至於《妙妙探》，朗與約翰讓我們看過圖板後，又向我們展示已經貼上對白的草稿。當時我腦中興起了許多疑問。直到朗與約翰秀出福爾摩斯與華生（Watson）在一間維多利亞老酒吧喝酒的場景，我忍不住插嘴：「麥可傑克森同意替我們的主題樂園拍一部叫做 *Captain EO* 的3D立體短片。也許我們可以請他替這個酒吧場景做一首配樂。」朗和約翰當時都當我瘋了一樣的看著我。

「如果你們不喜歡這個點子，」我補充說：「那就算了，我們本來就不應該干預你們的工作。」其實這兩位年輕的動畫師並不是質疑或不喜歡我的提議，而是沒想到我居然肯讓麥可傑克森這樣的當代流行藝人，出現在迪士尼的經典動畫裡。

雖然我很喜歡他們展示給我看的，我仍然覺得這部動畫的故事不夠精彩，也沒有完整的起承轉合。這方面，華特幾乎隻手撐持了三十年。他死後沒有人接手，劇情也逐漸在迪士尼卡通中失去重要性。「如果我們要做出新的經典動畫，」我告訴朗和約翰，「那我們應該從劇本著手，就像我們做其它的電影一樣。」我當時並沒有意識到，不過這段隨性的發言，卻讓迪士尼五十年來製作卡通的方式起了根本上的變革。

華特・迪士尼的一生，可以說就等於是當代卡通史。他最偉大的地方就是能不斷地自我超越。華特的職業生涯充滿了一連串的創意突破和一部接一部的經典卡通。他在一九〇一年出生於芝加哥，但一九〇六年他的父親遷居密蘇里的馬塞林（Marceline），因此他是在那裡的小農莊長大。華特小時候日子並不好過。他的父親埃利亞斯（Elias）終日爲三餐勞苦，而且經常把怒氣出在四個兒子身上。即使如此，馬塞林仍然是華特許多歡樂回憶的來源。他的想像力在那裡獲得啟發，並且開始畫畫。傳聞某一天華特的父母出遠門，他和妹妹在院子裡發現一桶焦油。華特提議用棍子沾上焦油在屋子的外牆上畫畫。他眞的在牆上畫了各式各樣的房子。這個淘氣的惡作劇，現在卻成了傳奇的一部份。

埃利亞斯搬了好幾次家，所以華特童年時也住過堪薩斯市（Kansas City）和芝加哥。十六歲那年他謊報年齡加入紅十字會的救援組織。他在第一次大戰末期到法國待了一年，專門開救護車或爲軍官擔任司機。回美國後，滿懷雄心壯志的華特到堪薩斯市投靠哥哥羅伊，並且找到一份畫報紙廣告的差事。很快地他自己也兼職做插畫，替當地一個擁有三家電影院的公司畫卡通短片。一九二二年中期，小有成就的華特辭去白天的工作自行創業，雇用了五名畫家製作改編自童話的卡通。《小紅帽》（*Little Red Riding Hood*）就是他們的第一部作品。這部片完成後，華特簽了一項日後讓他相當後悔的發行合約，他把每部卡通以一千八百美元的價格，賣給紐約一家小公司，不過這家公司卻一直付不出錢。沒多久華特便被迫遣散員工。身無分文的他只好夜宿小小的辦公室。不過幸好他後來接到一項工作，製作了《湯米塔克的牙齒》（*Tommy Tucker's Tooth*）這部宣導口腔清潔的卡通短片，讓他東山再起。

華特下一個計畫是《愛麗絲夢遊仙境》（*Alice's Wonderland*）。這是一部眞人動畫，他找來一名六歲的小模特兒先演出故事片段，然後再畫上背景和其它卡通人物。不過在電影殺青前，他的資金又告用罄。當時羅伊罹患了肺結核，住進了洛杉磯的退伍軍人醫院。他慫恿華特申請破產到西岸另起爐灶。等華特買了到洛杉磯的單程火車票，身上只剩下四十塊美金和一只皮箱，裡頭裝著他所有的家當，以及尚未完成的《愛麗絲夢遊仙境》草稿。

一抵達洛杉磯，華特便到處兜售他的卡通短片。出乎他的意料，紐約一個名叫瑪格麗特・溫克勒（Margaret Winkler）的發行片商同意付一千五百元買下《愛麗絲夢遊仙境》——而且還願意以相同的價格向他買更多卡通片。華特匆忙趕到醫院向羅伊報告這個好消息。「我需要你的幫忙，」他說。生性較爲謹慎的羅伊仔細詢問成本和交片日期等重要的問題。華特堅稱自己每星期可以靠七百五十元的成本完成一部卡通，兩個人還各有七百五十元的利潤可圖。華特的熱誠最後說服了羅伊，日後兩人在事業上的合作模式也一直如此。羅伊甚至拿出兩百八十五美元的個人積蓄來投資。華特於是讓他擔任合夥人，負責管理公司財務。第二天羅伊不顧醫生警告辦出院。他和華特兩人在好萊塢租了一間小店面，在窗戶玻璃寫上一行小字：「迪士尼兄弟工作室」，他們兩人的事業就此誕生。

溫克勒持續付錢購買《愛麗絲》系列卡通，但她嚴格要求華特提昇品質。「所有的人都認爲你的構想很棒，但是你的執行過程似乎缺了點什麼，」她早期曾經寫信這麼告訴華特。華特很早就意識到自己說故事和拍片的技巧，遠超過繪畫的能力，於是極力遊說從前在堪薩斯市的同事尤伯・艾沃克斯（Ub Iwerks），到洛城來擔任公司的首席動畫師。一九二六年底，溫克勒的新任丈夫兼合夥人查理・敏茲（Charlie Mintz）參觀迪士尼工作室時帶來一項消息：環球製片廠正打算製作一系列新卡通。華特和艾沃克斯先畫了一些草稿，敏茲將之命名爲「幸運兎奧斯華」（Oswald the Lucky Rabbit）。這一系列卡通播出後一炮而紅。兩年後「奧斯華」系列合約到期，華特和妻子莉莉安（Lillian）到紐約和敏茲洽談續約事宜，不過卻出乎意料遭到一番羞辱。敏茲不但沒有調漲合約金額，反而還說要刪減迪士尼的製作費用。華特正在猶豫時，敏茲吐露他已經私下挖角了迪士尼所有製作「奧斯華」的動畫師，除了艾沃克斯以外。

「我以後絕不替人賣命了。」華特事後告訴妻子。

米老鼠的誕生，顯然發生在華特搭火車返回加州的路上。由於旅程遙遠，華特開始信筆塗鴉。據說他畫出一個和奧斯華頗爲相似的卡通人物，只不過把兎子造型改成老鼠。本來華特把它命名爲摩提莫（Mortimer），但是莉莉安覺得這個名字不太高明，而把它改爲「米奇」（Mickey）。我喜歡摩提莫這個名字。我們現在正打算創造出一個新的卡通角色——米老鼠的表弟，而且個性會像五十年前的米老鼠一樣淘氣搗蛋。現在的米老鼠可不能太過火，畢竟它實在太受喜愛了，可得維持一定的形象。

華特一返抵洛杉磯，尤伯・艾沃克斯立刻加入。他接手動畫部份，華特則負責故事內容。由於當時飛行家林白（Charles Lindbergh）剛完成飛越大西洋的創舉，第一部米老鼠卡通就以《飛機狂》（*Plane Crazy*）爲名。不過這部卡通找不到片商願意發行，第二集也慘遭同樣的命運，但是華特並不氣餒。一九二七年十月，第一部有聲電影《爵士歌手》（*The Jazz Singer*）在院線上映，華特大受鼓舞，決定把米老鼠第三集也配上聲音。他把這部卡通命名爲《蒸汽船威力號》（*Steamboat Willie*）。水漲船高的製作費讓羅伊猶豫再三，但是華特依舊堅持。一九二八年十一月，這部卡通在紐約可隆尼劇院（Colony Theater）上映，各界佳評如潮。

「音效和有聲電影可不只是一時新奇的玩意兒，」華特在試映會後寫信給羅伊說道：「我相信有聲電影未來將成爲唯一符合邏輯的娛樂。」一九二九年初，米老鼠已經風靡全美，同時也成了不折不扣的搖錢樹。即使如此，華特的事業仍然困難重重。雖然誓言要維持獨立運作，華特還是和其它片廠老闆或發行商簽約，而這些人總是不斷地挖走他的動畫師、奪取他的智慧財產權，甚至經常食言毀約。不過這些經驗也燃燒了華特的鬥志，竭盡全力保護自己的作品，並且奮力抵抗好萊塢體制。

也許華特職業生涯中最大的突破，就是下決心製作《白雪公主》做爲迪士尼公司第一部動畫長片。一九三四年中的某一天，華特下班後召集公司所有頂尖動畫師分享他這份夢想。這群人包括日後製作出無數迪士尼經典動畫的四位重要畫家：華德・金寶（Ward Kimball）、馬克・戴維斯（Marc Davis）、歐利・強斯頓（Ollie Johnston）和法蘭克・湯馬斯（Frank Thomas）。這些人在四十多年後的今天仍然健在。華特向他們解釋，《白雪公主》擁有引人入勝的故事情節：美麗的女主角、嚇人的壞蛋、幽默感和傳統的故事結構。接下來的兩小時，華特等於是親自演出自己腦袋裡的電影情節，包括七個小矮人的語言動作。雖然是唱獨角戲，華特的表演卻極爲精彩。法蘭克・湯馬斯幾十年後告訴我：「華特有本事讓你掉淚、或者笑倒在地上打滾。他什麼都能演——即使是沒有生命的樹木或石頭——他都能讓它們活靈活現。」

華特告訴羅伊，《白雪公主》的製作費大約需要五十萬美元，幾乎是當時眞人電影製作費的兩倍。羅伊反對——公司好不容易才靠米老鼠開始賺錢。不過就像從前一樣，華特又說服了羅伊。這個計畫耗時三年才完成。

「華特有項了不起的本事，他可以激勵你發揮出連你自己都大感驚訝的潛能，你作夢也想不到自己有這樣的能力，」湯馬斯告訴我：「每件事都越做越好。我們當時並不瞭解《白雪公主》的成果會這麼好。華特只是不斷地敦促我們。他會說：『你不覺得這兒少了些什麼嗎？我好像沒有參與製作這個場景。』或者會說：『我似乎沒太注意這個角色。』他會等你開口。一旦你有所回應，他會回答：『對，這可能行得通。』有時候你提出的建議會帶給他新的靈感，然後他會以此爲基礎繼續發展。」

雖然有點往自己臉上貼金，不過華特形容自己在迪士尼公司所扮演的角色，和我個人對自己的感覺非常接近。有一次一位小男孩問華特他到底在公司做些什麼，華特回答：「有時候我覺得自己像隻小蜜蜂，從這一區飛到另一區，採集花粉，然後給所有的人帶來一點刺激。」

《白雪公主》接近殺青的階段，外界傳聞製片計畫出現危機。這些流言並非空穴來風。華特展開這個計畫時只用了幾名動畫師。三年後，參與計畫的人數超過七百五十人。預算也上漲近三倍至一百四十萬美元——在當時簡直是天文數字。最後是羅伊極力向出資的美國銀行（Bank of America）擔保，這部片才免於夭折。一九三七年十二月二十一日，《白雪公主》終於在好萊塢上映，同時也在一九三八年初進軍紐約的無線電城音樂廳（Radio City Music Hall）。從第一天就場場滿座。《紐約時報》把《白雪公主》評爲全美年度十大佳片之一，《紐約先鋒論壇報》（*New York Herald Tribune*）則稱其爲「藝術成就極高的罕見佳作，對觀衆發散出不可抗拒的魔力」。

《白雪公主》後來贏得一座特別奧斯卡獎，華特登上《時代》雜誌封面，哈佛和耶魯大學也分別贈與他榮譽學位。《白雪公主》上映第一年就成爲影史上最賣座的電影，在那個電影兒童票只賣一角美元的年代，《白雪公主》卻賺進了八百五十萬美元。這使得羅伊欣然答應在伯班克的格瑞菲斯公園（Griffith Park）附近，蓋一座佔地五十英畝的製片廠——也就是我們的現址。單憑《白雪公主》這部電影就讓迪士尼兄弟的小卡通公司變成好萊塢最具影響力的片廠。換算成一九九八年的幣值，《白雪公主》在某些方面來說，仍然是影史上最賺錢的電影。

華特接下來製作的動畫電影包括《木偶奇遇記》和《幻想曲》（*Fantasia*），兩部片都在一九四〇年正式發行。雖然兩者都比不上《白雪公主》賺錢，但是卻都在技術上有很大突破。兩年後《小鹿斑比》（*Bambi*）上映，這是一部畫面美麗而且緊扣人心的佳作，不過大戰使得製作延遲。直到八年後迪士尼才推出新的動畫劇情片，公司也因此再度陷入財務困境。但《仙履奇緣》（*Cinderella*）扭轉了危機。這部片在一九五〇年二月上映，耗資將近三百萬美元，但全球票房卻賺進了兩千萬。《仙履奇緣》的成功使華特再度推動兩個在藝術層面上相當冒險的計畫：《愛麗絲夢遊仙境》(*Alice in Wonderland*)和《小飛俠》(*Peter Pan*)。羅伊反對這兩部動畫，尤其是《愛麗絲夢遊仙境》，因為故事結構複雜，段落之間的關係鬆散，有些情節甚至晦澀難懂。

「你只不過是想讓影評人對你刮目相看罷了。」羅伊抱怨。事實上，《愛麗絲夢遊仙境》一九五一年上映時，影評的反應是褒貶參半。不過喜愛這部片的觀眾與日遽增，多年後竟培養出大批影迷。在華特的指導下，迪士尼又推出多部經典動畫，包括一九五三年的《小飛俠》、一九五五年的《小姐與流氓》(*Lady and the Tramp*)、一九五九年的《睡美人》(*Sleeping Beauty*)、一九六一年的《一〇一忠狗》(*101 Dalmatians*)和一九六七年的《森林王子》(*The Jungle Book*)。然而一九六六年底華特過世後，迪士尼動畫的質與量都直線下滑。

為了挽救迪士尼動畫，我們不僅加快《妙妙探》的製作，同時還著手新的計畫。第一部進入製作的動畫出自傑佛瑞的點子——把《孤雛淚》(*Oliver Twist*)改編成動畫歌舞片，並且邀請當代流行歌手演唱電影裡的歌曲。在派拉蒙時，傑佛瑞也曾經提出把《孤雛淚》改變成真人電影的建議，但是我並不熱衷改編英國名著。不過我們急著製作新的動畫電影，重新命名為《奧麗華歷險記》的現代版《孤雛淚》，也許能讓公司內外的人瞭解，迪士尼企圖走出華特死後的低潮，不再侷限於只吸引年齡層較低的兒童。一部劇情緊湊，以繁華都會為背景的現代歌舞劇，應該會是一個好的開端。

傑佛瑞一開始對動畫並沒有多大興趣，不過沒多久他便越來越投入。《黑神鍋傳奇》和《妙妙探》在票房上都表現平平，影評反應也很平淡。為了《奧麗華歷險記》，傑佛瑞想辦法找來比利・喬和貝蒂・米勒等流行巨星替電影主角配音。此外還請喬、米勒、修・路易斯（Huey Lewis）、貝瑞・馬尼羅（Barry Manilow）、魯絲・波音特（Ruth Pointer）等人灌錄原聲帶。明星助陣再加上眾人熟悉的故事，構成了兩個很棒的行銷賣點。就某些程度來說，這部電影缺乏強有力的情緒凝聚點，在肢體和語言上的幽默也不足以成爲日後迪士尼動畫的標竿，音樂部份整體性也稍嫌不足。即使有這些缺陷，《奧麗華歷險記》卻相當活潑、親切而且有趣。一九八八年十一月這部電影正式發行，在全美票房就有五千萬美元的進帳，這也是迪士尼公司截至當時的最高紀錄，甚至還打敗了史匹柏和布拉斯的恐龍動畫《史前大地》（*Land Before Time*）。這部動畫片也證明，卡通有可能再度成爲獲利能力很強的事業。

動畫找到第二春的另一個因素是技術革新，也就是「電腦動畫製作系統」（Computer Animation Production System）的發明，簡稱ＣＡＰＳ。這個系統最早的發想人是羅伊・迪士尼和彼得・施奈德（Peter Schneider）。我們在一九八五年秋季聘請施奈德在羅伊和傑佛瑞手下協助經營動畫部門。彼得出身劇場，曾在紐約和芝加哥的劇場工作過。一九八三年，他搬到洛杉磯籌辦配合奧運而舉行的藝術節活動。彼得的好友鮑伯・費茲派翠克（Bob Fitzpatrick）是加州藝術學院的老闆，而我和羅伊當時又擔任該機構的董事，費茲派翠克於是將他引介到迪士尼。彼得身型瘦小，表情羞怯，而且穿著簡單，感覺就像小飛俠彼得潘，即使他已逾不惑之年。不過彼得要求很高，充滿熱情，同時也非常關照爲他工作的藝術家。沒多久，彼得選擇湯姆・舒曼契（Tom Schumacher）擔任他的副手。湯姆一開始是《救難小英雄續集》（*The Rescuers Down Under*）的製作人，不到三十五歲就升到故事部門主管。湯姆的品味極佳，有過人的幽默感，還有一種平易近人的吸引力。他最大的特色就是頭上一撮如騎士般的捲髮，就像他本人一樣戲劇化。

一九八五年十月彼得到迪士尼後首先推動的計畫就是ＣＡＰＳ。核心人物則是連姆・戴維斯(Lem Davis) 和戴夫・英格里許 (Dave Inglish)，這兩個人先前曾經找羅伊・迪士尼談過這個計畫。羅伊後來找彼得來負責。連姆認爲，這種新的科技將爲動畫片帶來革命性的變革，就像一般人從手寫進化到使用電腦一樣，ＣＡＰＳ將可大幅提昇效率，動畫師的創意也將有更寬廣的揮灑空間。彼得和羅伊轉而向傑佛瑞、法蘭克和我大力推銷這個想法。粗估費用是一千兩百萬美元。這筆數目現在看起來沒什麼，但當時對我們來說卻是不得了的大投資，尤其是這行業剛起步而且還不見得能獲利。法蘭克尤其質疑。「我們又不是研發公司，」他強調。「到頭來投資金額可能會比他們說的還要高一倍，而且我才不相信這玩意兒可以替公司省下半毛錢。」

不過我們要考慮的還不只這些。「羅伊非常想進行這項計畫，而且他相信會成功，」我最後告訴法蘭克：「我想我們得深呼吸一口氣，然後點頭說好。」法蘭克同意，於是我們核准採購計畫。法蘭克的預測後來印證是相當正確的。ＣＡＰＳ並沒有替我們省下半毛錢，因爲它的成本很快就上揚到三千萬美元。不過它卻替我們的動畫師開出新的大道。比如說，ＣＡＰＳ讓他們可以把手繪的底圖數位化，然後在電腦上以創新的方式處理這些３Ｄ立體的人物或場景。畫師所運用的顏色也更豐富了。短時間內，ＣＡＰＳ在技術和藝術層面上，完全革新了自從《白雪公主》以來便沿用至今的古老動畫片製作方式。

動畫創意的過程也朝民主方式演進。湯姆・舒曼契形容這是一種「文化進化論」(Cultural Darwinism)。他的意思是說：「不論是誰出的點子，只要是好的創意一律歡迎，」包括部門裡最資淺的人在內。不夠出色的意見在創作途中就會遭到封殺，即使是最高層主管提出的意見也一樣，包括我在內。「因為動畫電影製作期間長達數年，」彼得・施奈德後來說：「每一個創意決策都會經過再三評估、衡量、試驗，一而再、再而三的重複執行。」在《奧麗華歷險記》之後，我們又策劃了兩部動畫片——《威探闖通關》（*Who Framed Roger Rabbit*）和《小美人魚》（*The Little Mermaid*）。兩部都突破了窠臼。

《威探闖通關》嘗試以細膩的方式結合動畫和真人。故事內容改編自蓋瑞・沃夫（Gary S. Wolf）頗具黑色電影風格的小說《誰查禁了兔子羅傑》（Who Censored Roger Rabbit?），描述一個漫畫裡的虛構角色和洛杉磯名偵探搭檔，一起偵破一樁牽涉他妻子與妻子情人的神祕謀殺案。在我們之前的公司主管就已經看出這部作品頗有迪士尼之風，更已經著手寫了好幾篇的劇本草稿。不過這部片一直沒有進入製作程序。史蒂芬・史匹柏早就對這個作品很有興趣，一九八六年他和唐・布拉斯的《美國鼠譚》大獲成功，我們於是邀請他擔任合夥人。

史匹柏找來好友羅伯・柴墨奇斯（Robert Zemeckis）擔任導演，他才剛執導完他自己的賣座強片《回到未來》（*Back to the Future*）。之前我們的人也曾經找柴墨奇斯談這項計畫，不過卻碰了釘子。「他們那時候恐怕沒辦法推動這麼大規模的電影製作，」他後來解釋。由於《威探闖通關》在創意和技術上都十分先進，我們預期成本會相當高。這讓我想起十年前，我們和史匹柏與盧卡斯合作的《法櫃奇兵》。這一次我們給史匹柏和柴墨奇斯很高的獲利分紅加上相當大的主控權。不過我們堅持保有一切衍生商品的銷售權，跟華特向來的作風一樣。對迪士尼來說，類似兔子羅傑這類卡通人物的誕生是最大的利多。我們可以根據這個角色製造各種周邊商品，或者在主題樂園裡設計新的遊樂設施。

起初史匹柏和柴墨奇斯極力要求找哈里遜福特來演偵探這個角色。不過後來檔期沒辦法敲定，於是我們轉而找上英國男演員鮑伯霍斯金（Bob Hoskins）。他內斂的演技恰好可以把兎子羅傑烘托成閃亮的巨星。整個拍攝計畫比我們原先預期的還要鉅大昂貴，一方面是因爲史匹柏和柴墨奇斯事事要求完美，另一方面則因爲並沒有任何迪士尼方面的人員每天緊盯進度。這部電影在倫敦拍攝，成本早就超過原先的三千萬美元預算——迪士尼以前從沒爲一部片花這麼多錢。雖然彼得．施奈德每星期會飛到英國一次並且回來報告進度，但是傑佛瑞從來不向我提起這件事，這種情況並不尋常。因爲他知道我向來要求早點知道壞消息。

問題並不是遮掩起來就會消失。自從法蘭克和我接管迪士尼之後，我總是在董事會上定期向董事報告公司各項工作進度。我會特別指出我們面臨的困難和我們解決的方式。法蘭克和我對董事會都抱持相同態度，絕不粉飾太平。因此董事會也會對我們開誠布公——客氣，但是態度堅決而直接。我自己絕對不急著聽好消息。相反地，早點知道壞消息還來得及亡羊補牢，趕快修正策略並且挽救整個局面。等到來不及了才發現問題所在，對我來說是很難接受的。不過幸好這次拍片並沒發生這樣的事，因爲後來我主動向傑佛瑞表示關切。就像十年前他在派拉蒙做《星際大戰》時一樣，不過現在他經驗較爲老到，他主動介入拍攝過程並且接手了整個製作。這部電影因爲他的干預而在創意上有更令人滿意的成果，而且也得以如期殺青。

由於《威探闖通關》比較成熟、性感，我們希望把它從迪士尼品牌分離出來，改以試金石的名義發行。但是這一招沒有發揮作用。一九八八年六月，電影上映的前一週，《新聞週刊》的封面大辣辣地寫著：「史匹柏與迪士尼四千五百萬美元的豪賭」。幾乎所有的影評都把這部片稱爲迪士尼電影。幸好正面評價掩蓋了內容可能引發的爭議。《威探闖通關》也是迪士尼第一部成功交叉造勢的電影。在首映之前，我們已經授權製造了超過五百種商品，包括兔子小姐潔西卡（Jessica）的首飾、會說話的兔子羅傑玩偶和電腦遊戲。電腦遊戲本身就是一項商機，不過也可以延伸觀衆觀影的經驗。麥當勞和可口可樂也和我們結盟進行大規模促銷。這部電影的成功也促使我們在迪士尼樂園興建了米奇卡通城（Mickey's Toontown），但內容並不以電影情節爲主，而是以迪士尼過去的經典卡通人物爲主角。這本來只是暫時的展覽，後來因爲大受歡迎才決定改建爲永久設施。《威探闖通關》上映九個月後一舉抱回四座奧斯卡獎，破了迪士尼自從《歡樂滿人間》（*Mary Poppins*）之後的得獎紀錄。

我們的下一部動畫《小美人魚》，對動畫界的變革有更重大的影響。這部片最早的構想出現在一九八五年中期我們第一次的動畫「炮轟秀」上。我們要求每個工作人員至少提出六個新點子。還在製作《妙妙探》的朗・克雷蒙提議改編安徒生童話。我向來對以海底世界爲背景的卡通頗感興趣，但傑佛瑞和我都擔心這個主意與眞人電影《美人魚》太過類似，這部片早在一九八四年我們到任半年前迪士尼就發行了。朗・克雷蒙把他的構想寫成兩頁的摘要，我們答應回家馬上詳讀。安徒生的《小美人魚》是一個很灰暗、悲觀的故事，美人魚愛麗兒（Ariel）最後死了。在克雷蒙的版本中，故事內容主要描述人魚公主愛麗兒如何一心想變成人類以便和心愛的王子結婚。爲了如願，她把自己的聲音給了女巫厄蘇拉（Ursula），不過最後她又恢復自己的嗓子，也順利和王子結婚。這是個比較快樂的結局，而且某方面來說故事的寓意也比較教人信服。第二天一早，傑佛瑞立刻打電話給我。「我們一定得做這部動畫，」他說，而我也同意。

在《小美人魚》的製作過程中，我們所做的最重要的決定就是找來作詞家霍華・艾許曼（Howard Ashman）以及他的作曲搭檔艾倫・曼肯（Alan Menken）一起合作。這是大衛・葛芬的點子，他是傑佛瑞的好友兼顧問。葛芬本身在唱片業相當成功，偶爾也替電影和劇場配樂。最近他共同製作了大受歡迎的外百老匯歌舞劇《異形奇花》（*The Little Shop of Horrors*），替這部戲編劇作曲的正是艾許曼和曼肯兩人。彼得・施奈德曾經短暫擔任這齣戲的經理，因此和艾許曼有一面之緣。一九八六年初，傑佛瑞正式與艾許曼接洽，並向他介紹我們正在進行的多部動畫。《小美人魚》是最引起他興趣的一部，於是他答應和曼肯一起撰寫配樂。

這時迪士尼動畫的文藝復興正式揭開序幕。整個藝術創作的核心就在動畫部的新大樓，也就是位於格倫代爾那棟平實無華的建築，此處日後發展成爲人才薈萃的迪士尼精華區。艾許曼和曼肯從東岸飛來，在其中一間辦公室裡開始詞曲創作。克雷蒙和瑪斯克就在隔壁埋首做草稿和構圖。其它動畫師則在迪士尼兩位頂尖藝術家葛倫・金恩與馬克・漢（Mark Henn）的帶領下，於相連的辦公室內展開工作。每個人的工作都環環相扣。艾許曼和曼肯先寫好詞曲，然後播放給朗和約翰聽，他們兩人接著以不同的方式呈現個別場景。動畫師們則在兩個辦公室進進出出，然後回到自己的位置上構思新點子。「這眞是令人難以置信的美好光景，」艾倫・曼肯後來告訴我。「那一次衆人首次合作的經驗實在是無法比擬。」傑佛瑞也開始把越來越多的時間花在動畫部門，包括每星期至少和動畫部門主管召開兩小時的創意會議。

整個過程都是團隊合作，要說這其中的關鍵人物，那麼絕非艾許曼莫屬。他從小就是迪士尼的狂熱影迷，我們過去的經典作品，他甚至比公司上下任何人都還淸楚，而且他對劇場史也有很深刻的認識。身爲一名作家，艾許曼具有創造力和親和力，但是有時又很尖刻、冷漠。他建議把女巫厄蘇拉變成一個傳奇角色，同時把愛麗兒的跟班螃蟹塞巴斯俊（Sebastian）塑造成反應靈敏、充滿機智的千里達人。後者讓這部動畫添加了幽默，同時還把雷鬼、加勒比海等樂風帶進電影中，爲這個經典的童話故事增添了不少現代感。

艾許曼和曼肯以前曾經一起合作，不過迪士尼發掘出他們各自的專長。曼肯出身音樂劇場，對各種樂風都很擅長。個性上來說，他比較樂觀、直來直往，艾許曼則較爲內斂複雜。曼肯幾乎能立刻寫出好聽、好唱的特殊曲調。他常常形容自己的風格屬於「昂貴的拼貼型」，不過這當然是謙虛的說法。事實上他可以把基礎的歌曲結構，轉變成繁複、成熟，而且具有原創性的音樂。雖然我並沒有參與每日的工作進度，不過我還記得某天中午走進辦公室聽見《小美人魚》的配樂「海底世界」（Under the Sea）。現在說起來也許像馬後砲，不過我當時直覺這是一首絕對會轟動的歌——我對不少歌都有相同的感覺，只是我的直覺常是錯的——不過這回可錯不了。

我們雖然信心滿滿，但是工作人員都預測《小美人魚》的主要觀衆群應該是小女孩。不過從上映的第一天開始，所吸引的觀衆層卻相當廣，甚至還包括成年人。《小美人魚》包含了日後迪士尼動畫電影所有的基本元素：原創性的音樂、機智的歌詞、曲折的幽默、緊湊而有吸引力的故事情節和炫麗的的動畫。一九八九年十一月，《小美人魚》正式在院線上映，很快就成爲迪士尼有史以來最成功的動畫電影，光在美國國內就賺進八千四百萬美元的票房。後來這部電影得到奧斯卡最佳配樂獎，頗具加勒比海風味的「海底世界」這首歌則贏得最佳電影歌曲獎。迪士尼的動畫片一夜之間提升到新的層級。

《奧麗華歷險記》、《威探闖通關》和《小美人魚》這幾部動畫在票房上的成功，已經足以使動畫成爲重要商機。這個變化也使公司決定將華特的經典動畫電影重新發行錄影帶版。過去每隔幾年，迪士尼會把《白雪公主》、《小鹿斑比》、《一〇一忠狗》等動畫電影，再度搬上電影院作短暫放映。這也一直是公司穩定的收入來源。舉例來說，在我們進入迪士尼公司之前，《木偶奇遇記》就已經預定要在一九八四年的耶誕節檔期重新上映。即使並非迪士尼最受歡迎的經典動畫片，《木偶奇遇記》依然在這段假期間賺進了兩千六百萬美元的票房。現在的問題是《木偶奇遇記》發行錄影帶之後，我們還要不要繼續在電影院重映——這也是其它經典動畫所必須面對的難題。

家庭錄影帶當時市場並不大。我們進入公司之前，迪士尼每年從錄影帶出租獲得的收益大約是七千萬美元，內容大部分是舊卡通和眞人電影。我們所有的經典動畫都沒有發行過錄影帶版，因爲擔心會影響在院線重新上映的票房。傑佛瑞也抱持這種懷疑保守的看法。「如果我們現在發行錄影帶，那麼將來人們都不會到電影院看這些經典片了，我們反而會損害了自己的商機。」他反對說。當時我們的財務長麥克·白克諾（Mike Bagnall）說得更直接：「這樣做無異於殺雞取卵。」如今看來雖然很難理解，不過當時我們還不確定兒童錄影帶是否有市場需求。一九八〇年代中期，錄影帶市場絕大部份還集中在出租業。對大部份業者來說，兒童錄影帶頂多只有週末時才租得出去。

一九八五年初，我們開始一連串的馬拉松式會議，辯論是否應該在那年夏天發行《木偶奇遇記》的家庭錄影帶，如果要的話，價格又該怎麼訂。法蘭克在會議上先聲奪人。「反對發行錄影帶的理由多的不勝枚舉，但是舉行這場辯論仍是相當重要的。」每個人早已察覺法蘭克相當重視辯論的過程。他認爲發言越多，越能做出明智決定。即使他不同意你的意見，他仍然會維護你提意見的權利。每當共識太早達成，法蘭克就會自己跳進來扮黑臉唱反調。「沒有人反對嗎？」法蘭克會這樣問，然後等著看有沒有人答腔。「如果沒有，好，那我反對。」法蘭克永不滿足。他和我一樣深信任何人都有可能提出新的看法或新的點子。

我們這個工作團隊的每個成員，都曾經在半夜接到法蘭克打來的電話。他無時無刻不在工作，而且出入國內外也從來不注意時區的差別。只要他醒著，他就以爲全世界的人也都醒著。當你在半夜三點睡眼惺忪地接起電話，法蘭克還是會透露一點關心：「噢，我吵醒你了嗎？你何不清醒清醒，我等五分鐘後再打來。」

有時候法蘭克心裡想的問題的確相當重要，不過大部份的電話就像羅伊・迪士尼某日清晨四點接到的這一通一樣。「高飛狗本來叫什麼名字？」法蘭克問。羅伊花了點時間整理思緒然後回答：「嗯，高飛狗本來叫做狄皮東（Dippy Dawg）。」法蘭克謝過後便掛了電話，羅伊則繼續睡大覺去。他一直不知道法蘭克爲什麼要打這通電話。回想起來，我想法蘭克的風格給整個工作團隊帶來很大的啓發。他永不懈怠的發掘問題，正表示他全心爲工作付出。有時他手下的主管會因此感到沮喪，不過這也讓他們隨時戰戰兢兢。

如果法蘭克對某件事表明立場，我通常會直覺地採取相反意見，不過在辯論過程中我們的立場卻經常調換過來。我們兩人的互補性實在太強了。法蘭克擅長把所有的證據攤在桌上，但是卻很難下最後決定。我下決定從來不根據邏輯衡量利弊得失。有了法蘭克的幫助，我會持續尋求佐證，直到直覺告訴我正確的抉擇已經浮現。到那個節骨眼上，我便鼓起勇氣硬幹——而且絕不回頭。

最大力鼓吹發行經典動畫錄影帶的人是比爾・麥坎尼克（Bill Mechanic）。在派拉蒙時期，比爾幫我們在好萊塢建立了最成功的付費電視業務，把我們的電影以高價賣給有線電視業者。麥坎尼克留著長髮和雜亂的大鬍子，看起來一點也不像傳統的企業主管，他眞正的夢想是到創意部門任職。他在迪士尼的第一份工作便是替電視網製作特別節目，但是他做生意的手腕實在高明——善於嘲諷、意見出衆、有群衆魅力——因此我們在業務上有問題就會問他的意見。

至於最主要的反對理由，則是認爲一旦迪士尼經典動畫以錄影帶形式進入千千萬萬的美國家庭，我們就等於失掉了主要資產。我作爲三個小孩的爸爸經驗在這裡可能幫得上忙。我很痛苦地明白家裡的玩具沒有一樣壽命超過一年，比我們預計每七年重映一部經典動畫片的時間短很多。我不太確定一般人家裡買給小孩的玩意兒最後都落得何種下場，但是這些東西最後肯定都不見了。贊成發行錄影帶的人可不這麼認爲。他們相信人們會把迪士尼錄影帶當成珍藏品。最後我們對一九八五年夏季做出一個保守的決議。我們發行《木偶奇遇記》的錄影帶，但售價並非一般迪士尼舊眞人電影錄影帶的一九・九五或二九・九五美元，而是七九・九五美元的高價。這麼做是爲了鼓勵消費者去租《木偶奇遇記》而不要去買，這樣就可以大幅減低人們在家中永久保有錄影帶的比例。事實上後來錄影帶店進貨的意願也很低，收益因此遠低於預期。

八月間，我們正式任命比爾・麥坎尼克爲家庭錄影帶部門主管，他的第一件動作就是說服傑佛瑞和我們其它人把《木偶奇遇記》錄影帶降價到二九・九五美元以刺激銷量。往後數月間，在沒有大力促銷的情況下，我們賣出超過六十萬捲的錄影帶。此時我們首次瞭解到，家庭主婦和兒童是錄影帶市場極具潛力的消費群——至少對迪士尼的經典動畫來說是如此。不久後我們更發現，兒童遠比大人樂意一而再、再而三的重複觀賞同一支影片。對家長來說，花二九・九五美元買錄影帶比一直重複租還要經濟。

一九九五年十一月，當我們要決定如何處理重新發行《睡美人》的各項事宜，我們又開會進行辯論。比爾在長桌末端架起兩面白板。他揭開第一面板子，上面寫著「情感課題」。裡面包含的問題有「發行經典動畫片錄影帶會因爲流通太廣而破壞其獨特價值嗎？」以及「這樣的舉動是否會貶低迪士尼的形象與自砸招牌呢？」

在討論沒有結論之下，麥坎尼克又揭開另一面板子，上面寫著「經濟課題」。討論重點在於我們如何從單一商品獲取最大利益，不論是現在還是未來。比爾以此爲前提進行了各項財務評估。他的數據顯示，如果我們在未來二十八年間，在院線重新放映《睡美人》四次（迪士尼傳統上每隔七年重映一次老片），那麼我們可從票房賺進一億兩千五百萬。相較之下，他預計如果我們現在發行《睡美人》的家庭錄影帶，將可以有一億美元的收益。這裡我要感謝在派拉蒙時期，查理·布拉東教我的現得淨值（Net Present Vales, NPV）這個概念。NPV是一種把未來收入換算成目前價值的簡單方式。由於通貨膨脹的關係，七年、十四年，或二十八年後所賺的一塊錢，會比今天賺的一塊錢還沒價值。而且今天賺的錢可以馬上轉投資，開發新產品或者開拓新的財源。

「未來二十八年裡，在院線上映《睡美人》的票房所得一億兩千五百萬美元，換算成今日的幣值，其實比兩千五百萬美元還少，」麥坎尼克說。「發行家庭錄影帶，在未來半年內現賺一億美元是比較有經濟概念的作法。」這時連法蘭克都失去了辯論的耐心。「冰封起來的資產不算資產，」他說：「我們還在等什麼？」

會議結尾時，我們決定全力促銷《睡美人》錄影帶。一九八六年秋季錄影帶上市時，我們破天荒地花了七百萬美元大力促銷這捲定價二九．九五美元的錄影帶。我們喊出「帶迪士尼回家」的宣傳口號，結果大賣了一百三十萬捲。這樣的表現不僅比《木偶奇遇記》多出一倍，也使《睡美人》成爲有史以來最暢銷的錄影帶之一。立即顯現的龐大收益，使得一開始擔心經典動畫會因此失去光彩的疑慮逐漸消失。此外，迪士尼在市場上的形象也並未因此喪失價值。而且人們在家裡反覆觀賞迪士尼的經典動畫，反而對我們的品牌有正面影響。

下一波銷售熱潮出現在一九八八年，錄影帶版《仙履奇緣》的上市。我們首次採取積極態度，除了搶攻傳統錄影帶店，還與從未涉足影帶販售的大型零售商接洽。最先達成協議的是塔吉（Target）連鎖超市，不過其它業者，包括卡多（Caldor）和華爾超市（Wal-Mart）也紛紛跟進。在前一年的耶誕節檔期，《仙履奇緣》在院線重映的結果賺進三千四百萬美元的可觀票房。半年後，錄影帶版靠著前所未有的廣大通路，和有史以來最大規模的行銷，賣出將近六百萬捲，帶來將近一億美元的收益。

第二年，我們進一步跳過中盤商和上架業務員，把錄影帶配銷業務收歸己有——就好像華特在一九五〇年代自行成立發行部門的決定一樣。和大型零售商直接接洽不僅節省了許多日常開支，還可以合作進行促銷活動，透過電腦連線還可以每天追蹤庫存量。一九九一年《森林王子》成爲我們第一支獨立發行的動畫錄影帶，最後賣了將近九百萬捲。一九九二年《一〇一忠狗》賣了超過一千四百萬捲。比爾．麥坎尼克也因爲如此傲人的成績，而在一九九三年被挖角到二十世紀福斯公司負責電影部門。幸好那個時候比爾已經訓練了兩名傑出的接班人，一位是往後三年專責國內錄影帶業務的安．戴利（Ann Daly），以及負責錄影帶國際業務的麥可．強森（Michael Johnson）。

羅伊．迪士尼當初也很擔心錄影帶版會貶低經典動畫的價值。不過時間證明，錄影帶不僅帶來利益，也提昇了迪士尼的品牌，於是他也轉而支持這項策略。不過羅伊對《白雪公主》和《幻想曲》這兩部動畫仍然不肯鬆手，並將其歸類成特別等級。我也是一樣。不僅因爲這兩部片本身非常特別，也包括我對這兩部片歷史的認識。拿《幻想曲》來說，華特原本想讓它成爲有生命、會成長的作品，每隔幾年在裡面加入一點新的音樂和片段。「《幻想曲》是永恆的，」即使在上映之前，華特就曾如此發下豪語。「這部動畫可以演十幾、二十幾、甚至三十幾年。我再也畫不出另一部新的《幻想曲》。我可以改進、可以擴充，但頂多也只能這樣。」這部片在一九四〇年首映，影像和聲音品質方面都帶來重大突破。不過第二次世界大戰讓華特夢想破碎，一直無法添加新的音樂片段。

我越來越相信我們應該繼續華特早年對《幻想曲》的夢想。一九九〇年，我還曾經想過要加入披頭四的音樂，並且和伯恩斯坦討論過此事。珍和我某日午後前往林肯藝術中心欣賞紐約愛樂（New York Philharmonic）的排演。整整兩小時伯恩斯坦發揮了精彩的指揮技巧，但樂團在演奏結束前兩分鐘驟然停止。伯恩斯坦氣炸了，不過工會的規矩還是佔上風。他剛剛以巔峰運動員的精力在指揮，走下舞臺時卻像一個受了傷的四分衛一樣搖搖晃晃的。他穿越一大群樂迷走進自己的休息室，這些人大多是上了年紀的老婦人，她們崇拜伯恩斯坦就像少女崇拜搖滾巨星一樣。等珍和我進入他的休息室，伯恩斯坦又變了個人，成了穿著披風的老人，一邊吸著氣喘吸入器，一邊抽著香菸。他對於使用披頭四的音樂和我們合作《幻想曲》興致高昂。然後我熱心提議邀請整個愛樂管弦樂團演出，並滔滔不絕地描述成果將如何完美。「艾斯納先生，」他最後透過眼鏡望著我說：「我們只需要四名音樂家就夠了。」

伯恩斯坦半年內因肺癌病逝，後來我一直找不到志同道合的指揮家，願意把披頭四的音樂與柴可夫斯基、史特拉文斯基和貝多芬等大師結合。多年後，我看見一項調查數據，顯示發行錄影帶版的《幻想曲》將帶來龐大利益。由於這是個天文數字，我立刻決定和羅伊、派蒂，以及他們的四個小孩在他們家開會討論這件事。我提醒他們《幻想曲》在電影院裡從來沒有賺過大錢，而且也一直沒有得到應得的肯定。

「發行《幻想曲》錄影帶，將使這部動畫得到應得的高曝光率，」我解釋。我也指出由於這部片已經過於老舊，每二十四格只剩下三格還保有原來的色彩。我們可以使用現代電腦技術重拍每一格動畫，使其他二十一格恢復原有完美的色彩，讓錄影帶版的品質遠超過原先的動畫。我還提議把《幻想曲》錄影帶版的收益用來拍攝新的《幻想曲》——而且將由羅伊主導整個計畫。

迪士尼家族無異議通過這項提案。一九九一年《幻想曲》首次發行錄影帶就賣出一千五百萬捲，擄獲廣大的觀衆群。一年後我們提案發行《白雪公主》的錄影帶，說服羅伊的工作便簡單多了。因爲那時候《白雪公主》在義大利正要被劃入公共智慧財產的領域，如果我們不發行錄影帶，恐怕市場將充斥盜版品。我打電話給羅伊，前後僅僅三十秒，他立刻同意我們盡快著手發行工作。《白雪公主》錄影帶首度上市便打破所有迪士尼經典動畫的紀錄，在全球賣出五千萬捲。而且我們對影片的版權最後還得以延長時效。

錄影帶市場對迪士尼動畫的龐大需求，給我們帶來另一項認知，那就是我們應該加快製作新的動畫。我們初到迪士尼公司時，大約是每隔四年推出一部動畫片。在《奧麗華歷險記》和《威探閪通關》之後，我們訂出每隔一年或一年半就必須生產一部動畫的目標。傑佛瑞提出的口號是：「更大、更好、更快、更便宜。」動畫部門的壓力因此直線上升。不少動畫師都向羅伊告狀，抱怨傑佛瑞簡直把他們當奴隸壓榨。羅伊也直接向我反應，他擔心提昇產量會影響品質。我卻認爲增加產能不但能提高利潤，也能使影片品質更好。慢工不一定能出細活。完工日期、壓力和疲勞有時反而能讓藝術家有所突破，超越不可能。不過，爲了增加產量，我們勢必要尋找更多的人才。

一九八九年十二月，彼得・施奈德寫了一篇很長的備忘錄總結動畫部門的現況。他指出我們的動畫當然有可能做得更大、更好、更快——每部動畫都開創出新的境界，而且產量越來越大——但這麼做卻不太可能壓低成本。「如果更便宜意味著我們不想浪費金錢，」他寫道：「那麼我們必須提昇效率，有效管理生產過程。如果更便宜意味著壓低電影成本，那麼就和『更大、更好』這兩項目標相互抵觸。傑佛瑞和羅伊都想做出眞正具有頂尖生產價値的動畫，這就必須花大錢。在我看來，迪士尼動畫過去之所以偉大，而且現在能東山再起，正是因爲我們有能力拋棄過去，重新把事情做的更好。投注在《小美人魚》這部動畫片的大筆資金，讓這個作品不僅是好作品，更是偉大的作品。」

當《小美人魚》帶動迪士尼動畫電影業務急速擴充，我們的電視卡通同樣也有捲土重來的跡象。迪士尼公司首度成爲週六晨間兒童電視節目的主要提供者——而且和來自我們競爭對手的低成本、粗製濫造的節目迥然不同。我們甚至計畫以卡通搶攻週一到週五的下午時段。一九九〇年秋季，我們製作了四齣半個小時的節目，以《迪士尼午後》（*Disney Afternoon*）的名稱整套出售。這套節目很快成爲迪士尼電視部門最賺錢的產品，一年帶進超過四千萬美元的收益。不過，就像所有收視好的節目一樣，成功不可能永遠持續。

《迪士尼午後》逐漸走下坡，主要是因爲先前支持這套節目的巴瑞・迪勒和他的福斯電視網轉而採取對立競爭。巴瑞・迪勒擔任二十世紀福斯公司總裁半年後，魯柏特・梅鐸（Rupert Murdoch）

就從馬文・戴維斯手中買下該製片廠。在梅鐸的支持下，巴瑞終於完成我們在派拉蒙時期的夢想：建立第四家無線電視頻道。福斯在一九八六年開播。我們推出《迪士尼午後》時，巴瑞立刻承諾福斯旗下的頻道都會播出這套節目。因此後來播出《迪士尼午後》的電視台，有高達八成都屬於福斯聯盟。

然而我和巴瑞之間並非全無利害衝突。從一九八四年他接掌福斯而我到迪士尼之後，我們對一些交易的看法就時有歧異。不過這些都比不上《迪士尼午後》帶來的激烈爭議。問題最早出現在一九九○年初，我們買下洛杉磯當地一家獨立電視台ＫＨＪ，並將其重新命名爲ＫＣＡＬ，然後著手整頓電視台業務。理所當然地，我們把原來在福斯電視台播放的《迪士尼午後》收回來拿到ＫＣＡＬ播。

這個舉動讓巴瑞相當氣憤。他認爲自己從一開始就全力支持《迪士尼午後》，因此有權要求這套節目交由福斯在洛杉磯的主力電視台播放。「我造就你們今天的局面，」他對瑞奇・法蘭克和傑佛瑞這麼說：「你們不能把節目說收回就收回。」我當然瞭解他的感受，但是我們也沒有理由不讓自己的新電視台播放極受歡迎的迪士尼節目。

爲了報復，巴瑞立刻取消《迪士尼午後》在他其它六個電視台的時段。接著他又做出一個對我們傷害更大的決定：自製兒童節目。後來我才知道這是幾家福斯結盟台想的主意。但不論如何，沒多久我們外派的業務員開始反應，福斯集團不斷對結盟電視台施壓，要求播放福斯的新節目。福斯甚至警告各電視台，如果不停播《迪士尼午後》，換上福斯新的兒童節目，就將被排除在福斯聯盟之外。

一九九○年二月，我們對福斯廣播公司提出告訴，控告他們干涉合約及非法壟斷兒童電視節目市場。我們最寶貴的資產岌岌可危。如果不儘早主動出擊，對手將食髓知味，把你狠狠的踩在腳下，我們的股東也將受到傷害。由於我和巴瑞之間長期的私誼，這場官司立刻增添不少個人色彩。我們不讓KTTV繼續播《迪士尼午後》，使他覺得遭到背叛。他要求結盟電視台不要播我們的節目，換上福斯的節目，也讓我憤怒不已。

在此同時，巴瑞仍持續自製兒童節目。這成了他報復的最佳利器。其中 *The Power Rangers* 推出後立刻走紅，福斯也逐漸佔據下午的兒童節目時段，我們則慢慢失去戰場。官司開打前夕，福斯對結盟電視台的手段轉趨溫和，使《迪士尼午後》得以保有部份市場，並且在未來兩年維持不錯的獲利。最後，我們在一九九二年初撤銷告訴，部份原因是如果打起這場官司，我們以後恐怕無法和福斯公司及其涵蓋全球的母公司新聞集團（News Corps.）打交道。巴瑞和我也早已重修舊好，繼續新的合作與競爭。

即使在巔峰期，電視卡通的收益和動畫電影比起來依然是小巫見大巫。傑佛瑞也因此越來越集中心力在後者，不僅因爲這是獲利主力，也因爲這比較符合他的個性。如果要拍眞人電影，權力必須與人分享，有時甚至得聽命於強勢的製作人、知名導演，以及大牌明星等等。但是製作動畫卻非如此。彼得・施奈德負責每天的實際運作，讓數目不斷增加的大批動畫師有效率地合作。羅伊則定期和彼得溝通，持續與主要的動畫師接觸，同時進行審查，並爲每部新片的初剪提供意見。不過整個動畫團隊的總指揮卻是傑佛瑞，他可說是核心人物。

每部動畫片的製作時間需要四年，但傑佛瑞對工作人員的要求卻是毫不鬆懈。他並不一定能解決所有的問題，但是卻能很快看出問題所在。「如果你把東西交給傑佛瑞過目，」艾倫・曼肯後來告訴我：「他馬上會有直覺反應。不管你贊不贊成他的意見，他總是有辦法激發你。」傑佛瑞每天都實際參與細節，我則每隔較長的一段時間才瞭解一下狀況，而且盡量專注在大方向上。某個角色夠不夠眞實？某個特定的場景是否能達到預期的情緒反應？結局是否有說服力？傑佛瑞有很大的自主權，但我相信我的意見仍有一定的份量。我們每年只發行一部動畫電影，每一部都非常重要。

每次舉行電影初剪試映後，我們都會齊聚一堂——包括製作人、編劇、導演——大家一起討論。我不時也會找彼得、湯姆和其它傑佛瑞底下的創意主管談，就像我和公司各部門不同階層的人也都保持接觸。這也是不和實際流程脫節的最好方法。

前幾年我們在動畫電影上唯一的敗筆就是《救難小英雄續集》。這部片發行於一九九〇年秋季，也是第一部大量使用CAPS技術的動畫，在品質上這部動畫的確有長足的進步——尤其是老鷹在空中遨翔的那一幕。這一幕是葛倫・金恩負責繪圖，創意則來自克里斯・山德斯（Chris Sanders）。回想起來，這部電影缺乏類似《小美人魚》等賣座動畫的三個基本要素：偉大的音樂、明確的主題、強而有渲染力的劇情。它的故事也是一九七七年《救難小英雄》的延伸。不管迪士尼品牌在動畫電影領域多有號召力，觀衆仍然期待每部作品能有新鮮感與創意。

《美女與野獸》（*Beauty and the Beast*）很快地讓我們挽回頹勢，但是一開始製作過程並不順利。起初的企畫案只是想重拍經典童話故事，而且花了一年撰寫劇本。看過前二十分鐘的草圖之後，我們都認爲事不可爲。這部動畫實在太黑暗、沮喪、沈重了。最後在一九八九年秋季，傑佛瑞把剛剛成功完成《小美人魚》的艾許曼和曼肯調派過來。他們把《美女與野獸》改成音樂劇並著手撰寫詞曲。最大的問題是艾許曼的健康。他開始出現許多不適的症狀，但他告訴同事只不過是壓力太大。一九九〇年中期，艾許曼和曼肯以《小美人魚》奪得奧斯卡獎不久後，艾許曼向曼肯坦承罹患了愛滋病。後來艾許曼病情加劇無法長途旅行，彼得．施奈德於是把整個作業從格倫代爾搬到艾許曼家附近。

我們在其中一個會議廳設立了臨時工作室，把動畫草圖釘在大型的保麗龍板上，並且替曼肯租了一架山葉鋼琴。雖然健康不斷惡化，艾許曼依然成為主導人物。他以「簡化警察」自居，主張每一個場景都必須具有親切感，並且充滿感情的張力。雖然替《美女與野獸》創造出獨特的敍事手法和音樂，但是艾許曼依然堅持保留故事本身原來的吸引力——這是個動人的愛情故事，告訴觀衆強悍的外表下也有顆溫柔的心。

艾許曼首先主張應該從野獸，而不是從美女貝兒（Belle）的觀點來敍事。他也想到把加斯東（Gaston）從呆板無趣的富家子弟變成粗魯的大男人沙豬。艾許曼更靈機一動為野獸家中的用品賦予生命，讓它們成為能說能跳的僕人，比如掛鐘和燭台等等。艾許曼和曼肯一起替這部動畫寫了好幾首不同凡響的歌曲。兩人第一次演奏開幕曲「貝兒」給我們聽的時候，事先曾告訴我們這首歌長達七分鐘。「你們會覺得這首歌太長、太戲劇化，而且太不傳統了。」霍華說。事實上「貝兒」這首歌雖然長，但並沒有成為劇情發展的阻礙，反而和故事配合得相當完美，支撐起整部電影。

雖然艾許曼健康持續走下坡，最後甚至喪失視力和聲音，他依然堅守工作崗位。他在一九九一年三月十四日病逝，年僅四十一歲——在《美女與野獸》正式上映的六個月前。於公於私，艾許曼的死對我們來說都是一大損失。和感情融洽的伙伴共事，使他在生前最後一刻仍極力發揮自己的創作力。一九九一年秋季，《美女與野獸》成爲有史以來第一部被紐約影展（New York Film Festival）選爲開幕片的動畫。兩個月後《美女與野獸》在院線正式上映，各界好評更寫下迪士尼歷年來紀錄，票房成績也很快就超越《小美人魚》，最後在美國國內賺進超過一億四千五百萬美元。在錄影帶市場，《美女與野獸》賣出將近兩千兩百萬捲，遠超過一年前《小美人魚》的九百萬捲。特別值得一提的是，《美女與野獸》後來成爲第一部榮獲奧斯卡最佳影片提名的動畫片。

一九九〇年，艾許曼和曼肯趁著《美女與野獸》的製作進入尾聲時，回頭進行另一部動畫《阿拉丁》的配樂。以中東爲背景的電影總是讓我不安，部份原因是我對這個地方太過陌生，也不知該如何去描繪。另外，我對這部電影能否順利完成一直抱持懷疑的態度，直到《小美人魚》的導演約翰・瑪斯克和朗・克雷蒙接手製作才去除我的疑慮。艾許曼過世前，彼得想辦法聘請和韋伯（Andrew Lloyd Webber）長期合作的作詞家提姆・萊斯（Tim Rice），前來擔任艾倫・曼肯的工作伙伴。最後曼肯和萊斯一起完成了配樂。此外，我們有幸請來羅賓威廉斯替主角神燈精靈（Genie）配音，他生動而充滿趣味的演出，讓《阿拉丁》增色不少。不過我們仍然擔心在《美女與野獸》這部強打後，恐怕很難再創新高。一九九二年夏天，《阿拉丁》上映後受歡迎的程度比起《美女與野獸》有過之而無不及，讓我們大感驚訝。回想起來其實原因很簡單。《阿拉丁》充滿異國風情但又不難懂，充滿吸引力而且又非常好笑，可以說老少咸宜。先前的《小美人魚》和《美女與野獸》豎立了口碑，也是重要的關鍵。

成功容易讓人沖昏頭。甚至可以說絕對的成功必然帶來絕對的腐化。一九九三年間，傑佛瑞六年的合約屆滿三年。依照合約內容，他可以在該年九月行使選擇權，決定是否在一年後離職。我從來沒想到他會動用這個選擇權。我知道他對我們彼此的關係偶有不滿，對自己在公司的地位也有微詞，但是他似乎十分熱愛這個工作。隨著攤牌的時刻即將到來，傑佛瑞開始表明想要擴張自己的角色。我們同意等秋天主管們到亞斯平度假時再詳談這個問題。

出乎我的意料，八月三十一日我收到傑佛瑞律師寄來的正式信函，確認他已經選擇在一年後離開迪士尼。「我一點也不想走，」他告訴我：「但是爲了避免你拒絕爲我安排新職務，我必須先保護自己的法律權益。」一個月後，我們在亞斯平終於有機會詳細討論他的未來。開完一天的會後，我和他散步前往市區，我問了一個簡單的問題：「你想要什麼？」

「我想成爲公司的總經理，」傑佛瑞說。我楞住了：「這個職位目前沒有出缺，」我說：「現任總經理是法蘭克。」

「可是法蘭克一直說他想離開。」傑佛瑞回答。我們剛到迪士尼的時候，法蘭克的確說過他也許會離職，第三次挑戰攀登聖母峰。不過幾年過去了，法蘭克的妻子露安（Luanne）反對他去爬山的態度日益堅決，法蘭克也逐漸全心投入迪士尼的工作。現在我們正在和法蘭克洽談將他的合約再延長七年。我也將這些情形透露給傑佛瑞。

「可是法蘭克可以轉任副董事長啊。」他仍不死心。

「我沒辦法讓你當總經理。」我回答。我們的談話陷入一陣尷尬，傑佛瑞開始放慢腳步。我意識到他的失望，於是向他保證事情一定會有解決的方法。

後來傑佛瑞對外放話，說我和他散步時曾經答應他，如果法蘭克離開，我一定會讓他當總經理。這種說法顯然和我的記憶大不相同。我努力回想當時的措辭或語調，甚至我的肢體動作，是否眞的給了他不切實際的期待，以爲自己可以接任法蘭克的職務。我很清楚羅伊．迪士尼和董事會都沒有意思擢昇他爲迪士尼的總經理。我的確曾經暗示——甚至在心底期望——傑佛瑞能夠再成長，讓自己將來有資格升任。不論如何，我非常肯定傑佛瑞擔任電影部門主管的能力，我並不希望他離開公司，也不希望他對未來感到沮喪。我提議兩人再度討論公司能否以其他方式滿足他。「我需要新的挑戰，」傑佛瑞再度表明。我答應好好考慮。

當天晚間，我打電話給提前返回洛杉磯的法蘭克。我知道他對傑佛瑞的要求必定感到驚訝，但是我沒料到他會因此覺得受傷。「傑佛瑞眞的這樣說嗎？」他回答。「他的厚臉皮眞是讓我驚訝。」不過法蘭克畢竟是務實的人，他同樣重視傑佛瑞的才能。雖然傑佛瑞要求他的職位讓他頗不是滋味，但是他很快地置個人感情於度外，和我討論該如何擴充傑佛瑞的權責。

回到洛杉磯以後，傑佛瑞持續他平常狂熱的工作步調，每個星期一晚上我們依然照常舉行餐敍。動畫部門傳來的消息大部份都是正面的：《阿拉丁》在海外上映大爲成功，《美女與野獸》也持續在錄影帶市場熱賣。預定在一九九四年暑期上映，剛剛試映的《獅子王》也獲得相當熱烈的迴響。傑佛瑞和我也討論了眞人電影所面臨的困難。我覺得他在這方面實在太過樂觀，他如同過去幾年一樣向我保證，我們的電影事業很快就會起死回生。「我知道問題在那裡，一切都在我的掌握當中，」他興致勃勃地回答：「明年暑期檔一定是我們的天下。」

我對傑佛瑞最擔心的就是他自我管理的能力，還有他總是不管公司整體考量，只顧自己的計劃。比如一九九三年初，他請求法蘭克許可他和老友史蒂芬．史匹柏合夥開設名爲 Dive 的主題連鎖餐廳。法蘭克默許，我也不好意思表示反對。但是我打從心底感到憤怒，因爲其間可能有利益衝突。

當迪士尼正努力擴張娛樂業版圖的時候，傑佛瑞怎麼可以創辦以商品爲號召的餐廳和自己公司打對頭呢？他和知名製作人兼導演合夥做生意，這樣以後雙方怎麼洽談電影的合作計畫呢？更重要的是，傑佛瑞創辦副業，如果眞讓他當上迪士尼的總經理，他如何調配自己的時間？

我對傑佛瑞在動畫部門扮演的角色也日益憂心。每一部動畫片都是超過四百人集體創作的結晶，而且其中許多人是動畫界的佼佼者。由於傑佛瑞經常獨佔媒體的關注，使整個工作團隊一直隱沒在他的陰影下，有人開始抱怨沒有受到肯定。例如彼得．施奈德就非常以自己傑出的表現爲榮，我從羅伊那裡得知他並不滿意自己一直擔任配角。彼得並不是唯一想得到更多曝光機會的人。《阿拉丁》獲得空前成功之後，我得知這部動畫的兩名導演約翰．瑪斯克和朗．克雷蒙也覺得自己沒有得到應有的公開肯定。我也知道有越來越多動畫師向羅伊抱怨沒有受到重視。「傑佛瑞的管理風格，」彼得後來向我解釋：「就像一只輪子，所有輪輻都集中在中間點，也就是他自己身上，但這些輪輻之間沒有任何交集。」

法蘭克和我最擔心的就是底下部屬對傑佛瑞的不滿，可能會損害動畫部門長久以來緊密的團隊合作，甚至危及迪士尼在動畫界的龍頭地位。傑佛瑞越來越不把羅伊．迪士尼放在眼裡也讓我十分憂慮。雖然羅伊並不在意隱身幕後，但他卻是最能掌握迪士尼電影精髓的人。他是迪士尼品牌的靈魂人物，長期投入動畫製作，因此對於受到傑佛瑞的冷落感到相當不滿。

奇怪的是，傑佛瑞得到的成功和肯定越多，反而越不滿足。這可能是因爲他渴望獨當一面的欲望日漸強烈。他已經四十二歲了——恰好和我當年離開派拉蒙到迪士尼任職的歲數一樣——他不願意再聽從任何人的命令，特別是我的。過去幾年來，他向法蘭克承認自己經常嫉妒別人的成就，就像是心裡住了一個「綠色小怪獸」。在動畫部門，這種情緒使他想要獨攬大權。然而在電影事業上，根據法蘭克一九九四年三月的備忘錄，公司的問題卻一直沒有解決。即使九三年秋季傑佛瑞曾經對我提出樂觀的評估，但是並沒有任何跡象顯示我們已經採取任何扭轉劣勢的必要措施。

我們目前所面臨的難題，幾乎都是過去數年來太過成功所產生的後遺症。在動畫方面，我們必須超越自身先前的成績——這項挑戰和拓展眞人電影市場一樣艱鉅。

8

打造樂園

即使是無生命的物體也有故事要說

如果我們想在世界蓋上我們的印記，
就必須提升建築的層級，並盡力留些遺產給後人。
此舉將在公司內引發極大的風波。要讓行政人員清楚
我們不能只注重下限，的確不是件容易的事。
我們相信，對建築內部或外觀小細節的重視，
能製造出一種細心和卓越的整體印象。
最上乘的設計，就像任何藝術品一樣，
必須兼具挑戰性和發人深省等特色……
而且有趣，令人愉悅。

一九八四年我們初到公司的頭幾個星期，法蘭克和我花了好幾個鐘頭走訪安納漢的迪士尼樂園和奧蘭多的華特迪士尼世界。就某種標準而言，兩座樂園極為相似。兩者都自成一個世界——經過特殊設計的遊樂設施、遊行、表演和商店綜合體，讓遊客體驗到一種神奇經驗。每座樂園的營運都無懈可擊，反映出迪士尼的服務熱忱以及對細節的重視。經過多年的輝煌成功之後，兩座樂園同樣都開始苦於遊客量衰減以及獲利減少的問題。不過從另一個層面來說，這些相似處也很容易誤導人。其實，在規劃之初，兩座樂園就被設計來吸引不同的遊客群。因此，它們傳遞著截然不同的遊園經驗，並各自面臨不同的挑戰。

迪士尼樂園一直都是個區域性的主題樂園，所吸引的洛杉磯地區附近居民人數——人口超過一千萬——和境外遊客數目不相上下。對大多數訪客來說，暢遊迪士尼樂園只要花一天的時間，因此最能有效吸引當地消費者再度光臨的方式，就是定期推出新的遊樂設施和遊行，最好是以迪士尼新近推出的電影中讓人耳熟能詳的角色為主題。但問題是，從七〇年代到八〇年代初期，自《歡樂滿人間》問世後，就沒有出現過特別受歡迎的人物，因此迪士尼樂園多年來都沒有推出重要的新設計。因此，想要為樂園注入新活力，除了想出一些特別吸引人的園區設施之外，還必須待迪士尼推出新片後，再選定片中家喻戶曉的角色為設施主題。

華特迪士尼世界則面臨著完全不同的問題。這座樂園自十年前開幕以來，就一直被視作是可以讓大多數駕車或搭機而來的遊客能停留數天的度假勝地。華特迪士尼世界除了擁有相當於一座迪士尼樂園的「神奇王國」（Magic Kingdom）之外，還包括一座小型的水上樂園（全美首座水上樂園）、數家旅館、一個露營區、三座高爾夫球場，以及於一九八二年開幕的艾波卡特中心。光靠某個新的遊樂設施、遊行、或表演，是無法吸引許多家庭大老遠趕來華特迪士尼世界遊覽的。我們當下要做的是用更有效率的手法來行銷這座樂園，將它定位爲一個服務完善的休閒度假勝地。我們最終的挑戰，是藉由建造更多的旅館和餐廳，推出新的主題樂園和夜間遊樂設施等方式，設法增加遊客造訪的天數。

兩座樂園所面臨的另一項關鍵問題則是：如何在創新點子和維持營利二者之間求取平衡。而我們很快就發現，這個難題早已不是新鮮事了。三十多年來，樂園的經營者就一直爲此事和被稱爲「夢想家」(Imagineers) 的設計者們僵持不下。經營者關注的是如何盡可能壓低開支，並有效管理園區，同時也能保持高標準的服務與績效。任何讓人驚訝的事都是他們的眼中釘。相反的，夢想家們則肩負開創偉大夢想，並讓美夢成眞的使命，他們效法華特，拒絕任何可能意味著犧牲品質的折衷方案。規範與限制是他們眼中的敵人。而我和法蘭克的挑戰，則是鼓勵經營者和夢想家們通力合作，但在此同時仍維持某種程度的緊張狀態，這種激發創造力的緊張狀態有助於在我們的體系中，培養出一種制衡的形式。

這類的緊張狀態，初始發生於華特和羅伊・迪士尼兩兄弟間。華特早在一九三七年就開始構思一座樂園，當時他在《白雪公主》影片首映會上向一名同事透露，想建造一座專爲兒童身材設計，縮小比例尺寸的樂園。這念頭後來由於華特帶他自己兩個女兒雪倫 (Sharon) 和黛安 (Diane)，在主日學校後去當地樂園玩而更爲堅定，因爲這些地方實在讓人退步三尺。其中之一是比佛利樂園(Beverly Park)。在它最後被拆除改建爲大型購物商場比佛利中心 (Beverly Center) 之前，我也曾帶自己的孩子去逛過。

一九四八年，華特把有關「米老鼠樂園」的想法寫在備忘錄裡。「我希望它既鬆弛身心，又酷，又吸引人。」他寫道。他的想法是建造一座縮小版的城鎮，裡頭有各式遊樂設施可以迎合家庭所有成員的喜好。由於公司仍有極大的負債，羅伊因此拒絕愼重考慮華特的想法。「我認爲，他有興趣的其實是有關樂園的種種好點子，而非自己去經營一個樂園。」羅伊曾一度表示。

實際上，華特乾脆決定獨力追尋他的夢想。爲了籌措種子基金，他以自己的壽險來抵押借款，還賣掉他在棕櫚泉所建的度假屋。然後他做了一個決定，引發了或許是他們兄弟倆此生中最嚴重、爲期也最久的嫌隙。一九五二年，華特告訴羅伊，他想創立「華特迪士尼」私人公司，持有華特的姓名權並抽取百分之五到十的權利金。羅伊的兒子羅伊·愛德華（Roy Edward）認爲，華特之所以想出這個安排，部份原因是爲了保障其家人的經濟來源，但最主要的是想替最終將命名爲迪士尼樂園的主題樂園籌措資金。

「我父親大爲光火，」羅伊·愛德華告訴我：「他認爲這會在股東面前造成一個很糟的印象。但華特的律師告訴我父親說，『假使你不就此事和華特達成協議的話，他就會離開，並另起爐灶。』」三位公司外部的董事會成員爲此事辭職，但華特唯一的讓步是將公司名稱改爲WED，也就是華特·艾利亞斯·迪士尼（Walt Elias Disney）的字母縮寫，以免被指控爲霸佔公司名稱。爭執嚴重到引發了華特和羅伊兄弟鬩牆長達多年。有超過兩年的時間，兩人幾乎完全不說話，只透過妻子和祕書溝通。

華特拒絕受阻。他指派一小組藝術人才、動畫師和藝術指導，來著手設計一個精細的五平方英尺樂園模型。他和組員探訪各地的樂園——從洛杉磯郡博覽會（Los Angeles County Fair），一直到紐約科尼島（Corney Island）的嘉年華會。大部分的時間，華特痛恨他所見到的：俗不可耐、遊樂設施上醜陋的人物造型、油膩的食物、騙錢的把戲，又缺乏適合成人休閒的設施。唯一的例外，是哥本哈根的提佛利樂園（Tivoli Gardens），他對那兒無可挑剔的環境感到滿意，食物價格合理，丹麥員工也都彬彬有禮。當他發現沒有足夠的空間好讓他在伯班克迪士尼片廠對街建造自己的樂園時，他最後選定了離伯班克三十八英哩外的安納漢小鎮上，一處佔地一百六十英畝的橘園。

華特計劃將迪士尼樂園建造成一個完全自給自足的世界。比方說，爲了吸引遊客的注意，他堅持樂園只有一個入口，直通往「大街」區——它等於是華特故鄉密蘇里州馬塞林的理想化版本。他的夢想是將所有設施都設計成縮小版，好更吸引兒童及適合他們遊玩，但最後他改採更實際的折衷方案。「大街」區上所有建築的一樓都採八分之七的比例來興建，其餘每高出一層樓比例也越小。而環繞園區的火車，則採八分之五的比例打造。

華特在迪士尼樂園四周建造了一道防護設施，以確保遊園經驗完全不受外界的都會生活所干擾。員工都被稱爲「卡司演員」，穿著戲服而非制服。他們被鼓勵在一旦「登上舞台」後，以演員自居，將煩惱與眞實生活的身分都拋諸腦後，以便演出被指派的角色。華特理想中的遊園經驗是既懷舊又具有未來感，結合歡樂與幻想，寓教於樂。迪士尼樂園不只是座樂園，而是能讓受歡迎的影片人物成眞的橋樑，其中包括了米老鼠、唐老鴨、白雪公主和小飛俠彼得潘。迪士尼的觀衆首度得以進入所喜愛的電影及動畫片的世界。迪士尼樂園賦予華德創造的人物全新的生命。

樂園同時也是建築及設計上的卓越成就。一九六三年，著名的都市設計家詹姆士・魯斯（James Rouse）在接受哈佛大學建築學院授與學位的典禮上，就把迪士尼樂園納入當時演講的重點。「我抱持著一個觀點，某些聽衆或許會對這個複雜的觀點感到驚訝，」他宣稱：「那就是今日美國最偉大的都市設計是迪士尼樂園。它把一個活動的空間——也就是樂園本身——提升到極高的境界，在在展現它的運作成效、對消費者的尊重以及服務，以致於它確實成爲一種創新。」最近，傑出的建築歷史學家小文森・史考利（Vincent Scully, Jr.）更進一步主張，迪士尼是「美國建築、甚至是全球建築史上，結合神話與夢想所達致的最複雜和最令人讚歎的結構體」。

迪士尼樂園如期於一九五五年七月十七日開幕，ABC電視公司現場實況轉播，許多明星都參與主持，其中還包括了雷根（Ronald Reagan）。樂園立刻贏得熱烈迴響。以一千七百萬美元建造的迪士尼樂園，到該年底爲止共吸引了一百萬名遊客，使得公司能將銀行貸款全部還淸。一九五七年，華特和羅伊行使購買權，以七百五十萬美元，買回了ABC持有的百分之三十四股份。當時，對於付出比ABC當初投資的五十萬美元還高出許多的溢價，華特感到不悅。如今，那筆股份總值應會超過五億美元。

即使樂園成果豐碩，華特仍繼續尋求改善，這個現象被稱作「好上加好」。華特在「大街」區的消防站上有棟小公寓房子，他在那裡度過許多時光，也隨時在園區裡漫步。「園區將逐年越來越美麗，」他在開幕後不久告訴一名記者：「當我找出大衆的喜好後，還會更趨完善。我就不能對一部卡通如法炮製。因爲在我得知大衆是否喜愛它之前，它就已經是成品，而無法改變了。」

華特對迪士尼樂園最大的遺憾是當時的資本只夠在安納漢買下一百六十英畝的土地——雖然日後他又將坪數增加了一倍。樂園越來越受歡迎，好多家速食店、酒吧、T恤專賣店和低廉的汽車旅館，如雨後春筍般在附近成立。到了一九六三年，華特開始在東岸物色適當地點——決意尋找足夠的土地，以避免重蹈迪士尼樂園佔地嫌小的覆轍，而且這回他還得到羅伊的全力支持。華特幾乎立刻看中了佛羅里達州，因爲那裡氣候暖和。當時，奧蘭多還只是一座沈睡中的未開發城鎭，人口少於九萬，四周環繞著森林和沼澤。爲了避免引來投機者和導致地價飆漲，公司開始以假名取得土地。最後，華特得以僅用五百萬美元買到二萬七千英畝的未開發土地——平均每英畝還不到二百美元。一九六五年十一月十五日，迪士尼公開宣布定在奧蘭多附近興建第二座主題樂園的計劃，以及華特最新也最鍾愛的夢想：艾波卡特，這是「實驗性的明日模範社區」(Experimental Prototype Community of Tomorrow) 的縮寫，他視此爲未來都市的寫實模型。

但悲劇卻中斷了他的計劃。一九六六年初，華特罹患一連串的病狀——包括背部和脚部疼痛、慢性鼻竇炎和腎臟病。十一月二日星期三，他感到氣喘不已，而且左脚痛不可支，因此進入聖約瑟夫醫院 (St. Joseph Hospital) 接受檢查，並定在下週一動手術。當他和妻女抵達醫院後，發現他得的是肺癌——他一輩子都是個老煙槍——診療結果並不樂觀。他的一葉肺被切除了，但對自己的眞實病況卻幾乎完全守口如瓶。「華特一直以爲如果讓任何人得知他病了的消息，股票就會下跌。」他的祕書露西兒．馬丁後來向我透露。他的身體狀況急遽惡化。一九六六年十二月十五日上午，也就是他六十五歲生日的十天後，他死於急性循環衰竭。

華特的死訊成了《紐約時報》的頭條新聞，但葬禮的安排卻是再低調不過。火化之後，他的骨灰葬在格倫代爾的林區草坪墓園 (Forest Lawn Cemetery)。由於此種安排實在太隱秘了，因此多年來一直流傳著一個謠言，說他的軀體其實是被冷凍保存著。永遠充滿好奇心的我，最後直接駕車到墓園，好親眼看看華特的安息地。在碩大墓碑林立的墓園中，不靠人幫忙根本無法找到他的墳墓，那是在雜草叢生的一小塊土地上，樹立的一方小型墓碑。我確信，如果葬禮事宜能由華特這位百分之百的娛樂人來決定的話，一定會以在迪士尼樂園大街遊行的方式掀起高潮。

華特去世時，羅伊七十三歲，原本準備在幾年之內退休。但如今他誓言實現弟弟未完成的計劃，甚至堅持稱之為「華特」迪士尼世界。雖然羅伊並沒有著手興建艾波卡特的計劃，但華特有關這項計劃的理念，後來都融入了「神奇王國」之中。園區建造了佔地十英畝的服務設施在地下迴廊中，還打造了許多管線，用來將垃圾輸送到一哩外的中央儲存槽。廢水處理系統會移除固體物，並將水份過濾，之後流入附近流域。一道寂靜無聲的單軌鐵路，是輸送園區遊客的主要工具。

耗資四億美元興建的華特迪士尼世界，如期於一九七一年十月一日開幕。為了這項計劃賣力工作了五年之久後，羅伊終於可以退休安享天年。八星期後，他原本計劃在一個星期日帶孫子們去安納漢的迪士尼樂園玩，但臨出發前，突然決定留在家裡，嘴裡抱怨著身體不適。當天下午家人返家時，羅伊已經得了嚴重腦溢血，並在隔天去世。

華特和羅伊兩弟兄去世多年後，迪士尼樂園和華特迪士尼世界依然極受歡迎。法蘭克和我接手時，樂園部份只需更新、擴建和翻新創意，不像電影和電視節目，幾乎必須全部從零開始。我們先把焦點放在迪士尼樂園上，因為改善它似乎比較容易，也較快速。喬治·盧卡斯是我最先求教的人士之一，因為電影界沒有人會像他一樣，擅長以創新的手法來結合故事敍述技巧與科幻想像力。我們的想法是商請喬治來為我們製作出新的遊園設施，主題圍繞在《星際大戰》和《法櫃奇兵》等片中廣受歡迎的人物。

喬治立刻大感興趣，部份原因是，這個方式讓他能再度推介專為年輕族群所創造的電影角色，但更重要的是，如此他就有機會實驗用新的三度空間方式來敍述故事。他很快就看中了一個「想像家」所設計的案子，它是以美國太空總署（NASA）研發的模擬飛行科技爲基礎。這個利用《星際大戰》人物所打造的遊樂設施，是爲了開創一種宇宙探險經驗而設計的。喬治認爲太空船應由一個心理不正常的菜鳥飛行員雷克斯（Rex）來駕駛——如此才能解釋爲什麼飛行途中會遭遇一連串的災難。

法蘭克和我有天來到夢想家園區，想看看被稱做「星際之旅」的遊樂設施雛型。兩個人西裝畢挺，但都準備要嚐嚐刺激的滋味。在這個階段，設施外觀像是豎立在高柱上的龐大箱子。它高高的柱脚和通往箱子的陡峭階梯可把我嚇壞了。法蘭克在前頭帶路，我則猶豫不決地跟在後頭，身旁還有兩、三名夢想家。當設施啓動時，我們隨著《星際大戰》的音樂撼動著，接著又隨著喜劇電影配樂律動，全程又蹦又跳的。等到最後出來時，我感到興奮不已，因爲方才經歷的，顯然是一種全新的遊樂設施。法蘭克臉色蒼白又泛靑，看起來好像就快要昏到了。部份由於這次經驗的關係，我們將遊樂設施重新整修，好讓即使是容易緊張或嘔吐的人，都不會因而感到不適。星際之旅在一九八七年推出，迪士尼樂園的遊客人數立刻爆增。就像華特多年前就明白的一樣，我們很快就發現，一個刺激的遊樂設施，在問世多年後，還可以繼續進行調整和改造，這是電影所辦不到的。

迪士尼樂園的第二項新計劃是Videopolis，這是座供人跳舞的露天圓形廣場，裝置有數十台播放音樂錄影帶的螢幕。主遊客群鎖定靑少年——因爲這個族群容易對園區失去興趣，這點要等到他們長大並生兒育女後才會改變。Videopolis在一九八五年六月開幕立刻廣受歡迎，尤其以晚上人潮最多。

法蘭克和我並不曉得迪士尼向來禁止同性間一起跳舞。好幾個同性戀團體很快就聯手發起抗議活動。我的直覺是沒有人會爲了跳貼面舞而來到迪士尼樂園，抗議人士只不過是藉此表明立場而已。我說服了樂園的主管迪克・納尼斯，允許同性共舞。頭一個晚上，有幾對同性舞伴緊擁共舞，但沒有人因此而大驚小怪，之後同性共舞的情形就再也沒出現過。由於不再受制於嚴格規定，人們也就不再那麼想故作表態了。這是我身爲人父所學到的經驗，而且屢試不爽。有時放鬆一下是值得的。

我們爲迪士尼樂園所想出的第三個新點子，就是和麥可傑克森合作。他不但受到年輕人歡迎，小孩子也喜歡他，連他們的父母也不例外。傑克森自己就是百分之百的迪士尼樂園迷，有時候一個月內來好幾次，有時會僞裝打扮，有時以眞面目示人。我們的想法是爲他製作加長型的三度空間立體音樂錄影帶。由於喬治・盧卡斯剛好也是傑克森的偶像之一，這也成了一大誘因。最後盧卡斯決定製作錄影帶，並商請柯波拉擔任導演。

有了盧卡斯、傑克森和柯波拉三大超強創作人的參與後，十七分鐘長的 *Captain EO* 音樂錄影帶之所以會超過預算，也就不足爲奇了，而特效則佔其中最大因素，共有一百五十處之多，出現的頻率比盧卡斯在《星際大戰》中使用的還多。最後耗資總額達一千七百萬美元。這筆數目和當初建造迪士尼樂園的金額一樣多。但我們投注的心血和資金確實值回票價。因爲 *Captain EO* 一九八六年九月在迪士尼樂園和華特迪士尼世界推出後，立刻贏得熱烈迴響。

我們在迪士尼樂園進行的計劃中，規模最大的，或許是一項最後被命名爲「飛濺山」(Splash Mountain) 的水上遊樂設施。這項計劃起源於法蘭克、我和我兒子布萊克有次前往夢想家園區的拜訪。布萊克當時十五歲，那是個週六下午，我們到迪士尼上任才不過幾週而已。多年來，爲了減輕離家工作的愧疚，我常在週末帶一個兒子一道去工作。我喜歡在開車途中和他們分享生活點滴，並在回程再次回味當天的經歷。我教導兒子們應該在出遊時保持禮儀，與人見面時應該緊緊地握手，另外——因爲我自己小時候有過同樣的經驗——我會請他們在想上廁所時告知我。我也教導他們，只有在回程時才能開始發表批評意見。

這回，我們在夢想家園區位於格倫代爾的倉庫，遇到了馬提．史克拉（Marty Sklar）。這座倉庫和動畫部很相似。馬提體現了迪士尼精神，擁有熱情和源源不絕的點子。他早先是替華特在迪士尼樂園做公關，等我們接手時，他已經領導夢想家園區的創意部門達十年之久了。在一個像閣樓般的寬敞房間裡，展示著夢想家園區的所有設計。處處所見，都是精緻的模型、藝術成品、敘述情節的圖表等，許多都令人讚嘆不已。我們一行人在馬提的陪同下參觀室內，花了好幾個鐘頭聽取許多藝術人才和設計師描述他們最棒的點子，其中有許多都已擱置多年。其中最有希望的，就是一個爲艾波卡特設計的園區，以電影史和兼具聲光效果的人物爲主，這些人物都是些眞人大小的明星複製品，它們會重現電影中讓人難忘的場景。

「這就是我們希望你進一步研發的。」法蘭克和我告訴馬提，但當時根本沒想到這個想法很快就會發展成華特迪士尼世界中第三座完全獨立的主題樂園。

對迪士尼樂園來說，沒有什麼會比我們所看到的那座水道水上遊樂設施的精緻模型還更引人入勝的了。這個設計以由瀑布直落而下爲高潮，設計者是東尼．巴克斯特（Tony Baxter）。和其他工作人員一樣，東尼在高中畢業後，就進迪士尼樂園工作——他在大街區的商店賣冰淇淋。我們的前卡司演員史提夫．馬丁（Steve Martin），當年每天都從加登格羅夫（Garden Grove）騎腳踏車到一個魔術商店工作。凱文科斯納（Kevin Costner）則是在大街區每天例行的遊行行列中，與他同樣也打扮成卡通人物的未來妻子辛蒂（Cyndi）邂逅。東尼二十二歲時，靠著他設計的一個極爲繁複的遊樂設施模型而進到夢想家園區工作，這個模型就是「雷霆列車」（Big Thunder Mountain Railroad）的前身，最後我們各地的樂園都少不了它。

東尼的水上遊樂設施極有潛力成爲華特早先稱之爲「E門票」（E-ticket）級的遊樂設施。迪士尼樂園創立最初幾年，遊客都必須買門票卷，而到最棒的遊樂設施去玩就需要E門票。最後E門票被停用了，但這個名詞卻遺留下來，成了最美妙經驗的同義詞，甚至還融入大衆文化中。當年首位女性太空人莎莉・萊德（Sally Ride），自第一次太空任務返回地球後，就以「頂級的E門票之旅」來總結該次經驗。在我眼中，E門票則成了「迪士尼式」的同義詞，代表著感情、刺激、娛樂、令人讚嘆、品質優異，又令人驚奇萬分。最重要的是，它意味著我孩子們口中的「最有趣的」。「飛濺山」似乎格外有E門票的味道。除了一個呈四十五度角直落而下的瀑布之外，遊客還會經過一個挖空的原木而穿越過迪士尼舊片《南方之歌》中的蠻荒地帶和湖沼，並且目睹電影中的角色。

我們很快就發現，核准一項E門票的刺激遊樂設施，就和投資一部高預算電影無異，二者同樣都極爲冒險和昂貴。我們就是在此時首次面臨到夢想家和經營者之間的傳統衝突。樂園的長期主管迪克・納尼斯，很喜歡水上遊樂設施的點子，不單只是爲了它的市場效益，也因爲這能讓遊客在奧蘭多和安納漢夏季的酷熱中消暑。但他的團隊也立刻提出關於華特迪士尼夢想家所開出的飛濺山預算問題。由於這個計劃無法產生特定利潤，因此八千萬美元的預算看似不合理。但夢想家堅持，不斷推出新的E門票遊樂設施，是維持遊客量的關鍵。

馬提和他的團隊並不打算修改概想。他們表示，藉由把聲效電子式（Audio Animatronics）模擬人物從「美國歡唱」（America Sings）這個老舊的設施挪出來，就可以省下不少錢。我們當時仍對開支問題沒有概念，又很喜歡這個遊樂設施，因此就同意他們的想法。實際上，這個方式只省下最後預算中的一小部份。法蘭克和我通常會直覺地偏好以更具創意（同時也更昂貴）的方式解決問題，但我們逐漸學到不要去預設立場，而是讓各方爭論自行解決。結果通常是以最合理的價格製作出最棒的遊樂設施。「飛濺山」同時也為我在決策過程中扮演的角色，界定了新的規範。一次我兒子安德斯和我首度試用這個新設施，不料卻在最後由瀑布滑落而下時，幾乎被一塊停靠在滑道上的板子把頭給砍掉。此後我就再也無法說服建築監督讓我隨心所欲地測試新遊樂設施。如今我都是以微服出巡的方式來試乘。

E門票設施固然很重要，但小細節也不能忽視。法蘭克很早就從公司預算中提撥出一份特殊基金，專用來支付迪士尼樂園和華特迪士尼世界的改裝工程。每年，我們一行人都會和馬提・史克拉及他領導的夢想家們在園區步行，討論著把水泥椅子換成更舒適的樣式，或是重新粉刷某些區域，更換油漆顏色，或是建造一些可讓小孩子在裡面玩耍的小型噴水池。這些改變無法在財務上帶來立即回收，也不是賣點所在，但它們卻都使得遊園經驗變得更美妙。

我們在華特迪士尼世界最迫切的工作，是如何更有效率地行銷這個旅遊勝地。出乎意料之外的是，法蘭克和我發現迪士尼幾乎從來沒有任何廣告支出，全靠新設施啓用或是週年慶時，受邀而來的記者所寫的文章來宣傳。「你們看我們不打廣告就已經做得這麼好了。」華特迪士尼世界行銷主任湯姆・艾洛德（Tom Elrod）在我們抵達不久後告訴我們：「我們如果也打廣告的話，成果一定會更爲驚人。」我們立刻允許他進行。艾洛德的小組想出一連串感人的點子，環繞在我們討論過的主題——「一起遊玩的家庭就會永遠在一起」。如此可提升華特迪士尼世界成爲一個服務完善的旅遊勝地以及理想的度假去處。同時也符合許多現代家庭的需求。

我自己最美妙的兒時記憶，就是家人一同度假——不論是維吉尼亞威廉斯堡（Williamsburg）的馬車之旅、在大西洋城玩飛碟球、到艾迪隆戴克山健行，或是到魁北克的羅倫亭山（Laurentian Mountains）一起滑雪。珍和我有了孩子之後，我們發現自己又重建兒時的度假經驗。到了八〇年代，雙薪家庭越來越普遍，假期也就代表比過去更爲寶貴的闔家團聚時光。

我們最強烈也最具爭議性的廣告點子是，一個家庭成員紛紛趕著上班上課，沒想到卻把小嬰兒一個人留在廚房的嬰兒椅上。「我們需要度假了。」媽媽說。下一個場景是，全家人都在華特迪士尼世界度過快樂時光。它所傳達出的信息非常強烈，但我們最後因爲這太容易引發人們的罪惡感而決定不播。不過，其他類似主題的廣告效果也一樣好，其中包括以NBC電視台《天才老爹》節目中的哈醫生（Huxtable）全家爲主角的廣告。這些廣告推出的頭一年，華特迪士尼世界遊客量大增百分之十以上，遠早於我們推出新的遊樂設施。

我們所推出的廣告中，以「接下來要做什麼呢？」廣告系列的曝光率最高。早在一九八七年，法蘭克和我有次在迪士尼樂園邀宴喬治・盧卡斯和一些名流，以便爲「星際之旅」開幕宣傳造勢，吉娜・葉格（Jeana Yeager）和迪克・魯坦（Dick Rutan）也是我們的座上賓。一個月前，兩人駕著只有一個貯油箱的單引擎飛機環繞地球，轟動一時。在宴會間，我太太轉向魯坦說：「如今你已經飛越地球，完成了想像中最冒險的事蹟，」珍自然地接著問：「你接下來要做什麼呢？」

「喔！我們要去迪士尼樂園。」他誠懇地回答。珍一找到機會就立刻把我拉到一旁轉述這段對話。「這會是最棒的廣告宣傳，」她說。當天半夜，我對這個點子著迷極了。隔天早上就打電話給湯姆・艾洛德。兩週後，紐約巨人隊在帕沙第納（Pasadena）的超級杯大賽上，大勝丹佛野馬隊（Denver Broncos）。當巨人隊的四分衛走到邊線時，就在我們守候該處的攝影人員面前停了下來。「菲爾・西姆斯（Phil Simms），你剛贏了超級杯，」旁白問道：「你接下來要做什麼呢？」他望著攝影機開口笑著回答，「我要去迪士尼樂園。」我們安排西姆斯隔天和太太小孩一起到樂園玩，不但參加遊行行列，他還帶了孩子玩遊樂設施，製造了許多可供媒體拍攝的鏡頭——而且都以迪士尼樂園爲背景。

這波廣告活動出乎意料的成爲名人身分地位的象徵。許多國際知名的運動員，突然都對拍攝「接下來要做什麼呢？」系列廣告大感興趣。在許多大型體育活動中，我們都會和奪標呼聲最高的運動員簽訂臨時協議。過去十年來，我們已經將許多大型體育活動都納入廣告中。藉著這個廣告系列，我們不但表揚了如約翰・艾爾威（John Elway）、麥可・喬丹（Michael Jordan）等優秀運動員，同時也慶祝了其他傑出人士的成就。廣告宣傳除了爲公司及樂園帶來高度曝光率之外，還有一項微妙的功效，那就是讓迪士尼成爲刺激、成就、勝利與喜悅的代名詞。

華特迪士尼世界另一項迫切的挑戰就是擴建問題。華特當初購買的二萬八千英畝土地，只使用了不到三千英畝。除去供保育和水處理的七千多英畝外，還有近一萬八千英畝等待我們用夢想來開拓——這塊面積有舊金山市的三分之二大。用來興建旅館是看來最有遠景的作法。法蘭克和我加入迪士尼數週後，當時主管房地產部門的查克・克伯告訴我，公司已經和建造艾波卡特的建築商約翰・提須曼（John Tishman）定有合約，約定建造兩座旅館。我立刻對其設計感到厭惡。對我而言，迪士尼代表著樂趣、戲劇性和神奇。他的設計雖然都是設備一應俱全的建築，卻不僅虛華、造型呆板，又完全沒有創意——就是美國各地常見的那種典型連鎖旅館。「醫生可以將他的錯誤埋葬，」法蘭克·洛伊德·萊特（Frank Loyd Wright）曾說：「但建築師卻只能建議客戶多種一些藤蔓植物來美化環境。」對我來說，核准在我們的土地上興建這類建築，似乎等於海絲特·普萊恩（Hester Prynne）在小說《紅字》（*The Scarlet Letter*）中所配戴的A字一樣，會不斷公開地提醒我所犯的錯誤。

這些負面情緒之強烈，連我本人都大吃一驚，當我知道法蘭克也有同感時，才鬆了一口氣。年輕的我，無法有條理地說出對建築的看法，但就算沒有接受過正統的建築教育，我仍然能憑藉著環境中所見到的建築物，默默塑造出我的世界觀。不過，如果你問我誰是哥布西耶（Le Corbusier）的話，我會以為你是在說法國皇后瑪麗·安多奈特（Marie Antoinette）的髮型設計師；而如果被問到什麼是三角牆的話，我會以為那是一種障礙物。

後來，我對建築的瞭解越來越深。在十八歲時，我到歐洲自助旅行。抵達羅馬時，因為友人維多和莎莉·甘斯已經出城度週末，因此得以借住他們在哈斯勒（Hassler）旅館的套房，還在那裡洗了數週以來的第一次熱水澡。他們回來後，我搬到青年旅社，但同意接下來兩天都接受他們的款待。但我沒想到的是，他們也將提供我一場心靈饗宴。在二天緊湊的行程中，維多盡量排滿行程，帶我去看許多雕像、教堂、博物館和地標。我所吸收到的經驗，是對建築和其擁有的力量產生一種敬畏，也對那種不朽油然生出一股敬意。我從沒想過，每個廣場、建築或噴水池，背後都有一個故事，當中包含著它們存在的理由，以及起造的熱情。維多談論建築的樣子，就和我大學兄弟會會員討論女孩和足球的態度沒有兩樣。他讓建築聽起來充滿刺激。

我們在迪士尼第二週的週末，法蘭克和我召集負責地產的行政人員共餐，包括克伯、馬提・史克拉和我們的專屬主設計師趙永濤（Wing Chao），他生於中國大陸並在哈佛接受教育。「在伯班克這裡設計一座外型像米老鼠的旅館如何？」我打開話題說。一時之間，大家震驚得說不出話來，接著各種點子就開始一來一往，相互激盪起來。好一段時間後，永濤告訴我，我的話題「就像是一個大型炸彈在我們腿上炸開」。我的目的在於強調戲劇感和創新的重要。我內心很清楚，一個外型像米老鼠的旅館，一隻腳踏在片廠附近街道的東邊，另一隻則跨在西邊，可能是太誇張了點。當永濤提出一個實際的問題後，我立刻放棄這個主意：那就是電梯將無處可放。不過，不可能的提議反而帶來刺激。同桌的幾個人——特別是永濤和馬提——都滿懷著想要貢獻更多創意的興奮心情離開。

公司的其他人員則支持較安全和傳統的作法。抱此態度最強烈的包括艾爾・契奇，他曾擔任過馬利歐集團的財務主管，我們初見面時，他還在爲巴斯兄弟工作。當艾爾表達了想從德州搬到加州的意願，我們就提供他一間辦公室，讓他擔任非正式的迪士尼顧問。才華洋溢又信心十足的他，習慣用絕對確定的語調發表言論。艾爾也是傳授我商業速成法的人，他給了我他在哈佛商學院的教材，我每晚死記硬背，隔天，他會考我專有名詞，並解釋一些較難懂的概念。

艾爾所建議的頭幾筆交易之一，就是和馬利歐合夥，讓他們建造和經營我們所需的所有新旅館和會議設施。在他眼中，迪士尼經營旅館的能力平庸，這點當初我們在他巴斯公司辦公室會面時他就表達過，而他的同事也同意。相對地，他宣稱馬利歐擁有全球訂房體系，在會議相關事業的經營上，則有獨一無二的豐富經驗，還有實至名歸的卓越聲望。

一九八五年冬天，艾爾安排法蘭克和我與比爾・馬利歐（Bill Marriott）在他的華府公司總部會面。

聽比爾談論他的公司，就像是讓生物老師描述青蛙解剖一樣，他熟悉所有細節，小到床單和枕頭套都瞭若指掌。但當我們到達馬利歐的設計中心後，我的熱忱就開始消退，因爲眼中所見的都是功能性十足，卻欠缺想像力的作品。馬利歐的工作小組不太可能會接受我關於戲劇性的設計點子和抱負。同時，也很難想像馬利歐守舊的經營方式，如何能和迪士尼的自由文化融爲一體。

我們這次造訪的一項意外收穫，就是遇到蓋瑞・威爾森（Gary Wilson）。當時我們想找一個財務總長（CFO）找了好幾個月卻一直找不到。蓋瑞是馬利歐的財務及研發執行副總裁。幾乎所有負責招聘的行政人員都告訴我們，我們需要的就是像蓋瑞・威爾森這樣的CFO——講求實際，財務上有創新理念，敏銳了解管理風險。但卻沒有人告訴我們，蓋瑞會考慮自己出任這個工作。他們口中的蓋瑞，像個機智的老政治家，我自然也假設他已經六十好幾。結果，他卻只有四十出頭。當他走進房間時，就像有聚光燈照在身上一樣。俐落地穿著一套極爲合身的深色西裝，搭配繡上姓名縮寫的襯衫和手帕，蓋瑞有股威嚴十足的風範。他對迪士尼的洞見非常敏銳，但我最主要的反應卻是和他聊天眞愉快——這和會見其他古板的財務總長候選人的感覺大相逕庭。我把法蘭拉到一旁說：「這就是我們該雇用的人。」

經過艱困的磋商後，蓋瑞終於成爲我們的一份子。他很快就展現出精闢的策略性思考能力，同時也具備評估任何可能交易的罕見能力。我過去在ABC學到了所謂的「財務盒子」（financial box）經營技巧，這是種能預測所有商業投資的開支、收入和利潤的經濟性模型。在迪士尼，蓋瑞和他自馬利歐聘來主管策略計劃小組的賴瑞・墨菲（Larry Murphy），則把上述過程更向前推進幾步。他們帶進了五年計劃的理念，要求每個部門都設計出清楚的長期財務目標和遠景，並在這個範疇內規劃預算。五年計劃不能保証有成效，但卻迫使行政人員更嚴格地評估各項事業，並爲其主張負責。

蓋瑞自己則爲迪士尼引介了20／20目標——預計達到百分之二十的年收益成長率以及百分之二十的股本贏利，這是投資回收的關鍵指標。藉由達成上述兩項指標，也就是迪士尼在其後十年都一直維持的標準，公司於是被投資人視作一個成長的公司，促使我們的股票呈倍數成長，遠超出營收，而且漲價的速度遠超過大多數公司。

我們拜訪馬利歐後，約翰·提須曼得知了我們的合夥計劃，因而大爲憤怒。「你們不能這樣做，」他來電告訴我們：「這違反我與迪士尼達成的協議。」根據提須曼的估算，他和迪士尼前管理階層達成協議，他擁有至少十年內在公司土地上興建新的會議旅館的專有權。我方律師對他的說法存疑，但提須曼隨即威脅我們，如果繼續和馬利歐交易便要提出告訴。諷刺的是，不論是和提須曼或是馬利歐合作，都不吸引我。

在此同時，一座稱爲大佛州（Grand Floridian）豪華旅館的計劃正進行中，這是在法蘭克和我加入公司前就有的構想，是由夢想家們和溫柏利—艾利森—唐與古聯合事務所（Wimberly, Allison, Tong & Goo）聯手設計。在旅館動工前，我們希望先看看房間的樣子如何。一九八五年十月，我們要求永濤召開發表會。當我們進入夢想家園區之後，立刻目瞪口呆。永濤的組員已經完成了兩個整裝完成的房間，包括床、床罩、梳妝台、床頭櫃、地毯、燈具、浴室毛巾架、門把，甚至牆上的裝飾都一應俱全——全部都依照旅館的維多莉亞式十九、二十世紀交替主題所設計。一切都比我在馬利歐、希爾頓或喜來登飯店所看到的房間還更加吸引人，而且這些都是對旅館設計還不熟的創意小組，在短時間內以合理的預算所製作的。

法蘭克和我感到非常驚訝，立刻當場做出最後決定。「很顯然，我們對旅館的興建和管理，是沒有大旅館公司的經驗，但事實是，我從不喜歡合夥的念頭。」我告訴我們的團隊：「我不希望以後一遇到藝術上或設計上的決定時，我們就必須詢問合夥人的意見，要求他們核准，或是採取折衷方案。相反地，我們將如此進行：我們將設立迪士尼建設公司（Disney Development Company），並雇用業界最好的人才，在過程中難免會犯錯，但那是我們自己所犯下的錯，而我們也將從中學習。」

我的決心在之後幾週越來越堅定。「如果我們想在世界上蓋下我們的印記，」我在一九八五年底給法蘭克的備忘錄上寫道：「如果我們除了協助人們與米老鼠同樂之外，還想做些別的事，如果我們想在美學上擁有選擇權，就必須提升建築的層級，並盡力去留些遺產給後人。此舉將在公司內引發極大的風波。要讓行政人員清楚，我們不能只注重下限，也不要蓋低劣的建築，的確不是件容易的事。但我們必須表明立場：我們要創造歷史。有些人會認爲如此將耗費額外的金錢。我不認爲。但即使眞的多花一點錢，我覺得也是值得的。」

一九八六年初，我們告訴提須曼，不準備和他合作建造旅館，也傳達同樣訊息給數週前原本計劃合夥的比爾・馬利歐。一九八六年二月四日——就在公司召開年度大會前——提須曼和他的合夥人對迪士尼提出訴訟，並要求超過三億美元的賠償。這個時機的選擇，顯然是想引發我們公司股東的不安，並因此成爲媒體關注的焦點，但這個消息最後只佔了極小的篇幅。數月之內，我們想出了解決辦法，就是提供提須曼一個蓋旅館的更好地點，以交換我們對設計的主控權，並要求他們必須維持樂園一貫的服務標準。下一週在紐約舉行的一次晚餐會中，我提出我方的提案，提須曼同意了，但書是我方對於設計的主控權，不得迫使他增加建築預算。最後，終於有機會能測試一個雄心勃勃的設計，是否能以經濟實惠的方式來完成。

至此階段，我已經花了近一年的時間，來吸收有關現代建築的知識。永濤協助法蘭克和我熟悉十多位重要或有潛力建築師的作品，我同時也向老友及我長期以來的心靈導師維多・甘斯求教。他是紐約惠特尼博物館（Whitney Museum）的委員之一。我得知麥可・葛瑞夫斯（Michael Graves）才剛爲博物館的擴建完成了一項爭議性強的設計。在維多的建議之下，我分別和葛瑞夫斯以及羅勃・范度利（Robert Venturi）會面，他們兩位都是美國最有想像力的後現代建築家。我也去看了他們的作品。

法蘭克和我都對爲提須曼的旅館舉辦一場設計比賽感興趣。我們都喜歡有多重選擇，同時這也讓我們有機會拓展有關建築的知識。我從未把自己看成是贊助人或是客戶。對我來說，是客戶，就需要律師；如果是贊助人，就需要一台輪椅。相反的，我以合夥人自居，藉著與建築師的對話，來扮演一個積極的角色。葛瑞夫斯和范度利都是首次比賽中的兩位候選人，應提須曼要求，我們同意加上亞倫・拉必度斯（Alan Lapidus），他的父親墨利斯・拉必度斯（Morris Lapidus）曾建造了包括楓丹白露（Fontainebleau）在內的邁阿密最知名的一些旅館。我們的夢想家最後也要求加入競賽。不到三個月後，也就是一九八六年七月，我、法蘭克、提須曼、維多・甘斯，和其他迪士尼同仁，一同出席了一項發表會，會議室就在我位於動畫大樓的辦公室隔壁。我們從下午開始，進行過程出奇地長。

范度利、拉必度斯和夢想家們都出示了模型，但麥可・葛瑞夫斯的模型則因爲運送途中遭遇中西部雷雨，而誤送往伯班克。迪士尼夢想家設計的模型，看來就像一座大山，停車場居中央，設計十分奇特，但卻完全不實際。拉必度斯則製作出一座現代水晶宮，樣式和他常爲邁阿密海灘和拉斯維加斯旅館的設計相同，但卻不適合迪士尼。范度利則設計了兩座優雅的新月形建築，正面朝向一個半圓形區域，讓我們激賞不已。等待葛瑞夫斯作品現身的期間，我們花了接下來的幾個小時來安慰越來越不耐煩的提須曼。漫長的一天，讓大家都疲憊不堪，卻又充滿期待，在創意上和情緒上，都接近爆發邊緣。午夜前不久，葛瑞夫斯的模型終於抵達，裝運的四大只箱子都被霜所覆蓋，顯然是因爲海拔高度所致。模型組裝完成後，我立刻感覺等待是值得的。

華特迪士尼世界長久以來有項規定，就是建築不得對園內遊客在視覺上造成突兀感。但葛瑞夫斯卻設計了一座二十七層樓高的建築，造型是標準的金字塔形，另一棟則是十二層樓高，造型採拱形頂，屋頂曲線設計用來呼應附近的湖。他還加上一些極端的建築元素，包括在金字塔頂端造一座噴水池，他稱之爲「鳥浴」。在我看來，設計的基本構想有股近似神話般的力量。我所關心的，並不是葛瑞夫斯是否設計得太過極端，因爲超過的部份總是可以刪減回來，而是對迪士尼而言，這些建築似乎有點太過嚴肅，外觀也充滿預示意味。我給葛瑞夫斯的紙條寫得很簡單：「把它們改得輕鬆一點。」提須曼則面色蒼白：「這個設計太離譜了，不可行。」他堅持說：「這些建築在實際面或經濟面都沒有意義。」

「別擔心，」我天真地表示：「我們會如期按預算完工的。它的花費不會比你心目中的旅館還貴。」

葛瑞夫斯根據我的關切做了改善，在建築頂端添加了一些意象：一棟加上兩隻大天鵝，另一棟則是兩隻海豚。使用這些帶有神話意味，但同時也很輕鬆和容易親近的生物，似乎是迪士尼旅館的最佳解決之道。至於高度問題，其實只有艾波卡特的一小處區域內才看得到旅館。

在設計初期我就明白，要求葛瑞夫斯做到上次會議同意刪減的部份是非常重要的。爲了安撫提須曼和迪士尼管理階層同仁，葛瑞夫斯最後通常會自行刪減——我發現大多數建築師也都是如此。我扮演的角色，多半是重新挽救一個設計元素，再讓其他人設法解決財務問題。例如，有回海豚旅館的金字塔造型，在所謂的「評價工程」過程中遭刪除。在這種系統化的程序裡，開支會被刪減以符合預算。這個改變無疑是切除了大樓的心臟和靈魂。當我向維多．甘斯展示修改過的計劃後，他簡單明瞭地回答：「你把它閹割了。」金字塔於是又得以恢復原貌。

天鵝和海豚旅館的造價的確比一般公式化的旅館多出一點。但我們有信心，以如此特殊的設計，我們的房價比一般旅館貴一點也是合理的。我們也相信，兩家旅館將是吸引人們來到華特迪士尼世界的另一項理由。即使是提須曼也改採信任的態度，他原本是抱持懷疑態度的死硬派，但後來卻自願投入創意過程，而且求好心切，我對此深表感謝。一旦他專心致力於我們的作法後，最後就完成了兩棟精美絕倫的建築。

天鵝旅館在一九八九年開幕，海豚旅館則在次年後啓用。法蘭克和我堅持，葛瑞夫斯不但要負責設計建築本身，連建築內部也應一併交給他設計，這在當時是極爲罕見的作法。我們認爲，讓同一種眼光和感性貫穿計劃全程是最好的方式。葛瑞夫斯證明了他除了擅長設計旅館外，在室內設計方面的鑑賞力也獨特得令人驚奇。色彩豔麗的鸚鵡和金剛鸚鵡在吊燈上棲息，而海豚、天鵝，和其他有異國風味的生物圖形，則成了椅背的裝飾。這些基本主題融入了設計的各個層面，從天花板到地毯都有。此後，每位爲迪士尼工作的建築師，也都要連帶負責室內設計。

我們在著手興建天鵝和海豚旅館的過程中所發展出的一些原則，將引領我們日後進一步親手打造自己的旅館。首要的一點是我們學習到，好的設計並不一定就比拙劣的設計花費更大，部份原因是因爲我們可以選用適當的材料，和避免使用非必要的昂貴素材。我們也相信，偉大的建築也可以兼具令人愉悅、色彩鮮艷、寓意深遠等特色，與現代主義的冷峻和抽象對比懸殊。充滿故事性的方式反而會讓設計增色，而不會減損其效果，這是我在大學研習文學時所學到的。即使是一個無生命的物體也可能有故事要說。對建築內部或外觀小細節的重視，能製造出一種細心和卓越的整體印象。最上乘的設計，就像任何藝術品一樣，必須兼具挑戰性和發人深省等特色，即使如此會讓它在乍看之下令人有些威脅感。另外，我們也試著不要太過嚴肅，建築的設計在美感上討喜固然重要，但同時它們也必須是有趣和令人愉悅的。

八○年代末期，我們手邊有一個大型建築計劃在進行中。永濤和彼得・朗梅爾（Peter Rummell）負責監督所有的設計和施工事宜。設計不但有趣，同時也很乾淨和令人興奮；但是施工卻骯髒、令人沮喪又昂貴。我偏愛前者。從建築學校一畢業就被迪士尼延攬的永濤，專注於公司與雇用建築師間的關係，以及設計的過程。而擁有房地產業背景的彼得，同樣也欣賞優良的設計，並且有處理大型建築施工問題的豐富經驗。接下來的十年，彼得和永濤將聯手讓四十八棟建築如期按預算完工。在那段期間，我們建造了十一座旅館，約有一萬四千個房間。每座旅館都是由一位知名的美國設計師所設計，都擁有其獨特的主題，而且價格範圍從低廉到豪華通通包辦。就像當初華特建造迪士尼樂園一樣，我們每回都希望創造出一種獨特又自給自足的環境，用建築設計來打動訪客的心。

我們的旅館本身即集合了各種經驗和娛樂。我自己最鍾愛的，包括彼得・多明尼克（Peter

Dominick）設計的荒野休閒旅館（Wilderness Lodge），這座建築以細節來重新詮釋美國西部及艾迪隆戴克公園旅舍的風貌；另外還有羅伯特・史登（Robert A. M. Stern）引人共鳴的遊艇俱樂部（Yacht Club）和海灘俱樂部（Beach Club），這兩座緊臨的旅館，靈感得自世紀交替的東岸度假聖地。我們的旅館固然在藝術層面相當成功，但最簡單的禮讚則是來自訪客。直到今日，我們每家旅館的住房率都超過百分之九十，居全球之冠。

我們也發現到，對設計的重視可以影響我們在華特迪士尼世界的工作空間。我們加入迪士尼不久後，很快就發現我們需要一座面試卡司演員用的新大樓。當時，我們每年要舉辦近十萬次面試，以便爲超過二萬五千個卡司職位填補空缺。大多數面試都是在散布於園區各地「後臺」區域的拖車中進行。當時想招募好員工的競爭越來越激烈，部份是因爲迪士尼的成功帶動了許多觀光相關產業到奧蘭多發展。因此，設計一棟能傳達迪士尼精神的建築是相當重要的，它能讓人感受到迪士尼擁有絕佳的工作環境。

我們此時開始和鮑伯・史登合作。我和鮑伯的交情可追溯到很多年前，當年我父母從公園大道搬到一間較小的公寓，並雇用了當時才三十三歲的鮑伯。他爲他們設計了一個充滿戲劇化的驚人空間，把屋頂打掉，換成玻璃，再蓋了一間像溫室一樣的房間，喚起一種都市中的鄉野感受。鮑伯後來以位於東漢普頓（East Hampton）瓦房式的海灘屋建築備受贊揚，他是哥倫比亞大學教授，同時也擔任過長達八集的公共電視美國建築系列節目《以地爲傲》（*Pride of Place*）主持人。在我的敦促下，永濤在一九八七年與鮑伯接洽設計一棟面試用的「選角中心」（Casting Center）。精力旺盛的鮑伯，擁有各種建築風格的豐富學養，對迪士尼文化的直覺也相當敏銳，之後十年內，陸續爲我們設計出許多建築。讓人印象深刻的迪士尼設計原則，「造型係依據停車場而形成」，就是出自鮑伯。維多．甘斯去世後，鮑伯成為我的首席建築顧問。一九九一年，他成為董事會的一員。董事會成員兼顧種族、性別及專業的多樣性，是相當重要的。例如，瑞薇娜．鮑爾斯（Reveta Bowers）可能就是唯一一位擔任大公司董事會成員的小學校長。然而，在我們這家以兒童為依歸的公司裡，她的意見有著舉足輕重的地位。

我們的構想是，在橫越華特迪士尼世界的I－4主要州際公路旁建造選角中心。由於我們很少用佈告牌，因此中心註定將成為史登口中的「唯一一座在公共區域代表迪士尼的建築」。我們立刻愛上了設計的模型，那是一個長形的低矮結構，兩側有拱形屋頂，正面是黃白相間的三角形圖案，他稱之為「菱形花紋襪」。室內天花板上，有小飛俠彼得潘和他快樂的友伴，而牆壁的特色則是迪士尼故事壁畫。整體效果是希望能先帶給未來員工人選一種迪士尼式的幽默感受，因為他們之後就要面對面試的嚴厲考驗。選角中心也證明了一件事，就是好的設計不但在美學上討喜，同時也能提升其功能性。一九八九年中心正式啓用後的頭一年，前往華特迪士尼世界求職的人數便戲劇性的增加。

我們對於細節（和趣味性）的注意，也延伸到了辦公大樓上。一九九三年初，傑佛瑞告訴我，他計劃把已經大幅成長的動畫區，搬到伯班克一棟高的辦公大樓裡。把一群特殊的藝術人才搬到一座四四方方的現代玻璃塔裡，似乎是個錯誤的想法。於是，我們決定為他們打造新家，並認定鮑伯．史登是最佳設計人選。他的工作速度相當快，而且也已經證實能用吃緊的預算來興建迪士尼風格大樓。最重要的一點，我們希望能創造出既開放又通風的辦公空間，不要任何矯飾或浮濫的裝飾。結果鮑伯設計出一棟吸引人又令人愉悅的建築，其造型和型態讓人聯想起一九四〇年代好萊塢裝飾派藝術（Art Deco）。內部設計優雅但輕鬆，藝術人才們可以在牆上掛他們的繪圖和圖表板，還有大型的發表室、寬敞的走廊，以及沒有刻意規劃的工作間。這是個悠閒、低調的環境，有助於激發創意和同事情誼。

其他許多建築也都很出衆。麥可・葛瑞夫斯爲我們在伯班克的迪士尼團隊行政部門建造了一座總部，綜合了優雅、古典、趣味性等特色。我最鍾愛的元素，是他把迪士尼七矮人放在大樓頂端的點子，杜比（Dopey）顯然在支撐著屋頂。華特迪士尼世界的迪士尼團隊大樓，或許稱得上是我們所有設計中最受讚譽的作品。爲了這個案子，我們是去找日本建築師磯崎新（Arata Isozaki）。洛杉磯的現代藝術博物館就是他的作品。磯崎做了三種不同的設計，而我們選擇了其中一個修長、造型優美又色彩繽紛的低矮結構體，看來既不和又引人入勝。這棟建築後來得到美國建築師協會所頒發的國家榮譽獎殊榮。

華特迪士尼世界的另一項挑戰，就是爲第三座園區尋覓強有力的主題。此舉最有可能增加遊客在我們的旅館、餐廳和商店造訪的天數。我們首次在週六前往夢想家區時，就曾有過在艾波卡特開闢一個電影園區的構想。我們討論越久，越覺得它有潛力成爲一座獨立的樂園。接下來幾個月，夢想家就開始著手研發這個構想。在大學一畢業就加入迪士尼的鮑伯・衛斯（Bob Weis）領導之下，夢想家們研發出一系列的遊樂設施，最初的點子發展成「電影世界」（The Great Movie Ride），涵蓋電影史。他們也設計了一個印第安那瓊斯特技表演，靈感來自盧卡斯的《法櫃奇兵》；還有一個片廠，可讓遊客主演自己的電視節目；另有一個片廠之旅遊樂設施，以「災難峽谷」（Catastrophe Canyon）的停靠站爲最高潮，包含了模擬地震、油井大火和洪水暴發等元素。園區整體設計企圖喚起一種好萊塢懷舊感，有著豐富的細部設計和氛圍。在建築方面，我們訴諸一九二〇年代優雅的曲線式風格——現代流線（Streamline Moderne），它是裝飾藝術的產物。我們重建許多好萊塢地標，從布朗德比（Brown Derby）餐廳到葛羅門（Grauman）的中國戲院（Chinese Theater）等。

一九八五年三月，法蘭克接到了他的律師老友法蘭克・羅斯曼（Frank Rothman）打來的電話，羅斯曼是受米高梅／聯合藝人（ＭＧＭ／ＵＡ）片廠老板寇克・科可瑞恩（Kirk Kerkorian）聘請來經營這家公司的。ＭＧＭ／ＵＡ出現虧損，羅斯曼奉命出售包括部份影片等較值錢的資產，同時也積極尋找片廠的買主。羅斯曼之所以打電話給法蘭克，是因爲我們曾表示考慮把電影實驗工作室從ＭＧＭ／ＵＡ搬到二十世紀福斯公司。「我們非常需要你們繼續和我們做生意。」羅斯曼向法蘭克解釋說。

法蘭克和我立刻看出一個機會。我們可以維持在ＭＧＭ／ＵＡ的實驗室，並以使用ＭＧＭ名稱和將新樂園取名爲「迪士尼—米高梅影城」（Disney-MGM Studios）的權利做交換條件。米高梅雖然昔日風光不再，但很少有其他電影公司能像它一樣，擁有如此輝煌的歷史以及衆多經典影片，包括《亂世佳人》（*Gone With the Wind*）、《叛艦喋血記》（*Mutiny on the Bounty*）、《綠野仙蹤》（*The Wizard of Oz*）、《萬花嬉春》（*Singin' in the Rain*）等。相對的，迪士尼當時卻還沒有在眞人演出的電影類型中建立起名聲。我們的動畫經典片相當出色，但其他類型影片則乏善可陳。羅斯曼表示合作意願，因此我們即刻展開磋商。

不到四個月，也就是一九八五年六月，我們簽訂符合我們需求的合約，包括以極優惠的價格取得米高梅商標及其片庫的永久使用權。不過，科可瑞恩卻因爲不明原因，而直到雙方簽約後才得知消息。過些時日後，實際狀況開始眞相大白，原來他對此消息感到懊惱，特別是有關我們計劃在片廠拍電影和電視節目，而且我們也可以使用米高梅的名稱推出影城之旅，而且授權並不限於華特迪士尼世界使用。突然之間，我們接到一大堆米高梅行政部門人員打來的電話，想要解約。我們拒絕重新磋商後，他們最後就決定提出控訴，宣稱我們無權在影城之旅中拍攝電影或節目。我們懷疑，控訴是設計來方便米高梅從他們不喜歡的交易中脫身之用。

我就是在這樁案件裡，首次見識到山佛特・李瓦克（Sanford Litvack）出庭時的表現。他是紐約德威巴拉庭（Dewey Ballantine）律師事務所的前合夥人，也擔任過卡特政府的助理司法部長。山佛特是傑出的出庭律師。我們在一九九一年聘用他擔任首席法律顧問，他也接下了米高梅的案子。審訊終於在一九九二年夏天開始，關鍵時刻是在米高梅首席法律顧問坐上證人席的時候。她也參與了合約的磋商過程。在山佛特不留情面的訊問之下，她的反應是我以爲只有在《輪椅神探》（*Perry Mason*）電視劇中才會出現的。因爲她開始流下淚來，泣不成聲，並很勉強的承認上司的確希望解約。我們最後打贏了官司，而山佛特也成了我的英雄。

另一個對我們新樂園感到不悅的公司就是環球電影公司。環球公司原本就在洛杉磯經營自己的影城之旅主題樂園。三年多以來，環球一直試圖籌措資金，好在奧蘭多興建第二座影城之旅樂園，不過一直沒有成功，樂園預定地點距離華特迪士尼世界僅數哩之隔。在這件事情上，我們兩家公司間的衝突，其實還攙雜點私人意味。一九八四年，有關法蘭克和我將效力迪士尼的消息公佈前一天，我在家中接到了環球總經理席德・仙伯克的電話，他聽到傳言指出我可能會加入迪士尼。「接受迪士尼的工作將是你所做的最笨的事，」他告訴我：「因爲它還不成氣候，最後會被人給併吞。你一定是瘋了才會想去那裡工作。」我謝謝席德的建議，但懷疑他是否說了眞話。至少，他的立場不客觀，因爲如果我眞的接下迪士尼的工作，席德知道我們將會成爲環球公司的勁敵，不單是在電影方面，還包括了主題樂園。

法蘭克和我加入迪士尼數周後，席德又打電話來，這回他們公司的董事長劉．瓦瑟曼也在分機上。「讓我們一起在奧蘭多共度影城之旅吧，」席德建議：「我們曾經如此建議你們的前任，但他們沒回應。我們自認能協助你們。」當時，法蘭克和我已經核准夢想家們著手拓建艾波卡特影城之旅的構想。

「我們自己的計劃已經在進行當中，」我解釋說。雖然席德和劉當時沒有說什麼，但他們其實已經氣壞了。席德日後宣稱，我們在華特迪士尼世界推出影城之旅，無疑是侵犯了環球公司的領域。「你們眞的希望一隻小老鼠長成一隻大野鼠嗎？」他向一位記者說。這類引人注目的話，很容易成爲頭條新聞標題，不過卻迴避了事實。因爲其實是環球公司企圖從迪士尼的成果中謀利，選擇在距離奧蘭多華特迪士尼世界數哩之隔處建造一座主題樂園。他們物色的地點，顯然就是想坐享其成，瓜分來到奧蘭多我們樂園玩的數以百萬計的遊客人潮。

我們很快便開始著手興建新樂園事宜。爲避免像艾波卡特超出預算情形再度發生，我們決定將迪士尼—米高梅影城的納客量設定的較小一點，但保留日後應需要而拓建的空間。樂園的心臟地帶，是一個可以實際操作的片廠，外觀上可能不像其他兩座樂園一樣精美，兩座有聲電影攝影棚可以實際製作影片，而動畫片廠則能讓遊客感覺更加逼眞，不過這些計劃的定案，都必須符合我們製作影片的需求。傑佛瑞和其他人都反駁說，藝術人才們一定不會有興趣搬到奧蘭多，而且鐵定不會想在一間示範性動畫設施內工作。我卻不同意，我認爲有些藝術人才可是會一逮到機會就迫不及待要搬家。和洛杉磯相比，佛羅里達州房價較低廉，不必繳聯邦所得稅，生活步調又很悠閒。

佛羅里達州當時是美國第四大州，這個新的大熔爐有著極爲多元化的人口，特別是像邁阿密或奧蘭多等大城市更爲顯著。當時的州長鮑伯・葛拉漢（Bob Graham）曾在一次迪士尼―米高梅影城籌備會上表示，過去數十年來，改變佛羅里達州最大的三件事就是空調、古巴移民和華特迪士尼世界。三者聯手使得州人口數暴增。我們曾利用這豐富的人才庫，來遴選樂園工作人員，如今則有機會邀來新的幕前及幕後藝術人才，爲它注入新血。

迪士尼―米高梅影城定於一九八九年五月一日開幕。隨著開幕日期越來越近，我們開始把重點放在大型行銷宣傳攻勢上面。《新聞週刊》四月刊出一篇有關樂園的封面故事「米老鼠的新魔術」，立刻造成極高的宣傳效果。開幕前一個晚上，NBC播出有關迪士尼―米高梅影城製作過程的二小時特別節目，《時代》雜誌也生動報導整個遊園經驗。傑佛瑞則協助說服迪士尼影片中的十幾位明星出席盛會，其中包括貝蒂米勒、羅賓威廉斯和喬治・盧卡斯。三千位媒體記者也獲邀參加慶祝典禮，因此保證全球都會有關於慶典的報導。我們最大的問題是納客量，大門首度敞開的前幾個小時，就已經達到納客量上限，迫使我們不得不在停車場勸告人們打道回府。

一個月內，樂園的成功就促使迪士尼股票上揚了超過百分之二十。三個月後，我們宣布將在數年內把納客量加倍，這是從最初規劃延伸而來的。迪士尼―米高梅影城啓用的頭幾個月，華特迪士尼世界的總遊客人數就多出了五百萬人次，其中大部分都是把旅遊天數延長的遊客。接下來的六個月，數字又多出了三百五十萬。到了一九九〇年底，樂園營業收入就達到八億美元，比起我們在一九八四年初加入公司時的二億五千萬美元還多出許多。

即便如此，我們也不能忽略來自環球公司的競爭。長久以來，我一直懷疑他們能否籌措足夠的資金好在奧蘭多興建樂園。有一回，我的助手亞特・雷維特（Art Levitt）和我甚至在清晨三點爬過圍欄，好看看他們距離華特迪士尼世界四哩之隔的預定地是否已經動工。但我們只看到地皮中央樹立的建築許可證告示牌。我們邊走邊談的時候，守衛開始慢步向我們走了過來，我們立刻拔腿就跑，爬過圍欄，撲向車裡，返回華特迪士尼世界。最後，環球公司終於籌到資金，開始動工，我也只好接受這個事實，並抱持著強勁對手會刺激我們更加努力的態度，不再把成功視作理所當然。「競爭，」沙諾夫將軍曾說：「能帶出人們最壞的一面，卻也能產生最棒的產品。」

一九九〇年代初，我們以家庭為主遊客群的事業，開始備受其他競爭者的威脅。地中海俱樂部（Club Med）為了迎合年歲已經增長的嬰兒潮世代需求，便將重點從單身貴族改為家庭。拉斯維加斯也首度開始吸引家庭遊客群，而密蘇里州的勃蘭森（Branson）則以鄉村音樂為號召，成為新興度假旅遊聖地。乘船旅遊業蓬勃發展，部份是因為把原有老年人主遊客群擴大到其他年齡層所致。讓情況更加惡化的是，一九九一年初，經濟陷入一片蕭條，促使許多家庭改到離家較近的地方度假，假期也縮短了。歐洲受經濟蕭條重挫最深，原本華特迪士尼世界遊客中有百分之二十都是外國訪客，但此時外國人的收入卻減少了。一九九一年初，波灣戰爭更為國際旅遊投下變數，它同時也波及了國內旅遊，因為美國人也開始關心起油價和汽油供需情形。

上述因素全部加起來，就導致華特迪士尼世界在一九九一年的遊客人數減少了近五百萬之多，創下三年來新低。迪士尼樂園同樣也飽受衝擊。除了競爭對手增加以及經濟蕭條等因素，我們還面臨了其他問題。其一是，迪士尼樂園和華特迪士尼世界到了一九九二年所引進的重要新遊樂設施寥寥無幾。其二是，數以千計的新進員工並未完全反映出我們長期員工一貫展現的服務水平。華特迪士尼旅遊部門主席賈德生．格林（Judson Green）也注意到這點，並對此極爲關切。沒有其他事物能比我們卡司演員歷年來展現的熱忱、奉獻精神和樂園遊客賓至如歸的感受，還更能代表迪士尼各處樂園的了。賈德生和他的員工因此著手讓這些重要價值更加穩固。我最初對賈德生最深刻的印象，就是他和蓋瑞．威爾森聯手與約翰．提須曼交涉的時候。他在公司任職已久，擔任過許多不同的職位，包括一次財務總長的任期。他擁有標準的商業及財務背景，對營運格外熱中，讓我很欣喜的是他同時也是位傑出的爵士鋼琴家。

樂園的成功，不可避免地導致了管理階層越來越故步自封和官僚化，更加傾向維持現狀，也更傲慢。特別是在遊樂區內，我們感覺應該凡事都自己來。我們是專家，沒有其他人能比得過我們。這種「凡事自己來」的態度，我和大家同樣都有。例如，有次有機會引入硬石餐廳（Hard Rock Café）到園區，我們卻不予理會。「我們可以蓋自己的搖滾主題餐廳，」我告訴手下員工。結果，硬石餐廳和同一條街上的環球影城簽訂了合約，立刻造成轟動。犯一次錯固然令人不快，但仍該容許有犯錯的空間，要不然就沒有人會願意冒險。但在此同時，不重蹈覆轍也很重要。下一次有機會簽約讓好萊塢星球餐廳（Planet Hollywood）進駐華特迪士尼世界時，我們不再固執己見，著手進行，結果成果輝煌。

另一個更戲劇性的慘痛教訓，就是「歡樂島」（Pleasure Island）。這個夜間遊樂綜合設施，在一九八九年與迪士尼－米高梅影城同時開幕。從紙上作業看來，這似乎是絕妙的點子，可以創立全新的事業。打從法蘭克和我初次造訪華特迪士尼世界起，我就一直煩惱著園區夜間幾乎無處可去的問題。我時常猜想，不知道那些不喜歡在晚飯後看電視和早睡的遊客，到底是如何打發時間的呢？經過幾次失敗後，我的小組想出了一座集結餐廳、俱樂部的複合設施點子，那裡從喜劇、跳舞、搖滾樂、鄉村音樂到西部音樂一應俱全，預定地設在與迪士尼村（Disney Village）購物區緊臨的一座小島。「歡樂島」的名稱取材自《木偶奇遇記》。

我們所遭遇的頭一個問題是預算超支，投注了太多資金在設施上面。除此之外，我們的主題樂園經營者過去從未建造過以年輕人爲主顧客群的娛樂設施，使得歡樂島缺乏刺激的賣點。我針對這個問題向樂園行政人員進行了長達數月的質詢後，決定讓亞特・雷維特來到奧蘭多。他缺乏營運的經驗，卻擁有法蘭克和我都相當重視的資格。他單身，三十歲，而且本身就熱愛過夜生活。我們決定大膽起用他，這並不是因爲我們兩人都不認識任何其他適任的年輕單身漢的緣故。「如果我沒有聽到樂園的人說要解雇你的話，」我告訴亞特：「那麼你就是還沒有使出全力。」

亞特有著絕佳的行銷手腕，也願意冒險。他很快就爲歡樂島增添了街頭娛樂活動和戶外休閒設施，還創立了每晚舉行的新年前夕慶祝活動。有天，他安排讓諧星郝威・曼代爾（Howie Mandel）騎著馬進入園區，另外也請來著名的搖滾樂手在俱樂部演奏，或以來賓的身分播放唱片。爲了製造魅力和刺激的感覺，他雇請司機把白色豪華轎車停靠在前門外，假裝是在等候搭車的來賓。他甚至雇請當地模特兒在歡樂島流連，一直到這裡闖出名號，而不再需要雇人捧場爲止。不過，每當亞特行事超越了迪士尼越規範，像是雇用穿著過於清涼的舞者的話，我們就會出面約束他。我總是發現，想要約束一名太過熱中的主管，遠比要求一位被動的人採取行動要來得容易許多。亞特大部分的點子都沒有逾越規範。俱樂部顧客人數增多以後，我們開始進一步著手數年前就提出的構想，就是圍住整座遊樂設施，並收取單一門票，就像其他樂園一樣。等到亞特在一九九三年離開那個職位時，歡樂島已經開始賺大錢了。

雖然出現了這次成功的轉機，但華特迪士尼世界和迪士尼樂園一九九二年到一九九三年間的遊客量，仍然未見起色。把原因怪罪到別的因素上當然很容易，甚至相當合理，像是波灣戰爭、經濟，以及佛羅里達州南部發生的數名外國遊客遭謀殺案令人膽戰心寒的影響——這個新聞還吸引了全球媒體的注意。雖然這些凶殺案都是在離奧蘭多二百五十哩外發生的，但事件的衝擊卻仍然影響到我們，外國人向華特迪士尼世界的預約巨幅銳減。《週六夜現場》甚至推出了一個模仿劇，已故的菲爾哈特曼（Phil Hartman）在劇中飾演我，爲樂園做了一次宣傳。我在劇中站在佛羅里達州地圖當中，試圖讓觀衆相信邁阿密和奧蘭多之間距離遙遠——「就像巴黎和馬德里之間那麼遠」。我很感激製作單位的幫忙。迪士尼樂園的遊客量受到一九九二年洛杉磯金恩（Rodney King）一案判決之後引發的暴動，以及一九九四年初的地震等因素影響而下滑。但我們不確定最後到底是哪些因素讓遊客量停止成長。其中一個可能性是，我們的主題樂園事業根本已經到達成熟期，即使是造價昂貴的新遊樂設施，也只能小幅提昇遊客量，因此是個沒有勝算的策略。

兩位強烈抱持上述立場的人，就是里查・那努拉（Richard Nanula）和賴瑞・墨菲。兩人在蓋瑞・威爾森一九八九年離開公司後，就接替了他的位子。蓋瑞原本是取代法蘭克・威爾斯的候選人，因爲法蘭克原先打算再度嘗試攀登聖母峰，但最後又決定留在迪士尼，而後蓋瑞就開始尋求其他的工作機會。一九八九年夏，他和艾爾・契奇聯手以舉債經營的方式買下西北航空公司。接下來的五年內，他們讓航空公司整個改頭換面，在過程中賺進大筆金錢。後來，艾爾想轉往加州政治圈發展，一九九八年企圖角逐民主黨州長提名失利。

賴瑞．墨菲負責策略性計劃事宜。他有著深色頭髮、深色亞曼尼西裝和深沈的性格，被公司一些人視作專門投反對票的人，老是阻撓別人的提案通過。法蘭克和我則持不同的看法，因爲我們相信賴瑞只是行使他認爲對公司有利的事，在進行評估時都是剛正不阿的，雖然他的答案相當不順耳。賴瑞的正直和敏銳的分析技巧，使他成了一個相當有力的批評者，雖然有時過分嚴肅了些。他的確曾反對許多可能的購併案或新事業，但總是有正當的理由。不過，當他支持一項構想或新計劃時，則又是個有強烈說服力的盟友，他是促使許多重要提案通過的有力角色，其中也包括我們加入乘船旅遊事業的決定。

賴瑞在一九八六年里查．那努拉自哈佛商學院一畢業後，立刻聘雇了他。我們大家都是在一項校內發表會上見到了里查，當時他率領同學一起爲我們當時考慮發展的一項新事業進行評估。里查很快就成了迪士尼一顆閃亮的新星。一九九一年，他僅三十一歲時，法蘭克和我就決定任命他爲財務總長，使他不僅成爲《財富》雜誌五十大公司中年紀最輕的財務總長，同時也是非裔美人公司主管中位階最高者之一。他天生的魅力和敏銳的幽默感，讓人很容易對他卸下心防，但他在財務上可是和賴瑞一樣的實際和嚴格。兩人一同負責擔任法蘭克和我的財務監督，就像羅伊一度爲華特所做的一樣。他們爲公司的體系提供一種制衡作用。少了這點，迪士尼將無法持續以百分之二十的速率成長。

他們倆把注意的焦點放在樂園最新的E門票遊樂設施上，也就是「黑暗世界恐怖塔」（The Twilight Zone Tower of Terror)，預定在一九九四年七月在迪士尼—米高梅影城開幕。設施總開支將超過一億美元，里查和賴瑞主張，應該審慎地將這類投資投注在能有更直接和可預期回收之處。我明白他們對高額投資的顧慮，但「恐怖塔」在我看來實在是太特別了，我認爲值得投資。部份原因在於，迪士尼—米高梅樂園亟需一座額外的刺激設施才能使其更趨完善。

「塔」指的是一座典型的廢棄好萊塢旅館，訪客被引導入其大廳後，就聽到了有關它爲什麼會荒廢的可怕故事。他們之後登上了老舊的電梯，爬升到十三樓和頂樓，經過幾次小幅下降後，電梯突然直落到地面，速度還超過了萬有引力。起初，我有一股把這個構想發揮到極致的衝動，想在遊樂設施四周建造一座貨眞價實的旅館，然後再讓電梯陡降到大廳中央。就像這些年來的米老鼠旅館 (Mickey Mouse hotel) 和其他大膽的構想一樣，我容許自己的點子被人以開支及實用性等理由給否決掉。然而，「恐怖塔」仍是個壯觀的遊樂設施，保証能強力刺激迪士尼—米高梅影城的遊客量。

在此期間，我們面臨了一個華特迪士尼世界未來耗資更大的類似決策。四年多以來，我們一直在研發第四座樂園的計劃，稱爲「動物王國」(Animal Kingdom)。這絕對是個雄心勃勃和昂貴的計劃，至少要八億五千萬美元，而賴瑞和里查對其冒險性感到憂心，許多主管也都有同感。

「我就是不認爲，增加另一座樂園會促使遊客在此地多停留一天。」里查認爲：「在如此艱難的時刻，更大的可能性是它反而將瓜分其他樂園的客源。」理性上，我明白他的觀點，但情感上則持反對態度。一些公司往往在繁榮時期致力於新事業，但過了兩三年後，等到啓用時，卻發現經濟已經走下坡。這不但是典型的現象，同時也是可以預期的。在艱困時期積極投資，則是更爲大膽的作法。關鍵是投注在核心事業上，並堅信自己的作法。如果我們放手去興建動物王國的話，最大的期望就是它能在繁榮時期中開幕。但不論如何，最迫切的原因是，這是個獨一無二的計劃，同時又充滿了迪士尼精神。即使有許多風險，但它有潛力跳脫傳統動物園窠臼而開創新局，就像迪士尼樂園突破了傳統樂園的格局一樣。

經營公司的十多年內，我已經看過了興建新樂園的許多構想，而動物王國是其中少數我覺得極爲出衆的。即使在目前計劃的初期，規劃中的樂園就涵蓋了一些獨特的元素。五百萬英畝的佔地是神奇王國的四倍，有足夠空間容納兩種遊歷活動。一九九四年初，華特迪士尼世界的遊客量仍然未見起色，我們暫緩動物王國的興建，但明白遲早會進行此事。不論是好是壞，法蘭克和我仍保持樂觀的態度。原地踏步可不是我們會考慮的項目。你要不就是在精打細算的冒險中成長，不然就只會慢慢枯竭死亡。

9

品牌是活資產

每一項決定都必須展現高度的質感

在決定自力將《美女與野獸》改編成音樂劇，搬上舞台後，
我提醒創作團隊，我們不是百老匯的史戴芬・松德漢，
也不是卡麥隆・麥金塔，更不是羅傑斯或漢莫斯坦。
「如果我們硬要走別人的路線，只會淪爲次等作品，
終究會失敗。我們代表迪士尼，這也是我們的本錢。
這不是說我們不能挑有挑戰性的主題來發揮，
但我們必須走出自己的風格，盡我們所能，
並期待觀衆有善意的回應。」

在法蘭克和我來到迪士尼之前，幾乎沒什麼人談到「品牌」這回事。對我來說，品牌就像是烙印在牲畜上的標記。品牌管理聽起來非常正經嚴肅——像是寶僑（P&G）這種企業才會注意，少見於搞創意的企業。回想我在CBS的第一份工作，有句話非常吸引我：「美泰兒出品，誰能跟它比。」（If it's Mattel, it must be swell.）不過引起我注意的是它的協韻，而不是它的概念。如果說有什麼讓美泰兒聲名大噪，那一定是芭比娃娃，不是美泰兒本身。ABC和派拉蒙電影公司之所以成功，是因為製作了人們愛看的電影和電視節目。沒有人會對派拉蒙這三個字有忠誠度。

但迪士尼就不同了。這個名字確實具有某種意義。華特的天才確實讓迪士尼等同於最棒的娛樂王國——無論是它的主題樂園、電視節目、電影動畫，甚至是一隻米老鼠手錶。消費者設法買到迪士尼產品，就像他們被迪士尼動畫或迪士尼樂園吸引一樣。「迪士尼」三個字就是一項保證，包括全家大小可以享受天倫樂，享受其優質的產品以及可預期的一套價值觀。等到法蘭克和我接管迪士尼時，算算差不多是華特過世快二十年，迪士尼開始走下坡，變得落伍，甚至有點失去方向。但這只是一種錯誤印象。公司良好的基底依然健在，如同個人的人格並沒有消失。我們的工作不是去創造新東西，而是找回迪士尼的魔力，為迪士尼換上時髦新裝並且延伸它的觸角，喚起人們最初喜歡迪士尼的感覺。

法蘭克和我不久就領會到，想要強化迪士尼這塊招牌，單靠一次粗略的市場進攻是不夠的。我們將迪士尼想像成由許多藝術家以點描法作畫的畫布——一次畫上一個點。如果這些點能精準、有想像力地構成整體，整幅畫將會更豐富、更有生命力，也更多元化。華特・迪士尼曾和他的團隊創造出這樣的巨作。然而一旦新一代的藝術家上場，就可能出現無法維持巔峰或是喪失吸引力的危險。

接著整個情況就會逆轉，先前的巨作可能一點一點、一筆一筆地傾頹成平庸流俗，甚至醜陋的作品，直到整幅畫全面毀敗。品牌是個活資產，隨著時間累積可能更加擴張，也可能衰敗；它是由無數企業活動累積而成的產品。

除了對迪士尼員工強化公司堅持最好的理念外，法蘭克和我也想出特別的點子來鼓勵團隊和重振迪士尼這塊招牌。而這些要能徹底執行，必須能給予相對的報償。我們兩個人都認爲要鼓勵員工最好的辦法，不是高薪，而是獎金。最重要的，我們還提供寬鬆的員工認股方案，這不但可以獎勵各部門的優異表現，同時對公司也是一種肯定——鼓勵員工投資迪士尼。對那種多元發展、旗下產業關聯性不大的企業來說，配給員工股票或許不能達到相同效果。不過，在迪士尼，我們的目標是強化各部門之間的相互依存。我總覺得，太多時候，人們會因爲同事的挫敗而感到競爭的快感。但藉著依據公司整體業績來獎懲部門主管，法蘭克和我希望能嘉獎團隊合作。何況這樣的氣氛會讓工作時愉快些。

法蘭克和我另一項管理新招，是每週一次的高階主管午餐會報。相關人員規定必須出席，雖然會談多半沒有特定的討論議題，但我們希望創造一個公開討論機會，讓主管們能討論各自部門的進展，並且藉著團隊的腦力激盪來推展各自的業務。這種午餐會報也可以聯繫工作性質差異很大的同仁，讓彼此熟稔而相處愉快。如果說團隊合作是法蘭克和我最看重的事，我相信對別人來說也是一樣。一旦高階主管們開始在這種非正式的聚會中互動——這種事在平素的正常工作環境中不太可能發生——以後他們就會主動各自交誼。

基於相同理念，我們開辦了迪士尼學程（Disney Dimensions）。就像我們的其他振興方案一樣，這項也是源自於華特的構想。一九五五年，迪士尼樂園開辦了「迪士尼大學」，向世人宣導華特的服務精神和價值觀。長久以來，這個機構教導各單位的新進計時員工和中階主管迪士尼的團隊合作文化。正因爲迪士尼在服務品質上獲得大衆肯定，其他公司也派遣中階主管到迪士尼大學取經。法蘭克和我很驚訝這些公司從未派高階主管來，因爲如果他們曾這樣做的話，他們會發現這些管理概念不但和中階主管息息相關，對經理總裁級人士也是如此。

舉例來說，華特·迪士尼總是親自彎下身來撿樂園裡的垃圾。法蘭克和我也曾仿效前輩的步伐。那一次我們飛往迪士尼樂園做首次視察，當時我的背不太舒服，彎腰時都會感到疼痛。但當我們在樂園中看到垃圾時，我還是彎下身來撿。我不想過度簡化迪士尼的魔力，但落實在實際的服務層面就是這麼回事。從訓練中我們體會到即使是高階主管，也必須要放下身段成就公司的服務品質。

我們將迪士尼學程設計成符合迪士尼文化的菜鳥訓練營——在這九天的訓練中，二十名左右的高階主管學員們全天候學習有關公司的種種。這個訓練課程有些靈感是來自我在丹尼森大學的兄弟會。迪士尼學程早上七點開課，一直上到晚上十點。每一位部門主管就自己負責的業務提出詳盡報告，內容包括華特迪士尼世界清理廁所的頻率（每半小時一次）、餐廳如何剝去馬鈴薯皮（利用高壓氣管將馬鈴薯皮完全吹落）、怎樣挑選適當的電影和電視節目，以及分析投資購併對象的過程等等。

參加訓練的人還能獲得一些親身體驗。舉例來說，當他們到樂園時，可以穿上大玩偶的衣服和遊客進行面對面的互動。雖然這項爲期九天的訓練總是引來反對，但我們的每一位高階主管還是被要求必須上迪士尼學程。大部分的人結訓後都喜歡上這種經驗而且覺得很有價值。雖然一開始主管們對強迫參與十分感冒，不過幾天後，就主動投入訓練中共存共榮的氣氛中，而對於集中訓練的成果和交誼也十分肯定。當這些人重回工作崗位時，如果需要另一個主管幫忙，就可以求助在迪士尼學程中一起受訓的同伴，不用靠外人。這樣公司和品牌自然受益。

第三種我們用來鼓勵團隊合作的方法，就是給法蘭克・威爾斯一個非正式的頭銜，即「管家婆副總裁」。法蘭克專門處理部門間有關經費配置的糾紛和其他內部的小衝突。譬如說公司成功會帶來高額獲利，那麼如何將利潤妥善分配給電影和商品部門，就是一大問題。而我們賣給電視公司轉播迪士尼週年慶的權利金，電影部門和主題樂園要怎樣分配，沖銷自己的製作支出，也需要好好處理。法蘭克必須在會計年度結算時對這些問題做出仲裁。很顯然地，法蘭克得在衆多的考量下，琢磨出最好的處理方案。而這種方式也避免了部門間起衝突、不願意繼續合作的問題。

我們最後一項新方案，就是進行資源整合和品牌管理的正規化。之所以想到這樣做，可說是無意間促成的。話說我到迪士尼就職幾個月後，珍和我一起去太平洋設計中心（Pacific Design Center）的克諾爾（Knoll）傢具展示場，尋找辦公傢具。一名二十出頭的售貨員亞特・雷維特負責招呼我們。這位賣場中唯一穿西裝的售貨員，對他的產品出奇熟稔，而且對設計也似乎很懂。我碰巧想要請人更新迪士尼的設計。我們一離開賣場，我對珍說：「他可能上過耶魯設計學院，而且他待人挺有一套的，我想要聘用他。」回家後我打電話給亞特，邀請他當晚和我們共進晚餐。他有點驚訝，不過還是答應了我的邀約。在用餐閒聊中，我發現亞特其實念的是長島大學，主修海洋生物學。畢業後，他在夏威夷住了兩年，每天研究美女和熱帶魚，他到克諾爾當業務員只有四個月。即使是這樣，我還是很欣賞他的工作熱忱和自信，並且決定聘用他當我的私人助理。

亞特在我身邊參與設計和建築上的任務，後來成爲跨部門合作計畫中的重要一員。事實上，亞特進行跨部門資源整合達兩年，直到我們派遣他重新設計「歡樂島」爲止。後來由琳達・華倫（Linda Warren）接手成爲我的助理，我們也逐漸將這種監督部門整合的工作正規化。而琳達也進駐華特迪士尼世界，現在她是園區裡的行銷副主席。我們在裘蒂・卓爾（Jody Dreyer）之下設立了一個全職副主席的職位，專司促進部門合作。裘蒂・卓爾是第一位從迪士尼大學培訓計畫招募來的人才，她結訓後就到主題公園的公關部門服務。裘蒂現在每年至少監督十個大型跨部門的合作計畫，從動畫片的開拍發行到米老鼠的週年慶。而她的工作就是動員各部門爲計畫出力，藉由團隊的力量，讓計畫的成效發揮到極致。裘蒂是我見過最有組織力、最專心的人，無論負責什麼職務，都能打點得十分漂亮，是展現迪士尼精神最好的示範。

成功地整合部門資源也讓我們對保護品牌格外用心。一九八〇年代末，迪士尼在許多地方不斷乘勝追擊——包括電影、電視節目、家庭錄影帶、新的主題樂園、遊樂設施和專屬商品——迪士尼這個招牌幾乎到處可見。如果說在我們來到迪士尼前，迪士尼正面臨被遺忘的危機，現在則正好相反。過度的曝光正削弱品牌的整合性。因爲好產品雖然不嫌多，但卻有可能出現產品過度包裝宣傳的問題。這是第一次我們開始認眞思考怎樣合理運用迪士尼這塊招牌。

羅莉・蓮（Laurie Lang）剛進迪士尼時是當賴瑞・墨菲進行策略計劃的助理，而她馬上展現對迪士尼產品與生俱來的敏感度。就像法蘭克以非正式方式處理部門間的小衝突一樣，我們請羅莉負責在市場上監督、維護迪士尼品牌。由她來決定、控制品牌如何使用，同時向我們報告。羅莉所做的評估不但適用在產品和宣傳上，同時也用在考量投資對象上。她最重要的任務就是確保我們沒有做出危害迪士尼這塊招牌的決定。公司的任何一項決定必須能展現高度的質感、娛樂性和想像力，而這也是消費者對迪士尼的期待。

羅莉還提供反面觀點供我們在做決策時參考。公司每個部門的主管都被要求要爲公司闢出新財路，讓主管們很自然地想盡辦法利用迪士尼這塊招牌。但羅莉卻對這種做法提出問題：這樣做是擴展還是傷害品牌？對法蘭克和我而言，我們的挑戰在於如何在保護迪士尼的中心價值，以及拓展市場之間找到平衡點。每一次我們想要改變現狀時，就會遭到舊勢力的阻撓，包括公司內外的反對聲浪。我們在接手經營迪士尼的頭十年裡進行了不少改革，但除了迪士尼專賣店（Disney Store）、迪士尼頻道（Disney Channel）和迪士尼劇場（Disney Theater）之外，效果都不顯著，而且各有各的問題。

迪士尼專賣店是由一位沒有任何經商經驗的年輕主管史提夫・柏克（Steve Burke）促成的。一九八五年底我同意面試史提夫，主要是因爲我尊敬他的父親丹・柏克（Dan Burke），當時丹是Cap Cities/ABC的總裁。而向我推薦史提夫的，就是丹的搭檔湯姆・墨菲。湯姆來電說：「我知道你接過很多推薦電話，丹也不會自己打這通電話給你，不過他眞的有個擁有哈佛MBA學位的優秀兒子。他兒子充滿幹勁，正在找尋適合的工作。如果你願意和他談談，我想丹會很感激的。」當然，我不能讓這位和迪士尼關係匪淺的電視網老闆失望，而我也挺推崇丹，加上我從不相信有錢人的子女注定會失敗。事實上好的背景往往能養成好的人才。從我見到史提夫的那一刻，我就感覺到他是其中一個例子。雖然他看起來還像個大學新生，但卻是相當有自信、有抱負，並且衝勁十足。

我們讓公司不同的部門主管面談史提夫，其中包括產品部門負責人巴頓・鮑・鮑伊德（Barton "Bo" Boyd）。華特・迪士尼親身體認到將動畫片的主角做成商品，會爲公司開闢新財源。當米老鼠於一九二九年形成全國風潮時，華特做出迪士尼第一個衍生性商品交易，就是以三百美元的權利金讓米老鼠作為墊板圖案。一九三二年，華特和羅伊從堪薩斯市廣告挖來賀曼・羅伊・卡門（Herman Roy Kamen），全權代表迪士尼處理這類的衍生性商品交易。由於迪士尼同意將權利金五五對分，卡門很快就做成許多穩賺的交易。第一個合作對象是一家冰淇淋公司，合作的第一個月，就賣出十萬個外頭有米老鼠臉蛋包裝的甜筒。而瀕臨破產的老牌鐘錶公司英格索華特伯利（Ingersoll Waterbury），在與迪士尼簽約合作推出迪士尼卡通錶後，也賺進兩百五十多萬元。另外受到景氣影響準備關門的萊恩奈爾（Lionel）公司，也在卡門與之簽訂生產可以繞軌道的米老鼠火車後，大賣二十五萬套玩具，讓公司重新打回市場。

多年來，迪士尼藉由出借品牌和主要卡通人物與其他公司合作，並促使這些公司改組或重生。米老鼠不僅僅是一個造型可愛的玩偶，更成為主題樂園最受歡迎的明星。迪士尼藉由出借米老鼠的名字、唐老鴨的名字、高菲狗的名字或迪士尼這塊招牌，賺取權利金，甚至提供未來銷售數字的保障。這樣做風險小，但獲利也不大。一九八四年法蘭克和我接手迪士尼時，消費商品的營利大約是一億美元——這只是主題樂園賺進的一小部份。光出租品牌專利並不是很有賺頭的生意，迪士尼在商品的生產、流通和行銷過程中幾乎不插手。因此法蘭克要求鮑在專利合作中，爭取更加積極的角色。結果迪士尼商品不但品質提高，權利金也大幅提昇。一九九四年我們到迪士尼十年後，商品部門的獲利成長四倍以上，達到四億兩千五百萬美元。

這次的成功主要歸功於鮑的工作團隊通力合作。我們可以從很多面向來評斷主管的表現，不過我最重視的是他們怎麼用人。沒有安全感的主管才會聘用能力差、沒有威脅性的員工。而有自信的主管則是盡可能網羅最好的人才，因為提昇部門的表現將為個人的成就加分。鮑是個行事低調、很好相處的人，但他從來沒有看錯人，像被他賞識的麥可・林頓（Michael Lynton），之前在迪士尼任職時，不但幫助迪士尼成功跨足出版業，後來還被企鵝出版公司（Penguim Putnam）任命爲ＣＥＯ。鮑馬上慧眼識史提夫。由於暫時沒有適合的職務，史提夫被安排進入研發部門當小主管，沒有特定責任。鮑隨後和史提夫發起一項全公司的比賽，只要誰能想出好的商機就能享受免費的晚宴。結果十分令人驚訝，有五百個點子出籠，史提夫過濾後留下十二個。然後在鮑的鼓勵下，他打電話給法蘭克・威爾斯。「你和麥可能否撥出一個早上，來商品部門聆聽一些開啓新市場的點子？」他問道。

結果我們花了五個多小時聽取簡報。會中我半開玩笑地說，「我們全做了吧！」開完會後，我們決定採行幾個最有前景的點子，包括出版書籍、生產電玩，還有開一些迪士尼商品專賣店。史提夫表示待他進行細節的研究後，會再向我們報告。三個星期後，他連絡我們並安排第二次會面，與會者包括鮑、法蘭克、我，還有蓋瑞・威爾森和賴瑞・墨菲。史提夫一開始先提報保守的企劃，慢慢地勾勒出商品專賣店的想像藍圖。我一直對這個案子很感興趣，因爲迪士尼商品專賣店不但具有商機，還能爲迪士尼的電影、電視節目和主題樂園做宣傳。按照慣例，最後還是由法蘭克在會議桌上引起各種正反意見。

賴瑞和蓋瑞分析這個案子的劣勢。「這個生意市場不大，獲利不多。」賴瑞說：「這種商店在旅遊區才有賺頭。所以如果我們開了二、三十個這樣的專賣店，結果可能不值得所付出的投資和人力。」賴瑞恰如其分地扮演他的角色，以數字舉出這個案子的負面因素，避免日後的麻煩。這一回我們延後做決定。

之後在兩星期內，史提夫打電話說，他和鮑有新的案子，問我和法蘭克能不能再次撥冗會商。

這次他們的報告增加一些說服力。最主要的論調就是我們好歹先試一家專賣店，看看經營得如何，再決定是否要擴大生意版圖。我們花了將近一個鐘頭，不斷就這個案子進行腦力激盪，最後同意如果眞要先開一家作實驗，必須開在離影城不遠的地方以便觀察。或者也可以開在迪士尼樂園附近，這樣才知道專賣店是否眞能吸引消費者光顧，尤其對那些可以輕易去樂園買東西的人來說。最後我終於問了史提夫一個問題：「開一家專賣店你預備要花多少錢？」

「我想，不到五十萬吧，」他說。

於是我對法蘭克說：「我知道所有精打細算的財務分析一定說不會賺，但是難道像我們規模這樣大的公司，不能偶爾靠著直覺來試試新案子嗎？就算這個案子失敗好了，虧損也抵不過一部熱門電影昂貴的脚本費。」始終充滿熱忱的法蘭克也同意我的想法。

史提夫和鮑隨後在離影城只有十分鐘路程的格倫代爾購物中心(Glendale Galleria)內租了兩千平方英呎的店面。爲了佈置門面，史提夫跑了兩趟繪圖組，最後專賣店佈置得像正在使用的電影場景，店中大部分的商品都擺在旋轉掛鉤上。專賣店的正面櫥窗圖案都是經典動畫的場景。另外，店裡設有多部電視，播放著正在上映的影片。最裡頭還有一個大型的投影幕，和堆得像座山的米老鼠、米妮和高菲狗的絨毛玩具。雖然專賣店後來不斷改變裝潢設計，不過第一家專賣店的門面確實是充滿活力，多采多姿。史提夫和鮑以低於預算的四十五萬美元的費用完成了第一家店。

一九八七年第一家專賣店開張以來，事實證明消費者對迪士尼的商品相當喜愛。這家位於格倫代爾的專賣店，第一年的營收是兩百四十萬美元，是同一個購物中心精品專賣店收入的三倍以上。同年的七月，我們在舊金山的三十九號碼頭 (Pier 39) 開了第二家專賣店，十一月又在橘郡 (Orange

County）開一家，這家比格倫代爾那家更靠近迪士尼樂園。沒有一家對迪士尼產生負面影響。不過在處理三十九號碼頭那家店上，我們犯了一個錯誤。當時因爲對房地產交易經驗不足，我們同意只在這個區域設立一家專賣店的但書。但事實上專賣店是供不應求，這項附屬條款阻礙了我們擴大經營的步伐。此後我們不再簽署類似的條約。

這三家專賣店的快速成功也帶來另一個挑戰。「讓我們向外徵募頂尖的零售業來經營專賣店，」蓋瑞・威爾森建議：「因爲公司內部缺乏這種專業人士，正好利用這個機會補足。」

於是我打電話給 The Limited 的創辦人兼老闆萊斯里・維克斯那（Lesile Wexner），向他詢問意見。維克斯那告訴我：「當你有個好點子，頭幾年可以很有熱忱地經營。不過一旦生意擴大到五十家店，如何妥善經營就是一門科學。除非你具備相關的技能，否則一定會失敗。你爲什麼不考慮讓我們來經營呢？」雖然我很推崇維克斯那在這方面的經驗，但這和比爾・馬利歐當年試圖說服我，要我讓他的公司在華特迪士尼世界經營旅館的感覺如出一轍。迪士尼或許不是各種專業人才樣樣俱全，但我們比任何人都要了解我們的公司和文化。

後來我們將面試經營迪士尼專賣店的人選工作交給史提夫・柏克。前來面試的人多半是來自如布魯明戴爾和諾德斯壯（Nordstrom）等零售業界，而面試的過程形成一個有趣的模式。在正式會面前，史提夫會請應徵者到某一家迪士尼專賣店看看，然後在面試中問他：「好了，你已經看到我們的做法。如果是你會有什麼不同的做法嗎？」幾乎每一次面試，史提夫所引出的答案都不出同一主題。

有的人會告訴史提夫：「你將店內最重要的資源——就是櫥窗——浪費在展示你公司的動畫，

而不是店內的熱門商品。」或是：「你的店員都穿著制服，讓店內主題明確一致，這種策略或許適合現在，但是當你要擴大營業時，恐怕就非常花錢了。」也有人說：「你現在所播放的迪士尼音樂是不難聽，可是如果你關掉它的話，客人會買得更多。」在這些面談個案中，這些來自其他零售業的主管都引用過去所學的生意經。但問題是如果我們照單全收，可能會危及當初我們開店的原始創意。這些人選不清楚迪士尼文化的魅力何在。消費者來我們店內是想要買一種神奇的感覺，就像他們要買一樣特定的商品。經過幾星期後，我們了解最終的解決方案就是反求諸己。雖然史提夫缺乏零售業和搞創意的經驗，他一方面可聘請專業經理人來彌補不足，另一方面可從與法蘭克和我共事中學習。

我們決定讓史提夫來負責，不過同時我們本身也相當注意專賣店的經營。大約在第一年裡，我親自察看了幾打新產品的設計，同時也越來越注意這行的對手。每一家專賣店都是一個舞台。我通常在週末察看尚未開幕的新店，雖然玩具、珠寶和衣服向來對我沒什麼吸引力，但我還是會盡力以一個消費者的立場逛逛。我到店裡時不會表明身分，而且專門找那種最便宜、最不起眼的商品。然後我把這些產品帶到星期一的午餐會報上，向史提夫和其他團隊表示，我很在意公司產品的品質。根據我長久學習到的經驗，老闆在乎的事情，公司的每一個人也會在乎。

法蘭克和我根據自己的經驗，給史提夫一大堆指示和建議。在迪士尼重映《仙履奇緣》之後沒多久，我剛好到一家迪士尼專賣店去。結果隔天星期一早上，我寫了留言給史提夫：「我很驚訝專賣店內竟然沒有電影《仙履奇緣》的相關宣傳，沒有讓消費者知道這部片正在上演，也沒有搭配《仙履奇緣》的商品。我希望專賣店能幫忙宣傳迪士尼影片，尤其是動畫片，還有迪士尼的電視節目，以及迪士尼主題樂園開幕等相關消息。」有一次，我曾半開玩笑地批評店內的地毯太髒：「這好像軍隊用的。」我還建議要在店內後頭的大型電視螢幕進行照明調整。我告訴他：「如果光打得太高，就看不到螢幕；可是如果光打得太低，又看不清楚商品。我們得要想個兩全其美的辦法。」我相信史提夫一定希望我週末能去打高爾夫球，少來店裡視察，但我就是忍不住。而在試驗和犯錯的過程中，史提夫也了解當他不想要執行我們的建議時，法蘭克和我並不是好矇混過關的人，我們不會袖手旁觀。教導年輕主管採取配合的態度，對於營造相互信任和確保團隊合作是很重要。

法蘭克比我更會督促史提夫。有一段時間，他堅持史提夫每天都要交出經營各種面向的報告清單。即使一年後，史提夫向他抱怨這項紙上作業費時費力，法蘭克仍堅持這項要求有價值。在服務的標準上，類似的意見對立更是層出不窮。一開始，史提夫不願意讓專賣店裡的職員像樂園裡的新進員工一樣接受何謂「迪士尼傳統」的訓練計畫。在法蘭克的壓力下，史提夫最後親自到佛羅里達受訓學習，而且很快就對這套價值折服。在很短的時間內，史提夫就自創一套爲期一周的店內新進職員訓練的流程。

我們還發現消費者會預期店內服務人員對迪士尼的一切瞭若指掌——店員應該不只熟悉店內的商品，還得瞭解迪士尼電影、電視節目、主題樂園，甚至是公司的歷史。基於這個緣故，史提夫在徵選新進職員時，不僅要求能力和親和力，同時要求應徵者要對迪士尼有種特殊的情感，並且願意學習有關公司的一切。我們學了華爾超市的點子，在每一家專賣店的前頭都設一位諮詢人員，除了讓消費者感受店家的歡迎外，也方便爲顧客解決疑難問題。這樣的用心讓我們交出漂亮的成績單。根據我們定期的消費者研究，平均來說，超過六成的消費者，一年至少來迪士尼專賣店十三趟。顧客表示，他們常來的原因，有部份是因爲消費的經驗很愉快，而且他們不僅僅是看看而已，因爲迪士尼專賣店每平方英呎的銷售額是所有類似專賣店中最高的。

到了一九八九年底，迪士尼專賣店開了四十一家。一年後，快速增加到七十家，包括我們第一家位於倫敦的海外分店。在一九九〇年，約有一千四百萬的消費者至少曾造訪一家。不過當分店越開越多時，我們也擔心會影響到在同一個賣場其他和迪士尼有專利合作的店家。爲幾家付錢買迪士尼影片專利的集團，從事商品行銷的安・歐斯柏格（Anne Osberg）後來告訴我說：「迪士尼要開專賣店時，我們都快瘋了！」然而結果正好相反。「迪士尼專賣店成爲我們商品最佳的展示櫥窗。」安解釋說：「因爲在迪士尼專賣店開張後，同一個購物中心的合作商店就會發現，店中的迪士尼商品銷售量跟著增加。」安後來因爲出色的管理和行銷能力，成爲迪士尼商品部的主管。過去三年來，就是安讓小熊維尼的產品銷售額，從一年三億九千萬美元，躍升到將近三十三億美元的驚人數字。

迪士尼做出市場區隔的策略確實有效。通常一位要買禮物的顧客，會到迪士尼專賣店買一兩樣，然後到同一個購物中心裡選擇比較多的席爾斯（Sears）或玩具反斗城買個五、六樣。當然迪士尼專賣店同時也是迪士尼各部門有利的對外窗口。我們可以在店面的櫥窗展示主題樂園的新遊樂設施，或者播放即將上檔的電影或擁有廣大商機的重播動畫片。而新動畫片的賣座，反過來也會帶動店內商品的買氣。以動畫片《小美人魚》來說，在錄影帶推出上市後，相關的商品在幾個星期內至少佔了專賣店營收的三成。同樣的情形也發生在兩部成功的動畫片《美女與野獸》和《阿拉丁》上。除了這些動畫主角外，迪士尼老牌的卡通明星，從米老鼠、米妮，到小熊維尼和唐老鴨等等，都爲迪士尼奠下了穩定強健的營業額。

到了一九九一年底，史提夫已經爲近一百二十五家專賣店開幕，這些店每年營收達三億美元。兩年後專賣店的數目增加一倍，五年後更達到五百家的規模。因爲史提夫的成功，加上法蘭克和我堅信要讓年輕主管拓展經驗，一九九二年我們成立歐洲迪士尼（Euro Disney），我們認爲史提夫可以強化當地團隊的管理，因此我們選擇專賣店另一個同級的產品主管保羅・普雷斯勒（Paul Pressler）接手史提夫的工作，而他恰巧也是史提夫的好友。

由於保羅天生的領袖魅力，加上創意的天分，他很成功地帶領迪士尼從出租專利權走入商品製作。最重要的是，保羅讓迪士尼在掛有迪士尼招牌的商品上，重拾設計和行銷上的主導權。保羅的經驗和好品味正適合迎接專賣店所面臨的第二代危機挑戰：將商品的品質推上新的層次。史提夫的精力全耗在開新店、效率經營，和創造服務文化，而現在到了全力升級商品的時候。這樣做部份是受到華納在一九九一年開了第一家專賣店的影響，而華納也是因爲看見迪士尼專賣店成功才跟進。不過相較於華納只有幾個知名的卡通人物，迪士尼擁有很大的優勢，因爲我們在商品線上有爲數衆多的明星玩偶，除了有米老鼠和他的朋友外，還有新的角色像是《小美人魚》中的愛麗兒、《美女與野獸》的貝兒，還有《阿拉丁》中由影星羅賓威廉斯配音的神燈精靈。雖然如此，華納卻將重心擺在高價位的商品上，主攻成人消費群。

對保羅來說，重新打造生產線意味著積極向外尋找高品質的製造商和設立高標準。早在他經營專利權的時期，保羅就將火力放在部份較有想像力、較刺激的商品上。他聘請了一群設計師開創生產線，不僅經營明星玩偶本身，同時也加強相關的故事結構。舉例來說，創意團隊不僅製作一個米妮玩偶，他們還推出米妮要跳芭蕾的相關配件，這大大提升了產品的質感。保羅另一個挑戰就是找出迪士尼專賣店下一個世代的風貌。在不少分店都出現空間不夠用的問題後，怎樣重新設計店面變得十分重要。

一九九三年十一月，保羅和他的團隊到會議室來會見法蘭克和我，並帶著他們新發展出來的設計原稿。就像四年前史提夫的情形一樣，這份原稿被我們駁回重修了好幾次。最後我們拍板敲定的計畫就是將新店分爲三個賣區，包括我們曾經最重視的兒童區，還有成人區和專賣昂貴、有收藏價値的商品。這三個賣區每一區都有自己獨特的裝潢設計，但經由共通的主題，三區還是可以呵成一氣，爲即將上演的動畫片或是主題樂園的新遊樂設施，做單一主題的宣傳。最重要的是，這樣的分區設計可以招攬更多元的消費群，一年後我們在加州多倫斯（Torrance）的 Del Amo 購物中心，開了第一家改良式專賣店，結果比起第一代較小的專賣店，新式專賣店每平方英呎的業績成長了兩成。

在極力將迪士尼專賣店打入零售市場的同時，我們也致力經營迪士尼電視頻道——這項業務不僅本身具有商機，同時也能增加大衆對迪士尼品牌的認同。卡德・沃克和朗・米勒早在一九八三年，就很有遠見地創立了迪士尼付費頻道。一年後法蘭克和我來迪士尼時，訂戶就達到一百萬戶。不過初期成本超過一億，而且頻道節目大多是老掉牙的卡通片和二流的迪士尼電影，偶爾有些經典動畫片像是《仙履奇緣》，幾乎沒有花錢去開發新菜單。許多一開始因爲慕迪士尼之名而來的訂戶，在收看幾個月後都會感到無聊。當時所有的付費頻道都流失訂戶，產生所謂的泡沫現象，不過當時平均流失率爲一個月百分之五，迪士尼卻是近百分之八。

讓迪士尼頻道起死回生的是約翰・庫克（John Cooke），他是在一九八五年被我們從時代鏡報公司（Times Mirror Company）挖來的。在迪士尼快節奏、自由的文化下，庫克顯得相當另類。性格挑剔、身形消瘦的他，將黑髮小心地往後梳整齊，每天幾乎是同一套保守裝扮，深色西裝、白色襯衫再加上一條直紋領帶。在他有條不紊、拘謹的外表下，行事也是高效能。

早先我告訴庫克：「你的工作就是在不要太離譜和脫離軌道太遠的範圍內，逐漸拓展人們對迪士尼的認知。」而庫克也在許多層次上達到任務。首先他把迪士尼頻道定位爲美國家庭頻道之一，並且針對家庭不同成員來設計節目菜單。每天一大早，觀眾幾乎都是小朋友，節目就鎖定迪士尼動畫卡通。下午，庫克的團隊推出了新風貌的米老鼠俱樂部，這個新版的節目裡有饒舌歌手、霹靂舞，還請一群小男生、小女生來飾演「鼠俠三劍客」（Mouseketeers）。傍晚的時候主攻電影。而晚上則是提供流行歌手的節目，像是艾爾頓強和比利喬的表演，還有蓋瑞森・凱勒（Garrison Keillor）受歡迎的國家公共廣播節目 *Prairie Home Companion* 的電視版。我曾聽說過這個節目，也看過凱勒的書，剛好那時我聽說他在巴摩那大學（Pamona College）做現場節目，我就拉著珍和我一起去看。一方面是想要看法蘭克和羅伊・迪士尼唸大學的地方，另外凱勒的秀也確實有看頭。

庫克還委製了一系列適合闔家觀賞的高品質電影。作爲一個歷史迷，庫克對歷史劇特別鍾情——其中包括描述一個希臘家庭，在第一次世界大戰移民西維吉尼亞州時，面對小鎮種族歧視的影片《再見，七月四號小姐》（*Goodbye Miss Fourth of July*），還有描寫希特勒攻佔奧地利時，一個猶太家庭和一個天主教家庭微妙交情的電影《維也納友誼》（*Friendship in Vienna*）。這些年來，這些節目獲得了八十多座艾美獎和 Cable ACE 獎，同時也受到所有家庭的喜愛。

迪士尼頻道成爲我們宣傳公司日漸蓬勃的娛樂事業的主要電視媒介。在正規的節目中間，總會穿插三到五分鐘的新片預告。頻道會針對主題樂園週年慶，或是樂園中的新設施，例如迪士尼—米高梅影城的開幕製作特別節目。我們也會針對這些新遊樂設施和新動畫片拍攝紀錄片。當NBC決定不再播《迪士尼神奇世界》，我們把它搬到迪士尼頻道在星期天晚上播出。到最後，庫克還在迪士尼頻道中做了兩樣我引以爲傲的大膽嘗試：成立迪士尼少年交響樂團(Disney Young Musician's Symphony Orchestra) 和美國師鐸獎 (American Teacher Awards)。這兩個動作不但提供高品質的娛樂，同時也讓迪士尼能與我們的核心觀衆——家庭——連結在一起。

成立迪士尼交響樂團的遠因，是受到一位音樂老師史丹利·高葛 (Stanley Gauger) 的影響，他是艾倫史帝文生管絃樂團的團長，而當年我還是個在樂團中負責打擊樂的小毛頭。而近因是在一九九〇年時，民衆逐漸了解學校經費的刪減，將嚴重影響音樂教育和管絃樂團的生存。因此庫克登記成立少年音樂家基金會 (Young Musician's Foundation)，並由迪士尼出資，舉辦了一個針對十二歲以下的小音樂家，爲期一週的營隊。目的是讓這些小音樂家每年夏天聚會一次，接受一流的指導和培養音樂夥伴，並且在一週後，讓大家有上台表演的機會——演奏實況稍後在迪士尼頻道播出。在一小時的節目中，會穿插每位表演者的個人資料。這樣不但能讓有天賦的音樂家，從小就能獲得支持和注目，同時也讓古典音樂更加活潑，拉近和成千上萬觀看迪士尼頻道小朋友的距離。

成立美國師鐸獎，則是源自於我小時候遇到好老師的經驗，以及八〇年代我在三個兒子都曾去過的曼哈頓早期教育中心 (Center for Early Education) 擔任家長會會長的經驗。在任內，我頭一次體會到老師多麼不受尊重、待遇有多差。在一九八八年春天的一個夜晚，珍和我外出與杜克大學 (Duke University) 法律系教授喬爾·福雷屈曼 (Joel Fleishman) 共進晚餐。我們將話題轉到老師身上。

「每年都有所謂的人道獎項，來表揚一些企業家不謀私利、說服朋友樂捐等慈善義舉，要不然就是一大堆沒完沒了，頒給演員、導演和搖滾歌手的頒獎典禮。」話說到這，我突然嚴正地說：「爲什麼老師沒能因爲他們的貢獻接受公開表揚，難道他們所做的一切不值得相同的鼓勵嗎？」

「如果你的感受這樣強烈，爲什麼不起身做些什麼呢？」喬爾說。

於是我們決定在迪士尼頻道舉辦自己的頒獎典禮。我們仿照奧斯卡金像獎，邀請每個最佳老師獎項的得獎人，到洛杉磯的會場一聚。就像奧斯卡一樣，我們也會請名人擔任頒獎人，在現場觀衆的注視下將獎項交給得獎人。不同於奧斯卡播放入圍名單，我們播放的是記錄每位得獎老師在校表現的小短片。另外我們還頒發獎金給得獎老師和學校，讓這個榮耀更實際。庫克知道聯繫像全國教育協會（National Education Association）、美國教師聯合會（American Federation of Teachers）和全國家長教師聯誼會(National PTA)等教育組織的重要性，積極邀請這些單位加入我們的顧問委員會，爲這個獎項提供公信力，並且方便打入老師圈。學生和學校都可以提名老師，由一群教育專家來決定最後的得獎者。

第一次頒獎典禮於一九九〇年十月七號，在好萊塢的潘大吉劇院（Pantages Theatre）舉行。我很榮幸可以頒發年度最佳教師獎，這個獎是由所有的提名人票選選出。每一位獲獎的老師，都是年度最佳優良教師獎的候選人。由於意識到競爭激烈，每一位得獎人在上台發表感言時都非常感人，也很戲劇化。

就像奧斯卡一樣，這個年度最佳教師獎項的重點之一，是讓每年的頒獎典禮都有一個精彩的句點。第一年得獎人是希薇亞・安・瓦須朋（Sylvia Ann Washburn），這位老師出身貧寒農家，是移民第二代，但她從困苦又充滿文盲的環境中掙脫，成爲俄亥俄州托雷多（Toledo）一位受人敬愛的小學老師。數年後，我們將這份榮耀頒給加州阿凱迪亞（Arcadia）一位小學老師派翠西亞・安・鮑茲（Patricia Ann Baltz），這位老師曾多次中風，雖然終身都得坐在輪椅上，卻堅守教育崗位。還有阮宏團（Huong Tran Nguyen），這位老師因爲戰亂，從越南家鄉移民到美國，現在任教於加州長灘（Long Beach）的工藝中學，教授英文第二語言。

和其他主要的兒童頻道如「五分錢劇院」（Nickelodeon）相比，迪士尼頻道仍保有一些老傳統，我個人覺得挺好的。早熟的兒童和青少年，或許比較喜歡看五分錢劇院，但我們要讓孩童和他們的父母對我們的節目安心。也正因爲有這群忠實觀衆，讓迪士尼頻道業績穩健。到了一九九〇年，我們擁有六百萬個訂戶，每年營收近兩億美元，這使得迪士尼頻道成爲最賺錢的付費有線頻道之一。就在此時，庫克提出可以增加收視率的「混合戰略」，與其作爲一個每月收費的付費頻道，我們選擇與系統業者合作，讓他們將迪士尼頻道列爲基本菜色而不增加對訂戶的收費。不過，轉型是項大工程。因爲系統業者將五分錢劇院和ＣＮＮ當作基本服務提供時，必須要給付頻道供應商每個訂戶每月十到十二分美金的權利金。而我們開價是每月七十五分到一塊美元。這每個月多出六十分到七十五分的月費，對我們來說很重要，因爲迪士尼頻道不打廣告，權利金和月費成爲唯一的收入來源。

從表面上來看，我們的要求是反其道而行。有線電視系統業憑什麼要減損原本一個月每人五到八美元的系統費，付費讓迪士尼頻道作爲基本頻道？首先，迪士尼頻道能讓系統商的基本菜色顯得豐富，增加家庭用戶的收視率。另外，政府允許系統業者因爲擴增基本頻道節目而漲價，作爲一個不打廣告的兒童頻道，迪士尼頻道正好符合這個條件。而系統業者在各地區享有獨播迪士尼頻道的優勢，可以與衛星直播服務相抗衡。到了一九九四年，迪士尼頻道的家庭收視戶從七百五十萬增加到一千五百萬戶，證明庫克的策略奏效。

就像建立第二代迪士尼專賣店一樣，迪士尼頻道節目的更新也越發必要。作爲一個付費頻道，致勝的關鍵就是每月製播足夠又特別的節目，吸引不同層次的家庭觀衆，並且維繫其收視習慣。迪士尼和五分錢劇院等其他基本頻道一樣，面臨如何長久吸引大衆的挑戰。爲了達到這個目的，我們必須強化迪士尼頻道的定位，藉由整頓正規的節目表，讓觀衆每星期都乖乖守在電視機前。庫克讓迪士尼頻道成爲一個重要又獲利可觀的商品，到了九四年，在庫克經營迪士尼頻道快十年後，他奔波終日後決定迎接另一個職場挑戰，我除了爲他找尋一個新出路外，同時也要找尋像專賣店的保羅・普雷斯勒一樣能幹的接班人，帶領迪士尼頻道更上一層樓。

迪士尼品牌的第三個擴張動作，也是我最謹愼將事的一項，就是劇院。在所有的娛樂事業中，劇院最早引起我的興趣，但我瞭解這是門發展有限的生意。因爲一部電影，可以在全美三、四千家戲院上映，就算不賣座，還可以發行錄影帶或在有線電視、電視網或海外找尋商機。相反的，如果今天製作的是大型的百老匯歌舞劇，它的製作費相當於一部中成本的電影，卻可以在一夕間落幕賠錢。就算是一部長賣的熱門歌舞劇，觀衆人數也不及一部熱門電影的人數，而盈收更是無法相比。

我在派拉蒙任職期間，曾參與製作兩齣百老匯的秀，一部是歌舞劇《我的唯一》（*My One and Only*），另一個是貝納德・史雷德（Bernard Slade）的舞台劇《禮讚》（*Tribute*）。結果《禮讚》即使劇本很好還是賠錢。而《我的唯一》雖然小賺，但是比起所投注的時間精力，仍是入不敷出。即使我深受劇院吸引，我也堅信經營迪士尼，一開始的重點應該擺在其他較實際的面向上。

「我不需要以製作百老匯劇來滿足自己的虛榮。」我對傑佛瑞說，當時我們來迪士尼不久，他想進軍劇院。「讓我們先專心讓迪士尼回到娛樂王國的地位。」我不是把劇院永久排除在外，我只是堅持要等最佳時機、最佳企畫案的出現。

一九九一年十一月，《美女與野獸》以動畫片發行，造成大轟動。六個月後，這部動畫片榮獲了奧斯卡金像獎最佳配樂和最佳電影主題曲。突然間公司內外興起一種說法，認爲《美女與野獸》是迪士尼在劇院掛牌的重要資產。它不但是經典的愛情故事，同時因爲影片賣座培養固定觀衆群，加上有霍華・艾許曼和艾倫・曼肯附有戲劇張力的歌曲。紐約戲劇評論家法蘭克・瑞奇（Frank Rich）在九二年初，就曾指出《美女與野獸》是「當季最好的音樂作品」。瑞奇這樣說，除了是諷刺當前的百老匯劇，同時也是對《美女與野獸》一劇音樂的肯定。他的好評激發我們開始認眞考慮，將電影改編搬上舞臺。

我向傑佛瑞表明兩項條件。「我們要獨立製作這齣劇，這樣才保有創作控制權。」我還告訴他：「而且要盡可能利用自己的人才。」我們有能力獨自出資，與人合作則可能帶來更多的爭議。至於在用人方面，迪士尼在主題樂園進行現場節目的次數，比全部百老匯的秀加起來還多。我想不出爲什麼要捨自己的人才不用。另外我也想做出有迪士尼味道的戲劇。傑佛瑞也支持我的看法，最後我們同意由羅柏特・傑斯・羅斯（Robert Jess Roth）擔任這齣歌舞劇的導演。

羅柏特當時只有二十九歲，而且只有在迪士尼主題樂園執導的經驗，但他的天賦是無庸置疑的。

當時他才剛完成《米奇的胡桃鉗》(*Mickey's Nutcracker*)，這齣搖滾歌舞劇是改編柴可夫斯基的芭蕾舞劇，劇中有跳踢踏舞的木騎兵，還有一名飾演邪惡老鼠王的饒舌歌手。羅柏特不但有專業技能，同時也具備將《美女與野獸》搬上舞臺的劇場敏感度。他列出兩個重要搭擋，麥特·威斯特(Matt West)負責編舞，而史丹·梅爾(Stan Meyer)則是舞臺設計。傑佛瑞告訴他們：「你們放手去做，然後再回來向我們報告。」我雖然很願意信任他們，不過還是刻意扮演黑臉挑剔，直到我的疑慮完全消除爲止。

最保險的作法就是不要巡迴太多站，在全國對迪士尼有好感的城鎮演出，避免遭遇太嚴重的批評。不過如果眞是要進軍劇院，那麼百老匯無疑是當然的試金石。在紐約打出的票房可以累積人氣，使全國和全球的大型巡迴演出得以成眞。關鍵在於不要針對影評人作戲。「不必打腫臉充胖子，」我曾寫過這樣的話給創作團隊。「我們不是史戴芬·松德漢(Stephen Sondheim)，也不是卡麥隆·麥金塔(Cameron Mackintosh)，更不是羅傑斯(Rodgers)和漢莫斯坦(Hammerstein)。如果我們硬要走別人的路線，只會淪爲次等作品，終究會失敗。我們代表迪士尼，這也是我們的本錢。這不是說我們不能挑有挑戰性的主題來發揮，但我們必須走出自己的風格，盡我們所能，並期待觀衆有善意的回應。」

一九九二年七月，就在我們快結束在亞斯平的年度假期時，羅柏特和他的搭檔特地飛來，首次向傑佛瑞和我發表《美女與野獸》的音樂劇。他們拿出了一百四十張的分鏡表，六張呈現舞臺設計的大型海報，還秀出全劇中最科幻的部份：就是一個活的小茶壺企普(Chip)。他們請一個小男孩坐在一個茶盤上，讓他可以在講話和移動時不會露出身體下半部。在看完一個小時的報告後，傑佛瑞和我都有一大堆的意見，不過我們也被說服這個音樂劇可以做下去。艾倫．曼肯原本對迪士尼的團隊有點疑慮，不過到最後，他也合作愉快。他同意爲音樂劇版再多做六到七首新歌。在詞的創作上，他和曾經攜手創作多首《阿拉丁》樂曲的提姆．萊斯再次合作。另外我們也從百老匯挖來幾位老手，像是安．侯德瓦德（Ann Hold-Ward），她最後還因爲精湛的造型功力，獲得了東尼獎。

音樂劇版的《美女與野獸》，也成爲傑佛瑞和我最後一次成功的合作。雖然他越來越反對我參與眞人電影，甚至是動畫片的事情，不過這是傑佛瑞第一次製作音樂劇，他比較願意讓我參與。我們選擇休士頓作爲預演場地。因爲它離紐約夠遠，可以避免不必要的干擾，另外這個地點又接近洛杉磯，方便傑佛瑞和我兩地往返。就像我們在審核動畫片一樣，傑佛瑞總是每天監控進度，盯著所有的細節，而我則是固定每隔一段時間來視察，並且給予大方向的意見。

在此同時，購買一家百老匯劇院的想法也應運而生。這幾年，鮑伯．史登總是設法引起我們的興趣，去重振紐約四十二街的風采。我從來就沒想過迪士尼要在這裡佔有一席之地。有一次，珍和我爲了美國羅馬藝術學院（American Academy of Rome）在家舉辦晚宴，我坐在一位世交瑪莉安．海斯克爾（Marion Heiskell）旁邊，她是四十二街再造促進會（42nd Street Redevelopment Corporation）的主席。整個晚上她都在說服我，讓迪士尼投入時代廣場重建，但我還是拒絕了。就像許多計畫一樣，時機是關鍵。九三年春天一個星期五下午，就在我們開始研商要將《美女與野獸》搬上百老匯不久，我正好在鮑伯．史登紐約的辦公室中談建築計畫。他建議我們一起到四十二街和第七大道上的新阿姆斯特丹劇院（New Amsterdam Theatre）看看，或許可以作爲迪士尼未來戲劇表演的據點。

這是我第一次這樣有興趣。過去幾年，我們好幾次放棄購買電影院。因爲全美有三萬五千家戲院，我們有足夠的窗口上映迪士尼電影，而且通常可以獲得好的檔期。可是在紐約市百老匯圈的情勢就不同了。通常要預定劇院讓戲上演並不容易，就算順利搶到劇院，還得付上大筆鈔票給劇院老闆——大部份都是落入尼德蘭（Nederlander）和舒伯特（Shubert）集團的口袋裡。長期來看，除非你自己擁有劇院，否則在百老匯做戲根本賺不了錢。於是我同意和鮑伯隔天早上在新阿姆斯特丹碰頭。

好幾年來，我都不敢一個人走在四十二街。那天我和珍、鮑伯、還有我十六歲的兒子安德斯到新阿姆斯特丹劇院時，我想起五〇年代我還是個小毛頭時，曾在這裡看過兩片聯映。看完電影後，我還和我的朋友走到百老匯和四十七街口的遊樂中心玩。那眞是個純眞年代，時代廣場很安全也很好玩。十年後，專賣廉價、X級黃色書刊的書店佔據這裡，原本高雅的劇院也放起了色情片。一九六九年，約翰・薛里辛格（John Schlesinger）的電影《午夜牛郎》（*Midnight Cowboy*）就描寫這一帶墮落的景象，透過達斯汀霍夫曼詮釋的皮條客，四十二街成爲萬惡淵藪。如果沒有改變，時代廣場在接下來的二十年，毫無疑問地將會繼續墮落下去。

新阿姆斯特丹劇院反映了百老匯的衰敗。這座劇院於一九〇三年完竣，曾經被認爲是四十二街之珠。在九〇年代初期，它曾是齊格飛瘋女郎（Ziegfeld Follies）的舞臺達十五年之久。一九一五年，齊格飛將屋頂花園改建成高級俱樂部「午夜狂歡」（Midnight Frolic）。到了一九三七年，它和同街的許多劇院一樣，改建成電影院。到了八〇年代初期，尼德蘭家族開始致力將新阿姆斯特丹重建爲合法劇院。在與市府單位長期對抗後，劇院的重整又停擺。最後在一九八三年，市府終於願意以二十八萬三千美元的代價買下劇院。在這段期間，屋頂部份已經被掀開了，大批內部設施不斷遭到損害。

當我們一行人帶著頭盔和手電筒進入劇院時，還可以看見屋頂漏水，天花板上築有鳥巢，地板也是坑坑疤疤的。劇院內更是破壞殆盡。劇院一些精緻的細部建物，像是新藝術裝飾、華格納式的壁飾，以及描述寓言故事的壁畫，都破舊得有如鬼屋。雖然劇院殘破不堪，但要恢復昔日風采並不難。因此當我們離開劇院時，我的心情很激昂。一上飛機，我就打電話給負責經營迪士尼房產的彼得．朗梅爾，要他和適當的地產代表接洽。

星期一早上，彼得和四十二街重建促進會商談，表達迪士尼可能購買重建新阿姆斯特丹劇院。為了將時代廣場改頭換面，促進會成員多年來總是爭執不斷。無論什麼案子，六個紐約州和紐約市府的單位都有權表達意見，結果常常淪為公文作業和一堆沒有約束力的承諾。對新阿姆斯特丹來說，任何重建計畫都注定要大費周章。彼得在看了一下劇院後對我說：「你就想像這是全世界最大的廚房重建計畫，要花的錢可能超出你的預期，而且會有一堆頭痛的問題。」

這個重建計畫的預算是三千四百萬美元。從商業考量來說，你是不可能在沒有州政府和市政府的幫助下，獨自將這麼龐大的經費投進重建一座劇院上。幸運的是，我們擁有說服州政府和市政府加入的誘因。因為如果迪士尼願意重建新阿姆斯特丹，無疑是為重整時代廣場計畫打一劑強心針。對市府官員來說，讓迪士尼投入時代廣場重建，就好比為購物中心找來招牌商店進駐一樣重要，因為這將帶進買氣。政府花錢補助新企業進駐預定商區是相當普遍的，不過這種作法也常引來爭議。但在我們這個案子上，爭議的聲浪出奇地少，或許這正反映了大眾對振興時代廣場的渴望。

到了一九九四年一月，我們同意暫時投資八百萬美元購買和整修新阿姆斯特丹。而市政府和州政府則同意，長期低率貸款剩下的二千六百萬美元，迪士迪同意將劇院的毛收入撥出百分之一做為回饋。為了減少風險，我們堅持在進駐新阿姆斯特丹之前，必須至少有其他兩家大型企業在四十二街營業。雖然我們有信心能吸引投資，但這個協議還是談了好幾個月。到了九四年初冬，一切都差不多就緒，這時距離《美女與野獸》音樂劇在休士頓的預演，只有幾個星期而已。

我們預定在一九九四年二月二號，在市政廳舉行記者會宣佈新阿姆斯特丹計畫。迪士尼復興四十二街的計畫吸引大批記者和媒體湧進小小的記者會現場。參與這項協議的紐約市長朱利安尼（Rudolph Giuliani）和紐約州州長郭莫（Mario Cuomo），都蒞臨記者會。朱利安尼首先致詞，並表示迪士尼的加入，將讓時代廣場的重建計畫「跨出一大步」，他並讚揚迪士尼是兼顧家庭老少的娛樂公司。他還說：「這眞的是個夢幻組合。」緊接著我致詞表示，這個計畫不但象徵迪士尼對紐約和劇院的承諾，同時也展現迪士尼將觸角延伸到家庭之外的活力。

紐約州州長郭莫更對時代廣場和迪士尼的加入計畫，發表感性談話。他娓娓道來年輕時候的紐約市——「蛋奶、棍球和慵懶週末下午，一場四十二街的電影。」郭莫說：「時代廣場已經成爲龍蛇雜處的地方，」但「要恢復這條街的往日風采依舊讓人振奮。」他是如此充滿懷舊氣息，如此打動人心，如果那天他出馬角逐總統，我大概會投他一票。

接下來幾個月，幾家優質的公司也跟隨我們的脚步踏入這片商圈，包括華特迪士尼世界長期的合作伙伴提須曼不動產公司（Tishman Realty），宣佈將在四十二街上蓋一間混合式的大型遊樂中心兼飯店；AMC娛樂（AMC Entertainment）提議蓋一座有二十五廳的超大型電影院；而總部在倫敦的 Pearson PLC 則是讓旗下的杜沙夫人（Madame Tussaud）蠟像館進駐。另外，Condé Nast 也宣佈要將總部遷移到新阿姆斯特丹附近的一棟新辦公大樓。無論我們製作的音樂劇成果如何，購買劇院看來確實值得。最起碼，迪士尼在推動紐約劇院和挽救這條全球有名的街道上，出了一份心力。

在記者會開完兩個多月後，正當我們繼續磋商新阿姆斯特丹事宜，《美女與野獸》音樂劇在附近的皇宮劇院（Palace Theater）上演。作爲一個製作百老匯劇的新手，加上幾乎都用自己人，我們並不指望會受到圈內人的歡迎。就在首次公演的前幾天，《紐約時報》星期天登了亞莉・薇秋（Alex Witchel）的長篇報導，正好爲那些毀謗我們的人喉舌。「錢，當然是這個大企業願意花力氣在這場秀上的主因，」她寫著：「這展露了大企業的威力、控制權、還有專業霸權。」她指出坊間對我們「據傳」砸大錢製作《美》劇多有批評。不具名的專家甚至懷疑，這場秀難以回本，「尤其皇宮劇院有最難賣的二樓包廂門票。」薇秋最後並自下斷言，認爲我們始終沒能把這個音樂劇炒熱。她還形容我們預售票賣得「奇差無比」，並且指出除了幾位百老匯的老手，《美女與野獸》幾乎是由迪士尼內部的外行人製作完成。

一些包括《紐約時報》班・布蘭特利（Ben Brantley）在內的評論也給予惡評。他們評論這齣戲太奢華、太渲染、太空泛，而且處處留下操縱的痕跡。不過我們也從預演中得到一些好評。我個人則是很喜歡《美女與野獸》。對我來說，這齣音樂劇好看，感人，音樂更是無懈可擊。觀衆也同意我的看法。《美女與野獸》上演後，創下百老匯新記錄，票房收入超過七十萬美元。《綜藝》（*Variety*）的一篇戲評道出了評論家和觀衆反應的落差，作者傑瑞米・傑哈（Jeremy Gerard）指出，「這齣音樂劇可說會引來百老匯傳統人士各種形式的嘲諷。但從皇宮劇院的票房來看，這些批評完全無損這齣戲的價值。這部音樂劇不但讓迪士尼跨入這個領域，也讓迪士尼可以揚眉吐氣好一段時間。」確實如此，因爲在當時只有少少幾齣音樂劇能存活下來——史戴芬・松德漢的音樂劇《熱情》（*Passion*），上演幾個月後佳評如潮，還橫掃東尼獎，但四個月後卻黯然落幕。而《美女與野獸》音樂劇是一千八百張票，每晚銷售一空，成爲百老匯最長命的熱門音樂劇之一。

接下來幾個月，我們簽訂了在洛杉磯和芝加哥巡迴表演的協議，甚至到多倫多、日本、德國和澳洲進行海外表演。這是我第一次對經營劇場表演充滿信心。在五月二號，《美女與野獸》開演兩個星期後，我在給傑佛瑞的備忘錄這樣寫著：「我覺得我們應該開始商討將《阿伊達》（*Aïda*）搬上百老匯的事情。這正是我想冒的險。那些炫麗的舞臺背景和故事的悲劇性正對紐約人的胃口。那種傲慢。那種自信。多麼光彩奪目或是多麼愚蠢啊！」

在此同時，我們還討論了其他計畫，從《歡樂滿人間》，到出《大衛王》（*King David*）改編的音樂劇。一九九四年六月，《獅子王》上映，馬上成爲當時最受歡迎的動畫片，當然也成爲搬上百老匯舞臺的內定戲碼。我們宣佈在一九九七年新阿姆斯特丹整修完畢後，迪士尼每年都會推出一齣新戲。無論最後我們決定做什麼，我們都期許自己開闢新路線，因爲重複只會把戲做膩。有了成功的第一步，我們才有更大的空間去嘗試非主流的領域。

對我個人來說，《美女與野獸》永遠都存在著一種特殊意義。從很多面向來看，它都代表著興衰輪迴的起始。我是在紐約的劇院區長大。當我在ＣＢＳ找到第一份工作後，我就將劇院拋在腦後，跟著衆人的腳步走向電影和電視。最後我搬到洛杉磯。迪士尼這次成功的嘗試，也讓我找回最初的喜好。《美女與野獸》音樂劇在紐約走紅，後來在倫敦更是造成大轟動。只要想到這個音樂劇還在全球近十二個城市上演，是數千名小朋友第一次觀賞的舞台劇，就特別讓人心滿意足。

我已經記不清自己看了幾遍《美女與野獸》音樂劇。單是在洛杉磯的演出，我就看了至少十二次，大部份的時候都是在週末的下午場溜進包廂，直到我覺得自己活脫脫就像是《歌劇魅影》中的幽靈才罷手。不過我對這齣戲的熱忱並沒有消退。一九九七年秋天，我還特地飛到科羅拉多州丹佛，觀看《美女與野獸》在當地的首場。週日下午坐在觀衆群中，第一次和滿坑滿谷的小朋友一起享受精彩的表演，當下覺得自己也像個孩子，正在欣賞四十年前，我的第一部百老匯秀。

10

巴黎的挑戰

春天來臨，我們已做好重生的準備

這個計畫的第一個障礙是建築旅館的經費追加甚多——
主要是因爲一路上作了數十次改進，
像是憑空開挖一座人工湖；
爲紅杉旅館進口數百株香柏、香楓與松樹；
或堅持旅館內部也要和旅館外觀一樣重視細節。
雖然偶爾有人提醒要注意，但提醒聲音量不大也不持久。
即使有，也只是更增長我們的野心。
接著我們認爲有必要調漲房價，而且這是合理的。
因此歐洲迪士尼的財務團隊逐漸調高營收估計。
這是一種自我延續的熱中與樂觀。

諷刺的是，我們對歐洲迪士尼樂園（Euro Disney）一開始的野心並不大。我們加入迪士尼的幾週內，就有兩組主管向法蘭克和我提出在歐洲建主題樂園的不同提案。兩隊人馬跟我們接觸的方式，好像只有他們在負責歐洲樂園事宜。這很浪費資源，同時也很詭異。所以我們馬上把兩組人馬合併。建造歐洲樂園的想法遠在一九七六年就由卡德・沃克首先提出，接下來幾年討論也斷斷續續進行。八〇年代初期，每年有兩百萬名以上的歐洲人到迪士尼樂園與華特迪士尼世界遊玩，但直到一九八三年東京迪士尼樂園成功推出後，有關歐洲迪士尼地點的找尋才開始認眞起來。

東京迪士尼樂園的催生過程整整超過十年。至少有兩家公司在六〇年代末期與迪士尼接觸，兩家公司都提議主題樂園的地點要靠近富士山。直到七〇年代初期討論才開始有進展，由日本人所擁有的東方土地公司（Oriental Land Company）提供東京灣附近兩百公畝的地給迪士尼，距市中心六英里。一開始雙方談論籌組合資企業，但由於華特迪士尼世界建造「艾波卡特」的成本節節升高，讓迪士尼對興建投資另一座主題樂園意興闌珊。最後，雙方只談授權，由迪士尼負責設計樂園並根據業績抽權利金。雙方談判好幾年都沒有任何結果。最後，對方提出的條件好得讓迪士尼無法拒絕。一開始，日本人提議支付總收入的百分之二作爲權利金。最後雙方於一九七九年簽約，迪士尼可獲得所有餐飲總收入的百分之五，入場費的百分之十，迪士尼象徵性地投資兩百五十萬美元作爲交換。

就某個層面來說，這個交易很不錯。迪士尼不僅有錢可賺，還保留全部的設計主控權。華特迪士尼世界與迪士尼樂園中「神奇王國」最精華的部分全部移植到日本——表演節目、遊樂設施、速食店與商店全部包含在內。迪士尼同時以內容詳盡的手冊保留對樂園營運的主控權，這本手冊把遊樂設施的操作、遊客服務，甚至各個角色的戲服都規定得一清二楚。

好消息是這座樂園第一年吸引了一千萬名遊客，也就是說迪士尼有四千萬美元的權利金進帳。壞消息是由於當初決定不組合資企業，未來若遊客人數增加，迪士尼也無法獲得更高的比例的利潤。四年後，遊園人數增加到一千兩百萬人，在十年內成長至一千六百萬人。由商品獲利即可知迪士尼放棄了多少收益。在協商最後，日本人提議給迪士尼獨家商品權來交換兩千萬美元的投資。這個投資金額公司評估後嫌過高。但日本這個國家的人民有從度假地點帶回禮物的習慣，商品最後證明極受歡迎。單單「大街」區上佔地約兩千平方英呎的糖果店，每年營收就創下一億美元。未能擁有東京迪士尼的代價眞是高昂。法蘭克和我決定日後若在歐洲建造新的主題樂園，一定要當最大股東。

一九八四年秋末我們聽取首次的聯合簡報。由美國本地樂園的主管里察・納尼斯，以及剛完成東京迪士尼監工的吉姆・可拉（Jim Cora）提簡報。他們已經在歐洲挑選近一千兩百個可能地點，最後傾向選法國或西班牙。簡報結束時，可拉拿出兩卷錄影帶。他說：「假如你們想更瞭解剛剛所做的簡報，有空時可以看這些錄影帶。」

法蘭克回答：「幹嘛？就開始跟這兩國談談，看看他們能提供什麼吧。你們去看看可否替我們成交一筆生意。」

一九八五年三月，可拉和納尼斯將範圍縮小到三個地點，其中兩個在西班牙，一個在法國。西班牙的地點就位於美麗的海灘上，其中一個是巴塞隆納外圍的海灘。巴塞隆納的好處是，近乎自治的加泰隆尼亞地方政府相當積極，願意加強觀光事業，而政府團隊提出的條件好得無可挑剔。法國的地點在瑪能谷（Marne-la-Vallée），是巴黎東方一個小農村。初次拜訪時，可拉對當地印象並不佳。法國地主驅車帶他到鄉間去。他說：「感覺好像到了樹叢，方圓數里內好像只有玉米田。」但隔天當小組成員搭直昇機從空中回去看時，可拉的印象完全改觀。他們突然發現當地距巴黎市中心僅有二十五公里遠，而且有一條高速公路A—4直接連接瑪能谷。

不久大家開始討論這三個地點。納尼斯和可拉強烈支持西班牙，主要是當地氣候溫和，同時因爲協商起來會比和法國政府順利得多。但西班牙有一些明顯的缺點。當地的鐵路系統與歐洲其他地方不同，目前仍缺乏全國性的高速公路體系，同時電話服務很奇怪，令人感到挫折。西班牙地點吸引許多觀光人潮，但僅限於夏天。同時我不覺得特別受歡迎，因爲我收到巴斯克（Basque）反對黨的一封信，他們威脅若迪士尼進駐西班牙將以暴力對付。但最大的問題是，西班牙屬於地理上的邊陲地帶，遠離歐洲的核心。初步研究顯示我們第一年僅能吸引六百萬人前往巴塞隆納，這比一個成功的度假勝地所需的人口還少得多。

我一開始就屬意法國。年輕的時候我曾去巴黎度假，夏日晚間坐在咖啡館啜飲義式咖啡，觀察人群。（好吧，我其實可能是喝著可樂，痛苦地想知道四周人在說些什麼。）就我而言，巴黎是全世界最美麗與浪漫的城市之一，同時也可能是全歐洲最處於中央的城市——巴黎是個樞紐，每年有上百萬人經過巴黎到他們想去的地方。大約有七千萬人住在離瑪能谷附近開車三個半小時的地方。巴黎一年四季都吸引遊客。我們原先估計第一年拜訪樂園的人數是一千萬人。我們聘僱的顧問有好幾個人估計是一千兩百萬人，甚至可能第一年達到一千六百萬人。

巴黎最明顯的缺點是天氣。冬天的天氣可以很陰冷，跟紐約差不多，只是巴黎平均一年下一百一十天的雨。我不覺得這有必要擔心。通常大部分時間住在加州的人才會擔心這點。我在曼哈頓長大，經歷過當地寒冷的冬天。我知道眞正的紐約人不會被天氣給限制住。若洛杉磯下雨，整個城市就會停頓下來。但若紐約下雨，整個城幾乎沒什麼改變。我猜想巴黎人大概也是如此，他們習慣了冷酷的天候，同時每個冬天也有數以百萬計的觀光客前往巴黎。

我唯一擔心的，是瑪能谷與最近一座地鐵站的距離。我再度被幼時在紐約長大的經驗所影響。在我六歲時，我被教導搭乘地下鐵去看牙醫。不久之後，我就常常自己一個人搭地鐵。我開始不願意到附近沒有地鐵站的地方。當我的牙醫搬到離地鐵站好幾條街的地方，我就換到另一個牙醫診所。我認爲若樂園離地鐵站徒步需超過六分鐘的話，絕對不可能成功。將巴黎地鐵站延伸至樂園門口成爲談交易的首要條件。我們同時也要求ＴＧＶ子彈列車必須同意在樂園入口設置一站。巴黎地鐵白天載巴黎遊客到樂園來，ＴＧＶ子彈列車則從全歐洲帶來前一晚出發的遊客。目前時間對人而言越來越珍貴，便利性的價值變得難以估算。

一九八五年秋天，大家討論的不再是那個地點較好，而是我們能否與法國政府談個好生意，讓我們在瑪能谷興建樂園。法國政府當然很想與我們做成生意。這座樂園不論放在哪個國家，都會帶來相當大的經濟效益。法國政府預估這座樂園的興建可帶來一萬個工作機會。每年一千萬至一千五百萬人次的遊客可爲法國經濟增加數億美元的收入。最後就形象來看，當時由總理羅洪・法比斯(Laurent Fabius) 所帶領的法國政府無法承受在這個計畫上輸給鄰國西班牙的後果。

我們最重要的目標就是控制財務——一如我們在東京所做的一樣——以確保我們可以在獲利與管理控制權上取得重要地位。納尼斯帶領一組談判人員，在一九八五年十二月中，整理出合約的大致輪廓。首先，法國政府同意賣給我們瑪能谷一整片面積達四千四百英畝的地，以農地而非以價錢較高的商業用地來計價。法國政府同時同意提供比市面低許多的利率貸款七億美元給我們。另外，法國政府亦提供融資給樂園的重要基礎建設，最重要的就是延長地鐵路線，並改善附近的A—4高速公路。

十二月十六日那天，我飛到巴黎希望就歐洲迪士尼樂園簽訂合約。當時我們暱稱這座樂園爲EDL。我在計畫宣布的前一天到達巴黎。當時雙方仍在繼續談判。當天下午我花了數小時與法國片《光混添丁》的製作人見面，希望取得該片的版權，將它拍成《三個奶爸一個娃》。晚上十一點，我開始覺得有時差，就回下榻飯店去與小組成員開會，大致瞄一下歐洲迪士尼合約的最後重點。由於仍有許多問題尚未解決，所以我們決定只簽合作意願書而非完整合約。即便如此，我們隔天宣布的計畫仍是野心勃勃，我們希望興建一座完善的度假勝地。除了「神奇王國」之外，還包括五千間旅館房間、大型野營地、許多商店與餐廳、高爾夫球場、會議設施、辦公大樓以及住宅開發公司。我們並且表示會從法國與其他歐洲國家中尋找投資人。除了持股部份外，迪士尼還收取管理費用，並根據樂園營收抽取權利金。

我最在意的仍是地鐵。法國政府已經同意延長地鐵路線。有人告訴我，從巴黎市中心的凱旋門至目前路線的終點站，也就是離樂園六英哩的地方，不會超過半小時。一旦路線加長，乘坐時間還需再加個五到十分鐘。三十分鐘左右似乎是可以接受的時間，但是我仍想親自驗證，所以決定去搭乘地鐵。假若坐車時間比別人說的還長，我就不簽約。結果，我從凱旋門至瑪能谷附近剛好是二十五分鐘。我很開心，也鬆了一口氣。

事實上，歐洲迪士尼的談判才剛開始。協議書最多僅能算是初步的工作文件。我們預計起碼還要三個月才能擬妥最後的合約內容。結果我們費了將近一年的時間，途中好幾次差點前功盡棄。一路走來，我們同時與六個以上的政府機構談判。談到一半時，法比斯總理的社會黨政府在大選時輸給保守派的席哈克（Jacques Chirac）。席哈克對我們的計畫比較同情，但他的到任意謂著我們要重新與政府官員交涉。

法蘭克扛下監督所有談判的重要責任。即使在計畫初期，我們便估計這個計畫花費會超過二十億美元，也就是說風險其實相當大。我一直深信面對任何談判，成功的因素是願意在談判過程的任何時刻離去。若有必要，必須讓對方知道我們會這麼做，同時也要讓我們的談判人員瞭解到這一點。因此，我們常常與公司的顧問暨巴黎首席談判員喬・夏比洛說，他的小組成員獲致的成果還不夠。假若夏比洛報告說他獲得對方的某項讓步——例如較低的利率，或是土地價格比我們要求的還低，或是某項賦稅有優惠——法蘭克、蓋瑞或是我都會試著把標準訂得更高。

巴黎與洛杉磯之間的時差是九個小時，而法蘭克根本未注意到這件事，他經常在凌晨兩點或三點打到喬的房間去。喬最後學會放一瓶可口可樂在床邊，當電話聲一響起，就先灌下一大口可樂把自己搖醒。法蘭克會告訴他：「假若這點你不能做得更好，我們就無法繼續下去。」我們做事的方式是就某個問題所要達成的目標分成一到十分。例如有一次，我們要喬就某個問題拿十分，並告訴對方若不同意我們的要求，就取消整個交易。

「我拿到十二分了，」隔天喬很驕傲地回電給我們。

我們並沒有開心，相反地我對這個消息感到很緊張。「假若你那麼容易就拿到十二分，」我說：「那麼你也許該回去嘗試可否拿到十三分。」多數時候，喬與其小組總是能達成我們的目標。一九八七年三月二十四日，法蘭克和我飛回巴黎與新任總理席哈克簽訂完整合約，接續幾年我與席哈克建立起相當密切的情誼。

我們結束與政府的協商之後，蓋瑞・威爾森開始為新的樂園建立一套融資制度。根據法國法律，外資無法持有一家公司的多數股份。蓋瑞設計一套極為巧妙的架構，讓我們可將樂園股份賣給大衆，同時保留管理控制權與百分之四十九的股份。以東京迪士尼合約為準所簽定的相同條款，我們又可因為管理樂園抽取部份營收，並從毛收入抽取權利金。我們同意自己投資一億美元，但興建樂園的多數資金來自銀行團與散戶投資人。蓋瑞的安排一方面可保護迪士尼，同時若樂園變得極受歡迎，迪士尼公司也有機會獲得極大好處。

接下來的兩年我們對歐洲迪士尼的前景信心漸增，華特迪士尼世界以及迪士尼樂園在遊客人數上也破了紀錄。一九八九年五月，迪士尼—米高梅影城在預算並未增加的情況下準時開幕，前來的遊客遠遠超出我們的預期。在華特迪士尼世界我們新建了好幾千間旅館房間，住房率一直高居九成以上。一九八九年夏天，我們安排數百位歐洲銀行家與證券掮客到奧蘭多親身經歷華特迪士尼世界。他們對於遊客規模、我們營運的素質以及服務與娛樂種類的多樣化印象深刻，回到歐洲後大肆讚美我們。我們在某種程度上也樂得暈頭。不久後蓋瑞・威爾森在歐洲迪士尼的新評估報告中寫道：「越來越多分析家認為歐洲迪士尼對未來的態度過於保守。」

我回應他的看法：「我們不應小看此事。我相信我們應獲得眞正的價值，而非像過去一樣，賤賣了迪士尼這個品牌。」

一九八九年十月五日，我們公開銷售價值十億美元的股票，每股賣十三美元。同時我們舉行造勢活動，讓迪士尼的卡通人物在巴黎證券交易所表演。股票由法國國家巴黎銀行（Banque Nationale de Paris）主辦的聯貸銀行團負責承銷。我與小組成員坐在由米老鼠駕駛的汽車，一起參與造勢活動。我信心十足，心情很好，由汽車裡探出頭來微笑。接著我仍深具信心，臉上保持笑容地走向交易所的階梯，發表簡短演說。突然空中有一些物體朝我飛來。我往人群一看才瞭解周遭都是示威群衆，顯然是衝著法國政府與我們達成的合約而來。這對我絕對是嶄新的經驗。蓋瑞·威爾森被一粒雞蛋砸中，我草草結束演講，倉促下台，失去笑容也失去信心。

幾個小時之內，我與迪士尼其他主管在巴黎看似被包圍的景象傳到全世界。我生平第一次感受到政治人物在競選時的情況。很不幸地，媒體對一小群示威群衆的報導讓事實失焦。事實上，這次股票公開發行極爲成功。交易首日股價跳漲到每股十六美元，漲幅約爲百分之二十。盤中一度出現每股三十美元的叫價。幾天之內八千六百萬股全部售罄。

當蓋瑞負責融資時，整個計畫分兩個頗具創意的軌道進行。一個是「神奇王國」的設計，另一個是周邊旅館的設計。兩個計畫都是野心勃勃，但我們仍信心十足。我在那一年致股東的報告書裡這麼寫著：「我希望一九八八年不要結束，因爲這是我們美好的年度之一。」一九八九年年底，我在年報裡寫著：「我們又度過一個好年頭，就像是身體健康一樣，每個人似乎都覺得理當如此。」沒想到日後竟一語成讖。

我們派遣東尼·巴克斯特擔任「神奇王國」的夢想家工程（Imagineering）主管，我從他設計「飛濺山」時就開始欣賞他的創造力與熱情。巴克斯特讓我想起主演《飛進未來》（*Big*）這部電影的湯姆漢克——一個擁有赤子之心的成人。巴克斯特認爲歐洲迪士尼樂園提供機會讓我們修正之前樂園的缺點，並能提昇主題樂園至另一個新境界。在我們初次見面的一次會議中他說：「我們不應該全盤移植東京迪士尼的經驗到巴黎。我們在幾乎是全球最精緻、最有文化的城市裡興建樂園，我們將和歐洲的藝術與建築物一比高下，我們必須做出具有特色的東西。」

我同意巴克斯特的看法，但我也認爲若在歐洲迪士尼想創造某些模仿法國文化的東西絕對是個錯誤。我們在其他樂園的經驗是外國遊客渴望擁有純粹的迪士尼經驗，不摻雜任何東西。以東京迪士尼爲例，我們的合作夥伴特別要求：「絕不要日本化。」他們對於日本味的迪士尼建築並不感興趣，我們相信他們的看法。即便東京樂園的門牌也是以英文標示。少數例外的是日本人因爲文化之故堅持樂園裡要賣米菓，而非爆米花。但我們堅持我們的看法，結果爆米花跟其他美式東西一樣，立刻大受歡迎。相反地，法國政府希望法國的文化與歷史能與樂園相融合。我們做了一些讓步，但多數地方我們堅決讓歐洲迪士尼跟日本迪士尼或美國的樂園一樣美式——也就是以速食取代烤麵包，以可口可樂和檸檬汽水取代葡萄酒，以動畫取代黑色電影。

夢想家在討論新樂園的創意時，有時候會連開好幾天的會議。我們大概在五十個地點開會，討論內容五花八門，從建築物到煙灰缸都談。我們研究樂園裡每個地方的細節。跟電影製作不同的是，我們可同時擔任製作人、導演、剪接，甚至演員。設計樂園比兩度空間爲主的舞台世界還刺激。首先討論的是如何管理入口。迪士尼樂園的「大街」靈感來自華特・迪士尼的故鄉——密蘇里州的馬塞林。事實上那裡的建築物要素源自英國的維多利亞時代，以比較便宜的素材帶入一點美國氣息。巴克斯特認爲「大街」的樣子在美國的安納漢與奧蘭多似乎很獨特，但卻和歐洲各地遍布的小村莊極爲類似。「爲什麼不改成較爲現代、看起來很美式的建築？」他提議說。

巴克斯特旗下負責「大街」的設計小組，由想像力豐富的艾迪・索陀（Eddie Sotto）帶領，他們原本根據二〇年代的紐約與芝加哥設計一條街道，當時小酒吧、爵士樂俱樂部、霓虹燈與電影明星充斥。這個設計極具煽動性但似乎不大對勁。我們的目標是將迪士尼的品牌移植到這座新樂園，並非大幅重新設計。這期間電影 *The Untouchables* 上映，剛好印證了我最擔心的事。「爲何對外宣揚幫派與腐敗，將其視爲美國文化的精髓？」我問艾迪和東尼：「我認爲這是在傳達錯誤的訊息。」很感謝他們回去重新設計出保留維多利亞時代特色的「大街」，不過帶點現代美國的感覺，主要是透過繪畫、告示板與騎樓廣告來達成。細節處理的細緻程度令人吃驚。唯一的問題是設計兩種不同版本的「大街」使得最後成本比其他幾座樂園還高。

這座新樂園幾乎每個環節都出現類似的問題達數十次之多。「大街」盡頭的城堡就是個典型的例子。在這個到處都有數百年歷史的眞正城堡的國度中，我們面對建城堡的難題。華特迪士尼世界裡城堡的靈感來源之一就是玉斯城堡（Château d'Usse），離瑪能谷還不到一個小時。至於迪士尼樂園裡的城堡則取材自德國的幾個城堡。「我們不能在眞人面前出醜，」東尼堅持說：「我們需要有自己特色的東西。」他同時表示若使用玻璃纖維的材質也沒有道理，因爲遊客在附近就可以看到城堡帶有歌德式石頭的光彩。當東尼這麼說的時候，我忽然察覺我們在歐洲迪士尼所碰到的艱難任務是我們得與巴黎本身競爭。就城堡而言，我們的解決方式是根據童話故事去設計，以迪士尼本身出品的經典動畫《睡美人》與《白雪公主》來激發興建城堡的靈感。

致力於全新的設計再次造成最終成本高昂。我們使用大樹的樹幹，而非欄杆或拱門來支撐城堡的屋頂，樹幹中間綴以燈泡形成一閃一閃的效果。我們引進高齡七十、已退休的英國藝術家保羅．查普曼（Paul Chapman），再次出馬將《睡美人》的故事畫在城堡的彩色玻璃上。地下室是一座地牢，還有一隻十分精巧的聲效噴火龍。就和我們任何的設計師一樣，我對任何細節都非常迷戀。有一次，我們一群人和曾與華特・迪士尼本人共事過，對用色極有天賦的夢想家約翰・恆區（John Hench），花了數小時討論城堡的粉紅色該用哪一種才完美。我們總共將模型重新漆過三次，最後才同意這是我們要的顏色。這座城堡最後造價達數百萬美元，遠超過東京迪士尼的那一座。

另外一個重要計畫是稱爲「迪士尼村」的晚間遊樂建築，有點類似華特迪士尼世界裡的「歡樂島」。好幾位小組成員認爲我們應該中止這項計畫，但我反對。當數千間旅館房間都住滿遊客時，樂園歇業之後他們必須有娛樂場所來玩耍和吃飯。基於同樣的理由，我們設計了一個名爲「荒野西部」的晚餐秀。雖然建造與營運成本昂貴，但它卻提供了晚間的戲劇娛樂。我們考慮了兩個「迪士尼村」的設計。一個是新英格蘭的碼頭景致，由波士頓的一家建築公司所設計。設計很恰當，但這也正是問題所在，因爲設計本身沒有任何特色，而且造價比樂園本身低很多，相較而言略顯寒酸。

第二個設計是由加州一位相當具創意的建築師法蘭克・傑瑞（Frank Gehry）所設計。跟主題式建築物不同的是，他設計了許多外型不尋常的建築物，由不鏽鋼高塔相互連結，搭配上投射燈網，夜晚看來好像星星。當我們投票決定最終設計時，新英格蘭設計幾獲一致通過。我是投給傑瑞的兩票之一。我從麥可・葛瑞夫斯設計天鵝與海豚旅館的經驗得知，眞正具原創性的建築物乍看美麗且帶點威脅色彩。「迪士尼村」最後選擇傑瑞的設計，十年之後我還是非常喜歡它。

在一連串緊湊的工作中，一九八八年夏天珍和我在巴黎租了一間公寓。我們接下來的兩個夏天都重回巴黎，法蘭克也是。我們時常探視工地，這是將注意力全放在歐洲迪士尼，並且拓展公司在歐洲營運的時機。之後，我寫信向董事會成員報告。一開頭我就警告我們把公司近來的成功太視爲理所當然：「萬一情勢轉變時迪士尼怎麼辦？我們能恢復狀況嗎？我前往歐洲的原因就是要防止情況發生變化。我們最大的威脅來自歐洲迪士尼。我們在這裡必須要謹慎注意。」接下來我以比較輕鬆的語調說：「三十天學法語是不夠的，但卻足以讓人忘記英文文法。三十天無法解決歐洲迪士尼動工前預算超支的問題，但足以令人意識到這些問題的存在。而三十天絕對足夠讓人瞭解和母親、姊姊、姊夫、妻子、孩子、兒子的女朋友以及孩子的朋友們在一起時，就是充足、完整的三十天。」

我開始每天在巴黎天主學院（Institut Catholique de Paris）修法文課——我是十二個國家二十二個學生當中唯一的美國人。我學到勉強夠用的法文，但最有價值的經驗卻是出人意料之外。我從未揭露自己的身份，但是有一天老師帶著驕傲的口氣提到他的兼差工作是將美國電視影集翻譯成法文字幕。其中一部是《黃金女郎》。我嚇壞了。這位老師在教學方面還算不錯，但他的英文很破，講得結結巴巴。我馬上打電話給我一位在蘇聯出生的法文翻譯員迪米提・阿格拉契夫（Dimitri Agratchev），安排他看一卷《黃金女郎》經法文配音的的影集。阿格拉契夫回報影集裡的俚語遭到亂翻，同時完全失去幽默感。例如艾絲黛傑蒂的口頭禪「我要去噓噓」被翻譯成比較粗俗的「我要去撇尿」。當然《黃金女郎》在法國首播時慘敗。經過一些研究，我發現這樣的配音方式在所有我們的電視劇都出現，甚至某些我們的電影也是。

我們馬上擴充一個名爲「迪士尼角色聲音」（Disney Character Voices）的部門，由羅伊・迪士尼負責監督工作。他本人早就擔心美國國內迪士尼角色聲音缺乏一致性的問題——特別是米老鼠的角色。這個新部門的工作是檢查全世界所有迪士尼節目的聲音。最後，我們重新將典藏的節目全部重新配音，配成三十五種以上的語言。爲了達成目的，我們建立了也許是全世界技術最新進的配音組織。我們有一則新規定是，翻譯員不僅需要展示其戲劇能力，同時必須是眞的雙語人才，也就是對兩個語言的俚語與口語都非常熟悉。以《黃金女郎》爲例，重新配音的影帶最後重新在法國播出，馬上一炮而紅。

我在巴黎的週末，都盡可能地多徵募樂園主管。同時我和珍以及其他感興趣的親戚到歐洲各地旅遊，並觀察其他的主題樂園。觀察同業的作法似乎很重要。我們拜訪的樂園包括英格蘭東密德蘭（East Midlands）的 Alton Towers、義大利維洛納（Verona）的 Gardaland，到距離荷蘭鹿特丹四十五英哩遠的 De Efteling。其中有好幾個環境非常優美，很明顯地，若欲讓我們的鄉村景致更爲可人，我們應該要在風景設計上多投資。如同華特所感覺的一樣，我們拜訪過的所有樂園中仍屬位於哥本哈根的提佛利樂園最棒最美，這座樂園對每個細節都十分注意，從燈光至告示板上的繪畫。但許多其他的樂園多抄襲迪士尼樂園，結果相去甚遠。沒有一個可以每年吸引兩百萬人次以上，而且幾乎都只能吸引當地人進行爲期一天的遊園行程。我們的目標是興建一座讓民衆將之視爲度假勝地的樂園。

在這個月裡，我開始與羅茲獎學金得主艾提安・維里耶（Etienne de Villiers）見面，他是瑞奇・法蘭克從一家南非企業挖角來負責我們的國際電視營運。我們的目標是建立一套歐洲未來五年的電視策略。「假若我們希望讓歐洲及其三億兩千萬人口未來十年能成爲迪士尼公司的重要市場，這樣的想法是很重要的。」我後來向董事會表示：「我們必須時常出現在各國的電視上。我們必須考慮出現在付費電視中。我們必須出口迪士尼頻道，我們必須在歐洲製作。這些在一九九〇年前必須發生，這樣我們在一九九二年樂園開幕時，大家便已經爲迪士尼所著迷。」艾提安負責奠定基礎。迪士尼在葡萄牙與義大利已經是收視率的第一名。我們最後成爲英國最受歡迎的晨間電視台GMTV的夥伴。這座晨間電視台每天從早上六點播到九點半，一週播出七天。週末時，GMTV幾乎都播放迪士尼的節目，多數是兒童的動畫節目。艾提安將每天一小時的《迪士尼俱樂部》幾乎賣給所有的歐洲國家，這個節目的靈感來自華特的米老鼠俱樂部。

在巴黎待得較久也有策略上的價值，跟偶爾住個兩、三天的感覺很不同。這次夏天到巴黎，法蘭克和我得以認識歐洲的管理階層，不是僅在幾個開會場合見面而已，而是共處一段時間。我們可以在某個週末到市區閒晃，未報上姓名走進迪士尼專賣店，問一些問題，像是爲何某條街道吸引的客人比另一條街道多，以了解哪些電影與商店比較吸引人潮。除卻考慮到歐洲迪士尼營運外，光是能瞭解在我們做生意的另一個國家裡一般人的興趣以及生活形態就很有價值。

我們聘請鮑伯·費茲派翠克來經營歐洲迪士尼。我初次遇見他是在八〇年代初期，當時他擔任加州藝術協會的主席，邀請我擔任董事。他講話清晰、迷人、所學甚廣，他在法國待過一段時間，能講流利的法語，同時娶了法國人作妻子。在法蘭克的支持下，我有一天帶鮑伯出去用晚餐，上甜點時，我向他提出這項工作機會。雖然沒有做過生意，他爲整個挑戰帶來高雅的品味，並且能優雅地面對許多問題，一如他從前在加州藝術協會一般。我們在鮑伯之下安插了吉姆·可拉，他帶來樂園營運的經驗，對許多事情都很有經驗，小至車輛的載運能力，到街道該多寬都知道。吉姆非常坦率，不說廢話，是個驕傲的美國人，他雖在巴黎待了七年，卻抗拒多學一些法文。吉姆與鮑伯非常不同，但能力似乎能夠互補。不幸的是他們倆合不來。

那年夏天的挑戰之一是幫他們兩人拉關係，而我則花了許多時間趕場出席會議，內容從創意、政治到財務，五花八門。預算的問題甚至在全面開工之前便逐漸增加。「法蘭克繼續在這邊帶頭，但即便是他也對如何控制預算感到緊張。」我當時向董事會報告：「在正式開工之前我們的預算就已超支三億美元。當然這是令人無法接受的，我們正致力縮減預算，重新計畫並振作起來。我們這麼早就遇到這個問題，但這並不好玩。」

歐洲迪士尼拼圖的其中一小塊是旅館的設計。蓋瑞・威爾森對鼓吹多建旅館房間不遺餘力也最有說服力，他認爲這樣可遏阻其他人和我們競爭。他不厭其煩地提醒我們，迪士尼樂園再也沒有多餘空地可蓋旅館的窘境，華特迪士尼世界也是如此。蓋瑞表示：「迪士尼在奧蘭多蓋了兩千間旅館房間，結果別人在四周雨後春筍般建了四萬個房間。」這一次我們傾向採積極作法，將目標訂在開幕時就有五千兩百間房。在美國一間擁有三百間房的旅館規模就算很大。我們的計畫是興建兩家各含一千間房的旅館。雖然看起來野心勃勃，我們的策略是將歐洲迪士尼變成一座度假勝地，遊客來這裡度好幾天假，就像遊客在華特迪士尼世界所做的一樣。事實上，我們計畫的第二階段是興建第二座主題樂園，按照迪士尼—米高梅影城的模式。蓋瑞表示：「我們可以等第二座樂園開張時再建造更多房間。但到時候興建成本會比較貴，麻煩也多。所以最好剛開始就一起建。」

光是設計主計畫本身，就困難重重，部分原因是我們在最後一刻完全改變設計方向。一九八八年三月底一個週五下午，鮑伯・史登來洛杉磯察看他爲華特迪士尼世界所做的專案進度。他順道來看我，我提議他與我們的專屬建築師永濤一起來看永濤與彼得・朗梅爾共同爲歐洲迪士尼旅館設計的藍圖，我們在一個月內就要呈交給法國當局核准。鮑伯看了之後毫不隱瞞地說出他的憂慮。他告訴永濤：「這看起來像是法國鄉下的一塊美國土地，你把旅館蓋在這麼一大塊土地上，擁有各式各樣的道路卻缺乏連結。看起來很像郊區。」

永濤溫和地回答：「我知道你的意思，但這個計畫目前還處於初步階段。」

「也許吧，」鮑伯說：「但一旦進入正式程序，就很難再改變。」

永濤決定立刻調集一個決策小組，成員包括彼得・朗梅爾與亞特・雷維特。雷維特當時已經是副總裁，但仍花相當多的時間在設計方面。他們討論一些選擇方案，永濤提到有幾個非常知名的建築師當晚要在由法蘭克・傑瑞所設計，座落於威尼斯海灘（Venice Beach）的瑞貝卡（Rebecca）餐廳用餐。這場晚宴是由《建築文摘》（*Architectural Digest*）的編輯伊莉莎白・麥克米蓮（Elizabeth McMillan）主辦，出席者包括傑瑞、史丹利・泰格曼（Stanley Tigerman）、麥可・羅通帝（Michael Rotondi）以及鮑伯・史登。

「不如我們今晚把所有的人都叫到這裡來吧？」永濤說。「我們提供晚餐讓他們來批評我們的計畫。」他認爲很少設計師能抵擋這樣的機會，能在歐洲迪士尼旅館主計畫這麼龐大且具知名度的專案上發揮些許影響力。永濤打電話給法蘭克和我時，我們鼓勵他這麼做並隨時向我們報告最新詳情。伊莉莎白・麥克米蓮很優雅地同意放棄主辦晚宴，以此交換觀看這些建築師們互動的機會。

大夥聚集在我們位於格蘭代爾的夢想家工作室，一邊吃著中國菜，一邊花五個小時批評計畫。最後大家同意兩週後在紐約碰頭提出新的計畫。麥可・羅通帝中途退出，但我們加入羅勃・范度利與麥可・葛瑞夫斯。這眞是個了不得的組合——包括史登、葛瑞夫斯、范度利、泰格曼，以及傑瑞——我們立即給這個組合取名爲「五人幫」。

四月二日週六早上九點，大夥齊聚史登的辦公室。當法蘭克和我在週日中午現身時，他們已經想出二十幾個點子，爲整個度假區想出全然不同的計畫。所有的旅館環繞在人工湖旁，希望建立起統一的感覺。五間旅館相互連結，希望反映出美國的不同地區以及美國經驗的各個層面。

我向永濤建議：「我們來舉辦旅館設計比賽。」到了週三，他已經蒐集一大串世界各地頂尖建築師的名單，幾乎所有的人都對這個計畫表示興趣。三週後第一輪報告在我洛杉磯的家中舉行，一連舉行四天。歐洲設計師偏好冷峻、現代的語彙，多屬抽象、冷酷、有型及高科技的設計。直覺上我比較偏好我們在迪士尼的建築有多樣化色彩。另外，樂園本身的重點是奇幻與娛樂，我比較喜歡帶點浪漫、古怪，與戲劇的感覺。對歐洲迪士尼而言，我特別對能傳達美國或美國歷史的建築感興趣。

我們第一個採用的是鮑伯・史登的設計，他將旅館設計爲古代西部的淘金城。最後我們將這間旅館稱爲錢尼（Cheyenne）。之後史登模仿華特迪士尼世界的遊艇與海灘俱樂部，設計出新港灣俱樂部（Newport Bay Club）。我們也喜歡麥可・葛瑞夫斯的設計，後來將之取名爲紐約旅館（Hotel New York），這座旅館模仿曼哈頓互相毗鄰的公寓形式。我們很喜歡美國建築師安東・普力達（Antoine Predock）將旅館建成土坯屋的設計，將美國西南方的景點與重要標記都含括在內。

其他兩間旅館的設計就有些棘手。我認爲起碼要採用一位歐洲建築師，最好是法國人。最後我們選擇安東・葛蘭巴克（Antoine Grumbach），他創造出五間旅館中或許是最浪漫也最美式的建築。他設計的紅杉旅館（Sequoia Lodge），靈感來自他前往蒙大拿度假時看到的西部屋舍。這很像彼得・多明尼克稍後在華特迪士尼世界設計的荒野休閒旅館，只是風味有些不同。歐洲迪士尼最後一間旅館引起大家討論如何讓樂園的遊客感到賓至如歸。東尼・巴克斯特與艾迪・索陀提出在樂園正門口建立極爲豪華的旅館門面，將之當成售票口。最後他們的意見演變成一間眞的旅館，向下眺望「神奇王國」。我們的夢想家建立了一座維多利亞故事書裡才有的浪漫設計，帶有藝術味道，到處是半球型的屋頂、尖塔以及陽台。我們將之稱爲迪士尼樂園旅館（Disneyland Hotel）。

如同以往，我們歡迎各小組成員以及其他建築師的批評指教。例如法蘭克擔憂樂園裡的遊客往上看，會透過窗戶看到穿著內衣或游泳衣的房客。范度利擔憂我們所想要的設計最後會擋到遊客的視線，讓他們無法看到樂園的城堡。巴克斯特強烈反對這個說法，並實際作了一個模型以及電腦模擬的照片來支持自己的論點。雙方激烈爭執，幾乎打起架來，巴克斯特差點把范度利推出房間外。我們最後還是維持夢想家的設計，結果證實巴克斯特的看法是對的。迪士尼樂園旅館成爲歐洲迪士尼裡最受歡迎的旅館。至於范度利與其他設計師終於對我們常常失控的過程釋懷——雖然有人謠傳他們好幾個人組成一個互援小組，協助彼此度過這種經驗。

義大利設計師艾爾多·羅西（Aldo Rossi）於一九九七年因車禍受傷而過世。當時他覺得我們討論的過程特別令人不舒服。自從初次在歐洲見到他的作品後，我們認爲羅西是當代最偉大的建築師之一。經過多次懇求，他終於同意參加歐洲迪士尼的設計比賽，也設計一座旅館。我們一再地見面，他一再地設計，最後他終於兩手一攤，寫了封信給我。「親愛的麥可，上次在巴黎見面時，我個人並未因專案備受批評而感不悅，」一開頭他似乎語調平和。事實上這只是暖身而已。接著他寫道：「貝里尼騎士（Cavalier Bernini）當初受邀至巴黎參加羅浮宮的計畫，一些職員不斷要求他將計畫改得較爲實用，讓他倍感掙扎。很顯然地我並非貝里尼騎士，你也不是法國國王。除非看法不同，我不願接受任何室內設計師皆不能接受的無聊評論。我認爲不管專家怎麼批評我們的計畫，它就是漂亮，在別的地方肯定也會出名，不愁沒人要建。」

失去羅西的貢獻我感到惋惜，但我們並未放棄與他合作的可能。即使在他寫了信之後，我們也未停止向他懇求，最後我猜他對我們的致電感到厭煩，終於同意再試一次，最後替華特迪士尼世界設計了三棟辦公大樓。這些大樓外表簡單卻很醒目，因爲他改變了視角並對空間稍作運用調整。

雖然每間歐洲迪士尼的旅館情況各不相同，但集結大家心力的成果卻很驚人。不過達成如此卓越的成果可是要付出代價的。蓋瑞・威爾森的初步構想最後由賴瑞・墨菲整理、落實。多數房間屬於中低價位，這是根據市調結果發現多數顧客會住的等級。這個計畫的第一個障礙是建築旅館的經費追加甚多——主要是因爲一路上做了數十次改進，像是憑空開始挖一座人工湖；爲紅杉旅館進口數百株香柏、香楓與松樹；或堅持旅館內部也要和旅館外觀一樣重視細節。雖然偶爾有人提醒要注意，但提醒聲音量不大也不持久。即使有，也只是更增長我們的野心。例如當鮑伯・史登完成新港灣的設計時，我們說服自己再多興建三百個房間，使得這間旅館成爲西歐規模最大的旅館。這個決定看似相當合理。蓋瑞表示：「一旦你把櫃臺、食物與飲料擺好，多出來的房間就是多餘的利潤。假如我們暫緩不建，將來再建成本會更高。」一九八九年秋天，許多人感覺有必要調漲房價。

就某個層面而言，調價似乎蠻有道理的。以我們興建的旅館品質來看，再加上有許多附加設計與湖邊的景緻，使得每晚多要個二十美元甚至三十美元似乎合情合理。因此歐洲迪士尼的財務團隊逐漸調高營收估計。這是一種自我延續的熱中與樂觀。外部因素扮演了關鍵角色。因爲當時法國經濟景氣大好，失業率低。但我們忽略經濟不可能永遠景氣。和興建迪士尼樂園的華特想法一樣，我認爲對完美的堅持最後一定能有所收穫。

短期來看，我們犯了幾個重大錯誤。一個是我們面對媒體的方式。一九八九年秋天，在接到融資之後，一位主管接受法國《費加洛經濟報》(*Le Figaro Economique*) 的訪談時表示：「迪士尼與其他人的差異可多著，迪士尼就是迪士尼，和別人完全不同。我們已經是最好的。」當我看到這個報導時，我馬上寫備忘錄寄給所有歐洲迪士尼的主管：「我認爲我們應該改變公共策略，別那麼篤定我們比別人好很多。這樣只會結下樑子。我們不可傲慢。我們只需簡單表示：『我們會努力的，希望你們會喜歡我們。』我認爲這對迪士尼是個重大的改變。」不幸的是情況並未改變。半年之後，有報導表示某位歐洲迪士尼主管說：「我們正在創立不朽，就像是法老王興建金字塔一般。」當歐洲迪士尼開幕後遭逢困難，媒體像禿鷹見血一般，針對從前的說法大肆討伐。

當建造的問題越形嚴重，法蘭克在一九八八年底請來米奇・史坦柏格 (Mickey Steinberg) 解決問題。米奇很壯、愛吹牛、熱情，而且性子急燥。他與約翰・普特曼 (John Portman) 合作了二十七個年頭，幫他管理公司與監督旅館的建築進度。現在他是馬提・史克拉底下夢想家的執行副主席。米奇很快就對歐洲迪士尼下評論，認爲我們的組織架構無法發揮效用。看過工地之後，他告訴法蘭克：「你們快要成爲我所見過最糟的建築案例。除非做某些改變，否則你們絕對無法如期完工。」根據米奇的分析，我們雇用的公司只是建築工頭。「我們需要的是能瞭解建築、設計到營運等所有流程的專案經理。若你們想在設計的某個部分多下點功夫，專案經理的職責是協助你在別的地方省一些。這需要某種平衡，但你們卻沒有做到這點。」

米奇花了半年的時間列出尚待解決的問題。分析完之後，他的結論是這座樂園的預算大大被低估了，需要追加一億五千萬美元才能完工。他並說服法蘭克從格蘭代爾派來一隊夢想家。他表示：

「我負責依你訂定的預算完工。但只有我們自己的人才擁有建造樂園的專業。」法蘭克和我聽從他的建議，但離開幕日越來越近，最後期限的壓力，委婉點說，逼使我們「加速趕工」。說白一點，就是我們以任何可能的方式，包括加班，來完成工作。在趕工的情況下解決設計與建造的問題是非常花錢的，但延後開幕日是不可能的。這座樂園的分期付款利息早就相當驚人，再加上原本挑選一九九二年四月開幕是因爲正逢春夏假期，比較可能有高遊園率。

到那時爲止歐洲迪士尼最大的潛藏成本是開幕的相關成本，包括招募、訓練與安置一萬兩千名卡司演員。當開幕日越來越近，就越發現一開始就堅持如此複雜的營運方式，對後勤是相當困難的挑戰。爲了順利進行下去，開幕前五個月我們又從華特迪士尼世界引進另外五百名幹部。他們就像是上戰場的龐大空降部隊。在此同時，歐洲迪士尼的第二個主題樂園——迪士尼—米高梅影城——其設計與基礎設施也持續進行，我們希望在「神奇王國」成立兩年後開張。我們刻意依循華特迪士尼世界的模式發展歐洲迪士尼。

歐洲迪士尼奇蹟似的於一九九二年四月如期開幕。除了「神奇王國」之外，整個度假勝地裡還有六棟壯觀的旅館；「迪士尼村」裡有餐廳、夜總會與西部餐廳秀；大衛克羅凱特營地有四百間小木屋與一百八十個紮營地點；另外有一個十八洞的高爾夫球場。與美國迪士尼樂園開幕當天的失敗情況相比，歐洲迪士尼算是相當順利的。超過兩萬人參與開幕式，還有電視台製作特別節目往全球四大洲、二十二個國家播放。約有五千名記者採訪開幕式。幫忙慶祝的出席巨星包括甘蒂絲柏根（Candice Bergen）、彼得蓋伯瑞（Peter Gabriel）、艾迪墨菲、唐強生（Don Johnson）以及梅蘭妮葛瑞芬（Melanie Griffith）。

一開始我們沈浸在開幕的喜悅中，並未即刻察覺其它嚴重的問題。雖然樂園的成本無情地上揚，我們也將所有營收預估往上調來反映我們十足的信心。即便如此，仍有不祥的感覺。開幕前，整個歐洲，特別是法國，陷入嚴重的長期經濟衰退。我們訂定的入場價格、旅館房價、食物與商品價格都過度樂觀，在整體經濟如此惡劣的情況下更顯誇張。更糟糕的是，一九九二年美元與其他國家的貨幣兌換法郎都大幅貶值。因此，歐洲迪士尼的消費對外國人而言特別昂貴。

即便如此，歐洲迪士尼的遊園率之高，仍使它一夕間成爲歐洲最大的旅遊勝地。當年四月至年底共有七百萬名遊客到訪。剛開始，營運方面的問題是我們最關心的重點。例如：我們原本假設法國人早餐吃得很輕便，大概只在旅館裡吃個牛角麵包、喝杯咖啡就充數了。後來發現他們多數喜歡坐下吃整套早餐，使得我們無法處理如此大量的需求，結果顧客大排長龍抱怨頻頻。我們公司實施三十七年的政策——「神奇王國」裡不准喝酒——也遭到挑戰。幾乎每個人對於在歐洲實施這個政策的看法都跟我相左。行銷調查顯示若不賣酒每年損失高達一千億百萬美元。媒體以我們不賣酒的決定突顯我們不夠人性。即使是法國未來的總統席哈克也以這件事揶揄我，嘲笑我們美國人的清教徒主義太野蠻。

久而久之，營運之類的問題重要性逐漸減低。我們應付早餐的方法就是在旅館增加更密集的客房服務，一如我們在營運開始時碰到其他令人挫折卻無可避免的問題一樣，會以有條理的方式解決。當財務問題加深時，我們終於開始賣啤酒與葡萄酒。最後結果並未大幅改善財務，只多增加一小部分營收而已。跟在日本的情況一樣，歐洲人在樂園的行爲跟美國人完全相同。他們不會像在羅馬、巴黎或馬德里一樣坐下好好吃頓完整的午餐，而是在我們的速食店買外帶，在路上邊走邊吃，而且多數人避免喝啤酒或葡萄酒。

我們遇到的眞正問題，其實是更根本的問題。一開始的遊園率比起我們原先的期待只有些微落差，但其他方面的營收就與預期相差甚多。根據華特迪士尼世界的經驗與對歐洲市場的評估，我們預估歐洲迪士尼的住房率應該是百分之八十到八十五，但眞正的住房率大概只有六成，部分原因是因爲經濟不景氣，部分原因是因爲問題逐漸增加，我們樂園得到很負面的評價。經濟不景氣同時也讓先前未充分考慮的問題變得很嚴重，那就是歐洲的中產階級人數比美國少得多，因此可支配所得也少得多。

但是，氣候溫暖的月份遊客數仍然很多，沒有半個歐洲迪士尼的主管暗示我們財務方面也許會有嚴重的問題。里查・那努拉與賴瑞・墨菲在歐洲迪士尼開幕後幾個月最先質疑財務預估。一九九二年八月，里查寫了一份備忘錄，急切要求壓低成本。這份備忘錄對樂園首度遭遇財務危機的可能發出清楚的警告。有了賴瑞的支持，里查清楚說明歐洲迪士尼的成本與債務已超過營收。

雖然有早期預警，我們仍繼續實施其他計畫，花了兩億美元增加賣點與規模。聽起來或許很奇怪，但這可是經過審愼思考。一億美元花在增加新的表演節目與樂園的零星賣點。由於夏天排隊隊伍很長，因此需要更大的容量來確保遊客不會等得太久，否則他們會興致盡失。另外一億美元花在「太空山」(Space Mountain)，這是與「E門票」有關的遊樂設施，我們相信經歷第一波新鮮興奮的感覺之後，「太空山」能締造第二波人潮。除了讓遊客有更強烈的動機回籠外，我們從華特迪士尼世界與迪士尼樂園的經驗知道，E門票是吸引新遊客的有效行銷工具。事實證明果然是如此。

一九九二年十月，亦即開幕後七個月，我們選擇由菲力普・布基農（Philippe Bourguignon）來經營歐洲迪士尼。菲力普曾經在彼得·朗梅爾底下負責歐洲迪士尼旅館的監工工作。讓法國主管擔任高層工作有個好處，因爲他們眞正瞭解法國文化，更重要的是，菲力普眞的非常勝任這個工作。他很努力，領導能力強。對卡司演員、法國政治人物與銀行家都很有辦法。那個時候，我們才決定將史提夫·柏克從迪士尼專賣店調到巴黎擔任布基農的頭號大將。史提夫先前已展現其能將事情從無到有創造出來的實力。

經過一九九二年秋天，我們還有理由保持樂觀。歐洲人開始熟悉這座樂園。遊客的問卷調查反映普遍很好，而且持續改善當中。我們預計一九九三年也就是第二年的夏天遊園率會大幅提昇。很不幸地，壞消息接二連三。隨著法國的經濟不景氣變得更糟，房地產市場崩盤，販賣土地不大可能獲利。原本我們預計有許多人會直接訂位，結果只有四分之一的民衆直接向我們預訂。其他遊客則透過旅行社或批發商訂位，這些機構可以打折，造成我們利差大幅減少。最後，壞消息如同好消息一樣，容易連續出現。在巴黎的第一個冬天，媒體開始一再報導我們的營運缺失，甚至將注意力轉到遊園率、旅館住房率不高，遊客抱怨價格過高，與法國知識份子對歐洲迪士尼一直懷有敵意上頭。法國總統密特朗拒絕拜訪樂園，對我們更是落井下石。遠在樂園開幕前，他接受採訪時便表示：「這與我的喜好不符。」然後繼續忽略自己國家內這座最大型的新旅遊勝地。

一九九三年冬天，里查與賴瑞飛往歐洲，開始對歐洲迪士尼進行詳盡的分析。就營運而言，歐洲迪士尼事實上是賺錢的。問題是我們得扛下三十億美元債務所造成的巨大成本。里查與賴瑞的結論是，歐洲迪士尼可以算是資本告罄。這是個悲觀的預測，但我們持續抱持希望，認爲夏天來臨時遊園率與住房率會大幅上揚，同時歐洲的經濟情況會再度轉好。同時我們授權賴瑞與里查開始和菲力普與史提夫合作，進行變革策略。這件工作成爲接續兩個月的重頭戲。

七月二十三日，二十多位主要幹部聚集在亞斯平小尼爾旅館（Little Nell Hotel）的馬蹄形桌子前討論里查與賴瑞的分析報告。我要求席德·巴斯加入我們，借用他在金融專業的長才。我們最困難的決定就是是否要繼續興建迪士尼—米高梅影城，作爲進軍歐洲的第二波動作。我們策略的重點在延長遊客停留的時間。但數字聽得越多，我就越覺得財務無法站得住脚。里查與賴瑞不僅建議結束第二波行動，也要採取一系列補救措施解決樂園的問題。這些補救措施包括：實施巨幅改組，以改善營運績效；改變行銷與銷售策略，以改善樂園形象；減低入場券、旅館、食物與商品的價格，來刺激需求；裁撤近一千名卡司演員。最後一項決定特別難下手，這是迪士尼從未經歷的挫敗，也讓大量投注心力的員工難以接受。即使這些動作都沒有辦法完全將樂園的情況扭轉過來。

賴瑞表示：「若成功執行這些策略，就有可能增加兩億五千萬美元的營運利潤。即使如此，若未進行大幅財務重整，一九九四年與一九九五年我們仍會有幾億美元的損失。」

法蘭克和我同意必須中止第二座樂園的興建。我們同時也授權開始與融資銀行進行債務重整談判，這當然是非常棘手的談判。上述這些情況讓歐洲迪士尼——以及整個迪士尼——獲得更糟糕的媒體報導，也進一步影響到樂園的遊園率。這眞的很難令人接受，但也沒有更好的選擇。這次會議對里查與賴瑞來說尤其困難，因爲他們必須回去巴黎執行縮編計畫。雖然我覺得這些情況令人沮喪，但我從未有一刻，包括那天早上，對歐洲迪士尼失去信心。我們的樂園仍然很棒，所在地點也棒。我們面臨到經營危機，非常明顯的危機，但過去三十年來我每一週也都曾遇過類似的危機，雖然規模相對較小。其他與會人士或許不同意，但會議結束時我仍是樂觀的。我認爲最壞的部份已經過去。

接下來的挑戰是與銀行打交道。我們馬上聘請拉薩兄弟（Lazard Frères）投資公司協助我們進行重整，主要是因爲他們與融資給歐洲迪士尼的聯貸銀行關係良好。初期的決定之一，就是讓迪士尼公司貸款給歐洲迪士尼，以彌補接下來六個月與銀行團諮商時樂園經營不足的款項。這個決定把一九九三年獲利數字大幅拉低，但也把所有的痛苦立即拋開。我們認爲對股東而言，長痛不如短痛。一九九三年十一月四日星期四下午，法蘭克、里查和我一同在我位於伯班克的辦公室見面，同意從迪士尼獲利中撥出三億五千萬美元當作備抵金額。其中一億五千萬美元用來應付未來半年歐洲迪士尼預計會有的不足款項，另外兩億元用來支付第二項興建計畫中止的初期成本。

幾天之後，我打電話給安東・尚古爾嘉里納尼（Antoine Jeancourt-Galignani），他當時是歐洲迪士尼的董事，同時身兼 IndoSuez 銀行的總經理。IndoSuez 當時是主辦聯貸的兩家法國銀行之一。我把融資情況向他攤開說明。我說：「很明顯地，我們非常想要拯救歐洲迪士尼，但我們還不想讓迪士尼公司冒險。我們需要銀行團的協助。」我雖未明言，但暗示若談判破裂，我們打算宣告樂園破產，或乾脆關閉樂園。我想讓嘉里納尼知道這項決定會直接影響他的銀行，以及歐洲迪士尼的利益。隔天，我的消息造成其他借貸銀行高層主管一陣恐慌。然後協商開始。

因爲銀行團投資歐洲迪士尼的金額比我們高，所以樂園破產對他們並不利，更別談關門大吉了。對我們而言，問題比較不在融資上頭，而是對整個迪士尼品牌的信譽所造成的影響，以及我們對歐洲迪士尼股東與銀行的責任感。對股東而言，我們採取行動把歐洲迪士尼財務弄穩才最能確保他們的長期利益。對債權銀行而言，我們覺得有責任還債，也有誠意這麼做，但我們需要展延債務好鬆口氣。若拯救樂園的重擔完全落在我們肩上，將會把迪士尼推入財務深淵達十年之久，而我們不希望對股東做出這種事情。問題關鍵是說服銀行團一同分擔債務重整的成本。也許因為我過去若覺得談判內容不夠合理，會選擇離去的名聲遠播，對我們與銀行團的談判有些幫助。這件案子若情況需要，我會心不甘情不願地讓談判破裂，但打內心深處，我從未有放棄歐洲迪士尼的想法。

十一月底，我們已備妥一筆款項準備支援歐洲迪士尼撐到一九九四年三月底，但屆時若無銀行團的協助就再也撐不下去。十二月時我寫了一封致股東報告書，我直接承認眼前的危機。「這一年當中，我們其他業務分數全部都能打Ａ。」但是我寫道：「歐洲迪士尼若單以財務來看，只能打Ｄ。」我同時寫了一封較為婉轉的信函給銀行團：「我們正與各個利益團體合作，希望重整歐洲迪士尼的財務。但我們不可能獨力挑起這個重擔，其他團體也要公平分擔。我們必須信守對歐洲迪士尼的股東與債權人的承諾，但在這麼做的同時，我也向迪士尼公司承諾過絕不採取任何行動傷害到迪士尼本身。」

接下來與銀行團的協商幾乎無任何進展。銀行團態度強硬，認為歐洲迪士尼的問題在我們，我們要自己解決。一九九四年一月初，也就是融資到期前三個月，我們的總顧問山佛特．李瓦克加入談判陣容。他原本是到巴黎處理這個案子裡頭偏法律的問題。在那之前，李瓦克曾因法蘭克不增加他的責任範圍而感到相當挫折。最後山佛特的加入讓銀行團協商人員眼睛一亮，他們要求讓他留下扮演更重要的角色。山佛特似乎是破除談判僵局的唯一人選。除了過人的聰明與分析力強之外，山佛特在討論任何議題時均能沈著、理性應對。

在里查．那努拉的協助下，山佛特接手替我方談判。一週之內，銀行不再持斷然拒絕的態度，開始願意考慮妥協的可能性，但雙方均未觸及重整提案。後來我才知道山佛特覺得他的處境很艱難。

他認爲他是在跟兩個客戶談判——一邊是銀行，另一邊是法蘭克和我——而兩個客戶都不肯實際一些。這個時候我們離三月三十一日的最後期限越來越近。

毫無疑問，這場高風險的牌局帶有許多危險。山佛特被他們簡稱爲ＯＢＥ，全名是「Overtaken By Events」，意思是「被事情壓得喘不過氣來」。這個詞事實上是他在卡特政府司法部工作時就有的稱謂。「這是指雙方均無法控制結果，乾脆讓環境主宰一切。」他後來告訴我。若我們無法達成協議，可能會進入破產程序，這讓我驚覺到破產程序將會在摩（Meaux）這個小鎮進行。不用說，這小鎮的法官一定沒處理過破產案，更別提這件歐洲現代史上最大規模的破產案。雙方對這件事都很擔憂，但我們更爲擔憂。法蘭克告訴我：「我們在這案子中可是臭老美，你覺得誰佔有地主優勢？」

一九九四年二月十七日進行正式協商會議時，銀行團律師宣讀的開場白讓情況變得更糟。山佛特與里查很驚訝地發現，律師的說法是迪士尼公司涉嫌在歐洲迪士尼有非法財務行徑。「我們準備提出詳細證據，證實有詐欺與竊盜事件。」律師冷靜地說。

山佛特差點昏倒。原本他認爲談判雖很困難，但起碼是雙方有互信的基礎。但現在對方忽然提出與刑事相關等不可思議的指控。當對方律師結束發言時，山佛特起立發表簡單有力的反駁。然後他提動議要求里查與我們的小組成員跟他一起離席。他表示：「除非得到正式道歉，我們不願再進行協商，準備打道回府。」在戲劇化的宣佈之後，他帶領團隊走出門外。回到飯店，他馬上打電話告訴法蘭克剛剛發生的情況。法蘭克很喜歡這樣的作法，認爲這僅是談判的一部份行動，他甚至認爲這是協商有動靜的徵兆。法蘭克對他說：「趕快結帳搬出旅館，讓他們以爲你眞的打道回府，然後再住進另一家。我保證他們會再與你聯絡的。」

山佛特說：「我才不玩鬥智遊戲，我們要回家。」他搭機回美國。果然，幾天之後，他在洛杉磯的家裡接到拉薩兄弟投資公司打來的電話。對方要求他們代為傳達。

山佛特被告知：「對方認為你們反應過度，他們不瞭解你們為何有被羞辱的感覺。他們希望能儘快重新協商。」我當時人在奧蘭多準備年度會議，法蘭克在星期六的下午來電告訴我最新消息。「這也許是我們扭轉談判的機會，」他告訴我。

山佛特與里查隔週回到巴黎，但第一場會議並沒有什麼結果。隔週一也就是二月二十八日，山佛特與拉薩兄弟紐約分公司的談判小組領導人大衛・蘇彼諾（David Supino）坐在一起。忽然山佛特在一張紙上頭寫下和解提案，基本上將債務重整成本平均分配給每個銀行。山佛特問蘇彼諾：「天哪，麥可或法蘭克絕不會讓我這麼提議，但你的看法如何？」

蘇彼諾快速瞄了一下內容。「我覺得很合理，」他說。他們同意請拉薩兄弟巴黎分公司的負責人大衛・道特蒙（David Dautresme）與幾位銀行主管一同討論這項提議。道特蒙說：「我們的客戶並未同意接受這項提案，但時間已經不多，而且我們都知道沒得出結論的下場會怎麼樣。假若你們同意我們所提議的，我們願意回去爭取。」事實上，這個作法讓山佛特有狡辯的機會。若這個提案的反應不佳——不論是來自銀行或法蘭克和我——他都可以馬上放棄這個提案。

任何情況下，我們都不可能會授權山佛特自己提議。他的提議其實非常接近我們小組成員可接受的妥協條件。另一方面，法蘭克和我很擔心銀行團會把我們的提案當成重開談判的起點，而非終點。不過事實上銀行團對道特蒙的作法有相當好的回應，僅在一些小地方提出法律警告。雖然提案涉及一些複雜度相當高的金融交易，卻很好懂。我們提議未來五年緩徵歐洲迪士尼所有的權利金與管理費用，其中有些再緩徵五年。以此要求銀行團未來十六個月不收所有的債務利息，並將本金償還展延三年作爲交換。在這個協定之下，我們共同挹注十億美元給樂園——其中半數由我們負擔，另外一半由銀行團負擔。這項交易讓樂園的債務由四十億美元降至三十億美元。

但還有另一個問題。我們很擔心對話是否安全。當機密消息一再被媒體揭露，我們開始有安全方面的疑慮。這導致里查與山佛特的行爲愈形怪異，就好似偵探小說裡寫的一樣。例如他們爲了要找安全的電話線路，會在深夜穿著運動長褲溜出旅館，到公共電話亭打電話給法蘭克討論某些重要訊息。當我們使用飯店或辦公室的電話線時，法蘭克和我不願讓語調聽起來太過興奮，免得山佛特與里查認爲這就是我們協商的底限，可以結案了。我們擔心任何過度興奮的感覺會傳回銀行團去，讓他們在最後一刻開出更苛刻的條件。

三月三日星期四下午，山佛特再次從巴黎打公共電話給法蘭克，法蘭克給予神秘的指示：「儘可能談到最好的條件。」當天晚上，山佛特和里查與銀行團基本上已完成協商。巴黎時間晚上八點——相當於洛杉磯早上十一點——山佛特與里查打電話給法蘭克和我告知這項消息。我們接下來一個小時不斷挑戰協定的每個細節。

「這太過慷慨，」法蘭克說。

我則警告：「董事會絕對不會通過的。不管怎麼樣，我們都無法說服席德·巴斯接受。」通話結束時，山佛特簡直快氣死了。但他不曉得我們只是在演戲以防有人竊聽我們的對話。

當天稍晚，山佛特再打電話給法蘭克說：「我想讓你瞭解我對你的反應有多麼生氣。我們的協議結果很不錯，也很公平。結果你只會一股勁兒地批評。」法蘭克心情很亂，但覺得還是不能冒險洩漏了動機。他找到史提夫．柏克，他正好要從倫敦回去巴黎。他請史提夫親自拜訪山佛特，儘快將每件事解釋清楚，一切好像在演肥皀劇一般。柏克前往山佛特與里查的旅館，堅持大家到巴黎街上走一走，最後才揭露事情眞相。

三月十四日這項協議向外界公布，當天我們正好舉行年度會議，這時距三月三十一日最後期限只剩兩週時間。兩年內來頭一次，我們有稍稍喘息的感覺。樂園關閉的謠言早已打擊到遊園率，隔年夏天的訂房率也下降許多。但樂園的重組計畫已在進行中，包含從入場劵、旅館房價到食物的全面降價。我們裁撤了九百多個工作，是菲力普與史提夫感到最痛苦的部分。最糟的情況終於過去。我們終於可以只將注意力放在如何讓歐洲迪士尼樂園變得更好。

我們建造了一處獨特的度假勝地。我們堅持完美的承諾極爲昂貴，而且一路上犯了許多錯誤，但我比以往更具信心，認爲這座樂園一定能堅持下去，並隨時間而成長茁壯。我們想改樂園的名稱已想了好幾個月，現在終於有象徵性的意義。美國人通常認爲把歐洲（Euro）這個字首放在迪士尼前頭代表時髦、新鮮。但是對歐洲人而言卻不是這麼回事，他們認爲那聽起來跟商業、貨幣與商務有關。將樂園重新命名爲「巴黎迪士尼樂園」（Disneyland Paris）不僅與華特最初的精神一致，同時也讓人聯想到這是全球最浪漫與最有趣的城市之一。當春天來臨，我們正褪去舊裳，做好重生的準備。

11

摯友之死

冷酷而且必然的世情變故

近十年來，媒體對我們經營成功的經過都能客觀地表示讚揚，
對我個人也有一些言過其實的讚美。
現在媒體開始說我們公司經營不善，
我突然搖身一變成了大惡棍。
這兩種極端的看法都不正確。
就像股票市場一樣，股價有高有低，但時間一久，
自然能反應出正確的市場價值。
我相信媒體對迪士尼優異的表現終究會給予正確的評價。

一九九四年三月二十五日星期五這天，法蘭克到我的辦公室內來談事情。此時我們的心情應該是充滿希望又戰戰兢兢的。三個星期前，我們終於敲定了過去半年以來，懸在我們心中的巴黎迪士尼樂園財務重整計畫。眼前絕對還有更多的事情。國內各迪士尼園區的遊客數仍舊平平，而迪士尼的眞人電影表現仍舊不佳。早先幾年團隊表現出的熱情現在逐漸消褪，此一情形卻又和一種志得意滿的心態逐漸糾葛在一起，對這種情形法蘭克和我同感憂慮。最明顯的是傑佛瑞・卡森柏格，他顯得最爲浮躁不安。雖然過去他對公司的成功有很大貢獻，但法蘭克和我都同意，除非我們能再激勵他投入公司團隊，不然只好分道揚鑣。有件事似乎很清楚，那就是二度重整公司的時候到了──雖然變革可能會帶來短暫的痛苦和適應不良，不過年輕的高階主管該調動一下，現行業務應該重新調整，公司也該拓展新的業務。

令人振奮的是，迪士尼在很多方面的表現依舊亮眼，而且法蘭克和我也會並肩面對眼前的挑戰。幾個月來，我們一直在討論法蘭克合約延展的時間該多長。法蘭克最後做了決定，當天下午他告訴我：「我準備再簽七年合約。」由於法蘭克把征服聖母峰的計畫訂在未來他六十二歲那年，他現在只好參加一些較小型的戶外活動，像是小規模的探險隊活動等。例如最近的週末，他就要和他的大兒子凱文（Kevin）、好友克林伊斯威特，以及一些愛好冒險的同好，一起搭乘直昇機到內華達山區滑雪。我們倆同意，等他星期一一早回來，我們就把合約敲定，開始專注未來的工作。這是一個漫長的冬季。

兩天後，也就是復活節的星期日，讓人過起來感到異常愜意。這天可能是二十五年來我第三次打高爾夫球吧。珍和我成年以後大都住在洛杉磯，從來不曾到過任何鄉村俱樂部去。前一年秋天，我們倆終於禁不起兩個小兒子想要打高爾夫球的要求，就加入美日鄉村俱樂部（Bel Air Country Club）。不過，當然我還是忙得沒有空到那裡去。這天正是大好春光，而且也沒有餘震了。自從附近地區發生地震以後，隨後數週的餘震屢屢打斷我們的生活步調。就在這美好片刻的眩惑之下，我和珍以及十四歲的兒子安德斯，決定造訪這家鄉村俱樂部。我沒準備要去打高爾夫球。我的球桿一向被孩子們隨便拿來玩耍，現在也找不到，而我的高爾夫球鞋竟然被凱迪拉克（Cadillac），也就是家中那條長毛德國牧羊犬給吃了。

不過我向俱樂部的職業選手借球桿，他還派了一位桿弟陪我們。我發現我還能把球擊得相當準確，覺得很驚喜。不過我們都不太在意成績如何。我們只是享受這種相處的時刻。這十八洞打起來比預期的時間還久，大部分原因是因爲我們很多球都打到樹叢或水塘中。我們預計下午五點回到大兒子布萊克的家。布萊克和他的女友克莉絲·瓊斯（Kris Jones）準備復活節晚餐，爲的是款待我們以及克莉絲住在紐約的父母。我們去晚了，布萊克不太高興，不過他一下子就好了。就在六點半前，大夥坐定在餐桌前開始用餐。這張餐桌是祖母留下的，而最近我們又把這張桌子傳給布萊克。這種代代相傳的場景讓我頗有感觸——現在換我的兒子和女友準備晚餐給父母吃。晚餐吃了五分鐘，我們隱約聽到電話鈴響。布萊克起身去接電話，他說是我的秘書露西兒打來的。我立刻覺得出了什麼事。露西兒知道我很少有自己的時間，所以盡量不打擾。在星期天晚上家人共進晚餐時打電話進來，這不像是露西兒的作風。

我一接起電話，她就說：「麥可，法蘭克死了。他剛剛在直昇機的意外中死了。」

我當場楞住。「發生了什麼事？」我聽到自己喃喃問著。露西兒只知道大概情形。直昇機在內華達山區墜毀，機上載著法蘭克、他的兩個朋友以及一位滑雪嚮導。除了其中一位乘客，機員和其他人全部罹難。法蘭克的兒子凱文、克林伊斯威特和其他幾個人搭另一架直昇機。事情似乎很難以想像。我告訴露西兒待會兒再回電話給她。我花了一點時間試著接受這事件。然後我叫珍過來，好私底下先把這件事告訴她。「法蘭克死了。」我直截了當講出來。珍開始尖叫，而在餐桌旁的人都跳了起來。珍開始哭了起來。我告訴大家發生了什麼事，表示我得立刻回家一趟。珍跟我一道離開。

我處理危機時總是把個人情感因素放一邊，專注在手頭上的事情。幾個星期後，這種痛失好友的失落感才襲上心頭。眼前，我幾乎是靠本能反應在處理事情。我在亞斯平地區的餐廳找到席德·巴斯，他那時正和友人還有他的妻子美西迪絲（Mercedes）用晚餐。我透過行車電話找到史丹利·歌德，他是法蘭克的老友，也是董事會成員之一。靠著露西兒的幫忙，我也找到兩位董事會成員羅伊·迪士尼和厄文·羅素的行蹤。厄文也是我長久以來的律師。我跟他們分別談到該採取何種立即的措施，以便讓公司穩定下來。我們同意我不要有太突然的舉動。然後，我找到約翰·卓爾（John Dreyer），他負責公司的公關事務。「我要你現在去辦公室，然後發一則新聞稿。」我這麼跟他講。約翰寫了初稿，不過我後來覺得必須由自己來寫。這可能也算是一種方式，讓我面對法蘭克已死的事實。

露西兒幫我找到董事會其他成員、傑佛瑞以及迪士尼團隊中重要的人。我要他們把這個消息傳到各個部門去。大約晚上八點，珍和我坐車去法蘭克位於馬里布（Malibu）海濱的住宅，探望法蘭克的妻子露安（Luanne）。法蘭克的小兒子布萊特（Briant）已經在家中。凱文已經在路上，他搭乘的直昇機只比法蘭克那一架早一會兒出發。我們開上太平洋海濱高速公路，中途整個車流停頓下來。高速公路上塞滿救護車、警車、救護直昇機。很明顯是有個行人橫越高速公路時被撞到。突然一切看來都有點超現實——我們塞在車陣中，心急如焚想去探望露安，卻又被另一場可怕的悲劇耽擱下來。

我們到達時，房子裡已經擠滿了人。布萊特和凱文都在。露安和一個好朋友待在臥室裡。露安人長得美，氣質優雅。她和法蘭克一樣，有一些很棒的特質——仁慈、高貴、謙虛，又有正義感。凱文早先一直想聯繫上布萊特，好讓布萊特告訴母親這個消息。不過法蘭克的秘書已經從公司的飛行員處得知這個消息，就打電話告知露安。隨後她立刻開車到法蘭克家，而其他人也像潮水般一直過來。就像一般人在面對慘劇時一樣，他們只要能幫得上忙都很願意提供協助。可想而知，露安大受打擊。

珍和我在那裡待了幾個小時，午夜過後開車回到家已疲憊不堪。隔天早上醒來，我又和席德．巴斯，厄文．羅素，史丹利．歌德，羅伊．迪士尼與山佛特．李瓦克談過。他們都認爲最好的方式就是我接下法蘭克總經理與首席執行長的頭銜，至少該暫時這麼做。我們決定在那天稍晚時發佈聲明。一方面是爲了立即傳達給華爾街以及金融圈一個訊息，那就是迪士尼內部仍運作如常。另一個原因是，我想讓那些討論到底誰將繼任法蘭克職位的臆測傳聞，能夠平息下來。

我當下的第一要務是照顧法蘭克的家人、葬禮的事宜，以及接聽數百通打進來致哀的電話。而找個方式來安慰迪士尼這個大家庭中的各個成員，也非常重要。對個人或對公司而言，這都是很重大的損失。員工之中有很多人因此而惶惶不安。我沒有取消星期一的員工午餐會。相反的，我決定藉著午餐會的時間來激勵士氣，並且試著繼續推動公司的業務。我尚未找到比較好的方式來討論法蘭克死去這件事情，其他人也一樣。午餐會弄得很不自然，氣氛哀傷。就在大家準備離開午餐會時，我宣布我至少會暫時接任法蘭克所遺留的總經理頭銜。我擔心傑佛瑞會有什麼反應。自從我和他在亞斯平那次散步以後，這六個月來我們之間的氣氛越來越僵。不過我鬆了一口氣，因爲他處理這個消息的態度落落大方。我們走出會場時，他說：「這再合適不過了。」我回到辦公室時，心中覺得愧疚，因爲我沒有把傑佛瑞帶進決策核心。我決定打電話邀他當天晚上在我們常去的餐廳共進晚餐。他欣然答應。

他告訴我：「我已經取消所有約會，我現在隨時都能幫得上忙。」那天下午其餘的時間我忙著回電話，並且跟我的助理裘蒂·卓爾磋商。裘蒂那時正忙著和威爾斯家人協調葬禮安排事宜。我也開始思考，對法蘭克來講哪種紀念儀式最合宜。

令人感到意外的是，我和傑佛瑞吃晚餐時相安無事。我和他都沒有提到總經理這件事。我倒是有帶了一份備忘錄，那是法蘭克上星期五寫的，裡面寫著我們在亞斯平那次討論之後，同意再賦予傑佛瑞哪些工作。內容包括：監督戲院部門、好萊塢唱片（Hollywood Records）、新的電玩事業、本公司即將和其他幾家電話公司的合作事項。我開始討論備忘錄的內容前，傑佛瑞打斷我的話。「我們等塵埃落定後再討論這些事情。」他說。

很顯然，塵埃一下子就落定了。第二天早上我和傑佛瑞一起踏進公司，我立刻感覺到他聲音中透著緊張。「我想盡快和你談，」他說。我要露西兒在主管用餐室之外安排一間小房間讓我們一起用午餐。我們才一坐定，立刻開始激烈爭辯起來。和前一晚頗不相同，傑佛瑞現在立場強硬。「我覺得受傷害了，」他開始說：「我眞不敢相信，你星期天知道法蘭克的死訊以後，沒有立刻讓我接任總經理的職務。我以爲你決定接下他的職務頭銜是爲了在短期之內好協調各種事情，但昨天吃晚餐時你沒有再提，讓我很驚訝。十八年了，我有權成爲你的合夥人。」

「現在我不想談這個，」我說：「我們只談法蘭克的事情。」但是傑佛瑞不罷休。

「你該相信，我和法蘭克一樣好。」他脫口而出。

這時我打斷他的話。我很不喜歡表現粗魯，但我不得不解釋我的立場。「重要的是，我是不是認爲你是這個職務的適當人選。」我告訴傑佛瑞：「我對你的信任程度不及我對法蘭克的信任程度，而且如果一個合作夥伴不能像法蘭克那樣受到我的信任，我不可能加以考慮。我告訴過你多少次，不要遮遮掩掩，對我有所隱瞞，淨做著你自己的事情。」

「情況已經改變了。」傑佛瑞平靜地回答：「依現在的情況看，我才是最理想的合作夥伴。」

但這正是我所擔心的事。經營電影部門是一回事，傑佛瑞在電影方面的才華是有目共睹的，而他的工作範圍限於好萊塢。成爲總經理的話，他每天走到世界各地都代表這個公司。依我看來，其實這也是董事會其他成員的看法，他還沒有那種總經理該有的氣度風範與成熟睿智，能夠代表整個迪士尼。

「雖然我們之間有這些問題，我仍然會考慮這個可能性。」我說：「我們還得看看事情如何發展。」

傑佛瑞更加怒不可遏。「我可不想跟你在一起工作十八年之後，卻還像是在試用期一樣。」他說：「你現在應該瞭解我這個人。」

「這不單單是我的問題，」我回答：「你和羅伊．迪士尼以及其他董事會成員間也都有嚴重的問題。」就在前一天晚上，史丹利．歌德告訴我，如果傑佛瑞接任法蘭克的職務，羅伊就準備辭職離開董事會。我接著解釋：「羅伊認爲你還不適合接任總經理，而且其他董事會成員也都不認爲你可以。爲什麼你可以和記者、經紀人、演員，還有像是史蒂芬・史匹柏這樣的人吃吃喝喝，但你就是沒辦法和羅伊來往呢？他可是這個公司的靈魂人物，而且我們這些人也是因爲他才會聚在這裡。」

「我可以這麼做，而且也會這麼做，」傑佛瑞回答：「再兩三個月就行了。」

「你太天眞了。」我答道。

我們的交談一來一往，不過談到最後卻僵住了，毫無結果。談話結束之前，我直截了當問他一個問題：「你的意思是說，如果我不在兩三個月內讓你成爲迪士尼公司的總經理，你就要離開這裡？」

「對。」傑佛瑞答道。

我回到辦公室後，打電話請山佛特・李瓦克進來。自從我們一道得知法蘭克的死訊那一刻起，山佛特一直能夠給我很可靠又周全的意見。現在我發現我已經開始倚賴他，就像倚賴法蘭克般。由於他不像我一樣，和傑佛瑞之間有很深的糾葛，我要他試著做調人。

但傑佛瑞的怒氣似乎越來越大。山佛特和傑佛瑞會面之後回來，對於傑佛瑞不合時宜的舉動和咄咄逼人的態度感到忿忿不平。他也怕傑佛瑞除了總經理這個職位，再也不會感到滿足。「我們應該設法試試看，是否不用讓他成爲總經理就能讓他感到滿意，」山佛特說：「要是我們沒有辦法的話，大概只好等他的合約期滿自己離開。」

很顯然地，此時雙方情緒高漲。讓傑佛瑞在法蘭克死去之後立刻辭職，只會引起更多媒體的注意，加深公司的創傷，並且使公司員工已感受到的焦慮感更趨嚴重。在現實層面的考量上，我們的《美女與野獸》還有兩週即將在百老匯首演，而《獅子王》還有八週就要上檔。我特別不願意看到傑佛瑞在這些計畫推動前就離開了。我跟往常一樣覺得自己陷於兩難之中。就某種層面來講，我已經受夠了。我感到憤怒，而且相信唯一解決之道就是讓傑佛瑞離開公司。但就另一層面來講，我仍然很看重他經營電影部門的能力，而且也一直相信事情總有一天會好轉。

星期三早上，我再度打電話給傑佛瑞，這次是想使事情緩和下來。我感覺他已經完全冷靜下來了，也許他已經思考過自己用的方法不對。「我希望不要再提法蘭克的職務這件事。」我告訴他：「現在不是試著來解決這件事的時候。這幾個星期內我都不會再提起這件事。」

我很驚訝，傑佛瑞也有意願修好。「這樣很好，即使再過幾個月也沒有關係。」他說。我頓覺輕鬆。我希望傑佛瑞前一天咄咄逼人的行爲舉止是出自他對法蘭克之死的個人情緒反應。

現在危機暫時解除，我能全心全力去照顧法蘭克以及他的家人。葬禮是在四月八日星期五舉行，只開放給約莫一百位友人及家庭成員參加，法蘭克的兒子凱文講了一篇感人的頌辭。就法蘭克而言，他很可能會拒絕爲自己舉辦比較公開的紀念儀式，但即使露安也同意，有個場合讓那麼多友人及同事一起來哀悼法蘭克的辭世是很重要的。我們把紀念儀式訂在幾天後，就是四月十一日，同時也決定當天要關閉製片場舉辦紀念儀式。

法蘭克死後次日，我接到一通電話，是莫瑞（Cecil Murray）牧師打來的，他隸屬於洛杉磯中南區的非洲衛理公會（AME）。我接到這通電話時，想到了一個紀念法蘭克的方式。一九九二年，金恩（Rodney King, Jr.）的案子宣判之後，引來一連串的暴動。法蘭克一如往常也站出來了，他在想迪士尼是否能對遭受攻擊最嚴重的社區提供協助。公司立刻捐款，並且有不少公司員工志願加入清理工作。我們也開始推動一個迪士尼樂園工作計畫，並捐款給一個兒童照護中心，還在洛杉磯中南區開設一家迪士尼專賣店，雇用來自當地社區的員工。也許我們最有意義的想法就是開辦小額貸款計畫，該計畫最後提供貸款給洛杉磯中南區六十八家剛起步的商家。做這些事情時，我們有賴於莫瑞牧師的協助，他所在的教會在鄰近地區推行一些援助計畫。最後他邀請法蘭克和我到他們的教會去做禮拜。回想當時法蘭克和我一同站在講道壇的情形，還有非洲衛理公會唱詩班那些成員，我仍然感到非常愉快。那時我有點手足無措，但法蘭克沒有我這些毛病。我稍微看了一下，發現他身體左右搖擺，手打著拍子，完全沈浸在音樂之中。

兩年後，現在莫瑞牧師打電話來表達哀悼之意。我告訴他我們舉辦紀念儀式的計畫，並邀他前來參加。「需不需要我們的唱詩班？」他問。我說，這樣很好。

星期一中午一過，差不多有五千人聚集在我們的片場上。有些人是飛行了大半個地球的距離才來到這裡。當我站起來宣布儀式開始時，我第一次感覺到法蘭克的死對我打擊之大。我喉嚨哽住，話都說出不來了。「我熟知法蘭克。」我開始講：「過去十年來，我是和他講話最多的人。露安、布萊特、凱文、法蘭克的母親貝蒂（Betty）、法蘭克的兄弟姊妹、露安娘家的人、法蘭克的侄兒姪女們——這些人和法蘭克一起生活，但只有我和法蘭克從日出到日落都在一起，一起思考事情，一起討論事情。不，是從日出到日出，差不多整年的時間都在一起。」

我談到一九八四年我們剛到迪士尼的日子，我們最後相聚的那個下午，還有這十年間經營企業時令人難以想像的各種經歷。「在我認識的人之中，只有法蘭克最樂於接受創新、戲劇化的點子。他不會嫉妒他人，不與人爭，而且沒有個人野心。他個人的行事曆就是公司的行事曆。在上班的日子中，每一分鐘他都為迪士尼公司的利益打算。他永遠拿著一把道德的規尺，這把尺永遠都不會出差錯。」最後，我談到他活力充沛的一面，還有他致力要完成的事情。「睡眠是法蘭克的大敵。」我說：

「法蘭克認爲睡眠使他無法百分之百利用時間。他隨時都想再多開一個會。他認爲睡眠讓他無法完成事情。他隨時都在對抗睡眠。但睡眠……法蘭克的大敵……最後還是贏了。」

接著致辭的人來自各行各業，顯示法蘭克的興趣嗜好很廣泛：克林伊斯威特是法蘭克以前的客戶，也是一同探險的夥伴；鮑伯·戴利是華納公司的老闆，他把法蘭克比做是克拉克肯特（Clark Kent）——「他身材高大，戴著一副眼鏡，很平易近人，但實際上卻是超人」；華倫·米勒（Warren Miller）是法蘭克長久以來的滑雪夥伴，他形容法蘭克是個「每天以每小時八千英里的速度在過日子、創造生活的人」；再來是勞勃瑞福，他和法蘭克對生態環境都非常注意。最後是法蘭克的小兒子布萊特，他講得最簡單也最感人。「爸爸，」儀式將結束時他說：「我好希望我們還有更多的時間。你是我心目中的英雄。」

差不多過了一個月，我發現自己才有辦法回歸以往的工作步調。五月二日我參加一個由董事會成員史丹利·歌德所舉辦的募款餐會，那時我突然想到第一個可能可以繼任法蘭克的人選。當天晚宴接受表揚並發表演說的是緬因州參議員喬治·米歇爾，他當時是參議院多數黨領袖。歷經長久顯赫的公職生涯之後，米歇爾最近宣布他有意在年底離開參議院。他演講時，隱隱傳達出熱情、知性與自然外顯的優雅，這些都令我印象深刻。他熱切地提到道德在公衆生活中的重要性，這一點我特別喜歡。演講進行時，我突然想到也許他可以成爲迪士尼公司稱職的總經理。

米歇爾沒有經營企業的經驗，對於娛樂事業所知不多，但他有其他吸引人的特質——他受尊重，有品味，富睿智，又有調解的技巧。如果我們讓米歇爾進到公司來，我就可以繼續著力於公司的創意，山佛特可以繼續擔任我的幕僚長，而米歇爾實質上就成了我們的「國務卿」一樣——在任何一個逐漸全球化的公司中，這都是個不可或缺的角色。接著兩個月內，我和米歐爾有幾次長談。最後，我們決定不再談下去，部分原因是他仍有志於公衆事務，而且他想繼續住在東岸。米歐爾最後同意成爲我們董事會的一員，我還是繼續尋找總經理的人選。

在這段期間，我開始一連串的行程。以我的標準來看，這樣的行程也實在太瘋狂。六月十一日星期六，珍和我前往紐約參加東尼獎頒獎典禮，途中我們在愛荷華州蘇城（Sioux City）停留，觀賞安德斯參加的曲棍球錦標賽。接著三十天，我搭飛機往來東西岸，行程包括十五個都市，其間沒有一次在洛杉磯停留超過四十八小時。我開始尋找其他能取代法蘭克的人選，其中最有可能的人選是麥可・歐維茲。我參加《獅子王》在紐約及華盛頓特區的首映會。我去了奧蘭多和芝加哥，宣傳艾波卡特的最新景點「發明天地」（Innovations）的開幕，此一景點是用來展示未來的產品。我們也和沙烏地王子艾爾瓦里德（Al-Waleed）磋商達成協議，他同意付出十億法郎購入巴黎迪士尼新上市股票百分之二十的股權。這項協議，不僅使公司不至於承擔太大的財務風險，而且對整個樂園有深遠的影響。《華爾街日報》寫道：「王子的舉動傳達了一個很重要的訊息，那就是外來投資者——尤其王子本人行事一向謹慎——對這個樂園最後的成功頗具信心。」最後，我們開始和通用電力公司（General Electric）展開購併NBC的初期磋商。

七月五日我總算回到公司，一開始有一通電話是喬・羅斯（Joe Roth）打來的。兩年前，也就是一九九二年，我和傑佛瑞把羅斯從二十世紀福斯公司徵召過來，當時他是該公司電影部門的負責人。我們同意資助他自己的小製片公司旅行家影片（Caravan Pictures）。喬當時四十多歲，不過還保持年輕，如甘乃迪總統般的外貌。他留長髮，微笑時牙齒微露，總是瞇著眼睛看人。即使當了主管，他仍穿著一般的牛仔褲和運動衫，所以在某些必須穿上西裝的場合，他看起來就有點不搭調。他既是製片又是導演，這種背景使他在這個需要創意的圈子裡，比其他的主管還要受歡迎。雖然他行事從容、低調，卻自持甚嚴，極具競爭性。

對迪士尼公司來講，投資旅行家影片有助於公司拍出更多影片，而且對公司旗下的團隊也不會增加負擔。傑佛瑞認爲喬最後可以接手他的工作，這樣一來他就可以有晉升機會。喬打電話來是提醒我旅行家影片的新片《外野手的天使》(*Angels in the Outfield*)的首映會，預定下星期天在匹茲堡的三河運動場（Three Rivers Stadium）舉行。「我們預計會有三萬名觀衆。」他告訴我：「你可以來參加首映會，並且把這部電影介紹給觀衆嗎？」我現在根本不想再東西岸飛來飛去，更別說是爲了電影的首映會。不過傑佛瑞的事尚未塵埃落定，喬現在突然讓我想到，也許他就是我們公司電影部門負責人的最佳人選。參加他籌備的首映會正是表現我支持他的好機會，並且可以進一步認識他這個人。

「珍和我這個週末要在我們亞斯平的房子度假，」我說：「你和唐娜（Donna）以及孩子們不妨加入我們，然後星期天我們一起搭機到匹茲堡去。」喬一聽我這麼邀請似乎有點驚訝，不過他答應會和他太太商量一下。我一掛掉電話，立刻打電話給珍，確定她沒有其他計畫。還好，珍沒有其他事情。幾分鐘後，喬打電話進來。「我們很高興能加入你們。」他說。

喬和唐娜這兩位客人個性都很隨和，氣質優雅。我們在一起的時間很快樂，無拘無束。他們的孩子分別是五歲和十歲。我特別欣賞喬和他的家人之間流露出的親密感。他工作時充滿熱情和執著。而他在訓練他孩子參加的足球隊時，也表現出同樣的熱情和執著。週末這段期間，我們一起騎馬、釣魚和健行。健行時，我一度感到呼吸急促，不過我認爲這只是因爲高度的關係。我很高興能有這個機會和喬夫妻倆在一起。我發現唐娜的父親山謬爾·阿可夫（Samuel Z. Arkoff）是位製片，他創立美國國際電影公司（American International Pictures），是一家特立獨行的獨立電影公司，而唐娜本人也成爲一位獨立製片。她和強尼戴普（Johnny Depp）合作的最新電影 *Benny and Joon* 剛開拍幾個月。

喬是在長島長大的。他的父親經營一家塑膠工廠，稍可維持家計，不過他的興趣是社會運動。一九五八年，紐約州要求學童每天在學校要背誦該州評議委員會所制定的禱告辭。喬的父親認爲這違反政教分離的原則，所以他找了一位全美公民自由協會（ＡＣＬＵ）的律師提出告訴。喬當年十歲，他和十三歲大的哥哥成了這個案子的原告。一九六二年，最高法院最後判決，在學校中強制禱告屬違憲行爲。他們家後來被美國納粹黨包圍，汽車通道上被豎起燃燒的十字架，上面纏繞浸泡過蠟油的破布。根據喬自己的描述，這樣的經驗讓他感到自己就像個異鄉人。

大學畢業後，喬進入科波拉的公司擔任製作助理和場務的工作。接下來十年，他製作小型獨立電影，並且經營一家喜劇俱樂部來維持生計。他的轉捩點是在一九八六年，當時結識巴爾的摩一位有錢的汽車商吉姆·羅賓森（Jim Robinson）。他們合組 Morgan Creek 公司，並且有一系列的賣座電影——像是《羅賓漢》（*Robin Hood*）、《大聯盟》（*Major League*）、*Young Guns*、*Dead Ringers*——這對於獨立製片商來講可眞是罕見。大部分的影片是由福斯公司發行。一九八九年，巴瑞·迪勒和梅鐸延請喬到福斯，重整搖搖欲墜的電影部門。

他又監製了許多賣座的電影——包括《小鬼當家》（*Home Alone*）、《與敵人共枕》（*Sleeping with the Enemy*）、*White Men Can't Jump*、*My Cousin Vinnie* 以及《窈窕奶爸》（*Mrs. Doubtfire*）。一九九

二年年初，巴瑞離開福斯。梅鐸拒絕提出更好的合約來回報喬的表現，所以喬開始尋找別的出路。有幾個製片場對喬有興趣，但他看上迪士尼公司開出的條件——不僅提供資金讓他拍片，而且讓他擁有他一直想要的自主權。旅行家影片公司剛開始的幾部片表現差強人意，不過《外野手的天使》看起來似乎是這家公司的代表作。我們在亞斯平度週末這段期間，絕口不提傑佛瑞的工作，不過我向喬提出很多問題，像是旅行家影片公司的計畫、他未來的志向以及他對迪士尼公司電影部門大致的看法。星期日傍晚我們搭機前往匹茲堡時，我確信他能夠很有效率地經營我們的製片場。

《外野手的天使》在三河體育場的放映是由迪克·庫克一手安排。迪克·庫克現在負責電影發行及市場行銷工作，在這之前他一直在樂園內工作。他對大場面的演出頗具天分。這次就是個好例子。他把這部電影的首映安排在大聯盟明星賽的前一天，所以這部電影在發行前一週已經吸引全國媒體的注意。《外野手的天使》是一部內容溫馨，充滿想像力的電影，肯定會吸引很多兒童觀衆。

確定喬足堪大任以後，我才能放心去處理公司人事方面最重要的一件事：尋找繼任法蘭克總經理職位的人選。我和珍搭機返回洛杉磯，途中我花了很多時間思考，若是讓麥可·歐維茲擔任總經理會有何利弊。三天後，我們搭機前往太陽谷參加赫伯·艾倫的年度會議時，雙方已經同意開始討論這個工作的問題。

「歐維茲可以幫我卸下很多重擔。」我告訴珍：「我也認爲，業界對於我們啓用歐維茲也會大表讚賞。不過我最大的困擾是，麥可願意屈居第二嗎？他能成爲團隊中的一員嗎？你該知道，我不想覺得彷彿我是在和別人競爭。即使不用擔憂一些重大決策是否會停滯不前，我本身的工作壓力已經夠大了。我對麥可的疑慮是，他一向是坐在駕駛座的位置。我不知道接下來十年我是否得爲了掌握方向盤而大費周章。」

「我要的東西很簡單，」珍說：「我希望你過得更輕鬆點。這樣不是很好嗎？」

「我只是不知道怎麼跟麥可開口。」我答道：「如果他開始覺得我是那種不允許商品目錄做任何改變的人，那可會把他嚇跑。其實我很樂意各個部門都歸他管理，只要他能讓我知道他在做什麼就行了。如果這點我們彼此同意，那眞是再好不過的合夥關係了。」

我們搭機前往太陽谷途中，歐維茲很清楚地表示他無意擔任副手。兩天後，我們仍繼續討論，這個問題還是癥結所在。一星期前我和羅斯一家人到亞斯平健行，當時我覺得呼吸急促，其實這正是心臟病發的初期警訊。星期五從太陽谷回到洛杉磯後，我動了一次緊急的心血管繞道手術。第二天我甦醒後那幾小時，歐維茲一直待在我病床邊，他把計畫好的全家度假計畫縮短，回來擔負起多年老友的角色。他開始他一貫的作風，開始指揮若定，甚至還在病房門口安排警衛，同時也建議我們再從加州大學洛杉磯分校延請一位醫師再做一次診斷。

動手術之前，我本來預計八月大部分的時間要待在亞斯平。法蘭克死去後這三個月紛擾不斷，我很希望能有個機會輕鬆一下。現在醫師告訴我，亞斯平的高度對我心血管繞道手術後的康復情形有礙。所以我只好待在洛杉磯家中。接著數週，我最主要的活動大多都是睡覺。醫師告訴我：「至少一個月你沒有辦法回到辦公室去。若是要恢復以往的工作時程，至少也要兩個月後，你才有足夠的體能和精力。」

雖然我受到種種限制，手術後醒來不久，我和傑佛瑞之間令人不快的攤牌立刻展開。回想起來，那正是我們在工作上拆夥的最後一個階段。幾年來我們雙方關係緊張，也試著妥協過，現在我們彼此間僅存的只有持續加深的不信任感。我們彼此間會因爲對方的某些舉動而大動肝火，而這些舉動也許我們以往根本就一笑置之。星期天傑佛瑞到醫院來看我，我們兩人之間已有隱隱緊張的氣氛，二人心存芥蒂。他沒有表示對我的支持之意，也沒有提到要幫我忙，他似乎有點疏離，坐立不安的樣子。

我不在公司這段期間，公司運作如常，包括購併NBC的計畫仍在繼續洽談中。整個計畫的代號叫做「巴西計畫」（Project Brazil）。公司有一個營運策略的會議定在星期一早上進行，也就是我預定從太陽谷度假回來的那天開會。很顯然地，我是無法出席了。史丹利·歌德一直幫助我處理和NBC的洽談計畫，這次由他和里查·那努拉、賴瑞·墨菲以及其他團隊成員開會。里查和賴瑞幾年來一直對收購電視頻道大表反對。他們的看法是，沒有一家主要的電視頻道跟迪士尼一樣，把每年的營業目標設定爲百分之二十的成長率。而過去十年來，也只有一家達成這個目標。賴瑞特別關切的是，收購電視頻道會使我們無法集中火力進行本業經營以及建立迪士尼的品牌形象。不過在購併NBC一案中，里查至少開始有點積極，而賴瑞態度有點鬆動——特別是如果購併價格還不錯的話。

至少有一個外來因素影響他們的看法。聯邦傳播委員會（FCC）當時正準備給予頻道商不受限制，自行製作、擁有節目的權利，而這頗能開拓新的財源收入。但這樣可能會限制像迪士尼這種外包商爲電視頻道製作節目的機會。就好像你得經由高速公路通勤上班，起初通行費還在合理範圍，然後通行費開始提高，去上班就得花更多的錢。最後，有一天不管你繳納多少錢，收費站的人硬是不把柵欄開啓。我們和主要頻道之間尚未到達這樣的地步，不過整個大勢所趨確是如此。

NBC本身有值得收購的特點。由於它只是通用電力公司的分支機構——不像CBS以及Capital Cities/ABC，這兩者都是公開招股公司——所以我們可以直接購買該頻道，省去公開出價過程，那可能引來一波競標大戰。此外，以NBC目前的經營窘境來看，我們有可能以合理的價格購入。NBC長久以來收視率排行第一，現在在黃金時段的收視率卻落居第三。而最近大衛・賴特曼（David Letterman）的節目收視率落居CBS之後，連帶白天、星期日早上以及深夜時段的收視率都開始落後。這表示通用電力公司無法把NBC的價格再提高，也顯示這個頻道有再發展的可能性。最後，有些跡象顯示，通用電力公司總裁傑克・威許（Jack Welch）仍有意掌握該頻道的部分股權。如此一來，我們可能毋須花錢買下整個NBC，就能夠進駐該公司。星期一這個營運策略會議的目的。是構思其他的購併方式，並且開始討論我們的購併價格。已有幾項選擇被提出。在做任何最後定奪之前，我希望自己已經返回工作崗位。

就在我待在醫院那段期間，有人大力公開鼓吹，想把傑佛瑞捧上總經理的職位。七月二十日星期三，也就是我動手術後五天，《紐約時報》和《華爾街日報》同時刊載醒目文章，提及我這次生病可能的衝擊。《紐約時報》的專文是由娛樂記者執筆，標題是：「迪士尼公司內鬥，好萊塢人士側目」。我知道傑佛瑞和報界人士交往頻繁，這篇文章是替誰講話很顯而易見。「艾斯納先生行事一向隱秘，身旁缺乏知交好友。」貝納・溫洛伯（Bernard Weinraub）寫道：「卡森伯格先生生性健談，交遊廣闊。」文中引用「卡森伯格先生的好友們」所說的話：「艾斯納先生住院休養這段期間，卡森伯格只是被當成員工，而非當成朋友看待，卡森伯格對此感到不悅。」最令人震驚的是，文中引用卡森伯格的「一位密友」所說的話，赤裸裸地發出最後通牒：「問題是艾斯納願意和傑佛瑞分享權力嗎？如果他不願意這麼做，傑佛瑞今年年底就會離開迪士尼公司。」我對這篇文章的直接反應就是憤怒，傑佛瑞或他某個朋友竟會再度利用我最脆弱的時候強迫我攤牌。我接著的反應是詫異，傑佛瑞或爲他出點子的幕僚竟然以爲採用這種昭告天下的方式會有用。在任何情況下，我都不會和傑佛瑞透過媒體談判。

七月二十一日星期四我回到家，離動手術那天將近一星期。跟醫師預期的一樣，我覺得渾身疲倦。以往我一向很有活力，但現在登一級階梯或是穿過院子都會突然讓我覺得疲累不堪。我知道我這種情形是心血管繞道手術後典型的貧血反應，不過還是令人感到沮喪。以往我不喜歡受到各種限制，中午時間絕對不睡午覺。現在我發現自己講話講到一半就睡著了。不過，還好我並沒有伴隨心臟手術之後而來的憂鬱症。心臟醫學專家對於病人爲何會產生憂鬱症的原因並不很清楚，不過這有許多心理上誘發的因子，像是突然認知生命的脆弱，突然升高的無助感，還有病人很自然地會擔憂自己是否有辦法再過正常的生活。

這些念頭我都想過，不過我並沒有產生憂鬱症。湯馬斯・瓦森（Thomas Watson）剛過五十歲時接受心血管繞道手術，然後他決定不再擔任IBM公司總裁，徹底改變自己的生活。他後來活到八十歲，生活愉快，大部分時間都很健康。不過不管如何，我沒有想過自己不能重回工作崗位這件事。我還沒準備好要退休，或是減少工作量。我對自己從事的事情，仍覺得頗富挑戰性，也感到很興奮。雖然一時有些挫折，我對未來仍感到樂觀。動完手術後數週，我雖然覺得疲倦，我仍相信最後我會比以前更健康更強壯。畢竟我的動脈不再阻塞了。

我也知道心血管繞道手術可以維持十至十五年才需再進行另一次手術。爲了保持動脈暢通，生活中至少要有兩種徹底的立即改變——甚至最好要有第三種改變。第一就是開始採用無脂肪的食譜，以便降低體內膽固醇。威廉‧凱斯泰利（William Castelli）是我諮詢的醫師之一，他在麻州的佛拉明罕（Framingham）主持一項調查，研究造成該地區成年人口心臟病的危險因子。在該調查中，膽固醇指數在一百五十以下的人，都不曾得過心臟病。糟糕的是，我一向討厭健康食譜的食物。我也討厭紅燈，討厭速限，我對停車標誌也沒什麼好感。不過，有些事情不論你喜不喜歡還是得做。三十年前，一九六七年七月四日，我在猶豫的心情下戒煙，從此再也沒有什麼成就可與之比擬（珍在七月五日戒煙）。如果考慮到這項研究報告中有關引發心臟病的原因，對每個人來說，吃低脂食物可能是很有道理的。對我們這些體內膽固醇指數高且常常身處壓力狀況之中的人而言，採用低脂食譜則是必要的。

要這麼做並不容易。在這個人人仍舊大啖漢堡、薯條、乳酪、油脂、冰淇淋與蛋糕的世界，吃低脂餐的人不僅需要自制力，而且還會感到和他人之間的疏離感。在大聯盟總冠軍賽的第九局擊出全壘打，或是得到諾貝爾物理獎——用以上這兩種方式來引人注目那可有趣多了。不過要是在餐廳中自己帶著沙拉餐，或是追問侍者蔬菜湯中是否眞的不含雞湯，以此方式來引人注意，那可眞的一點也不好玩。你要是受邀到某人家中用餐，還得解釋你不吃肉、乳酪、油脂以及其他可能端上桌的東西，然後告訴對方你只要吃點不加油脂的麵條再淋點蕃茄醬就很棒了。

我從小就認爲吃素的人很古怪——這種人只在健康食品商店購物，然後把自己的孩子取「風」、「河流」、「陽光」之類的名字。我從小也認爲健康餐只適用於像是我阿姨她們這種老人。就她們的情形來講，她們開始吃健康食譜的飲食時，差不多都快一百歲了，而且只是不吃鹽而已。我差不多是在她們一半的歲數就開始吃特製的無脂肪蔬菜餐。我現在也希望自己的孩子健健康康的，要遠離毒品、不要結交損友、不要吃過多的油脂。西方世界的第一死因是心臟疾病。如果大部分的人都吃低脂食物，那麼衆人注目的焦點就會在那些吃高脂肪食物的人身上——這麼一來，我和那些吃蔬菜餐的人就不會引人側目了。人類的壽命也會大幅延長。

第二個改變就是我開始每天做運動。很多證據顯示，維持良好的身材可以避免心臟病的發生，所以我開始去「心臟復健中心」——這是個含蓄的醫學名稱，其實就是老人健身中心。突然我發現自己一週得三次採踏板四十五分鐘，一旁是一位八十三歲剛接受心臟移植手術的老翁，另一旁是一位喋喋不休，現年七十九歲剛接受四瓣膜心血管繞道手術的老婦人。我現在五十二歲，卻突然覺得自己像是個幼稚園生錯置到一個八年級的教室裡。在訓練課程的空檔，我們看有關健康食譜以及憂鬱症的影片，此外也看心臟內部解剖的影片。這可不是性教育，而是教導我們生死攸關的問題，不過我倒寧可看性教育的影片。

第三個改變是我的醫師們建議的，就是減少生活中的壓力和令人焦慮的情況——這可是我從來都沒想過的事。我有點喜歡壓力。在任何情況下，減輕壓力並不容易。目前我們可能會購併ＮＢＣ，公司業務仍需處理，再加上傑佛瑞的問題尚待解決，手頭上有這些事情亟待處理，我的生活不會一下子就輕鬆起來。不過，我還是被迫放輕鬆些。珍和醫師們盯著我這麼做。我如果不照做，只會帶來更多焦慮感。

有人提供我減壓的技巧，所以我決定練習瑜珈。我記不得我們在哪裡找到瑜珈老師，不過她就是在某一天下午我們約定的時間來到家裡。她溫婉體貼，讓人覺得愉快。我顯得有些笨拙，緊張兮兮地躺在地板上。瑜珈老師播放輕柔的音樂，指導我做出一些特殊的姿勢，並用腹部去呼吸，口中哼著歌。雖然我知道做出某些很奇怪的姿勢會帶來壓力，這對我剛康復的心臟是一大負擔，我還是很努力地做。回到辦公室後，我仍然不忘做瑜珈運動，不過回家後還要找時間來做瑜珈則令人苦不堪言。一開始瑜珈運動就像是固定的約會一樣也帶來了壓力，和做瑜珈運動減低的壓力剛好彼此抵銷。幾週之後，我不再做瑜珈運動，我自己找個合理化的藉口——如果我不這麼汲汲設法去減輕生活的壓力，我的生活也就不會有這麼多壓力。

動手術後的幾個星期，我盡量避免和傑佛瑞交談，部分原因是珍不讓我碰任何有礙我病情復原的事情。我和傑佛瑞在電話中簡短的交談總是讓我感到氣憤。我再度請山佛特做我們的和事佬。傑佛瑞藉機把整件事情鬧得更大。

「我再也受不了這種『艾斯納是老子，我是兒子』的關係。」他告訴山佛特：「這樣下去，公司根本是艾斯納一個人在作主。法蘭克和麥可的夥伴關係從來不對等。我希望能有對等的關係。」最後，八月七日，我要傑佛瑞到我家來。這次會面有點奇怪——氣氛緊張，談話內容直來直往，彷彿閒話家常卻又針鋒相對。大約過了一個半小時，他才講出眞正的心意。「該是我更上一層樓的時候了。」他說。我有點嚇了一跳，所以我問他是否另有高就。

「沒有，」他說：「目前還沒有。」

「那麼是我們還可以再討論的事情嗎？」

「對，我們可以再談。」他說：「不過，我想，其他人早已下了結論。」傑佛瑞告訴我，他覺得他被董事會孤立。「我知道史丹利和羅伊對我有敵意。如果你強迫他們做決定，我才有可能升任公司總經理。」他說：「如果是那樣的話，這樣子的總經理不當也罷。」我告訴傑佛瑞要有點耐心。

我不考慮給予傑佛瑞總經理職位，不過我還沒有放棄再另尋他法把他留在迪士尼公司。不管發生什麼事，在處理他的事情之前，我很希望能獲得更大的力量。「你先回家去，把你希望扮演的角色都寫下來好嗎？」我說：「告訴我你要怎麼重整公司，哪些高階主管你想更換，還有你想追求什麼。」他同意這麼做。

眼前這段時間，在創作方面最迫切的事情就是《風中奇緣》(*Pocahontas*)，這部動畫片預計一九九五年夏天上映，不過目前已經進入製作階段。我去太陽谷之前，曾經和羅伊看過這部片初步剪輯出來的成品，我們倆對這部片都很關心。我尤其擔憂這部片的第二部份，內容有些混亂，而且缺乏敘述張力。我覺得其中一首歌曲以及語言部份有點問題。問題是寶嘉公主該在最初的幾景當中講她的母語，或者就乾脆從頭到尾使用英語。採用英語會使全片較不寫實，但會使故事敘述較流暢。八月十日星期三，就是我和傑佛瑞見面後兩天，我和傑佛瑞通電話，想要仔細討論一下《風中奇緣》這部片讓我擔心的事情。

「這沒什麼。」他堅持。我提醒他，我以前會把每部動畫片的特別交代事項寫下來交給他，而這些事項他一定都會做整合，此一流程似乎進行得不錯。他很勉強地答應會再去看我所寫的特別注意事項是否都考慮到了。

和以前比起來，傑佛瑞似乎更不願意讓我知道他在做什麼。甚至下一次試映的時間是什麼時候，他都語帶含糊。他知道我上星期四和彼得・施奈德談過，對此他也表示反對。第二天早上，我拿到一張手寫的便條紙。「你和彼得討論，又檢查我的工作情形，又要查你的交代事項是否落實在《風中奇緣》這部片子上。這些做法我不能接受。」傑佛瑞寫道：「不過更糟糕的是這麼一來，表示你對我沒有信心，你不相信我會完成我答應過的事。如果這就是你如何看待我們將來要如何相處的方式……我可不是。」

我打電話給傑佛瑞。「我想你那張字條是錯的，而且也不恰當，」我告訴他。顯然我們已經鬧僵了。我不會給他心中想要的工作，而他也不想退讓轉而接下別的工作。其他事情顯得都不重要了。我不得不開始爲製片場重組一個經營班底。爲公司未來預作準備絕對有必要。我最先著手的就是和喬・羅斯商談，讓他接手電影部門。我也希望我能說服傑佛瑞的副手瑞奇・法蘭克，希望他接下權責更大的新職務，就是整個全球電視業務的負責人。最後，彼得・施奈德和羅伊・迪士尼會接掌動畫部門。八月十九日星期五——就是我和傑佛瑞因爲《風中奇緣》這部片彼此針鋒相對之後九天——我打電話給喬・羅斯。

「我準備下星期和傑佛瑞談談，」我解釋道：「而我也想知道，不管最後事情發展如何，你是否有興趣到本公司的電影部門，職位就在傑佛瑞之下或是直接對我負責。」喬表示他有興趣，而我告訴他我會讓山佛特和他討論合約問題。我還要求他對這次討論內容完全保密。

星期一早上，我在家裡會晤瑞奇・法蘭克。我告訴他我再過兩天會和傑佛瑞見面，而我不會給傑佛瑞他想要的工作。在這種情形下，我要瑞奇擔任電視部門和電訊業務的負責人，此外還得負責家用錄影帶以及迪士尼頻道的業務。失去傑佛瑞是個困難的決定，不過我已經下定決心讓公司其他決策階層有展翅高飛的機會。給予瑞奇、彼得和喬更大的責任可能會使他們的部門更有活力。這也代表一種讓公司生生不息的方式，此一過程在過去進展得不如我預期的平和以及順利。不過我也知道，有時改變的過程並不總是能照我們的預期進行。有時候最好的結果是處理最險惡的危機之後才得到的。

星期二，我要約翰・卓爾準備新聞稿，詳述公司即將發生的變化。我們注意到法蘭克驟逝所引起的震撼，所以我們的目標是要使這次的轉變儘可能有秩序地進行。星期三早上將近九點時，我在家打電話給喬。我告訴他，今天早上我會和傑佛瑞碰面。我仍然沒說出傑佛瑞要離開公司這件事，不過喬應該知道有什麼事情要發生。

十一點時，傑佛瑞坐在我的辦公桌對面。他寫了四張便條紙，內容敘述他對個人及公司未來的看法。在他把便條紙遞給我之前，我制止了他。現在再討論他的建議事項已經沒有意義。我一年來已經預期這一刻的來臨，再也沒有其他更好的方式告訴他我的決定。

「我怕這一天來臨已經好久了。」我說：「我一直希望不會走到這一步，也希望我們能讓事情好轉。不過我現在不會給你你想要的那個職位，而你對你眼前的這個工作也不滿意。」我們簡短地談到過去幾週發生的事情。然後我遞給他我們事先準備好的新聞稿。他平靜地看完新聞稿。緊張的氣氛似乎流洩到房外去了，我們話題一轉談起早先幾年愉快的時光。整個感覺是苦澀中帶著甜蜜，又有失落感與彼此的餘怒摻雜其中。不過一切盡在不言中。表面上看來，這次會面是意外地友善。傑佛瑞後來說那是我們一年來最輕鬆的一次談話。

最後他起身回他的辦公室，我第一個感覺是鬆了一口氣。我打電話給珍，然後開始遞補其他管理階層的職位。我也打電話告知喬・羅斯這件事情。「我們和你的合約該做決定了。」我解釋道：「身爲衆所矚目的企業，我們對於人事異動可能對股價的影響要特別注意。我們不能等到你簽訂合約備忘錄之後才對外宣布。」下午兩點新聞就發出去，幾分鐘後，媒體的電話就打進來了。幾乎整個下午我都在接聽電話，跟記者以及公司高階主管講話。

這是我第一天開始恢復全天上班。到了下午七點，我覺得身心俱疲。我的身體告訴我，該回家上樓睡覺去了，但心裡卻放不下一件事。過去這個月，我的作曲家老友卡蘿．拜爾．沙傑（Carol Bayer Sager）（她是華納公司總裁鮑伯．戴利的未婚妻）一直鼓吹冥想的好處。她認爲迪帕克．丘布拉（Deepak Chopra）——他是新世紀（New Age）派的治療師，同時也是一位暢銷作家——正是能幫助我的人。卡蘿並且給我看一些電子郵件，內容是有些人因爲迪帕克．丘布拉的幫助，生活有所改變。我特別指出，這些人以前生活也曾有改變，他們會搬家，改變飲食，更換伴侶。但卡蘿就是不放棄。最後我讓珍去安排一次晚餐會面，邀請丘布拉來。珍照辦，她滿心希望能幫我調養剛動過手術的心血管。丘布拉搭機從北卡羅萊納州來共進晚餐。

卡蘿在門口迎接我們。我們走進室內，裡面點了蠟燭。丘布拉在客廳教導鮑伯如何冥思。鮑伯看到我——又一個焦慮的媒體主管走進來——我敢說他從來沒有這麼高興過。他覺得這是個不失禮的藉口，可以中止他現在冥思超越的狀態，所以就起身歡迎我們。

我們都坐在一起。鮑伯和我就像露營的人第一天面對曠野，珍則單純感到好奇，而卡蘿則是態度優雅，神情專注。鮑伯對我這天發生的事表示同情，整個房間內靜悄悄的。最後丘布拉開口了。「我們在百視達（Bluckbuster）就賣出一百萬捲的錄影帶，」他說。也許他說的是 Barnes & Noble 書店賣了五十萬本書。總之不是什麼超越的境界。我們繼續談到他目前的狀況、他的書，還有他認識的好萊塢人士，最後我們又談到他對冥思及靈肉之間的看法。丘布拉脾氣好，說話有條理，很有魅力。丘布拉也很體貼、迷人，但我的家和家中的床更體貼，更迷人。丘布拉的聲音規律輕柔，我的身體卻疲累至極。兩者相權，我決定回家。那天稍早我已經把傑佛瑞‧卡森柏格的事情辦妥，這足以減低我未來幾個月的壓力。

雖然對傑佛瑞離職一事，傑佛瑞的好友有激烈的反應，但媒體對此著墨不多。我最關心的事情是，記者可能拿傑佛瑞離職一事以及法蘭克死亡的事件來做文章，認爲公司內部不穩。不過，媒體報導雖然提到傑佛瑞在公司任職期間表現優異，但也指出喬‧羅斯、瑞奇‧法蘭克、彼得‧施奈德等人能力強，足堪大任。傑佛瑞本人在公開聲明中表現得頗爲節制大方。幾週後，他宣布準備和他的朋友大衛‧葛芬及史蒂芬‧史匹柏成立自己的製片場——夢工場（DreamWorks）。

另外一件重要的事情是加緊和通用電力公司磋商購併NBC的事宜。九月十四日，史丹利‧歌德、里查‧那努拉和我三人搭機到紐約去，這是我動手術後第一次出外的行程。我們和威許在該公司大樓內他辦公室旁的私人用餐室用晚餐，陪同的還有威許的兩名高階主管。威許替我準備不含脂肪的晚餐。他那時可沒想到，一年後他也動了相同的手術，也同樣要面臨生活型態的改變。

「我們準備賣出NBC百分之四十九的股份，剩下的百分之五十一我們要留著，」他開場白這麼說。「節目製作你們全權負責。」後來他又說，迪士尼公司有其他幾種方案可以購得大部分的股權。至於NBC的CEO，威許表示他不想換掉目前的CEO鮑伯‧萊特，至少會再給他兩年的時間來扭轉局勢。NBC目前營運不佳，每個人都把矛頭指向鮑伯‧萊特。威許對這位曾替公司效力多年但現在卻面臨麻煩的主管挺身支持，我對此舉感到欽佩。

威許對此交易的看法頗有說服力。只要花一半的價錢就能決定整個頻道的經營方式，這的確很誘人。威許甚至主動提出，他可能考慮提供經費在迪士尼樂園的艾波卡特中心設立通用電力公司的展示區，以提供更多誘因。十點鐘剛過，我、里查、史丹利搭電梯離開，大家心中對該項建議都頗感興趣。我現在記不起來，我們搭電梯下來的時候，是不是有人對這筆交易提出疑問。我們坐上車前往席德．巴斯的住處，準備開一個早先安排好的檢討會議。途中，大家心中開始產生疑問。把威許的建議書再看過一遍以後，我可以感覺到每個人的興奮之情都急速消退。我們終於明白，威許只是把一個三流頻道中小部份的股權釋出，而他開的卻是最高的價碼。按照威許的建議書，我們得負責扭轉NBC的營運狀況，如果我們成功了，只可能獲得一半的酬庸；若是失敗了，我們就得全權負責。

席德的反應很簡單：「我認為這不可行。」

整個晚上的氣氛突然變得很有趣。向來都是我對別人鼓吹，希望達成一些對本公司有利的交易。而這一次，卻是換成另一個技術高超的人在引誘我，希望我考慮一個對本公司不利的交易。第二天一早，我打電話給威許。「你推銷的本事眞不錯。」我說：「不過我睡了個好覺以後，對你所提出的建議，我的答案是不。」

威許笑了，我也笑了。這就好像他把房子拿出來賣，價錢開得比行情還高，就等人用這種價格把房子買下。我們的決定是正確的，不過經過這兩個月的磋商，我們都覺得很掃興，也感到很失望。以合理的價格買下NBC——這件事在一天前似乎還煞有介事——對迪士尼公司而言，正是一劑適時的強心針。事後證實，威許眼光獨到。在鮑伯．萊特的領導下，兩年後NBC完全改頭換面。

雖然我們這次交易不成的消息並未走漏，不過媒體開始把迪士尼形容成一個根基不穩的公司。最讓人注意的是《新聞週刊》的封面登出一隻表情困惑的米老鼠，標題寫道，「迪士尼王國還變得出魔術嗎？」在《浮華世界》、《紐約客》、《紐約時報》以及其他媒體上都刊載有評論文章，分析公司狀況並探討公司過去半年來發生的不幸事件。至少有一篇文章暗示迪士尼公司現在已經「癱瘓」了。其實，喬・羅斯很快就開始負責眞人電影，而瑞奇・法蘭克也接手電視部門。彼得・施奈德和湯姆・舒曼契表現傑出，讓動畫部門繼續運作。不過，在公司高層結構有重大改變之際，這種突如其來的批評文章，只會更加深那種無可避免的焦慮及不確定感。

我倒是很達觀。記者總是想要從新奇的角度來報導事情。我學到的教訓就是，只要你在迪士尼，那麼全世界似乎就盯著你看。我們做的每件事都會被大肆宣揚開來，而在別的公司這類事情是沒什麼大不了的。近十年來，媒體對我們經營成功的經過都能客觀地表示讚揚，對我個人也有一些言過其實的讚美。現在媒體開始說我們公司經營不善，我突然搖身一變成了大惡棍。這兩種極端的看法都不正確。在過去狀況最好的十年間，我們也曾犯錯，也有失敗的時候。我們現在面對的是一個更艱難的時刻，不過也不至於像媒體記者所言，情勢有那麼差，那麼險惡。雖然這一年公司遇到的騷動逆境不斷，不過我們即將提出公司一九九四年的財務報告，其中包括公司盈餘項目，比上一年盈餘淨值總額增加百分之二十五。我們的競爭對手中很少有哪家公司能爲股東創造財富，而我們卻一直如此。

我一向不把外界的關切看得太嚴重。不管怎樣，我都不願意花時間去奉承媒體或分析師。自從法蘭克死去以及我動了心臟手術以後，我覺得我得做的事情就是我的時間最好都花在公司的事務上。我首要之務就是確保公司最佳的營運狀況，同時也能保有公司追求卓越的信念。就像股票市場一樣，股價有高有低，但時間一久，自然能反應出正確的市場價值。我相信媒體對迪士尼優異的表現終究會給予正確的評價。

過去半年來，公司員工以及董事會成員經歷了一段不安又不確定的時期。對此我雖然感到不快樂，但是我也知道，變革可以是公司成長的發動機，也是創造力的來源。變革其實是讓我們從舒服的地方走出來，強迫我們重整思考模式。我到鬼門關走了一遭，使我對冷酷而且必然的世情變故有更敏銳的體會。我們公司內的事件也一樣。不過這些事情也許都比不上我們籌建「迪士尼的美國」(Disney's America) 的經驗來得痛苦——或者說是來得讓人有收穫吧。

12

迪士尼的美國

但娛樂一定要創造情緒

在這群傑出歷史學者提出嚴厲批評之後，輪到我回應時，
我說：「娛樂不一定是食物，不必使你覺得好。
但娛樂一定要創造情緒，讓你笑，讓你哭，
讓你生氣，讓你悲傷。你們所說的百分之九十八我都不反對，
但是我必須指出，『迪士尼的美國』
不會只是二十五分鐘的經歷……
我們想說的故事需要八小時才說得完……
在結束八小時的旅遊之後，
你已經體驗了一場包含知性、娛樂性與挑戰性的美國之旅。
這是我們的目標。」

我在迪士尼工作的前十年中，最令我興奮不已的計劃莫過於「迪士尼的美國」，這也是受到最多阻力的計劃。迪士尼長期關注兒童、教育兩項主題，而以美國歷史爲題材，打造一個迪士尼主題樂園，似乎與兒童、教育息息相關，也是結合公司與公衆兩方利益的最好辦法。

這個想法在一九九一年夏天開始萌發。有鑒於歐洲迪士尼樂園的造價的攀升，我們開始尋求其他方式發展規模較小的主題樂園。當時負責主導樂園計劃的里察・納尼斯，極力說服法蘭克和我參觀重建於維吉尼亞潮水區（Tidewater）的殖民城鎮：威廉斯堡（Colonial Williamsburg）。里察希望在威廉斯堡成立一個相關主題的樂園。我的腦袋不時想著美國歷史。我們計劃下一個主管假期將以民主爲討論主題。已經有人在最近的「炮轟秀」中提議，將《風中奇緣》的故事改編成動畫影片，我正在閱讀幾本關於約翰・史密斯（John Smith）和寶嘉公主的書。

威廉斯堡之旅讓人深感興趣。可是計劃、探勘人員到達當地仔細研究之後，他們的結論都認爲地點不適合蓋迪士尼主題樂園，因爲迪士尼樂園全年需仰賴好幾百萬訪客，不分季節。可是威廉斯堡的主要旺季是夏天，從華盛頓特區開車要兩個小時，若旅客要一天來回，實在太遠了。但是參觀威廉斯堡之後，我們深信以歷史、愛國爲主題的樂園一定能成功，只要地點適當。

回到洛杉機，法蘭克和我授權彼得・朗梅爾，由他帶領迪士尼研發小組開始尋找適當的地點。幾個星期後，研發小組選定華盛頓特區。彼得解釋說：「沒有比這個地方更好了，這裡有龐大的旅遊人口，而且這裡的人對歷史主題樂園一定感興趣。」的確，每年造訪美國首都的人口超過一千九百萬，位於首都的歷史景點、政府建築物與博物館吸引衆人參觀。我青少年時期，父母也曾帶我和妹妹到那兒旅遊好多次。我仍記得和妹妹比賽，看誰先跑上華盛頓紀念碑，我們倆在波托馬克河

（Potomac）打鬧不休，並參觀白宮與史密森學會（Smithsonian）。我們甚至從副總統尼克森（Nixon）身旁走過，看他獨自一人佇立在國會大廈的廳堂。像這樣的經驗，無論什麼也無法取代，而我們所想像的迪士尼樂園極有可能以新鮮有趣的方式，引發年輕人的興趣，來涉獵美國歷史。用我們與生俱來的說故事本領及其他技術，我們有把握呈現實在而不乏味的內容，讓歷史事件彷彿再次重演，讓美國的故事生動活潑，立體地展現出來。

然而，將樂園命名爲「迪士尼的美國」就是錯誤的第一步。「迪士尼」和「美國」好像順口溜一般，讓人琅琅上口，很自然很容易被放在一起。法蘭克和我都很希望人們將「迪士尼」和「美國」聯想在一起。但事實證明，這是慘痛的錯誤。「迪士尼的美國」意味著將國家的歷史據爲己有，這只會激起反感與批評。這並非我們所樂見的事。我們感興趣的樂園，決非只反應「迪士尼式」的美國歷史。

一九九二年秋天，當彼得帶領小組尋找、探勘適當地點時，我們開始從「夢想家工程」找一批人組成團隊，由鮑伯・衛斯領導，負責設計這個公園。鮑伯・衛斯曾經在迪士尼—米高梅影城中扮演相同角色。一九九三年一月的一個星期天，我和鮑伯的團隊第一次碰面，我們開始竭盡所能拋出點子，構想各種觀點。

「不管最後我們做什麼，主題樂園一定要有一兩個故事，取材自美國重要的歷史事件，要扣人心弦、感人肺腑。」我告訴我們的團隊：「除了嚴肅性、挑戰性、深度的內容之外，也要有一些趣味性與活潑、輕鬆的要素，再加上電影裡那種戲劇性的起伏。如果我們眞的要爲美國歡唱，就必須捕捉這個國家的各種複雜性。」有人建議以戲劇的方式訴說移民的經過，還有人提出美國原住民經驗、憲章的擬定和民主的誕生、奴隸的故事和內戰、軍隊的角色、家族農場的興衰，以及工業革命的起始等主題。

一九九三年的春天，彼得的小組找到一個地方，聽起來十分理想，就在維吉尼亞州秣市鎮 (Haymarket) 外，距離華盛頓特區的市中心只有二十英哩。我們想買的三千英畝中超過二千三百英畝的土地是屬於一個公司，即 Exxon。這家公司的房地產部門在一九八〇年代末期，正當房地產狂飆至高峰時，收購未開發的農地，並且取得發展特區的同意，進行大型綜合使用開發，建造房屋與辦公大樓。但到了一九九〇年初期，房地市場衰退，建設計劃宣告停擺。

由於這種龐大土地的買主少之又少，因此 Exxon 同意出售給我們土地購買優先權，不堅持一定要立刻購買。這樣一來，當我們還在設計樂園，並開始和州政府與地方單位交涉特區及開發事宜的同時，便可以較低的價格握有土地，等到未來再完全買進土地。彼得的小組也即刻展開行動，收購或挑選周邊鄰近的小塊土地。在任何的土地交易過程，包括與 Exxon 的協商中，我們從來不告訴對方買主是迪士尼。

八月初，珍和我飛往華盛頓，第一次去勘查地點。約莫九點半左右，飛機降落在達樂斯 (Dulles) 機場，我們租了一輛車前往該處，和彼得與幾位執行人員碰面。車程不超過半小時，這一點令我很滿意。雖然「迪士尼的美國」位於州際六十六號公路旁，一條直達華盛頓的高速公路，這裡還是屬於鄉下，放眼望去盡是山坡與農地。珍和我花了幾小時，探索周遭環境。其間，我們走進一間廢棄的空屋，往地窖走下去，發現一對爐灶，推算年代，至少有一百年的歷史。

那個地方實在太美了。我開始好奇，我們在那兒建造主題樂園，當地居民會怎麼想？彼得和組員再三保證不會有問題，因爲這塊地已經劃定爲大型住宅與商業發展區——居民一定很高興這項計劃帶來上千的工作機會，因爲當地的經濟發展並不好。我們原先希望在那一年結束之前，找個適當時機宣佈「迪士尼的美國」計劃案，但是很明顯，許多準備工作接踵而來。其中一項重點便是說服維吉尼亞州的立法機關背書，保證基礎設施的改善確實進行，例如拓寬州際公路六十六號。如同新阿姆斯特丹劇院的翻修工程，「迪士尼的美國」計劃案若沒有政府補助款一定行不通。以這個案例來說，州政府很可能願意配合，因爲它有潛力創造工作機會，帶來更多的稅收盈餘，並且吸引觀光客。

正當計劃進行之時，很糟糕地，我們低估了兩個重要問題——接下來一年我們一直備受困擾。首先，我們忽略了人們多麼希望維護自己的社區，一如往昔，不要變更。尤其是我們西邊的地區——維吉尼亞的狩獵地區——住了一些美國最有勢力的家族如美倫（Mellon）、杜邦（DuPont）、哈瑞曼（Harriman）與葛拉漢（Graham）等等。這些顯赫的家族世代擁有龐大的房子、廣闊的農場、無際的牧場與名貴的馬匹。

不久，我們發現這些家族慷慨資助皮德蒙特環境會議（Piedmont Environment Council），這是一個當地鄉村保護團體，成立已有二十多年。可能全美國再也找不到其他團體，像他們一樣擁有衆多資源，去遊說一項議題，不管是和國會議員、政府機關，或透過媒體。他們有錢，有專家，還有政治關係。他們其中有許多人就是在華盛頓以此爲生，而對他們而言，「迪士尼的美國」計劃案的結果攸關個人的利益。

另一個我們沒注意到的問題是內戰的戰場，位於馬那沙斯（Manassas）鎮上，距離計劃的預定地約五英哩。我們得知五年前，有人宣佈計劃在戰場附近建設購物中心，結果引發爭議，招來歷史學者、內戰迷的強烈抗議，其中包括裘蒂‧鮑威爾（Jody Powell），也就是卡特的前任新聞秘書。最後，反對聲浪大獲全勝，建設購物中心的計劃因此打消。但是我們深信——裘蒂‧鮑威爾也相信（我們曾徵詢他的意見）——我們的預定地離馬那沙斯還很遠，應該不會有問題。可是我們大錯特錯。反對計劃的民衆仍然拿馬那沙斯大作文章，結果，他們成功地讓人相信我們的地點眞的坐落在內戰戰場上，而非距離五英哩遠。這些問題都等著我們，但無論如何，那天珍和我走在預定場地上，和彼得與其他組員討論時，我對「迪士尼的美國」計劃案懷著前所未有的信心與熱情。

我們的下一個錯誤是以爲我們可以按照自己的時間表宣佈這項計劃。取得土地時我們必須守口如瓶，因此計劃發展的過程中，無法向維吉尼亞州重要的政治人物做任何簡報，更別談遊說。結果我們失去結盟與培養好感的機會。也因爲保密的原則，我們無法尋求歷史學者的意見，他們的想法與批評絕對有助於我們的計劃，提醒我們可能出現爭議的地方，也可以讓計劃從一開始就有正當性。一心一意要保密，終於使我和高層主管無法在宣佈之前，和華盛頓高層政治人物與意見領袖碰面，向他們詳細說明計劃案的細節。其實我們本來可以讓他們分享我們對於這項計劃的熱情，以及背後蘊藏的嚴肅目的。

無法自由、完整地測試政治風向，我們處於不利的位置，不能明確探知反對聲音會在哪兒出現，這幾乎是每一項大型開發案都會遇到的。我們挑選一位積極的年輕主管馬克‧帕卡拉（Mark Pacala）來監督樂園，可是當他於一九九三年秋天就任時，重大錯誤已經產生，情勢迅速地發展。十月底計劃內容開始外洩，我們急忙掩飾、辯解，可是傷害已經造成，無可挽回。

記者熱切追蹤報導我們的計劃時，十一月初我打電話給喬治‧艾倫（George F. Allen）。當時他剛剛當選爲維吉尼亞州長。巧的是，在選舉中獲得壓倒性勝利的艾倫，和他的家人正在華特迪士尼世界度假。(「艾倫先生，你已經當選爲維吉尼亞州長，你接下來要做什麼?」)艾倫在「神奇王國」回覆我的電話，我向他詳述計劃內容。他說：「聽起來很棒，我就是想在維吉尼亞州作類似的計劃，我期待與你合作。」我也打一通電話給即將卸任的州長道格拉斯・懷德(Douglas Wilder)，他也表示支持。新舊兩任州長都允諾出席我們預定在十一月十一日星期四召開的公開說明會。

十一月八日星期一，《華爾街日報》刊出一小篇文章，報導迪士尼將在維吉尼亞州某處開發新的樂園，但是並沒有談到細節。星期三，我們繼續忙著準備隔天的簡報，而《華盛頓郵報》提前以較爲詳盡的細節揭露這項消息。我們立刻感受到即將面臨的狀況。《郵報》大都會版的首頁刊登兩篇文章，大幅報導計劃中的主題樂園，其中一篇標題爲「迪士尼的宏偉計劃，帶來汚濁、擁塞的交通」。旁邊是幾幅預定地的照片，圖片說明是：「灰姑娘的故事，還是惡夢一場?」從這些重話已可看出未來十個月，《郵報》想要在新聞版面與專欄中傳遞何種訊息。隔日早上，我們在秣市鎮舉辦的公開說明會上，來了超過一百五十位的記者、政治人物與當地居民。

我們希望說明大部份的計劃已經進入執行階段，而我們的意圖是認眞的。鮑伯・衛斯帶著他的小組展示美術設計以及我們計劃初期的立體模型。他們描繪出七個主題區，其中包括總統廣場(Presidents Square)、原住民文化村、內戰堡壘、位於紐約的移民港口艾利斯島(Ellis Island)、世紀之交的工廠城鎮、州市集與中西部的家庭農場。但事實上，我們說得太多也太早，像其他大型計劃一樣，這項計劃一定會經過多次修改。在公開場合把計劃說得太完整，很容易招致批評，各種意見將會蜂擁至上，每個人對於什麼是美國歷史主題樂園的看法不一，樂園應該或不應該包含什麼，衆說紛紜。

同時，我們也很可能落人口實，讓外界以為我們以後所做的改變都是因應外來壓力，而非出於創作理念或追求完善的動機。

在記者會場上，許多記者針對「眞實性」提出疑問，他們懷疑迪士尼多少有可能漂白或矮化美國歷史。剛好相反，我們不喜歡把故事包裝得很甜美，這麼做可能使樂園乏善可陳，一點也不能感染民衆的情緒。但是當鮑伯·衛斯被問及我們對樂園的構想時，他舉了一個簡單的例子說明。「我們要把你變成內戰士兵，我們要讓你感覺做爲一個奴隸是什麼滋味，或是從地下鐵道逃生是什麼感受。」幾天之中，批評的人緊咬住這番話，他們預設這就是樂園的精髓。一位編輯作家質問道：「迪士尼怎麼可能在主題樂園裡重現奴隸制度的悲慘經驗？」我眞希望當時鮑伯能以圓滑的語詞回答問題，但是回答的重點沒錯。我們無意要爲每個人「複製」奴隸經驗，我們怎麼辦得到呢？我們努力想做的，是以戲劇化、活潑的方式，敍說動人心弦的故事，讓歷史活生生地展現。不知道爲什麼，我們始終沒有成功地讓人了解其中的差別。我們越努力要說明，越讓別人誤解。

記者會提出的第二項重要問題就是擔心大型開發案可能造成的影響，例如引發當地交通壅塞、空氣汚染、人口擁擠等問題。鮑伯和彼得·朗梅爾都淸楚地表示，我們會很認眞研究這些問題，也很希望和當地官員合作，向當地居民解說，使他們安心。對於環境保護，我們向來很努力地符合標準，就像華特迪士尼世界成功做到一樣。儘管如此，問題並未因此舒緩。當地的反彈聲浪快速興起。公開說明的五天之中，預定地西邊十幾戶有錢人家，聚集在一起組織團體，與我們的計劃對抗。皮德蒙特環境會議和其他當地環保團體也開始大聲疾呼，誓言反對到底。

雖然反對聲音存在，但是一開始也有不錯的回應，懷德和艾倫兩位前後任的州長都在記者會上爲「迪士尼的美國」背書。幾位重要州議員和地方官員也表示支持，其中包括威廉王子郡監督委員會（Prince William County Board of Supervisors）的女主席。雖然《華盛頓郵報》表達不認同與懷疑，大部份的媒體都認爲「迪士尼的美國」是一項有趣、創新、有企圖心的工程。例如《紐約時報》最初的文章形容當地居民對於該項計劃，有一種「完全活躍的感受」，報導中對於可能引發的爭議則略過不提。

此時鮑伯・衛斯和組員終於可以公開徵求專家的意見。一九九三年十二月中，鮑伯和其他夢想家飛往華盛頓，和各個團體領導人晤談，其中包括華盛頓印第安領導論壇（Washington Indian Leadership Forum）、國會黑人參政會（Congressional Black Caucus）、維吉尼亞歷史學會（Virginia Historical Society），以及史密森學會。每個團體都給予善意的回應，甚至主動提供協助。同時，我們也開始尋找歷史學者作爲我們的顧問。我們將自己定位在說故事的角色，因此需要專家幫助我們了解、詮釋、組織我們想描述的故事。雖然，有些權威專家立即持反對立場，不認爲像迪士尼這樣的娛樂公司應該處理歷史議題，然而還是有許多學者秉持開放的態度。他們向我們表示，如果迪士尼想投注心力打造美國歷史主題樂園，他們十分願意協助，以確保迪士尼有充分的知識，以負責的態度來進行這項工作。

身爲哥倫比亞大學歷史教授，同時也是美國十九世紀歷史學者的艾瑞克・佛那（Eric Foner），在一九九一年首次與我們聯繫，來關切迪士尼樂園裡名爲「林肯的偉大時刻」的展覽。該項展覽在一九六〇年代開幕，以聲動機器人爲特色，內容是林肯幾次重要演說的精華片斷。參觀展覽後，佛那提出疑慮，認爲這些演說都未提及奴隸制度，也疏於處理種族問題。於是我們邀請佛那協助，爲林肯與旁白設計一段內容——在「神奇王國」裡更大型的聲效展覽中，即總統名人堂（Hall of Presidents），將用上佛那設計的內容。佛那同意我們的邀請。原先的旁白敍說「自由與民主」爲建國先士的中心思想，佛那做了部份修正，更進一步說明「這份理想是未完成的志業，有待每一代的美國人努力以赴，包括我們自己這一代」。詩人瑪雅·安傑露（Maya Angelou）也同意爲新的展示做旁白。在新的展示中，我們還加入了第四十三屆總統柯林頓，他也同意親自錄製一小段自己的演說，內容由白宮協助撰寫。（我自己也草擬四份演說稿，沒有一份聽起來像蓋茲堡演說。最後，佛那的貢獻成就了一項有內涵、有份量的展覽。之後他答應爲「迪士尼的美國」扮演類似的顧問角色。

鮑伯·衛斯與其助理瑞克·羅斯喬（Rick Rothschild）也拜訪喬治華盛頓大學的非裔美國人歷史專家詹姆斯·霍頓（James Horton），他一開始也反對我們的計劃。等霍頓與我們直接接觸後，他同意協助我們設計「迪士尼的美國」關於種族的展覽。由於我們的設計恰當，他才向《華盛頓郵報》表示：「迪士尼的計劃讓我相信，它可以和歷史悠久的華盛頓形成互補，並證明歷史的嚴肅性也可以令人著迷，如同幻想一般，甚至更具有說服力。」

一九九四年一月十五日星期六，整個「迪士尼的美國」小組聚集在格倫代爾的夢想家工程大樓裡，我們開了整天的會議。我告訴組員，「最困難的工作，不是敍述歷史中重要的故事，或是爲來訪的遊客創造愉快的經驗，而是在於如何達成這些目標，同時又不削弱任何一方。」舉例來說，在我們原先的計劃中，我們希望重建二十世紀典型的鋼鐵坊，然後讓雲霄飛車通過其中。可是後來我們漸漸了解，這麼做將無法很寫實地描繪煉鐵坊，反而使這個主題顯得很可笑，無法彰顯它的意義。

如果我們將主題樂園的趣味性與歷史結合，可能對任何一方都不公平。舉例來說，創造一個路易斯（Lewis）與克拉克（Clark）泛舟之旅當然很好，但是若要試著以同一經驗解釋天命說（Manifest Destiny），那就不好了。講述美國大兵的故事也極具意義——他們保家衛國的任務值得傳頌——我們可以運用三度空間的影像效果和多媒體工具再現歷史事件。會議結束時，我提到，「我們最需要的是廣度與深度。我們必須不斷努力創造出歷時一天的遊園經驗，使訪客歡笑、哭泣，以美國的強大爲榮，以美國的缺點爲恥。」

在政治與草根這兩個層次，我們獲得越來越多支持。二月時，連串獨立的民意調查顯示，維吉尼亞州民的支持率達到百分之七十五。在馬克・帕卡拉的領導之下，我們也逐漸贏得地方官員與居民的支持，大家都對一萬二千份的工作機會滿心期盼，而且樂園也將帶來可觀的稅收。反對我們的皮德蒙特環境會議一直想貶低這些數據，但即使根據他們自己的研究報告，「迪士尼的美國」還是爲州政府的稅收一年至少增加一千萬，創造六千以上的工作機會。這些數據對州政府影響也很大。一九九四年三月十四日，由於艾倫州長的大力支持，維吉尼亞州的立法機關通過一億四千萬的政府債券，以改善預定地附近的高速公路，另外撥二千萬美金用來宣傳維吉尼亞州的歷史觀光景點，其中也包括我們的樂園。

但這些都不足以緩和反對者的決心。最重要的是，幾位歷史學者開始繪聲繪影，說我們的樂園將威脅附近的歷史名勝，尤其是馬那沙斯。主導這股反對力量的是理查・莫伊（Richard Moe），國家歷史保存基金會（National Trust for Historic Preservation）的主席。二月時，《紐約時報》社論站出來反對「迪士尼的美國」，報社的論點和莫伊相去不遠。「秣市鎮不是第四十二街，也不是佛羅里達州的松樹林。」時報寫道：「把一個主題樂園放在那裡，眞是貶低這樣一個充滿歷史意義的景致。到別處去吧。至於那些希望給予孩子一些歷史記憶的家長，還是讓他們前往威廉王子郡吧，一如過去幾個世代人們做的一樣。就讓他們安靜坐在馬那沙斯傾聽逝者吧。」

五月時，一個自稱爲「保護歷史美國」（Protect Historic America）的團體開始動員。除了領導人莫伊之外，還有知名的歷史學者、作家、公衆人物參加。五月十一日，在皮德蒙特環境會議的支持者部份出資下，這個團體舉辦記者會，會中還有幾位重要成員。暢銷小說《楚門》（*Truman*）的作者，同時也是肯伯恩斯（Ken Burns）的PBS內戰系列報導的主持人，大衛·麥克卡洛夫（David McCullough），形容「迪士尼的美國」爲商業突擊步隊。他甚至將歷史主題樂園的建造，與納粹佔領西歐相提並論。

麥克卡洛夫說：「我們僅有一點點的眞實性。如果爲了創造一個合成的歷史，因而破壞眞實的歷史，那簡直不合邏輯，不可理喻，一定會造成極大的傷害。」莫伊也警告，若是迪士尼眞的建造樂園，周圍鄉村地區將被「過度開發，變得低廉，受到藐視」。耶魯大學一位退休的歷史學者范恩·武沃德（C. Vann Woodward）說道：「毫無疑問地，迪士尼對過去的詮釋一定是錯的。」另一位新聞學與歷史學教授羅傑·威金斯（Roger Wilkins）形容我們的樂園簡易是「國家災難」。

不管就什麼標準而言，這樣攻擊「迪士尼的美國」都太過火了。而對這些批評者來說，記者會是有目的的。就像政治選舉的負面文宣一樣，這些煽動性的語言對於公衆的想法有絕對的影響力，也驅使我們提出辯駁。突然之間，樂園預定地是否眞的座落在歷史古戰場上，已經不重要了；是否拓寬樂園附近的高速公路，我們就能解決長久以來的交通瓶頸惡夢，也不重要了；開往馬那沙斯的路上早已充斥稠密、俗爛的購物中心，比起我們想建造的樂園，更明顯地破壞景觀，而這一點也不重要了。到了一九九四年的夏天，反對「迪士尼的美國」已經成爲一種流行，在紐約和華盛頓新聞中心不斷炒作的議題。如果像亞瑟·史雷辛格（Arthur Schlesinger），約翰·肯尼斯·蓋布瑞斯（John Kenneth Galbraith）與比爾·莫爾斯（Bill Moyers）這些人都反對我們的計劃，大家當然有充分理由加入反抗行列。

無論如何，我們還是持續推動，深信回應批評者的最佳方式就是建造一個很棒的樂園。大約在「保護歷史美國」這個團體舉行記者會的同一時間，鮑伯·衛斯和他的小組想辦法集合另一些同樣有份量的專家到華特迪士尼世界開會，聽聽我們的計劃並提供批評與想法。除了幾位學院裡的歷史學者之外，參與者還包括國會圖書館館長詹姆斯·比靈頓（James Billington）、喬治城大學的校長里歐·歐唐納文牧師（Reverend Leo O'Donovan）、威廉斯堡主席羅伯·威爾本（Robert Wilburn）、史密森學會的國立非洲藝術博物館館長西薇雅·威廉斯（Sylvia Williams），以及白宮的總館長雷克斯·史考登（Rex Scouten）。

一開始，我們帶他們參觀幾個以歷史爲主題的艾波卡特展覽館，從大都會人壽（Metropolitan Life）資助拍攝的影片《我的誕生》（*The Making of Me*）到二十五分鐘的聲效展示「美國故事」（*American Adventure*），前者述說人類自有始以來的發展，後者重述建國始末。參觀之後，我們詢問他們的感覺，結果他們對於「美國故事」有很多意見，因爲從一九八二年開幕以來，這個主題館沒有大幅地更新過。

密西根大學的歷史教授喬治·桑琪士（George Sanchez）說：「大致上，我感覺那不是我所知道的美國。不管從學者的角度或是我個人的角度來看都是如此，太忽略美國歷史了……所以我感覺不聯貫。」其他人也呼應教授的看法，他們抱怨展覽內容似乎過時了。廣泛地說，他們道出我們最近常聽到的評論，認爲美國歷史如此複雜、微妙、無所不包，迪士尼根本不能擔負描述它的重責大任。我很驚訝他們的意見這麼一致，但我不難過。「迪士尼的美國」還在草擬階段，而這個會議的目的是爲了收集意見，爲了使它更好。

輪到我回應時我說：「娛樂不一定是食物，不必使你覺得好。但娛樂一定要創造情緒，讓你笑，讓你哭，讓你生氣，讓你悲傷。你們所說的百分之九十八我都不反對，但是我必須指出『迪士尼的美國』不會只是二十五分鐘的經歷，像『美國故事』一樣。我們想說的故事需要八小時才說得完，其中將包含十五到二十個不同的元素。每一個元素處理美國經驗中一個面向。與過去所做的不同，這次『迪士尼的美國』有把握讓大家對華特迪士尼公司刮目相看。在結束八小時的旅遊之後，你已經體驗了一場包含知性、娛樂性與挑戰性的美國之旅，這是我們的目標。」

第二天早上，一個星期天，我們帶著這群專家學者參觀總統名人堂。十一點鐘我們集合時，我已有心理準備，這將又是艱辛的一天。但出人意料，幾乎每一位都留下深刻印象，而且深受感動。坦白說，一年前我們決定找難搞的批評家艾瑞克・佛那來幫忙，的確做對了。我向大家說：「一旦你知道那兒出錯了，要改正並不難。我們有技術、有能力、有人力、有投入的熱情。」

第二天進行到一半，參與的每個人開始相信我們眞的很重視他們的回應。他們看出我們每個人都十分投入這項計劃，雖然迪士尼顯然是營利性質的娛樂公司，但這不表示我們沒有社會責任，不表示我們不願意和學者專家交換意見。當我們談到如何述說移民的故事時，我已經可以很自在地表示我們考慮運用木偶劇。雖然就如此複雜的主題而言很不尋常，我們還是決定要讓小孩也能欣賞這項展覽，而且也可以注入一些幽默感。如果我們在前一天提出這個想法，一定立刻被否決。現在這個點子引發熱烈討論。這次聚會從一開始緊張、敵對的氣氛，到後來漸漸轉爲合作。突然，這群學養豐富的人士成爲我們的伙伴，我們從他們身上受益良多，這有助於我們思考如何以活潑、新鮮的方式呈現奴隸制度、移民等歷史主題，卻又不犧牲深度與眞實性。

一天結束之際，艾瑞克．佛那表達了他的同僚共有的感受。「不管你們做什麼一定會招致批評。但這個週末之後我相信，迪士尼有可能做出一個有娛樂價值，知識上站得住脚的計劃案，不僅令公司滿意，讓在場評論者心服口服，也將使進入樂園的廣大民衆頻頻稱道。我十分相信這個樂園對全國而言是有益的，從這裡離開的民衆將更進一步學習、思考與閱讀更多關於美國歷史的一切，並參觀更多的地方。」

我對這項企劃案又重新燃起熱情。我的結論是：「我希望這是我們對話的開始。我們花了五年的時間製作《獅子王》仍然做得不盡理想。但是我們至少進步了。這項樂園計劃案將有所不同，往後幾年之中也會有些演變，我們希望大家給予批評指教。在計劃階段做改變比較容易，一旦建好了，要改變比較困難。所以我們希望及早、直接地聽到批評意見。我們不是專家，但我們臉皮很厚，經得起批評。批評是珍貴的，可以刺激很多想法。我已經重新集中注意力，我相信我的同仁也一樣。」

兩個星期後，五月底一個週末，珍和我前往華盛頓參觀一些歷史景點，包括弗農山（Mount Vernon）、蒙地切羅（Monticello）、蒙波里耶（Montpelier）——全都是美國歷史的地標。我們走在弗農山的土地上，華盛頓曾經在這裡思索新國家的未來。我們走訪在蒙地切羅的辦公室，湯馬斯．傑佛遜（Thomas Jefferson）曾經在此擬定維吉尼亞州法律，保障宗教自由。還有那一間臥房，一八二六年美國獨立紀念日，他在這裡嚥下最後一口氣。走過蒙波里耶時，我們想起詹姆斯．麥迪遜（James Madison）爲憲法定稿時他所扮演的角色。這趟旅程十分美麗，深具啓發，但是卻看不見成群的遊客。弗農山的總監詹姆斯．瑞斯（James Rees）帶著悲涼的口吻告訴我們：「你們必須了解，過去許多總統像華盛頓，如今看來都犯了政治不正確的錯誤。」

令人悲哀的事實是，年輕一輩對美國歷史的知識少得令人訝異。一九九三年的一項民意調查顯示，一萬六千位高三學生中，有百分之八十無法解釋何謂「解放宣言」，將近百分之六十的學生不懂何謂瑞德史考特（Dred Scott）決議，百分之五十的學生說不出湯馬斯．傑佛遜在哪一個年代就任總統。很明顯，保存眞實的歷史地標十分重要，像是總統的居所、內戰的戰場。但是想出其他方法引發對歷史景點與事件的興趣，也同樣重要。我們想要在「迪士尼的美國」樂園中，以多媒體的方式試試看，雖然這也許不是全部的答案，但是我們相信一定有幫助。

總統居所之旅結束之後，珍和我回到華盛頓，隔天我們在美國大屠殺紀念博物館（U.S. Holocaust Memorial Museum）待了很長的時間。與許多博物館的靜態展示不同——包括我們參觀的那三處總統居所——它以多媒體的方式呈現歷史，帶來一種既恐怖又感人的經驗。以三度空間的視覺效果，活生生地喚起六百多萬人遭屠殺的記憶，其中有許多是我歐洲的親朋好友。尤其感人的是那個裝滿數千雙鞋子的房間，鞋子都是在猶太人進入毒氣室之前沒收而來的。皮革發出強烈的氣味，讓觀者產生更直接的感覺經驗。而納粹將居民一一屠殺的過程中，城鎮從繁榮快樂走向荒廢，博物館細心地再現這個過程，令珍和我感動不已。博物館的創辦人運用戲劇的工具與技術，重新創造、召喚屠殺的恐怖經驗，而這些工具與技術都是華特．迪士尼所首創的，如影像、動畫、音樂、旁白。我們也想把同樣的工具用在「迪士尼的美國」。

六月中旬，我再次前往華盛頓，這次的目的是希望直接回應批評我們的人，並進行一些原本早在一年前就應該開始的遊說工作。這絕不是輕鬆的工作。正值維吉尼亞保育人士、歷史學者極力反對「迪士尼的美國」一案時，參議員戴爾・龐博斯（Dale Bumpers）正要求他主持的公有土地小組委員會深入調查我們的計劃案，了解是否眞的威脅任何歷史古蹟。每一場公聽會勢必引起更多負面的媒體報導。此外，內政部長布魯斯・巴比特（Bruce Babbitt）正考量執行他自己的調查。我飛往東岸，對於這項針對我們而來的調查，心裡覺得想辯護，同時又理直氣壯的憤怒。我的情緒達到沸點，像一把兩面刀。一方面，我成了「迪士尼的美國」激情的擁護者。另一方面，在戰況火熱之際，我被迫說些自己將來可能後悔的話。

六月十三日下午，我和《華盛頓郵報》的記者與編輯會面。我一直認爲報紙報導一面倒的立場很不合理，而且過於嚴厲。我到會場時，心裡眞的覺得憤慨委屈——這樣其實很不好。我沒有冷靜地、有條有理地陳述計劃案，反而表現得情緒化，還帶著挑釁的態度。其實這麼做的原因，一部份是因爲我誤以爲這是檯面下的談話，沒想到我的話會被記者直接引用。隔天早上，《郵報》頭版以整頁大篇幅的版面重述我的評論。

其中兩則報導尤其令我難堪。第一則是我針對建造「迪士尼的美國」的批評所做的回應。「我太驚訝了，」我被引述：「因爲我以爲我們一直做得很好。我也以爲大家都很抬舉我們。」第二則是我面對歷史學者嚴峻批評的反應：「我上過很多歷史課，讀過他們不少文章，但是我什麼也沒學到。太無趣了。」

我說的話讓人覺得我自作聰明、傲慢，甚至品味低俗。其中，我談到「抬舉」，那只是用簡單一句話來形容我的驚訝、失望，我沒想到迪士尼努力想做一項嚴肅、實在的工程，竟然得不到大衆鼓勵支持。至於提到歷史學者，那是我在激動的情緒之下，回應一群人不公的批評。他們並未試圖了解我們要做的事，我也是有受到師長的啓發啊。迪士尼贊助美國師鐸獎爲的就是表揚教師的教導，這些事實記者完全不予理會。該項報導根本稱不上新聞。如今回頭想想，我才了解一時失控的情緒會影響整個計劃有多深。

這件事情之後，同一個星期之中，我花了兩天拜訪參議員、衆議員、政府官員，包括布魯斯・巴比特和戴爾・龐博斯，他們兩人主持的委員會正開始進行公聽會。我也和共和黨籍維吉尼亞州的參議員約翰・華納（John Warner）會面，他和對手，民主黨參議員查爾斯・羅伯（Charles Robb），以及其他維吉尼亞州政治人物一樣，都支持「迪士尼的美國」。第二天，我和當時白宮發言人湯姆・佛利（Tom Foley）會面，他向我介紹十幾位國會議員，我們一起共進午餐。過程中，我發現有一大群議員深爲「迪士尼的美國」著迷，而且他們反對牽扯中央政府，因爲這明明是地方議題。儘管如此，一星期之後，參議員龐博斯還是召開史上第一次的參議員能源與國家資源次級委員會會議，吸引數十位記者與電視台攝影機，以及五百多位好奇的民衆圍觀。事實上大多數的兩黨參議員都站在我們這一邊，他們完全不理會這項事實。再一次，焦點又被放在計劃引發的爭議而非計劃內容本身。

在我看來，值得慶幸的是那一天維吉尼亞州長喬治・艾倫坦率的發言，州長一直都是「迪士尼的美國」忠誠的支持者。那天他說：「我想我有充分理由這麼說，要不是有一群人不願意樂園建在自己家園附近三十英哩之內，要不是他們串聯起來，讓這個理由成爲正義的訴求，今天參議員龐博斯的小組委員會根本無須召開公聽會。各種說詞都站不住脚之後，反彈人士又轉向歷史學者，而歷史學者一點也不喜歡以歷史爲主題的樂園。和其他美國人一樣，他們也有表達意見的權利，但是如果因爲害怕華特迪士尼公司無法將歷史詮釋得令人滿意，便說這項計劃應該撤回，那麼這些人做的事是檢查制度。」

我到華盛頓拜訪一星期之後，「保護歷史美國」在《紐約時報》刊登一則廣告，再次刊出《郵報》引用我關於歷史學者無趣的言論。廣告標題是這樣的：「此人將摧毀美國歷史」。這一次我眞的只能一笑置之。（好吧，我可能沒有眞的笑出來，但是我已經不像珍那麼生氣了。）公正已蕩然無存，取代的是惡意攻訐。就像威廉・沙伐爾（William Safire）淸楚地告訴批評者：「歷史學者不是歷史的所有人。」我也試著採取折衷的辦法。後來我拜會《華盛頓郵報》，一星期後，在一封致《華盛頓郵報》的信中我寫道：「思慮周詳的批評者，他們的擔憂幫助我們把樂園做的更好。而現在我們將帶著夢想前進，希望我們的對手就此停火，等著來評斷我們和我們的成果。」

珍和我在她雙親位於紐約詹姆士鎭的家度過七月四日這一天，這是一次大型家庭聚會。從珍小時候就和他們住在一起的祖母，是九個孩子中的老大。她和其他兄弟姊妹都在瑞典出生，其中六位在二十世紀初期移民至美國。這一次所有的小孩孫子都齊聚一堂——包括珍的堂、表兄弟姐妹、姪子女、外甥子女——這讓我想起珍・卓艾爾（Jan Troell）所拍攝，令人震撼的影片《新土地》（*The New Land*），內容是關於瑞典人移民美國的故事。在美國的第二代，也就是珍的家人，現在居住在美國各地。他們在此著地生根，開創成功的事業，從教師到飛行員都有。現在，就在珍兒時遊玩的後院，正值獨立紀念日的週末，我們正親身經歷移民的經驗。這兩天，我用了幾小時聆聽珍的親戚說著一個又一個的故事，這些親戚有好些我從未見過面。我又想起當初是什麼引發我對建造「迪士尼的美國」的興趣。

第一次我的決心動搖是因爲七月中我得進行心臟血管繞道手術。手術前，我原先計劃八月份將大部份時間留在亞斯平，同時我也十分期待一連串的短期一、兩天的旅行，爲「迪士尼的美國」找尋靈感。其中包括要去新墨西哥的山塔費（Santa Fe）參加一年一度的普艾保羅印第安舞蹈儀式（Pueblo Indian Dance Ritual），還有去德州的聖安東尼奧（San Antonio），看看大力宣傳的德州費斯塔（Fiesta）地區主題樂園。同時我也排定行程要去北卡羅萊納的溫斯頓—賽冷（Winston-Salem）參加會議，鮑伯・衛斯小組已邀請瑪雅・安傑露和其他重要的黑人領袖與歷史學者。與會目的是討論我們在「迪士尼的美國」樂園中，將如何陳述美國黑人的歷史經驗。顯然，因爲手術的關係，這些計劃都要取消。同樣重要的是，手術讓我無力處理接二連三的抗議。即使如此，我最後還是決定繼續往前走。

八月五日星期五——手術後整整三星期——我第一次前往辦公室，特地去參加午餐會報，討論「迪士尼的美國」的進度。珍與我同行，她充當我的司機和隨身護士。我聽取各項報告，花了一些時間討論換名字的可能性，例如換成「迪士尼的美國歡慶」（Disney's America Celebration）。有些同僚覺得這個名字太軟調，缺少個性。我們也討論我們的對手將於九月在華盛頓，發動幾起抗議活動，以及我們該如何回應。九十分鐘的會議讓我體力耗盡，但是回到工作崗位令我心情愉快。

接下來幾個星期，我的精力都用在解決傑佛瑞・卡森柏格的事件。八月二十九日，宣佈傑佛瑞離職的第六天，我的重心又轉向「迪士尼的美國」一案，我參加一個會議，討論最新的財務狀況。

賴瑞．墨菲和里查．那努拉一直都將收支看得很緊，並且與馬克．帕卡拉和彼得．朗梅爾討論。最後由彼得報告令人吃驚的結論。他說，最新的數據顯示，我們原先預期「迪士尼的美國」將帶來利潤，但依現在的情況看來，我們將損失巨額金錢。接著他提出幾個解釋。首先，我們的批評者費盡心力，對政府核發每一個環境許可提出合法性的質疑，因而迫使我們花錢請律師、土地使用專家、遊說團，遠超過先前的預算。另外，大致說來，樂園開幕時間將至少延後兩年，也就是說建造期間的費用龐大，還得花錢對抗反對者。同時，由於我們不斷修改、加強樂園的設計，增加趣味點和展覽館，預料費用已提高將近百分之四十。

這些數字真令人沮喪，當彼得解釋說樂園的利潤已逐漸萎縮時，我們更是沮喪。彼得繼續說：「由於我們國內的主題樂園和巴黎迪士尼樂園，遊客數都下降，極有可能最後『迪士尼的美國』也必須降低門票價。」最後，觀光的旺季有多長也是問題。我們原本的設計是假設冬季時，「迪士尼的美國」將關閉三個月。而現在十幾位同事都在預定地附近住了一年之後，他們有不同的意見。八個月的開放期似乎比較實際。

任何計劃都會出現始料未及的支出和困難。只不過在我們的例子中出現比較多罷了。在正常情況下，我可能會請計劃小組修改設計，降低成本，這比較合乎經濟作法。但我不這麼做，畢竟我們還有希望。一九九四年夏天和秋天，馬克．帕卡拉的小組已經取得重要的開發區及環境許可證。九月八日那天，將近一萬名「迪士尼的美國」支持者，出席我們在威廉王子郡體育館舉辦的集會，目的是對抗反對勢力。

我仍然相信「迪士尼的美國」可以如願建造，問題只是要付出多少代價——不僅是金錢上，還有精神上。法蘭克的死，我的心臟血管手術，傑佛瑞的離去，這些事件讓公司上上下下惶惶不安五個月。而我也尚未完全恢復體力。九月十五日，思索兩個星期之後，我們終於決定不應該再讓公司經歷創傷。問題已不再是誰是誰非。我們已經輸在洞察力上。我們自身的錯誤，造成現在華特迪士尼公司成了美國歷史的敵人，一個闖入聖地的竊賊。而修改後的財務預算讓我們失去最後的利器。我們不得不承認，繼續執行「迪士尼的美國」計劃案，最後一定得不償失。

決定放棄計劃案的同時，我們思考用什麼樣的方式退出才不會引起更多麻煩，同時又保留在別處建造的後路。最重要的事，是與站出來反對計劃的歷史學者修好。約翰．庫克是迪士尼頻道的主管，但從一開始便參與樂園計劃。我請他負責這項任務。除了他對歷史的愛好，約翰在華盛頓的人際網絡很好。他與莫伊同是民主黨政策小組的成員，莫伊是最早批評「迪士尼的美國」的人，也最具影響力。約翰同意與莫伊會談，九月十九日他兩人在華盛頓特區一起吃晚餐。

約翰問莫伊：「如果我們放棄維吉尼亞州的預定地，你想那些歷史學者願意出席聯合記者會，並保證我們在別處開發的權利嗎？」莫伊的反應讓人很欣慰。然後約翰又問到，是否有些歷史學者可能同意未來擔任顧問群，幫忙迪士尼再進一步修改歷史主題樂園的內容呢？莫伊的回答還是正面的。他甚至同意隔天晚上，在紐約安排一場晚餐聚會，也邀請大衛．麥克卡洛夫前來。一切都進行得令人滿意。第二天早上，約翰開車前往普林斯頓，和第三位重要批評者，歷史學者詹姆斯．麥克佛森（James McPherson）吃午飯，兩人相談甚歡。

我計劃在九月底例行的董事會中，正式宣佈退出維吉尼亞州。之後，再和艾倫州長報告這項決定，艾倫向來最支持我們，甚至拿出具體行動。當然，我們也會告知其他維吉尼亞州地方官員。可是我們的消息又在媒體中走露。還來不及向艾倫州長詳細說明，就讓他從報導中得知這項決定，一定令他無法接受。我們只好另尋辦法，決定派兩位「迪士尼的美國」組員，搭機趕去親自會見州長。這兩位是馬克・帕卡拉和鮑伯・辛恩（Bob Shinn），後者是彼得・朗梅爾的副手。

我們很能理解艾倫州長聽到消息時的沮喪情緒，但是他也很冷靜地面對。會議進行一半，一位助理進來說，記者正聚集在門外。州長安排帕卡拉和辛恩從後門離去，然後自己面對記者。一直到今天，我都為當時未能事先給州長合理的告知感到抱歉。隔天早上，也就是九月二十八日，整個事情已上了《華盛頓郵報》頭版。戰爭就此結束，而戰役過程中，我們得到很重要的啓示。好的點子不會因此消亡，我也無意從此放棄歷史主題樂園。而同一時間，還有好多重要的事情挑戰著我們，立刻佔去我們的心思。

13
新生

我覺得有一個巨大的改變

當人事已盡，我的確感覺到空洞的新生活中，
一件你沒有提到的怪事。我有一個正面的感覺。
我有一股衝動，抵消了所有你提到的感覺。
我覺得有一個巨大的改變，
自從我長子出生之後我就不曾感覺到了。
我死過了。我知道死的滋味。雖然我接觸死亡，
同時我第一次接受死亡而且毫不畏懼地面對它。
我一直以爲死亡的感覺像空氣亂流，像撞到高速公路路肩……
現在不了。死亡就是死亡。我死過了，而且沒什麼。

一九九四年十月初，我們的股票跌到該年新低——一股比三十八美元低一些，從二月的四十八美元高價一路下滑。我們相信這是市場對最近一連串事件的情緒反應，而不是理性反應。分析家和記者繼續關注我的健康、傑佛瑞的離職，以及我們在「迪士尼的美國」的挫折。事實上，我們的管理仍然很健全，我們的生意亦然，而且我們正要發表創新紀錄的營收數字。的確，我們面對的一個問題就是如何投資多餘的現金。當時有三種選擇。其一是支付特別的大額股利。問題是我們的股東理所當然的期待迪士尼應該可以運用其聲譽，用現金賺比個人投資股利更多的錢。第二個選擇是購併，而我們也持續在注意價錢合理的合適對象。最後一個選擇是買回我們的股票。那是我們在該階段所做的選擇。像可口可樂和通用電力等公司都曾經用同樣方式處理得非常成功。我們的理論很簡單：當其他人賣出時，我們買回我們的股票，係著眼於公司的實際價值，而我們認爲它遠超過當時市場價格。而且，使外人持有股數減少，對剩下的股東而言，每股盈收會增加。

關鍵在於要能夠確實評估你的實際價值。要把你參與的各事業都算進去，預測未來的現金流量，然後把該些數字減掉倒算回眼前。只有能提出強健的五到十年計畫的公司，才能做到相當程度的準確。只要公司的實際價值超過市場價值，買回股票是有意義的，因爲長期來說，市場自會給公司一個公平而正確的價格。當我們停止購回時，我們已經買了將近十億我們自己的股份。我很有自信我們做了一個很棒的投資。

當時，關於未來的發展，已出現一些正面的徵兆。喬・羅斯加入我們，幾乎立即提升了眞人電影的優勢。喬的第一個想法是以製作迪士尼品牌的家庭眞人電影爲優先。尤其是在正蓬勃發展的家庭錄影帶市場，他指出，迪士尼商標佔有獨特的優勢。在我們衆多的經典影片和我們近來相當成功的動畫片之間，很多錄影帶店專門爲迪士尼產品開闢了特區和陳列處。對於爲小孩找電影的父母來說，迪士尼等於適合闔家觀賞的許可保證。例如，在大多數的製片廠，像《外野手的天使》這樣的電影可以做爲不錯的出租片，但不會產生可觀的收入。但用迪士尼品牌來行銷，喬預測《外野手的天使》可以賣出五百萬份。他立刻設定目標，一年製作一或兩部聲勢浩大的迪士尼品牌眞人電影，讓有關的促銷活動成爲全公司的主要大事，類似我們動畫電影成功的行銷方式。

數週之內，喬即有機會測試他的理論。由《歡樂ＤＩＹ》的明星提姆．艾倫主演的《聖誕老人》是提姆的第一個電影角色，該片當時是由我們的好萊塢電影公司開發的。在喬到職之前，沒有人看好該片。但在看過毛片之後，喬認爲可以做爲迪士尼在假期發行的電影。首先，他決定剪去十五分鐘，而且加入一連串的特殊效果。然後他選擇將電影完全以喜劇片行銷。不用好萊塢電影公司的名義發行，他換用迪士尼的名義，部分原因是希望吸引父母和小孩，而且最終做爲家庭錄影帶。最後，他選擇在假期前的十一月十一日讓電影上映，好搶先其他家庭電影，包括福斯的《三十四街的奇蹟》(*Miracle on 34th Street*)。

結果全部奏效。《聖誕老人》的影評很好，第一個週末的票房有將近二千萬元的營收，使得該片成爲聖誕季的熱門家庭片，最後還成爲我們排名在《麻雀變鳳凰》後面的第二大眞人電影。這是眞正協力合作使得效果擴大的典型例子。我們爲ＡＢＣ製作的《歡樂ＤＩＹ》早已是電視的第一名節目。起用提姆．艾倫爲《聖誕老人》的明星成爲電影及電視影集的交叉促銷手法。鮑伯．米勒（Bob Miller）是我們書籍出版部門太陽神出版社的年輕機智的創辦人及發行人。他因此得以隨著《聖誕老人》的發行，推出提姆．艾倫的自傳 *Don't Stand Too Close to a Naked Man*。藉由電影及電視節目的宣傳浪潮，該書立即成爲暢銷書。到十二月中，迪士尼有全美最賺錢的電影、收視率最高的電視節目，以及《紐約時報》暢銷書排行榜上非小說類第一名的書籍。我們也有最暢銷的家庭錄影帶。十一月初，《白雪公主》第一次發行錄影帶，在第一週之內就賣了一千萬卷。到聖誕節時，我們的股票價格回升許多。也許迪士尼不曾在這麼多方面如此成功地娛樂了這麼多人。

我也被我們在動畫片的進展鼓舞了。一九九五年六月上映的《獅子王》全球的營收將近十億美元，使得該片成爲目前爲止我們最受歡迎的動畫電影，而且可能是有史以來最賺錢的電影，包括《鐵達尼號》在內（獅子和沼狸不會要求分紅）。《獅子王》絕不是一看就知道會成功的電影。在初期階段，很多人懷疑現代的觀衆會接受沒有任何人物角色的電影，更別說是一部描述唱歌動物的電影。但透過五年內無數的草稿，《獅子王》演變爲那些萬事俱備的神奇電影之一。它有驚人的視覺效果。敘述兒子試圖完成父親志業的故事引起了強烈的共鳴，還有簡單的主題如背叛和報應，責任和榮譽。傑洛米·艾倫斯(Jeremy Irons)配音的Scar是游手好閒的惡棍，而Zazu、Pumbaa和奈森·連恩(Nathan Lane)的Timon則提供了相當大的喜劇效果。艾爾頓·強（Elton John）和提姆·萊斯合作了不同凡響的多首歌曲，包括“Circle of Life”，“Can You Feel the Love Tonight?”，以及“I Just Can’t Wait to Be King”。更重要的是，《獅子王》是適合各種觀衆的電影。

那也是令人難以追上的標準。我開始每週五上午驅車前往格倫代爾，花兩小時和彼得·施奈德及湯姆·舒曼契討論我們目前的計畫，同時也考慮新的。彼得和湯姆二人由於傑佛瑞的離開，自然而然地扮演起新的角色。彼得在秋天做的最大膽的決定是暫停《玩具總動員》的工作。那是我們第一部完全由電腦產生的電影，將由約翰·拉賽特執導，並和PIXAR製片廠合力製作。《玩具總動員》

預定一九九五年十一月發行，剩下不到一年的時間。但彼得深深覺得電影中兩個主要角色伍迪和巴斯光年的關係在感情上還沒有共鳴。

雖然決定的時機太晚，但該決定卻是一種關鍵性的干涉，幫助拉賽特和他的團隊將《玩具總動員》從有趣卻有缺陷的影片轉變爲相當重要而且商業化的強片。《玩具總動員》、《鐘樓怪人》，和我們下一部預定一九九五年夏季發行的動畫電影《風中奇緣》，都和以前的作品有相當大的不同。《風中奇緣》是第一部嘗試處理眞實歷史人物的動畫電影；《玩具總動員》是科技的大突破；而《鐘樓怪人》則是難得一見的複雜故事。不論這些電影是否能像《美女與野獸》、《阿拉丁》和《獅子王》一樣吸引人，我們覺得很滿意，因爲我們沒有不進則退。我們對接下來的六部動畫片計畫也很有信心——《大力士》(*Hercules*)、《花木蘭》(*Mulan*)、《泰山》(*Tarzan*)、《蟲蟲危機》(*A Bug's Life*)、《恐龍》(*Dinosaur*)和《幻想曲2000》(*Fantasia 2000*)（由羅伊・迪士尼監製）——它們各個野心勃勃，會帶領我們進入下一個千禧年。

除了喬和彼得以外，我們決定擴充其他許多年輕團隊成員的經驗。即使最有才華的主管也是優缺點互見，光明面和黑暗面兼具。經營公司最困難的工作之一就是給下屬新的挑戰，讓他們永遠有活力。當我們尋找迪士尼下一代的領導者時，只有那些可以處理多變的職責的人才會成爲候選人。公司內部的相互依存性已經高到無法依賴具有特殊技巧的高度專業化主管。當我找人時，我比較不會注意有完美資格的人，而會注意有強烈潛在特質例如常識、品德、創意和熱情的人。有那些特性——再加上合適的訓練及支援——人們不論從事什麼工作都會成功。

在這段期間，山佛特・李瓦克越常擔當唱反調的角色，我們花不少時間反覆討論重組的方案。一段時間之後，不是某一結論開始看起來不值，使我的熱忱減退，就是它影響我越來越深直到我完全認同。除非有不尋常的時間壓力，我都會等到上述兩種直覺之一消逝，才會做重大決定。針對這件事，我的第一個直覺是讓保羅．普雷斯勒負責迪士尼樂園。年僅三十八歲，但保羅過去三年將迪士尼專賣店經營得有聲有色，大幅提升我們商品的品質。就在兩個月前，我們開了全球第三百家店。全部重新設計和擴張形式的新型迪士尼專賣店，最早在加州多倫斯的 Del Amo 購物中心成功採用後，現在已用在我們所有的新店中。

十一月四日，我和保羅一起參加我們設在聖塔安娜購物中心（Santa Ana Mall）第一個華特迪士尼藝廊（Walt Disney Gallery）的開幕。該店佔地三千平方英呎，專門展售較昂貴的收藏項目，包括動畫名角和迪士尼藝術品。保羅設法在零售市場找到另一個比較小的利基。雖然他不曾經營過主題樂園，但他顯然是使人振奮的領導者。迪士尼樂園需要的領導者不但要能創造新的點子，還要能設法在安納漢建立第二個經濟上可行的主題樂園。把保羅從他最拿手的商店中調離，讓他從事完全不同的業務，對他和對我們都是風險。他欣然接受這機會，使我肯定我們的決定是對的。

我們對保羅的繼任人選有另一個不太可能的想法：里查．那努拉，我們的ＣＦＯ。和保羅一樣，里查是我們團隊內最有才華的成員之一，讓他擔任新工作也有風險。首先，因爲法蘭克的死產生的空缺，使得公司整體層面對里查的財務洞察力的需求比以往殷切。我也喜歡和他相處，這對每天的生活品質而言不是小事。里查以前沒有任何營運的經驗，但那正是這想法吸引我們的原因。如果他想在公司內繼續升遷，他有必要擴大和加強他的資格。起初，里查抗拒新的提議。他已經習慣於負責全公司的事務，我了解他很難去考慮換爲部門性質的工作。「我愛我目前的工作，」他告訴我：「但我會做你認爲對公司和對我好的事。」

「這樣的安排未來會對你有幫助，不是妨礙你，」我向他保證。里查的異動使CFO階層產生了空缺。我們覺得，從對面延攬偏重交易的財務專家會爲我們的團隊增加視野。

第三個主要的異動是讓艾爾・衛斯（Al Weiss）負責華特迪士尼世界。他和保羅就直屬賈德生・格林。此處，我追隨的是不同的直覺。艾爾已經在華特迪士尼世界任職整整二十年了，他在奧蘭多地區長大及念大學。四十歲時，他是有權威的經理——親切但講求實際，進取心強但人緣好。艾爾在過去三年尤其擅長監督華特迪士尼世界的大規模旅館開發。通常，我會很想在公司內找業有專精的人，給他一份完全不同的工作，如同我處理里查和保羅一樣。但在華特迪士尼世界，文化很特別，營運很複雜，由內部升遷比較有道理。

艾爾在適當的時機接手。在歷經三年遊客量平平的情形後，度假村已經有好轉的跡象。感恩節時，遊客量是該時期有史以來最高的，接著數週我們持續有超預期的表現。這部分是受到外在因素的助益。經濟終於開始轉強。南佛羅里達州針對觀光客的犯罪潮無法解釋地結束了，如同當年它無法解釋地開始一樣，因此嚇走許多外國訪客的負面報導也不見了。此外，很多旅客體驗過其他高度吹捧的休閒渡假勝地例如拉斯維加斯和密蘇里的勃蘭森後，才發現它們提供給家庭的娛樂比華特迪士尼世界少。

我們也提供了更多到奧蘭多造訪我們的理由。新的行銷活動不只是以我們的家庭核心觀眾爲目標，同時兼顧其他團體，例如年輕的單身貴族和年長的夫妻。目的是吸引大家注意華特迪士尼世界現在提供的更大範圍的選擇。例如在迪士尼—米高梅影城，「恐怖塔」（*Tower of Terror*）於七月啓用；還有「日落大道」，街道兩旁店舖和餐廳林立。接下來四個月內，遊客量跳升將近十五個百分點。在艾波卡特，我們首次推出兩個新場景。其一是「親愛的，我把觀衆縮小了」(*Honey, I Shrunk the Audience*)，那是一部炫目的三度空間特殊效果影片，使觀衆以爲自己被縮小了。即使還未正式營業，「親愛的，我把觀衆縮小了」的參觀隊伍已經比我們許多最受歡迎的景點長了。而它的製作成本還是最低的。另一個誘惑人的是「發明天地」，我們自己的消費電子展，提供窺視未來的窗口。其互動式的展覽很受孩子歡迎，尤其是Sega最新的電視遊樂器。在「神奇王國」，我們開設了一個全新的「明日世界」(Tomorrowland)，改造自幾處我們原先爲巴黎迪士尼樂園的「探險天地」(Discoveryland)所設計的景點。

十一月二十七日星期日，在佛蒙特慶祝我們傳統的家庭感恩節之後，我在我的繞道手術後第一次飛去華特迪士尼世界。我在奧蘭多的大部分時間用來巡視我們新的景點。我在星期一下午也坐下來，和樂園大約二百位高階經理開員工討論會。我主要回答問題，但也希望向我們的團隊保證，我有意將過去一年的不如意忘記，並且勇往直前。我接到最刺激的問題是我們是否預計在不久的將來從事任何大型購併。

「未來數年，我們應該有較大的購併。」我回答：「竅門在於不能買錯。一定要有耐性。你要買的是名符其實的東西——而不是別人告訴你的價值或是你讓它好轉後可能有的價值。你的決定應使迪士尼商標更好——兩家公司合起來的利益要大於個別的利益。我們仍在尋找這種交易。」

另一個我們發現有龐大機會的領域在國際間。重組之後，巴黎迪士尼樂園的財務基礎穩固多了，而且有跡象顯示情況好轉，如同國內的樂園情況改善一樣。除此之外，至少四項主要電視交易正在進行中，使迪士尼節目可以在海外播放。其一在德國；第二個在印度；第三個是在臺灣的衛星傳送服務，我們希望可以送達亞洲大部分地區。但沒有一個交易比我們和魯柏特・梅鐸的新聞集團的協商更複雜與更具潛在價值。他要獨家擁有將迪士尼頻道放在他的 British Sky Broadcasting 在英國衛星傳送播映的權利。

梅鐸的經營哲學與我們的大相逕庭。他認爲要盡可能擁有分配權，而且他樂意付高價買版權和獨家播映權，只要他認爲符合他的策略。講到購併，我們比新聞集團保守多了。但即使我們的胃口大不相同，仍有場合可以彼此互補。一九八八年，梅鐸第一次在英國開始日後的 BSkyB 時，我們加入合資，提供迪士尼頻道和一個電影頻道。在正式開始前數週，BSkyB 開始在梅鐸的英國小報《太陽報》(*The Sun*) 刊登廣告，廣告中有人給上空的「第三頁」女郎看一個上面佈滿商標的碟形天線。那些商標代表新服務涵蓋的內容——其中之一就是迪士尼頻道。顯然地，這不是我們會處之泰然的環境。結果我們退出合作。

一九九四年秋季，瑞奇・法蘭克和他歐洲的副手艾提安・維里耶開始協商，將迪士尼頻道加入兩家美國公司西南貝爾 (Southwestern Bell) 和ＴＣＩ共同在英國建立的有線電視系統中，做爲付費服務。十二月中，梅鐸聽說了我們的協商，當時他正準備爲英國有線電視的主要競爭者 BSkyB 發行大量公開出售的股票。對梅鐸而言，在 BSkyB 獨家提供迪士尼頻道對新的訂戶是很大的誘惑；對他的股票發售是相當大的助益，對他的有線電視同業則是打擊。他授權他的主管向迪士尼頻道開出有優先購買權的可觀條件。其中包括了三千萬的保證預付款，是由每一訂購我們服務的訂戶的月費而來。除此之外，迪士尼頻道會被免費提供給任何 BSkyB 的訂戶，只要他至少購買另外兩種付費電影或運動的服務——而且我們還是可以賺取月費。

瑞奇和艾提安二人急於迅速和梅鐸完成交易。「對我們而言是大豐收，」瑞奇告訴我。我了解他的熱忱，但我有一個相衝突的利益：保護迪士尼的商標。從上一次和梅鐸交手的經驗，我們學到特別嚴格控制迪士尼商標和經銷權的使用是很重要的。「我們絕不能讓他們在任何有黃色題材的刊物上登迪士尼的廣告，或和任何限制級電影共用頻道。」我告訴瑞奇：「不論交易大小，都不值得損害迪士尼商標的價值。」

十二月中，策略計畫的資深主管彼得・墨菲（Peter Murphy）飛去英國，幫忙解決該交易的財務問題，同時代表我扮演公司保護者的角色——「品牌警察」。讓彼得扮演這角色，引起瑞奇和艾提安相當程度的緊張。「你不需要把一個很有利的交易複雜化。」瑞奇抱怨。我還是相信這種緊張——在企業家的進取心和比較保守的公司觀點之間——最終會對公司有益。如果梅鐸不顧我們的要求堅持立場，我們就會放棄，如同我們在其他類似情況下的做法一樣。同時，我們需要像瑞奇和艾提安這樣的主管尋找新的事業，擴大領域。就此案而言，梅鐸時間緊迫，他的團隊終於同意我們每一個主要條件。因為態度強硬，我們得以在不危及迪士尼商標的情形下成交。

當假期接近，我覺得被過去數個月的事件所鼓舞。前一年的聖誕節，巴黎迪士尼樂園面臨了高度不肯定的未來，國內的主題樂園持續衰退，眞人電影可怕的結果，以及關於「迪士尼的美國」不斷的爭議。那些都已過去。過去一年的損失和挫折是眞的，但最糟糕的似乎已經過去。我對我自己的生活以及我所度過的生命危機也有同感。

就在開年後不久，我接到小說家賴瑞・麥克墨崔（Larry McMurtry，著有《親密關係》和《寂寞之鴿》（*Lonesome Dove*））的信。那是封十頁的書信，信中他描述對三年前經歷的心臟手術的反應。麥克墨崔當時五十五歲，只比我動繞道手術時大了幾歲。

「心臟病專家不會告訴你這些，因為他們不知道。」這是他的開場白：「他們知道繞道手術之後會發生不好的事，但他們不知道是什麼……。我想像你在某個時候也有一些相同感受，就算不是全部。我不再讀書，寫作，旅行，經營書店，演講，寫劇本等等。我覺得我成為行屍走肉；然後我覺得有人把我的輪廓擦掉，我就消失了——蒸發……。手術後我覺得我好像大部分都死了。我舊的心靈，或舊的自我粉碎了——現在碎片就在我四周旋轉。我通常可以收集足夠的碎片使自己表現良好、專業，而且我希望情感上也是。但我總覺得利用自我的碎片在工作，卻不是整體。」他繼續描述一些他的徵兆，包括沮喪、失眠、無法集中精神，不再有一流的野心，以及記不得手術細節引起的強烈挫折感。

麥克墨崔認為這種不安的經驗是由於在繞道手術中，病人是用機器維生的事實。「心肺機是幫助生物性的存活，」他寫道：「某段時間病人技術上活著，但另一段時間以及就意義上而言，他是死的。然後他再啓動，恢復生命，但出賣靈魂的交易已達成。你在那裡，但卻不是你自己……。我的身體比較強壯，比較健康了，情感和心靈上卻比較脆弱和貧窮。我的身體比較年輕了，但心靈蒼老很多……。最困難的是感覺與五十五年半來我認為是我的自我的東西永遠分離。我現在不是那個人；我是另一個人。我覺得我在哀悼那個自我，而那種哀悼不論我活多久都不太可能結束。」

我發現麥克墨崔的文章令人難忘而且氣餒。我收到信的當晚，在我辦公室的電腦前坐下，開始試著回信。「我剛讀了你的信，」我終於開始。

我看了一遍又一遍，我很榮幸收到你的信。當我看第三遍的時候，我的心（眞的是我的嗎？）不再怦怦跳，我可以思考我所讀的……。爲何我要在星期五晚上七點三十分的現在寫這封信？……我應該回家，和內人及四位朋友晚餐並且觀賞《瘋狂喬治王》（*The Madness of King George*），但我並不眞想那麼做。我已經看過這部好電影，而且我不想進行一場晚餐會話，尤其在看了你的信以後。

你所寫的我大部分都能理解，而且就某種程度而言，我有過類似的感覺。但我的問題沒有你描述的那麼嚴重；只有模糊的輪廓而已。我和你最相像的是我對徹底回憶手術中發生的「細節」的挫折感。我要絕對的認知，事實的絕對定義，縫合，醫護人員的談話，機器，沉默，瀕死，重生，而且最主要是手術中醫師們說的話、想的事情、開的玩笑和打的呵欠。對他們來說，世界盃足賽或三大男高音（二者發生在我繞道手術的週末）是否比我的心更有趣？

接著，我爲麥克墨崔描述我自己手術後發生的事：

我的檢驗顯示有些阻塞，但無需擔心。我開始服用降低膽固醇的藥，似乎有效。這是我表面的生活：工作很成功……三個好孩子……好妻子……一流的生活……衝突……和降低膽固醇的藥……最後是歐洲迪士尼……。然後在我手術之前兩年，我無法入眠……跟你一樣，我痛恨那樣。

我遇到過比歐洲迪士尼更糟的問題。我有過很多的親子衝突，但我可以面對。我忘記身受的痛苦，接納它爲我感情生活的一部分。我相信痛苦是心理引起的。我是想引起我父親或其他親戚的注意。我並沒有眞正的痛苦。我有偏頭痛、胃痛、脹氣、飛機恐懼症、市場痛苦……全反應在我手臂上。然後我去太陽谷加入一群業界領袖談業界領袖。我的手臂很痛，我確信我從未如此緊張過……。

因爲痛得太厲害，我提早一天返家。我去西達斯賽奈醫學中心做檢驗，希望證實是情緒影響，結果換來一顆停止的心臟，和你一樣，新的血管，以及繞道手術。據說我是緊急繞道手術病患，如果沒有做手術的話，兩天之內就會死亡。

終於，我切入這封信的重點，這是在我寫的時候忽然明白的：

一件很重大的事情發生在我身上。我不再不朽。我甚至不再年輕……。我仍然上班，基本上我還是同一個人，但有一個我想可以稱之爲中年的大洞。或者事實上是老年……。五十二是一零四的一半，因此五十二不是中年。五十二對我來說是老年。難就難在這裡……。我在四小時內，由孩子變成老傢伙……。

我不喜歡所發生的事，但我想那已經比我認識的許多人好了。我沒有得癌症或任何其他我知道的可怕疾病。但我不一樣了。我的生命有限，隨著這種理解來的自然是空洞。我試著不去想，但我隨時都在想。我本來不想看你的信，但我看了三次，就好像小學時讀 *Fanny Hill* 一樣。我照常工作，但我知道工作不再這麼重要。我以前容忍背叛，認爲是現實生活的一部分，但現在我排斥它，即使關係到一部鉅片也一樣……。

當人事已盡，我的確感覺到空洞的新生活中，一件你沒有提到的怪事。我有一個正面的感覺。我有一股衝動，抵消了所有你提到的感覺。我覺得有一個巨大的改變，自從我長子出生之後我就不曾感覺到了。我死過了。我知道死的滋味。雖然我接觸死亡，同時我第一次接受死亡而且毫不畏懼地面對它。我一直以爲死亡的感覺像空氣亂流，像撞到高速公路路肩……。現在不了。死亡就是死亡。我死過了，而且沒什麼。

有一天我希望我可以忘記我有一顆肉體的心，就像我從來不知道我有一顆一樣。如果只有一顆詩意的心就太好了。但肉體的心又不能沒有。眞是討厭!!謝謝你把你的想法告訴我。新年快樂。

當然，生活繼續。一九九五年一月二十六日，四年來我們首次和華爾街注意我們公司的分析家會面——同時也是二十五年來第一次在迪士尼的片場上舉行。我主要目的不是要將我們優秀業績提供給分析家，而是要給我們高階部門主管詳述他們自己業務的機會。我相信沒有其他方式可以更有說服力地展示我們新管理團隊的深度和範圍。我們在我們的攝影棚之一舉行，吸引了一百三十位以上非常好奇的分析家。發表會進行了四小時以上，但我沒有看到任何人離去。我們的人員一個接著一個做了令人印象深刻而且有說服力的陳述——不只是針對他們目前的業務，也提出他們對未來的展望。會議之後，幾乎每一位發表報告的分析家都推薦買我們的股票，使得九天之內跳升了六點。該結果絕不是過去歷史的重演。前一年的秋季，我們同業之一的高階主管和同一批分析家會談之後，該公司的股票價格卻下跌了。

在一九九五年春季，當里查接管迪士尼專賣店後，我們另一個管理階層的變動就是取代里查・那努拉的新財務長。我們面談了六位以上的應徵者，但我第一次與史提夫・波倫巴哈（Stephen Bollenbach）見面時，我就覺得他是適任人選。兩年前，史提夫籌畫馬利歐企業革新的重組，使它分爲兩家公司，其中之一由他經營。更早以前，擔任唐納・川普（Donald Trump）組織的CFO時，他與銀行達成協議，使得川普自破產邊緣得救，最後還再次發達。和蓋瑞・威爾森一樣，史提夫以一流的財務頭腦及有創意的生意人聞名。

一開始，我知道史提夫不太可能在迪士尼做到退休，除非我明白指定他爲接班人。由於他缺乏娛樂界的經驗而且他對我們事業的變化多端興趣有限，我懷疑他成爲我繼任人的可能性。但即使史提夫最後還是離開了，得以吸引一流財務人才和高度嫻熟的策略思考者，對我們考慮迪士尼下一個階段的成長仍有很大的價值。四月四日，我們宣布聘用他。衡量史提夫前一個工作衆所皆知的價值，馬利歐的股票下跌了五個百分點以上。

史提夫想把他的心力投注在迪士尼哪一部分，大家都很清楚。里查・那努拉主要專注於監督營運的財務面，以及強化迪士尼商標。史提夫主張在迪士尼的現金能力、我們相對的無債狀況，以及借錢的稅務好處之間，一個主要的外部購併應列爲第一優先。「利率低，再加上可能一輩子不會再遇到的寬鬆的資本市場，」他告訴我：「我們可以便宜又容易地借到錢，我們應該好好利用。」電視頻道是明顯的購併對象，我們開始討論剩下的兩個可能性，ABC和CBS。

同時，在作品創造方面，沒有任何一項進行中的努力比我們的動畫電影對公司更重要。當夏季將近時，公司的注意力大部分轉向我們下一部新片：《風中奇緣》。一旦要創造重大事件，迪克・庫克和他的行銷團隊就格外努力。六月十日星期六晚上，預計超過十萬人要參加紐約中央公園的《風中奇緣》首映。很湊巧，我兒子艾力克在達特默斯大學（Dartmouth College）的畢業典禮也排在同一個週末舉行。

星期六白天在新罕布夏（New Hampshire）的漢諾瓦（Hanover），參加過畢業典禮第一回合的事項之後，珍、布萊克、安德斯、艾力克和我坐一小時的飛機去紐約參加《風中奇緣》的首映。當我們到達中央公園時，覺得會下雨，這立即激起我童年的回憶。四十多年以前，我經常在同樣的中央公園場地上玩棒球。我最討厭在比賽的日子擔心天氣。壞天氣可能破壞安排妥當的計畫，而且你還無可奈何。如果十萬人觀賞《風中奇緣》時開始下雨，我們沒有應變計畫。我們無法設定下雨的日期。我們只能設法讓事情順利。

也許老天保佑，但當晚唯一一次下雨只有兩分鐘，也正好是電影中下雨的時候！我反而整晚擔心音效品質，某些好位置看不到螢幕，以及這麼一大群人緊緊擠成一團的潛在危害。我低估了紐約客通常在具挑戰性的情形下展現的寬宏大量精神。大部分人似乎對於參加這種獨特的公開映演感到興奮。該活動成功地爲《風中奇緣》造勢，也讓人們感受到迪士尼的好意。說它象徵我們公司已經度過前一年的風風雨雨，未來的前景看好並不爲過。

午夜過後不久，我集合珍、我們三位孩子、我母親、我妹妹、她先生，以及他們兩位孩子，以便返回漢諾瓦參加艾力克的畢業典禮儀式。雨終於在新罕布夏追上我們。第二天當我們醒來，很顯然地正在下傾盆大雨。因爲畢業典禮的演講者是柯林頓總統，安全防範的要求很高。我們被要求在畢業典禮開始前一小時在達特默斯足球場就座，而且不帶雨傘——免得被特勤人員誤認爲槍枝的防範措施。爲表示服從，我堅持我們遵守要求事項。實際上，其他人都不當一回事。當萬馬奔騰的雨開始時，我們四周立刻撐滿了傘。我們接下來三小時全身溼透。

這沒有關係。當大四學生的隊伍前進，而且我聽到樂隊演奏"Pomp and Circumstance"的第一個和弦時，我感受到和我自己從丹尼森大學畢業、我妹妹從史密斯、布萊克從喬治城，以及安德斯從初中畢業時一樣的激動。就在四年前我在艾力克高中畢業典禮上聽完"Pomp and Circumstance"後，我去找羅伊・迪士尼，說服他相信，在人們生命中，很少有音樂作品能像這首曲子這樣讓人們憶起某些感情激動的時刻。我建議我們把該曲用在我們新版的《幻想曲》中。終於，在很棒的「諾亞方舟」的片段中響起"Pomp and Circumstance"的音樂，只見唐老鴨協助世界上所有動物登上方舟，然後在最緊要關頭衝去找到黛西（Daisy）。

在柯林頓總統的畢業典禮致辭後，有一個爲他舉辦的歡迎會。當時很喧擾，數百位母親、父親和祖父母們大聲要求與總統握手。我看得出來家母想見總統，但在等了二十分鐘以後，艾力克明顯地很煩躁。我們都了解今天是他的日子，所以我們回到他的房間。珍和我幫他把最後的髒衣服打包，當他和他的朋友道別時我們就站在附近。下午三點鐘，珍、布萊克、安德斯和我搭機赴洛杉磯。家母返回紐約。在回去洛杉磯之前，艾力克計畫在紐約的詹姆士鎮停留，珍的雙親住在那裡。他們身體不適，不能參加畢業典禮，艾力克決定他要在橫越國家開始他的新生活前看看他們。

我很以他爲榮，也對未來抱更大的希望。

14
登陸 ABC

我只是眼睛緊盯著球而已

我沈默了一會兒。「好吧，」我說，「成交了！」

這幾個字聽起來很突兀，令人有點吃驚。

直到那一刻來臨之前，我一直不確定

我們雙方對成交與否有多少信心。畢竟，

我們所討論的是公司史上第二大的購併案。

難道真的透過一通電話就能成交嗎？

我覺得自己好像一個磨鍊多年的演員，突然在一夕之間成名。

……現在經過了十年以及十數次談判之後，

湯姆和我達成了一筆「瞬間」的交易。

我對赫伯・艾倫每年在太陽谷召開的大會很少有愉快的回憶，但是我毅然決定於一九九五年六月再度參加。實際上，這是個大好的機會，可以將迪士尼蓬勃復甦的故事呈現在一群企業領導者面前。更重要的是，這就好像被重重摔下馬後，又再度爬回馬背上。在一年前的大會上，我手臂疼痛，並在三天之後接受心血管繞道手術。

七月二十七日星期四，我預定於下午兩點十五分離開我的辦公室。我的最後一次會議是和我們的策略計畫小組共進午餐，目的是爲了討論我們先前所考慮的各種可能購併案間相較之下的優劣——特別是CBS和ABC，同時也包括EMI唱片公司和其他幾個更長程的規劃。賴瑞・墨菲的團隊已經爲每一筆可能的交易準備了簡短的摘要，包括購併可能花費的錢，我們對各公司所評估的價值，以及每一個購併案對我們的每一股盈收將會造成的影響。參加此次會議的成員有賴瑞和他的兩個副手彼得・墨菲和湯姆・史代克斯（Tom Staggs），還有山佛特・李瓦克和史提夫・波倫巴哈，其中波倫巴哈是第一次參加這種定期的午餐聚會。

早在山佛特到達之前，我們已經花了很長的時間討論購併一個電視網的可能性。我們和Capital Cities/ABC的第一次協商是在一九九三年的秋天，時間事實上要比一年後我們與NBC之間的交涉要來得早。當時的董事長是湯姆・墨菲，但是丹・柏克——史提夫・柏克的父親，也是湯姆長期的搭檔——實質上已經接掌。丹和我先前就可能的購併案已經討論了好幾次，但並未達成任何結論。一九九四年初，丹決定要退休，而湯姆選擇回來當總裁。我們之間前前後後談了幾次話，一年以後——一九九五年三月——我到紐約參加一連串的會議，並安排和湯姆吃晚餐。我們首先針對迪士尼做爲ABC的節目提供者商談，但不久我們就開始討論購併案。在接下來的幾個禮拜裡，我們又談了幾次，但無法取得共識，主要是因爲墨菲只對我們以股票給付 Capital Cities 的交易有興趣。我們一直相信我們的股票是被市價所低估。

五月初，巴瑞．迪勒打電話來提議我們投資一個電視網——這一次是CBS。一年前，巴瑞到最後一刻還一直無法決定是否要把CBS從賴瑞．提須（Larry Tisch）手上買過來。他們之間也繼續在談判。而現在巴瑞的想法是，迪士尼若同意投資七億五千萬美元來購併CBS，就可以擁有電視網的部份股份。購併總共需要五、六十億美元，巴瑞會向銀行借貸剩下的部份，然後成爲新公司的董事長和總裁。本質上，我們擔任的是消極的投資者。對我們而言，這筆交易眞正的價值在於我們的節目得以取得播放權的保證——最理想的是，每個星期的黃金時段播放迪士尼的特定節目，能夠設計CBS星期六早上的節目表，還能保證播放兩、三個迪士尼製作的黃金時段連續劇。我們以前從未投資過別人的交易，但巴瑞在我們考量的等式中加入了他獨特的才能，無論是就財務上或創造力而言。要我們對獨立運作及我們所涉入的程度等問題達成共識當然很困難，不過我們相信這些爭論都可以解決。問題是，巴瑞他自己無法和提須談妥一個對他自己或對我們來說合算的價錢。所以他第二次的交涉又失敗了。

在我們的團體之中，大家對大型購併案的興趣——特別是購買電視網——經過這些失敗的協商之後，似乎有增無減。史提夫．波倫巴哈的加入使得局勢有了轉變。賴瑞．墨菲和里查．那努拉先前一直很堅決地說服我們專注於迪士尼本身的事業，並抗拒任何高價購併的誘惑。現在史提夫取代了里查原來的位子——不管是照字面解釋，還是就比喻的層面來說——從他一九九五年四月到職開始，購併其他公司就是他的第一優先考量。彼得．墨菲和湯姆．史代克斯花了最多的時間在分析可能的購併案，他們兩個人一直很熱衷鼓吹購買電視網。過去十年來，我們就類似的話題至少已經討論了十幾次，然而就在我動身前往太陽谷開會的幾個小時前，我們的小組坐下來聚餐討論，我可以感覺到空氣中已經產生了某種電流。

彼得爲我們目前所有的選擇與對方想要的價錢做了現狀報告。他首先針對的是ABC和CBS。提須與巴瑞談判破裂之後，仍然亟欲賣掉CBS。他希望每一股能賣到八十美元，也就是說購併必須花費大約五十六億美元。Capital Cities 則希望以每股一百零五美元出售。湯姆·墨菲認爲我們最好的估價是介於每股一百二十到一百三十美元之間，或是以大約二百億的價錢購買一個更大的資產。

「我推動電視網購併案已經有七年了，」彼得首先發難，「而且我還是相信擁有電視網的價值所在。CBS是個不健康的資產，需要人去改變。Capital Cities 是一群大致健康的資產，並擁有優秀的經營能力。購買CBS是一場改頭換面的遊戲；購買ABC則是策略性的協力賽。CBS的價錢較低，價值回升的空間較大，但是開價過高；ABC的價錢貴多了，但是比較沒有發揮空間，價錢也比較合理。」

這時史代克斯隨聲附和，讓大家更加明白他和彼得的偏好所在。「CBS就只是播送而已。」他說：「有了資本城，等於得到了我們一直在追求的廣播網和穩固管理，不過我們也得到了ESPN，如此一來我們就能在有線電視界更有份量。」

我原本一直保持沈默，但現在我卻不得不扮演一下唱反調的角色。「我還是屬意CBS，」我說道：「因爲它的花費比較沒那麼高，而且我認爲我們有能力可以整頓它。」

「我傾向購買ABC，」山佛特說：「可是我了解CBS。它的規模比較小，也比較適合我們購併。」

「我的論點則是，」彼得說：「迪士尼的文化是凡事力求盡善盡美。我們拿來投注在米拉麥克斯這樣的小公司的時間和精力，會和一個以兩百億美元購得的公司一樣多，比方說像ABC。所以買小公司反而划不來。我想，就我們所增加的資本來看，選擇去做一件獲益較大的大事是比較有道理的。」

波倫巴哈一直在等待發言的時機。這時他終於加入。「基本上我屬意ABC更甚於CBS，理由有二。」他說：「第一，ABC這筆交易要好得多。第二，這樣更大大解決了我們該怎麼處理現金方面的問題。對於CBS，我們還不能將它拉抬到我認爲它應該達到的平衡點。目前的債務市場正處於有史以來的新低點。但ABC和迪士尼合併所產生的現金流出量，可能很快就能償付我們所承擔的債務。對我而言，論點是很簡單的：我們可以選擇用過高的價錢買下一間小房子，要不然就嘗試去買間大房子，然後跟對方殺價。」

沒有了里查，賴瑞就成了唯一的反對者，可是他已經不再像從前那麼反對。「我的第一選擇仍然是我們什麼都別做，」他說：「迪士尼只專注自己的事務、建構本身商標的策略，一直非常成功。不過，我不得不承認購買一個電視網的確有其吸引力。我們的競爭者已經開始經營他們自己的電視網，而且毫無疑問的，我們亟需取得電視播放權的這個問題是愈來愈大。我也同意購併ABC是筆策略性的交易。問題是它很可能本來處於巔峰狀態，也就是說我們這時正值它開始走下坡的階段。這就是爲什麼我仍對購買CBS比較感興趣的原因。我知道我們有能力可以改變它。」

「賴瑞，你認爲ＡＢＣ正在走下坡的想法顯然是對的，」我說：「可是假以時日，這個情形應該可以改變，而且無論如何，ＡＢＣ所代表的只是它整個公司的一小部份而已。」

「如果我們能以合理的價錢買到ＡＢＣ，那麼這可能就是個正確的選擇，」賴瑞答道：「可是，無論哪一個選擇，我都有所保留。我擔心的是，目前我們自己就有許多事要做，卻想將注意力從迪士尼本身的事業移開，去製造一個龐大的管理新問題，似乎有點冒險。」

另一個相關的話題就是，ＡＢＣ是否有可能達到我們向來爲迪士尼所定的基準，也就是年成長率必須達到百分之二十。在這裡，「障礙比率」的觀念就是問題的關鍵了。障礙比率並不是田徑術語，而是指某個特定的投資或購併案必須達到某種程度的報酬率，才能可靠地爲公司創造價值。例如，開發一個全新事業這樣冒險的投資，本身可能獲得收入的範圍較廣泛，它的報酬率就必須比一個新的主題樂園這樣經過證明的投資要來得高，相較之下主題樂園的價值雖然上升的傾向較小，結果卻比較能夠預料。ＡＢＣ顯然不太可能達到百分之二十的年成長率，但若考慮其他策略性的因素，就會使購併ＡＢＣ的選擇變得比較合理。

彼得．墨菲這時突然加入，提出ＡＢＣ購併案在我看來最有力的論點。「眞正的關鍵不是在接下來的五年到十年。」他強調：「我們當然可以專心經營自己的事業，然後每年繼續成長二十個百分點。重點是，從現在算起的十年後，也就是一直到二〇五〇年，迪士尼會變成什麼樣子。未來的挑戰就是要能夠做爲一個全球性的獨立自主體，並創造一個全世界的娛樂引擎。朝向國際化而努力的競爭者，勢必成爲未來的翹楚。Capital Cities 給了我們可以達成這個目標的機會，不只是靠ＡＢＣ，同時還可藉助於ＥＳＰＮ和他們其他的有線電視頻道，像生活頻道（Lifetime）、藝術與娛樂電視網

(Arts & Entertainment Network)，以及歷史頻道(HistoryChannel)。」

在午餐結束之前，史提夫將我們的注意力轉到一個他最近曾向我們提議的可能購併案上。這個代號叫「艾爾莫」(Elmer)的案子當然成功希望不大，但他卻不因此而打消念頭。「我認爲時代華納很適合我們的公司，」史提夫解釋道：「它的規模很大，資產很足，而且我們可以便宜地將它買下，因爲它的股票被市價所低估。問題是，很明顯的，這筆交易會更形複雜。當然，我們的舉動勢必也會引起反抗。」說到這裡史提夫變得婉轉了起來。任何想要購買時代華納的企圖幾乎都會引發一場慘烈的掠奪戰。傑洛德．勒文(Gerald Levin)，也就是該公司的董事長，先前死命抵抗，只爲保有自主權——若有人出價競購，他必定會再度頑強捍衛。

當史提夫繼續讚揚這筆交易的好處時，我可以看見賴瑞的雙眼睜得越來越大，眉毛也聳得更高了。「你所談的是一筆我們做起來最複雜、最挑釁、也是最令人不愉快的交易，」賴瑞終於插嘴說：「更不用提，如果購併眞的成功，兩個公司之間將會產生巨大的文化衝擊。我認爲這筆交易不切實際。」

史提夫仍然泰然自若。「我相信以我們的管理，必能解決這一類的問題，」他說：「在今日的世界中，如果你願意付出正確的代價，你幾乎可以毫無疑問地得到你所要的公司。出價者叫價，目標公司的董事會則建議交易的價錢。這筆交易雖然複雜，但我十分相信我們可以談成。」

我是站在賴瑞這一邊的——這是毫無疑問的。去競購時代華納就等於發動一場全面性的戰爭，而贏得戰爭則需要吸收一個與我們有著嚴重文化衝突的公司。相較之下，購併一個像CBS或Capital Cities這樣的公司要合理的多。當我們用完午餐時，大家都同意，如果太陽谷的會議中有任何好機會，我會跟湯姆・墨菲或賴瑞・提須談談，可是我不會自己去促成什麼事的。

我再度開始積極交涉的另一個對象是麥可・歐維茲，我也期待在太陽谷見到他。雖然我們一年前的談判未能成功，我還是希望能吸引他加入迪士尼。在五月中旬時，有媒體傳言，歐維茲正在和Seagram公司的董事長小艾德加・勃夫曼（Edgar Bronfman, Jr.）交涉，想領導Seagram先前買下的MCA／環球（Universal）公司。歐維茲和好萊塢的任何一位經營者一樣了解電影和電視事業，我猜想他很可能也擅長經營環球影城的主題樂園。我希望盡量不要和他競爭。問題是要如何才能吸引歐維茲的注意力。當我再度嘗試和他接觸的時候，他正和勃夫曼在談一筆交易，據聞這筆生意將保證為他進帳兩億五千萬美金。一直到五月的最後一個星期三，歐維茲終於答應到我家吃中飯。那時我並不知情，不過之前他和Seagram的交涉已經開始遭遇嚴重問題。這是第一次他願意考慮到迪士尼擔任第二號人物的可能性。即使如此，當我們用餐結束時，我仍然以為歐維茲終會選擇到MCA發展。

我很快就發現自己錯了。在六月五日星期一——也就是歐維茲上了《新聞週刊》的封面故事談論他下一步動向的同一天——MCA的談判破裂了。緊接而來的結果就是別的公司又可以聘請他了。在接下來的幾個星期裡，我們並沒有什麼機會談話，可是我認為我們在太陽谷會有機會。結果歐維茲早了我兩天向我交涉。隔天，小艾德加・勃夫曼宣佈他已經聘用朗・梅爾（Ron Meyer），也就是歐維茲在CAA的一個搭檔，來領導MCA，而且他們兩個將會一起參加太陽谷會議。歐維茲於是決定不參加。

「我就是對別人飛上枝頭感到不舒服，」他在星期四一早對我這麼說。關於請他到迪士尼的討論只好緩一緩。星期四下午三點左右，就在那次策略計畫的午餐會談結束之後，我和波倫巴哈、山佛特・李瓦克、專門負責我們投資者關係的溫蒂・韋伯（Wendy Webb）以及預定和我一起在隔天的太陽谷會議中報告的喬・羅斯一起登機。珍決定待在家裡。

當我們過了下午五點不久後抵達時，赫伯・艾倫已經在那裡等著接機。我不太確定爲何我的股票自從上次會議後就跟著他一起上漲，可是這期間不論是我的生活還是迪士尼都經歷了相當大的改變。我們的公司正朝氣蓬勃地向前邁進。我們已經開始設立一個管理小組。我覺得自己比過去長久以來都還要健康。我甚至又可以睡好覺了，因爲我很快樂地發現自己先前的問題並不是由於無意識的焦慮在作怪，也不是什麼中年的憂慮，而是因爲我在動心血管繞道手術以前持續服用的一種降膽固醇的藥物所致。最近有人發現它在某些病人身上會造成失眠。當我一停止服用這種藥，我又開始睡得很安穩。

當艾倫讓我下車時，我第一個看到的人就是巴瑞・迪勒——嶄新、強健的迪勒——他正騎著腳踏車朝我這兒過來。我們談了幾分鐘有關CBS的事，而巴瑞則再度強調我們先前討論要一起購買電視網的計畫對他來說已不再具有任何意義。等我登記住進我的私人公寓之後——跟我前一年所住的偏遠房間比較起來也算是一種升級——我和巴瑞、黛安・佛斯坦柏格一起走到有供應晚餐的中庭。晚上十點時，喬・羅斯來接我，好一起去會議室看看隔天早上做簡報時我們會用到的視聽器材。

我及時醒來去參加由傑洛德・勒文和鮑伯・戴利代表時代華納於早上八點所做的簡報。然後，我又去參加由傑克・華龍提擔任召集人的娛樂座談會。曾經有一度，傑佛瑞・卡森柏格，也就是現在夢工場的領導人之一，突然拿出一把水槍開始向與會的成員噴水。在座談會結束的幾分鐘之前，我溜出來準備我自己和喬要做的簡報。房間裡很快就擠滿了人——我相信部份是對我的健康狀態感到好奇才來的。

「我今天來到這裡，並不是以華特迪士尼公司的代表身分而來，」我開始說起：「而是以已故的法蘭克・威爾斯代理人身分而來。他向赫伯・艾倫承諾每隔一年就要更新迪士尼的團體，而從我就他最近的報告所整理出來的結果是相當簡單明瞭的：迪士尼的事業正蒸蒸日上。讓我們來看看，過去的這一年來，我們有迪士尼的美國……歐洲迪士尼的重建……佛羅里達州旅客槍擊事件和安德魯颶風（Hurricane Andrew）……再加上加州的火災、洪水和大地震……更不用提一些人事上的改變……。」這時我話鋒一轉：「說真的，我們去年的業績好得沒話說，今年更是好上加好。我們的《風中奇緣》首映票房是我們有史以來第二高的……。我們即將達成一九九五年以及往後的財務目標。而且事實上，我很慶幸自己的心臟手術成功。還有呢，醫生告訴我，他們留下了我的一條動脈，上面標記著百分之二十的普通股報酬率以及百分之二十的淨所得成長率。他們只是使這條動脈穿過一條上面寫著『不用花錢』的導管……。實際上是迪士尼的自我更新使得公司能夠達到百分之二十八的年成長率。」

當我將簡報交由喬接手後，他敘述了他革新真人電影的策略，也就是每年推出一、兩部迪士尼品牌電影。他也提到了我們在家庭錄影帶和動畫上的成功，最後並以一段彼得・施奈德事先從即將上映的《鐘樓怪人》中剪輯的五分鐘精彩片段做結尾，然後再交回給我主持。我則朗讀了兩年前華倫・巴菲特寄給我的一封信做結尾。「在一九六五年，」我引述他的話，「我用大約四百萬美元買了百分之五的迪士尼。這是個好消息。壞消息是我在一、兩年後以兩百萬美元的利潤將它賣掉。」我解釋說，我當時忍不住回信給華倫告訴他，如果他選擇留住迪士尼的股份一直到一九九三年，也就是他寫信給我的時候，他的財務狀況將會高達五億五千兩百萬美元。

「既然華倫今天在這裡，」我補充道，「我只是想讓他知道最新情報。如果他當初能夠堅持原來的投資，過了這些年，他的四百萬美元今天就值八億六千九百萬美元了。可是也不必替他太難過。假使迪士尼在一九六五年有買下華倫當時價值四百萬美元的伯克夏哈瑟維（Berkshire Hathaway）股票……今天我們就會得到六十億的利潤了。」

喬和我留下來回答了好一些問題，可是到了中午十二點三十分，我就回到我的房間打包。有關購買電視網的討論並未能實現，不過還會有其他的機會。我們可以耐心等待。我的計畫是很快地吃完午餐，和幾個人道別，然後就前往機場，珍會在那裡和我碰面，那麼我們就可以一起飛到亞斯平度週末。當我沿著小徑走到我的公寓拿旅行袋時，碰巧遇到了賴瑞．提須和他的太太比莉（Billie）。他們有參加我們的迪士尼簡報，所以就停下來說幾句讚美的話。前一天晚上，巴瑞告訴我西屋（Westinghouse）正要出價買CBS。

「聽說你即將進行一筆交易，」我說。

「是的，」提須直言不諱，「傳言是真的。」

「這筆生意會成交嗎？」我問道，設法多探聽一些細節。「西屋能夠獲得財務資助嗎？」

「爲什麼你會以爲是西屋呢？」提須說，可是他只打了一會兒啞謎。「這筆生意將會成交，」幾秒鐘後他補充道：「這個案子已經由他們的董事會討論過了，而且化學銀行也承諾給予資助。」

就在那個時候，化學銀行一位高級主管的太太從我們身邊走過，提須就叫住她。「請問化學銀行是不是已經答應要資助我們西屋這筆交易？」他直截了當地問她。令我吃驚的是，她證實她丈夫的確做了這樣的承諾。

「難道你不願意和我們做生意？」那位女士走後，我向提須問道。

這時，比莉突然插嘴。「我們絕對願意，」她說。而提須也同意。「週末我將會在洛杉磯，」他說。「星期天晚上或星期一早上打電話到美日旅館給我，我們到時再進一步詳談。」我答應會打電話。分道揚鑣後，我繼續走回我的房間。

當我還在思考剛才的談話時，我抬頭一看，就看到華倫·巴菲特朝著我走過來。他也停下來告訴我，他對我們的簡報印象有多深刻。

「剛才發生了一件最好玩的事，」我告訴他。「我遇到了賴瑞·提須，我們最後談到了購買CBS的事。當然，除非你想以收現金的方式把 Capital Cities 賣給我們。」我希望迪士尼可能買下CBS的消息，能夠使巴菲特這個 Capital Cities 最大的股東更想要把公司賣給我們。

「聽起來還不錯，」他毫不考慮地說。「我們何不跟湯姆談談這件事呢？」他指的是湯姆·墨菲。

「我不知道他人在哪裡，」我說。

「我正好要去見他，」巴菲特告訴我。「我們和比爾·蓋茲約了要打高爾夫球。你何不和我一起過去？」

當我們趕上墨菲時，巴菲特爲我起了個頭。「麥可想用現金買 Capital Cities，」他說。「我想他是對的。我們每次在伯克夏成功買下的東西都是用現金。湯姆，你認爲呢？」

墨菲似乎有點保留。現在離我們上次失敗的談判不過三個月而已。「我必須好好考慮一下，」他說。我們又談了有關這筆交易的一些事，然後我儘可能地裝作不經意，提起剛剛和提須在一起所發生的故事。墨菲知道我們對電視網真的很感興趣，而ＣＢＳ這筆交易正在進行。無論他對賣出 Capital Cities 有什麼疑慮，迪士尼仍是少數讓他心裡覺得舒服的可能買主之一。

這整件事令人驚訝的是，就在我準備離開太陽谷的時候，我先是碰到了提須、巴菲特，現在則是墨菲。而墨菲本人正準備和巴菲特與比爾・蓋茲這兩個美國最富有的商人一起去打高爾夫球。在此期間，我們就在這裡，一起站在愛達荷州中央的一個停車場，討論一筆兩百億美元的交易。幾分鐘之後，華納的領導人鮑伯・戴利路過，指著我，然後開玩笑地向墨菲大叫：「別把你的公司賣給那個傢伙！」戴利根本不知道他剛好猜中了我們當時正在談論的內容。

墨菲告訴我他會好好考慮現金對股票的問題。「我答應下個星期很快就會和你聯絡，」他說。我們並沒有談到價錢。

互道再見後，我拿了旅行袋放到車上，然後就前往餐廳設法找出史提夫・波倫巴哈的蹤影。山佛特早就離開去歐洲開會，不過我在中庭自助餐的隊伍中找到了史提夫。我把他拉到一旁的草地上，簡要地敘述我一連串的驚人遭遇。

「感覺上好像這些交易中會有一筆成交，」我說，然後我們簡短地討論了現金對股票的問題。接下來，我找到迪勒並告訴他詳細的情形。我希望讓他明白，我們正在考慮購買ＣＢＳ的這筆交易並沒有打算與他合夥。他也沒有反對之意。我還告訴迪勒，我先前和巴菲特與墨菲的談話，問他是否有興趣經營ＡＢＣ。我不知道這樣的討論會有什麼樣的結果，不過在這個階段我大可以恣意地試探。他微笑地看著我，很愉快地告訴我，他懷疑自己會有意願。

我在星期天下午六點抵達亞斯平後，立刻聯絡回到洛杉磯的彼得・墨菲和湯姆・史代克斯。他們接了不同的分機。「喂，各位，」我說，「你們送我去釣魚，我帶了兩尾上鉤的魚回來。現在我們必須想想如何處理它們。」

隔天就是我完成心血管繞道手術的一週年。我大半天都和布萊克在一起砍樹和矮樹叢，好在我們家附近開闢一條新的跑馬小徑。下午我和剛從亞斯平度假回去的席德・巴斯談話。我簡要地告訴他一切事情，然後將大約四十頁關於CBS和Capital Cities的文件傳眞到他家。幾分鐘後，席德打電話來說他沒有收到傳眞。有那麼一會兒我很驚慌，不知道之前是否傳錯了地方。過了兩分鐘，席德又打電話來說他已經開始在收傳眞了。他答應一讀完內容就會回電給我。

二十分鐘之內，電話第三次響起。「Capital Cities的這筆交易看起來相當不錯，」席德告訴我。「除非湯姆出的價錢太高，否則我們或許應該著手進行，完成這筆交易。」席德說得很含蓄，而這幾乎是我所聽過他對任一筆交易的評語中最華麗的言辭了。如果換了一個人，這已經等於是在桌上手舞足蹈。我覺得備受鼓勵。那天晚上，珍、布萊克和我飛回洛杉磯，好讓布萊克可以及時到家，因爲他爲了USC電影學校的碩士論文所執導的一部學生電影正要剪接。我在晚上九點打電話到美日旅館給賴瑞・提須，可是他外出吃飯去了。隔天早上他回電給我，我們便簡短地談了一會兒。

「你們不是有一個新人專門處理這一類的事情嗎？」提須問我，很明顯地他指的是波倫巴哈。我告訴他，我們的確有這樣的人。

「何不讓我直接跟他談？」提須問道。

我無所謂。「我會要他馬上打給你的，」我說。

星期二早上，我得到了湯姆・墨菲的回音。他告訴我，他已經考慮過了，如果我們想做成這筆交易，就必須以迪士尼的股票給付，而不是付現金。「我希望我的股東們在這場馬賽中有一張彩券，可以有機會參與新公司的未來發展，」他解釋道。「而且我不希望如果我們這筆交易以現金成交的話，他們就必須付出資本收益。」

「湯姆，我們沒辦法做那樣的交易，」我答道。「我們的股票實在是被市價過度低估了。這樣對我們的股東來說並不公平。可是也許我們還可以再想想辦法。我可不可以親自過去拜訪你呢？」

「我很樂意隨時和你見面，」他告訴我。

那個星期六，我必須到佛蒙特去參加我外甥的婚禮，所以我告訴墨菲星期五可以順便去紐約。他說他會邀請丹・柏克來加入我們。我說我會帶波倫巴哈一起去。我知道史提夫已經計畫在同一天上午九點去見賴瑞・提須，所以我就把和墨菲的聚會定在早上十一點。

星期四晚上我和史提夫與彼得・墨菲一起飛到紐約去。史提夫相信假使 Capital Cities 的交涉沒有成功，CBS的交易應該會有結果。他深信西屋將無法談成這筆生意，那麼提須就不得不把價錢降到一個比較合理的數字。經過與提須交涉多年之後，我很懷疑他是否會妥協，可是能夠有多一點選擇，對我們畢竟有益無害。而且，當我們星期五上午去見湯姆・墨菲時，我很高興能夠提到我們剛剛才和提須碰面一事。

我特別安排在史提夫與彼得星期五早上談完CBS的生意之後與他們倆見面。結果提須告訴他們，他希望的價錢又再度爬升——到每股八十美元，而且到了成交時還得加上史提夫所預測的每股五美元利息。史提夫和彼得僅僅答應會再和他聯絡。我們三個人在西區第六十六街的 Capital Cities/

ABC總部外頭碰面。我們並沒有在該建築物前面討論最後一分鐘的策略，而是決定沿著街區散步。我們散步花了不過十分鐘，可是已經夠我們最後一次討論價錢了。我們同意付出每股一百一十五美元。

和墨菲與柏克的會談進行了兩個多小時，大部分都是在懷念我以及他們過去在ABC的日子。當討論終於談到交易時，我再度申明我們不想以我們的股票來給付，因為我們相信它現在被市價所低估，同時也因為迪士尼的成長率要比 Capital Cities 快得多。丹・柏克則以非常私人、非常感性的一席話回覆。他強調，完全以現金做成 Capital Cities 這筆生意是很欠考慮的。

「我本身是迪士尼的股東，而且快樂得很，」丹說道，一面為ABC斡旋，「可是如果你們為了買下我們的公司而使你們的公司背負將近兩百億的債務，我就會賣掉我在迪士尼的股份，因為我認為你們這樣會欠太多錢。你們只不過是非常興奮地在做舉債經營的投機買賣而已。」墨菲和柏克持相同意見，他更談到迪士尼在經濟衰退期間還要償還一大筆債務所必須承擔的風險。我自己對負擔太多的債務也有顧慮，尤其是因為我們在歐洲迪士尼有一次發人深省的經驗。但是，我也知道波倫巴哈以及我們小組的其他成員都相信，我們從迪士尼和 Capital Cities 合併後的現金流出量就可以輕易地擺平兩百億美金的利息。

我們終於將現金對股票的討論擱置一旁，開始談到價錢的問題。Capital Cities 股票每股的賣出價是一百零六美元。「我們準備付出每股一百一十五元，」我告訴墨菲。這個出價是以過去九十天以來的平均市價為基準，再加上較少的百分之十溢價。湯姆和丹都沒有跳起來和我握手，不過他們兩個人也都沒有因為不相信而轉著眼睛或搖頭。我們原先以為，他們非常可能已經在心裡頭預想了一個每股一百三十美元這麼高的價錢，但如果真的是這樣，那麼他們應該會馬上拒絕我一百一十五美元的出價。但他們沒有。我認爲這是正面的訊息。我但願自己一開始出的價錢是一百一十美元，可是我也感覺到我們就快談妥價錢。目前比較困難的問題是，我們到底能不能在交易給付的方式上達成共識。即使又再討論了幾個選擇，我們似乎還是陷入僵局。湯姆答應會在週末過後打電話給我，可是我離開時卻相信自己或許已經錯失另一個機會。

下午兩點時，我飛到佛蒙特去參加我外甥道格（Doug）的預演宴席和他隔天晚上的婚禮。道格是我姊姊瑪歌的兒子，他是在四年前遇見他未來的妻子羅莉・倫敦（Lauri London），當時他們兩個人都在紐約市工作。他們的婚姻成了一件非同小可的大事。我們整個大家庭——表親、姨姑媽、叔伯舅舅以及我從童年起就沒見過的朋友們——全都齊聚一堂。婚禮就在星期六夕陽西下後舉行，地點在我們家族果園的蘋果樹下。接下來是一個大型宴會，之後又在星期天下午用早午餐。我們一直到星期二下午都待在這個地區拜訪親友，包括珍在詹姆士鎮的親友。然後我們往北飛到多倫多去參加我們第一個巡迴公司所製作的《美女與野獸》劇院首演。

星期一我並沒有接到湯姆・墨菲的來電，這便證實這次交涉失敗了。然而，當我星期二抵達多倫多，在下午六點過後不久打電話到我的辦公室查看有無留言時，我得知墨菲幾個小時前有打電話來。由於時間太晚，不能回電給他。傍晚我愉快地看著《美女與野獸》，這或許是我第十二次看這部戲。之後，珍和我出去跟導演羅柏特・羅斯、編舞者麥特・威斯特以及他們好幾個團員一起吃晚餐。我們花了兩個小時在討論表演的事情。

隔天早上，我太早離開旅館，因此沒能打電話給墨菲。當我抵達多倫多機場的時候，因爲沒有加幣打公用電話，也無法使用美國的信用卡，只好再次取消打電話的念頭。我們在水牛城停留通關時，我終於有機會從那裡的公用電話聯絡湯姆。

「我已經考慮過你所出的價錢，」他說道。「我們不想再談之前所討論的任何一種交易方式。我們準備接受的成交價是迪士尼的股票，加上六十五美元的現金。」簡而言之，他所談的交易就是股票與現金各半。前一天我們的股票是以五十五美元坐收，也就是說他心裡對於 Capital Cities 這筆交易的成交價是每股一百二十美元——與我們上星期五所出的價錢相比，只高出五美元。

「聽起來是個相當不錯的主意，」我回答道，「可是我必須再想想，並且和我們公司的人討論。」我仍然沒有因爲必須放棄這麼多股票而激動，不過這個價錢似乎很合理。

「席德將會喜歡這筆交易的，」湯姆說道，同時拉了我一下。

「聽起來好像我們的交涉已經有眉目了，」我回答道，試圖在實事求是與熱忱之間取得一個平衡點。「我會再和你聯絡的。」

我們公司的飛機下一站停在詹姆士鎮讓珍下飛機，好讓她可以和自己的父母相聚幾天。我再一次走到公用電話亭旁邊，這次是打給在伯班克的波倫巴哈。我把墨菲先前提出的價錢解釋給他聽，馬上引起了他的興趣。我告訴他，我預定在下午四點之前回到公司。他同意召集我們的策略計畫小組，在我一抵達就馬上開會。接下來，我馬上打電話給席德・巴斯與剛從歐洲回來的山佛特・李瓦克，詳細告訴他們一切事情。墨菲猜對了席德的反應——他很喜歡這筆交易。

當我抵達辦公室時，我們的小組已經聚集在會議室了。每個人的選擇就如預期般壁壘分明。彼得・墨菲和湯姆・史代克斯認爲我們應該馬上接受墨菲的價錢。史提夫和山佛特也這麼想。賴瑞・

墨菲覺得價錢還是有點高。我們一連討論了幾個可能的議價，最後的決定是我應該回去與湯姆・墨菲商量看看他是否能考慮少一點股票，多一些現金。另一個關鍵是我們碰巧在同一天稍早前發佈了創新高的一季總所得。市場的回應是將我們的股票提升了兩點到五十七美元。這爲我提供了另一個機會。因爲湯姆希望以每股一百二十美元成交——六十五美元現金加上我們市價五十五美元的股票——那麼他現在應該要同意以現金六十三美元成交，因爲那樣就可以達到他想要的一百二十美元。對迪士尼來說，兩美元的差別就等於少付出將近五億美元來買Capital Cities。我們大家都同意這將是我們主要的議價空間。

七月二十七日星期四早上七點，我從我家地下室的跑步機上打電話給墨菲。我希望儘早聯絡到他——當時已經是紐約的早上十點——因爲我先前聽巴瑞・迪勒說，CBS和西屋的談判終於已經快要成交。如果眞的成交，我就會失去以CBS做爲Capital Cities替代方案的機會。當我聯絡上墨菲時，我開始提出減少股票、增加現金的想法。他馬上拒絕這個提議，誠如我所預料。於是我就拿出了應急的辦法。

「你和我同意以一百二十美元成交，」我說道。「目前我們的股票價值五十七美元，所以我們應該只要付六十三美元的現金。」

湯姆根本不爲所動。「麥可，」他說，「當昨天我們談論的時候，我告訴你我們願意成交的價錢。當時我並不知道你們剛要發佈你們的總所得。所以我還是要現金六十五美元加上一張股票。就這麼決定。現在唯一的問題是你們要不要做這筆交易。」在跑步機上與人談判沒什麼好處。每個小時五英哩的速度從未使我有所進展。

我答應湯姆會在那天早上稍晚回電告訴他最後的答案。我到了辦公室後所打的第一通電話是給Capital Cities 的總經理鮑伯・伊格（Bob Iger），他是普遍公認將會繼承墨菲的人選。我不太認識他，但我相信湯姆應該已經詳細告訴他我們的談判內容。伊格先前在ＡＢＣ主導了一段很成功的時期，我知道他對於自己的公司被賣掉可能會感到很失望，或許會有失去工作的擔憂，因爲這表示他將不再是墨菲的直接繼位者。我也明白爲了承先啓後的緣故，讓他繼續擔任ＡＢＣ總經理至少一段合理的時間是非常重要的。在我們最後同意 Capital Cities 這筆交易之前，我想確定我們可以和伊格先達成協議。

「我想和你談談請你繼續留下來的事，」當我聯絡上他時，我向他解釋道。

「在交易尚未完成之前，很難和你做進一步交涉，」伊格回答道。他說的沒錯。「我是 Capital Cities 的總經理，也是首席管理者（ＣＯＯ），而且我還是執行委員會的一員。就倫理上來說，我甚至不確定自己的地位爲何。我需要好好想一想。我會再回你電話。」我說我能了解，但是就某種意義而言，我已經得到了我想要的答案。如果伊格極力反對購併，十分確定的是我可以從他的反應中察覺到蛛絲馬跡。

就在洛杉磯時間近中午前，我再度打電話給在紐約的墨菲。當時史提夫和山佛特就坐在我桌子的對面。我們已經同意讓我做最後一次嘗試，看看是否能就這筆交易談成更好的價錢，可是這大部分也是由於我本身的好勝心使然。「我總得有所斬獲，」我對湯姆這麼說，雖然心裡淸楚價格已經很公道了。

「麥可，」他說，「我已經告訴過你我們準備接受的價錢。」

我沈默了一會兒。「好吧，」我說，「成交了！」

這幾個字聽起來很突兀，令人有點吃驚。直到那一刻來臨之前，我一直不確定我們雙方對成交與否有多少信心。畢竟，我們所討論的是公司史上第二大的購併案。難道眞的透過一通電話就能成交嗎？我覺得自己好像一個磨鍊多年的演員，突然在一夕之間成名。從一九八四年席德・巴斯和我與ABC的創立者雷歐納德・勾登森會面交涉開始，我們就一直在考慮購買ABC的可能性。但他卻在隔年將公司賣給湯姆・墨菲和Capital Cities。現在經過了十年以及十數次談判之後，湯姆和我達成了一筆「瞬間」的交易。

我們沒有很多時間慶祝，或是做事後的檢討。我們都同意，在簽字之前千萬不能讓這筆交易走漏消息，因爲甚至連我們正在交涉的消息都會使Capital Cities的股票立刻高漲。一旦這個公司公開競標，其他的競購者可能就會一一出現。我們最大的希望就是儘早完成這筆交易，同時儘可能使涉入的人愈少愈好。針對這麼大筆的交易，又牽涉了兩個高知名度的公司，要保持高度機密實在很不容易。

山佛特提議由他召集一個小組立刻飛到紐約，開始著手成交事宜。在一個小時之內，他雇用了他舊東家德威・巴拉庭律師事務所來做我們的代表。那天下午墨菲很早又打電話來說，Capital Cities將由葛瓦、史威恩及摩爾聯合律師事務所（Cravath, Swaine & Moore）做代表。在那之前我已經和羅伊・迪士尼、史丹利・歌德和席德・巴斯談過話，也和Capital Cities那邊的華倫・巴菲特與丹・柏克聯絡過。到了四點，山佛特、史提夫以及他們所召集的小組人員已經在前往紐約的飛機上。對一筆一百九十億美元的交易而言，我們的小組成員才不過十幾個人。令我感到特別高興的是，我們走到這一步都不需要藉助於投資銀行、經紀人或中間人。整個下午的其他時間，我都忙著打電話給我們董事會的其他成員，向他們說明這筆交易的詳細情形，同時確定他們有時間好好地了解這件事。

星期五早上，我開車到格倫代爾的動畫大樓去審查《鐘樓怪人》還不太好的第三幕。之後，彼得·施奈德告訴我，他對於我在面對這麼龐大的一筆交易時還能專心管電影劇本的事感到很驚訝。我則想起曾經聽人說過貝比·魯斯（Babe Ruth）在打世界賽時的一個故事。當時他已經打出了好幾支全壘打。在快要舉行第七場比賽之前，有一個記者問魯斯，當他每次揮棒時面對全場尖叫的五萬球迷，還要肩負整個球隊的責任，他要如何承受那樣的壓力？「就這麼說吧，」魯斯很酷地回答，「我只是眼睛緊盯著球而已。」雖然我所感到的壓力很難與魯斯相比，可是多年來，我已經學會專心做眼前的工作而不去管其他的事。注意力若不能集中就注定平庸。無論ＡＢＣ的結果如何，《鐘樓怪人》還是得拍攝下去，而且這部片關係到迪士尼的未來。

放映結束之後，我回到辦公室繼續設法聯絡我們董事會的其他成員。我特別想和史丹利·歌德談談，因為他有傳播的經驗，而且過去十年來每逢重要議題我都常會請教他的意見。我也和鮑伯·伊格又談了一次話。令我欣慰的是，他似乎對這筆交易很熱衷。「我希望你明白我完全支持這筆交易。」他對我說：「從商業的角度來看，我認為這筆生意很有意義。就我個人而言，我失去了做ＣＥＯ的機會，但是我只有四十四歲，我很高興能參與這個具有重大歷史意義的合併案。」這是我所能聽到最好的回答了。剩下來唯一的問題就是和鮑伯達成新的協議。

星期五我還打電話給人在沃斯堡辦公室的席德·巴斯。「聽說華倫·巴菲特正在往紐約的路上，準備去和湯姆·墨菲會合，」我告訴他。「如果可能的話，我真的希望你可以和我一起去。不如我明天去接你如何？」席德對我說他很樂意一同前往，只是他不希望我還得繞路去接他。我向他保證這一點都不麻煩。

那天晚上我睡得並不安穩。交易的金額開始在我的腦海中盤旋，一直到清晨三點我半夢半醒之間還揮之不去。我不知怎麼的開始讓自己相信我們的現金流出量無法抵消我們即將負擔的債務。當我黎明醒來時，甚至覺得自己就好比在準備走向祭壇的前一刻卻有逃婚的衝動。早上七點半時，我拿起話筒打電話給人在紐約的史提夫・波倫巴哈。「我們不能這麼做，」我對他說，然後向他敘述了我突然想到有關現金流出量的事情。史提夫對我從頭到尾徹底分析這筆交易，再次向我保證這的確是筆正確、合理的交易。「我們邁進了一大步，」他下結論說，「但卻是很謹慎的一步。」

上午十點過後不久，我和我的助理裘蒂・卓爾一起登機，在陽光的沐浴下心情也感到比較輕鬆。當我們抵達沃斯堡時，席德已經坐在柏油碎石路上的車子裡等我們了。我們升空之後，他便拿出他的筆記型電腦算出我們只不過繞了一百三十八英哩的路來接他。我大笑。我們即將完成一筆一百九十億美元的交易。如果要席德坐在我旁邊需要多繞兩千英哩的路，這個負擔一點都不重。

我們在晚上七點飛抵紐約，等我們到達位於五十二街與美國大道交會處的德威・巴拉庭律師事務所辦公室時，已經九點多了。作戰室設在二十二樓，人們都聚集在鄰接的一連串會議室內——策略計畫小組就在其中一間，公司的公關小組在另一間，律師們則在其他的房間裡努力地工作著，準備簽約事宜。我們的目標是希望能在星期一股市開盤之前及時宣佈這樁合併案。山佛特告訴席德和我這筆交易中一些尚未解決的最新問題。目前所剩最大的問題是，如果在我們宣佈成交之後，另一個買主介入，出了比我們更高的價錢，Capital Cities 會如何賠償迪士尼的損失？毀約的賠償費是任何一個重大購併案的標準要件。關於這一點我們最後協議定爲四億美元，或者選擇相當於售價平均百分之二的費用。但重要的不是賠償費的問題。我們談判的絆脚石是，如果購併案無法成交，對方是否能保證我們還能得到播放節目的權利。

基本上，我們所要求的保證和我們對巴瑞・迪勒在談判CBS那筆交易時所做的要求一樣：每週必須在黃金時段播放迪士尼的電影，幾個特別節目，有權規劃星期六早上的節目表，並保證播放我們所製作的黃金影集。到那時爲止，Capital Cities 只同意播放迪士尼電影——其他部份都不同意。山佛特已經放棄我們對播放黃金影集的要求，可是我並不願意再做任何讓步。當時已經很晚了，不過由於我的堅持，我們還是打電話給正在附近餐廳一起用晚餐的湯姆・墨菲和華倫・巴菲特。他們同意回來徹底討論這些問題。

「播映權的問題非常重要，」我解釋道。「我們想要規劃星期六早上節目的承諾，並希望每週能夠播放迪士尼的電影，還有每年三個迪士尼的特別節目。如果沒有辦法達到這個要求，我們可能會有問題。」湯姆沒有明確表示意見，問題還是懸而未決。到了第二天，他們同意這些要求。

那天晚上我留在我母親的公寓過夜，到了星期天早上很晚才回到德威・巴拉庭律師事務所。山佛特提醒我要加快談判速度，包括與鮑伯・伊格的合約裡尚未解決的一些問題。剩下來最重要的事，就是預定於下午三點舉行我們董事會之間的電話會議，以徵求他們對這件合併案的同意。Capital Cities 的董事會預定於下午五點召開，他們也懷抱著相同的目的。我們的董事會電話會議持續了將近三個小時，因爲我們把這筆交易的每一個細節都詳細告訴我們的董事會成員，並一一回答他們的問題。最後投票的結果是，大家一致贊成這件購併案。就在我們的電話會議結束時，Capital Cities 的董事會議在ABC的總部開始舉行。

晚上七點時，我回到旅館和我的母親一起吃晚餐。這個星期稍早以前我已經告訴她這件購併案。現在案子就快成交了。「相當令人興奮，可不是嗎？」當我們一起坐下來時我說道。

「是啊，」她說：「我實在不敢相信艾美（Amy）就快要結婚了。」她的外孫女，也就是我姊姊的另一個孩子，剛剛宣佈了她訂婚的消息。

「妳說得沒錯，」我微笑著說：「那的確是件更令人興奮的合併案。」

當我晚上九點回到德威‧巴拉庭律師事務所時，我得知Capital Cities在開了三個半小時的董事會議之後，決定將投票時間延到隔天早上，好給他們自己多一些時間好好考慮。墨菲向我保證他覺得應該沒有問題。現在這件合併案已經不可能變卦。

星期一早上七點半時，裘蒂‧卓爾打電話來說Capital Cities的董事會已經同意出售。十分鐘後，這個消息就上了電視，湯姆和我還上了《早安美國》接受查理‧吉布森（Charlie Gibson）的訪問。這個消息似乎讓吉布森有點錯愕。上午九點，雙方的重要人物，包括華倫和席德這兩個公司最大的股東，聚集在Capital Cities的董事會會議室爲華爾街的分析師舉辦一場電話會議。等到電話會議開始進行時，已經有四百六十五人在線上等候。

「我和兩邊公司的人談過，他們都相信一加一等於四，」我開始說道，並繼續花了幾分鐘談論這件合併案的策略性價值。接下來，史提夫爲分析師們徹底說明這件交易的財務層面。對華爾街來說，意義最重大的或許是來自華倫‧巴菲特的正式認可。「多年來我評論了許多件成交的交易，」他對分析師說：「無論是從財務還是從管理的觀點來看，我認爲這一件最明智，而且我很高興自己也是Capital Cities的股東。」

早上剩下來的時間，我都在講電話。通話的對象不只是我們迪士尼自己的重要人物，還有其他公司的CEO，包括時代華納的傑洛德・勒文、Viacom的桑納・瑞德史東（Sumner Redstone）、通用電力的傑克・威許，以及夢工場的創立者，其中夢工場和ABC仍有黃金時段的節目製作約。我和傑佛瑞・卡森柏格一年多來的第一次談話，結果格外地輕鬆，而且他也祝我們順利。我也打電話給對迪士尼和在我生命中有重要影響的人，包括露安・威爾斯、艾倫・曼肯、比爾・布萊利以及好幾個記者。下午三點時，湯姆・墨菲和我參加了由彼得・詹寧斯主持的現場衛星聯播節目，向全世界的ABC員工談話。下午五點左右，我們登上飛往華盛頓特區的飛機，我們那一天最後還出現在《賴瑞金現場節目》（*Larry King Live*），然後又參加了ABC電視網由庫奇・羅伯茲（Cokie Roberts）主持的《夜線》（*Nightline*）節目。經過十六個小時不停地說話與奔波，我大部分都是靠腎上腺素在支撐著。我覺得興高采烈，但內心卻非常平靜。我相信我們所做的事是正確的。

全世界大部分都贊同這個合併案。從華爾街到各媒體，甚至連我們的競爭對手都一致稱讚這筆交易。隔天早上，湯姆和我分別匆忙地打了幾通禮貌性的電話給國會的重要人物和FCC的專員，他們最後也都不得不同意這件合併案。下午四點半時，我再度登上飛機，這次是飛回亞斯平。我已經計畫了好幾個月，打算八月份待在那裡，開幾次創造性的腦力激盪會議，但大部分時間還是度假並思考未來。目前很清楚的是，我將不會有很多時間可以休息。

最緊迫的問題是要如何處理麥可・歐維茲的事。當我們準備進行ABC的交易時我曾經告訴他詳細的情形，可是一年多來我們一直沒有認眞討論請他到迪士尼來的事。突然間我們公司的規模擴大了兩倍。很明顯地，我必須和歐維茲討論的工作規模要比以前大得多——同樣的，我所需要的協助就更形重要。珍特別一直力勸我要注意這一點。我決定請山佛特・李瓦克做爲顧問。聘進歐維茲勢必會改變山佛特的角色，可是我發現他常常能夠把自己的事情擱到一邊，而去做他客觀相信對公司是最好的事。

山佛特和他的太太茱蒂星期六稍晚時抵達亞斯平。隔天我們休息並和我們的太太一起去健行。那天晚上，山佛特和我單獨坐下來。「我希望你把自己視爲好像是外來的顧問，而不是公司內部的主管，」我對他說。然後我拿出一本黃色便條紙，從中間畫一條線，在一邊寫上「贊成」，另一邊寫著「反對」。有些事實是不證自明的。從某個觀點看來，歐維茲曾經帶領著一群才華洋溢、忠心耿耿的員工將CAA建造成一座好萊塢的發電廠。「顯然他是個努力工作、精力充沛、具有企業家氣質的人，」山佛特也同意。「他最有可能幫你減輕經營公司的重擔。」

「而且他在娛樂業中具有無人能比的才能，他本身還認識很多重要人物，」我補充說明。我們都同意將歐維茲帶入迪士尼，在好萊塢與華爾街普遍會被視爲是一大斬獲。

反對的意見比較敏感，但在意義上一樣重要。「對我而言，最大的問題是歐維茲是否甘心坐第二把交椅，」山佛特說道。他的想法呼應了我長久以來的顧慮，可是我以前從來沒和他討論這件事。山佛特也想知道，歐維茲能否順當地從私人的公司轉到公衆投資的大公司工作，因爲在這裡有更多的人在監督他，包括董事會、分析師、股東和管理經紀人。我們兩個人都同意，當歐維茲從CAA的經紀人與交易者變成迪士尼的管理者和購買者時，他將會面臨困難的角色轉換。

山佛特說，最後一個問題可以當做贊成，也可以視爲反對。麥可已經是我二十年的好朋友。將他帶進公司等於是讓我多了一位相處起來特別愉快而且倍感親切的搭檔。可是，正如山佛特所指出的，這點也帶有風險。「和歐維茲共事的困難，」他說，「就是事情出了錯，你不但失去一位同事，也失去一位朋友。結果可能會很麻煩。」我們前前後後針對這些問題討論了兩個多小時卻沒有明確的解答。當我們最後談到山佛特的地位時，他對我引進一個人凌駕於他這件事有所憂慮，我並不會感到驚訝。

「過去這些年來我最重視的一件事就是，我一直是你最貼心的顧問，」山佛特說道。「如果你雇用歐維茲，我們之間的關係顯然會有所改變。」

「要使這件事成功的唯一辦法就是，如果我們同為一個團隊，那就一起工作，」我說：「你和歐維茲擁有不同的技能，但我相信它們可以是互補的。我並不認為你的份量會因此減少。」即使在那時，山佛特也沒有試圖去掩飾他的疑慮。到了他和茱蒂離開的時候，我覺得如果我決定讓歐維茲當總經理，他就有可能會離開公司。隔天一早我們又再度談話，這一次是透過電話。「我已經和茱蒂談過這件事，」山佛特說：「我希望你明白，我已經準備竭盡所能使這件事成功。」

歐維茲本人安排在這個週末來亞斯平，好繼續我們的談話。主要的問題是他現在是否比一年前請他來迪士尼當第二掌權者的時候更舒坦。如果答案是毋庸置疑的話，而且我們又從頭到尾討論了所有的問題，那麼我就會極度傾向於邀他共事。

鮑伯．伊格預定在星期四抵達亞斯平，早歐維茲一天，來為我簡報ABC的概況。這將是我們第一次有機會相處。我在正午時分到機場接他，然後回到我的住處，共進一頓漫長的午餐。我立刻感到印象深刻。他帶了好幾本詳細的簡報書籍，還為我徹底而鞭辟入裡地介紹了 Capital Cities 每個部門的梗概。他也為我說明這個公司目前牽涉的每一件重要生意，描述所有主要的管理者，還條列出他所認為可能是這個公司最麻煩的問題。其中一個問題就是ABC已經主導多年的黃金時段。有線電視持續的侵略，再加上由《急診室的春天》領軍造成NBC的敗部復活——一年前我曾經在離開太陽谷的飛機上看過這個節目——突然間它威脅了ABC在黃金時段的主導地位。

「我們遭遇了真正的問題，解決這些問題將會是首要之務，」鮑伯對我說。他說好消息是ESPN的結果遠超過預期，它的大筆利潤很可能會超過ABC的獲利。我發現鮑伯是個聰明機智、考慮周延的人，而且心胸非常開闊。我覺得鬆了一口氣。ABC的高層能夠有一位強有力的領導者，對我們兩公司的合併成功與否將非常重要。

隔天一早——也就是八月十一日星期五——我接到了巴瑞・迪勒打來的電話，他提到好萊塢正流傳著我請歐維茲加入迪士尼的傳言。我設法儘可能小心地轉移話題，可是我立刻擔心了起來。如果迪勒已經聽到這些事，其他人可能很快也會知道。我原本的計畫是在接下來的幾個星期好好地和歐維茲談論他的工作問題。如果我們之間的談判在還沒有結論之前就走漏風聲，對迪士尼和歐維茲來說都是很令人尷尬而困窘的。

星期五早上大部分的時間我和伊格在我們家附近的山區走了很長一段路，並繼續討論事情。大約中午時，我載他到機場。下午珍和我安排跟歐維茲以及他們的三個小孩進行一趟親子吉普車之旅。我們在湖畔停下來野餐，然後所有的小孩都下水游泳。天氣晴朗宜人，我們並沒有多談工作的事。我們兩家人在下午五點分手。麥可和我都同意週末再度見面。他打算在星期一早上回到洛杉磯和CAA的高層經紀人坐下來談談，CAA已經雇用了一名律師代表他們在歐維茲未能完成交易之後繼續和MCA交涉。他的首要之務就是凝聚他花了二十年時間建立的經紀業務，使其不致分崩離析。

在我走進我家大門的幾分鐘之後，麥可打電話來。「我剛掛上電話，」他說：「洛杉磯到處都在談論你我正在交涉的消息。等我星期一早上去見我的工作夥伴時，他們就會問我這件事。我眞的有麻煩了。」無論是誰走漏風聲，結果卻加快了我們談判的速度。麥可立刻開車過來，接下來七個小時中，我們從每個角度徹底討論這個工作的問題。再一次，我明白自己還是想繼續當董事長和CEO，可是我也聲明我們每個部門，包括ABC在內，都要向他這個總經理報告。但我說唯一的例外就是動畫，因爲無論就個人而言還是創意方面，我都諸多參與。雖然麥可明白表示他還是比較希望地位平等，不過他現在似乎願意接受當第二號人物。

最後，我們花了好一段時間討論報償的辦法。我決定和他的合約比照我們公司的先例，其中包括我自己和法蘭克的合約在內。我們並不準備比照歐維茲之前的工作待遇，包括最近一次與Seagram公司的合約在內，給他任何保證紅利或有限股份，同時我們也不願意買斷他在CAA的股份。我們所提供的薪水是每年一百萬美元——這個數目要比在《財富》雜誌上大部分排名前五百名公司的總經理平均收入要少。我們所提供的是優先認股權。就像我一樣，麥可大部分的報償要看迪士尼的營業表現而定。如果公司長時間營運良好，他就會跟我們的股東一樣有所報償。如果我們選擇讓他離開公司，麥可還是可以握有部份優先認股權。從他必須放棄在CAA每年將近兩千萬的收入以及他的經紀業務所有權看來，這個價值超過一億元的保護似乎相當合理。因此，我們大部分都在討論歐維茲應該獲得多少股份以及我們應該何時授與他股份等問題。到了淸晨一點我們終於同意休息互道晚安時，兩個人都已經精疲力盡。

星期六早上將近六點時，我醒來穿上短褲、T恤和運動鞋，希望能在我知道將會是漫長的一天之前有機會先騎脚踏車運動一下。我其中一個目標就是在麥可和我達成任何協議之前先取得其他人的共識。首先我和東岸的湯姆・墨菲聯絡。他完全支持。「我無法想像你能找到一個更有聲望的人，」湯姆對我說。「就這麼做吧！」我們董事會的全體成員也都呼應湯姆的看法。

接下來幾個小時內，我和待在家裡的歐維茲通了好幾次電話。遲至下午一點半，仍然有一些協議的內容懸而未決，我便和歐維茲、正在處理迪士尼交易談判的厄文・羅素以及歐維茲的代表鮑伯・哥德曼（Bob Goldman）合開一場電話會談。這場會談持續十分鐘。歐維茲要求在做最後決定之前，能給他一些時間好好考慮。就在下午兩點，電話再度響起。

「茱蒂和我已經徹底討論過了，」歐維茲說。「我現在把自己交到你手上。就這麼做吧。」

到了星期天快結束時，史提夫・波倫巴哈、山佛特・李瓦克和喬・羅斯於歐維茲一旦來我們公司後，是否會改變他們自主的程度與職權範圍，以及我和他們每個人之間的關係可能會受到什麼樣的影響等問題，都各自提出一些質疑。我很認眞地看待這些顧慮，可是我也看得出來，對於我從公司之外帶進一位高姿態的新總經理，這些反應是無可避免而且是可以理解的。我相信假以時日，這些混亂會平靜下來，而緊張的氣氛也會消失。我一直都沒時間騎我的脚踏車。

八月十四日星期一早上，我們宣佈雇用歐維茲的消息在娛樂界、華爾街和媒體之間引起了熱烈的反應。《洛杉磯時報》的頭條就寫著：「全球娛樂霸主挑中理想的歐維茲」。迪士尼的股票在道瓊工業指數中上升了二點五，變成五十九美元。甚至連我們的競爭對手都同意，歐維茲的加入使我們更銳不可擋。購買ＡＢＣ之後，迪士尼的規模已經在一夕之間成長了將近兩倍。我們目前的工作就是要帶領我們新組成的公司邁入美麗的媒體新世界。

15
策略和道德

我們有義務設定自己的標準

我們因擔心對迪士尼商標有負面衝擊而不會逾越的界線，
正是即使我們不需要保護這個品牌，也不會逾越的。
社會標準確實有所演進。我們活在更爲容忍開放的時代。
雖然如此，當我們拒絕一些機會時
我們也有我們的品味、想法和考量，
不論那會造成我們損失多少利潤。相反地，
我們也支持一些藝術選擇，
即使我們知道它們一定會引起爭論和抗議。
購併 ABC 之後，我們每天必須面臨抉擇的機會也相對增加。

統計數字挫人銳氣。

有六成的購併案是損害而非增加股東的價值。自從一九八〇年代以後半數以上的交易所產生的股東利潤低於業界水平。大部分最終還蝕本。簡單地說，絕大部分的購併案長期而言是失敗的。如同華倫·巴菲特曾經說過的，購併基本上是因爲「過度血氣方剛和自負」而產生的。它們反應CEO們想要做老大的傾向，想要支配《華爾街日報》和《紐約時報》的頭版，想把做生意當成大富翁遊戲的成人版。

即使購併有策略上的價值，第一個也是最容易犯的錯誤就是超額支付。公司溢價付給市場以便掌控——基本上比交易當天的股票價格多了百分之二十五到五十。通常，被購併的公司開價高於其眞正的價值。協力合作和成本效率即使眞能落實的話，通常也不足以補償一開始的超額支付。最後，迥異的文化鮮少會順利融合，不斷地摩擦會損及營運。在迪士尼，我們用了十年以上的時間抗拒大型購併，正是爲了這些理由。ABC是第一個我們認爲値得的公司。在我們的觀點，我們付了合理的價碼，爭取到一家代表策略上理想對象的好公司。終於找到合適的對象，我們決心克服困難，使雙方的結合成功。

兩家公司的長處似乎互補得很好。把迪士尼在創作和行銷手法上的技巧，與ABC的傳播功能相融合，我們便有可能在日益全球化的舞台上成爲更強的競爭者。我們的競爭對象不再只是好萊塢的電影製片廠和電視頻道。現在比較大的挑戰是來自於國際性的娛樂及資訊公司，例如微軟、時代華納、新聞集團、博特斯曼（Bertelsmann），維亞康（Viacom）和帕森（Pearson）。多年來，迪士尼已經生產很多很棒的產品——電影和電視節目、書籍和唱片、主題樂園的景點，以及我們店內的商品。

這些過去是我們主要的經營範圍，以後仍然也是。但當消費者被資訊淹沒，可以獲得更多的選擇時，爭取他們需要高度可見的傳播平台，強而有力的商標，和披荊斬棘的優勢。

購併ＡＢＣ使我們多了兩個本身就很有份量的商標——ＡＢＣ本身（包括ＡＢＣ新聞網及ＡＢＣ體育網）和體育頻道的龍頭ＥＳＰＮ。我們的任務是用這些商標，如同這些年來我們在迪士尼有個別部門一樣，使我們新公司的整體表現優於個別的總和。ＡＢＣ是讓美國每一個有電視的家庭可以收看迪士尼節目的主要傳播媒介，這代表不凡的價值，因爲此刻我們的節目有沒有播放管道變成越來越引起關注的問題。迪士尼有能力增加ＡＢＣ的吸引力，只要讓我們所有多采多姿的內容在ＡＢＣ播放即可，包括我們最擅長的劇情片和動畫片、電視影集和兒童節目。讓兩家公司合一，同時使我們得以利用迪士尼共同合作的技巧，大幅擴展ＥＳＰＮ的版圖；迪士尼、ＡＢＣ和ＥＳＰＮ三個商標之間可以交叉促銷；在市場上可以利用它們綜合的影響力。

ＡＢＣ的資產還包括其他三家逐漸建立商標認同的有線電視的主要股份——藝術與娛樂電視網，生活頻道和歷史頻道。它們每一個都塡補了獨特的節目需求，也增加了我們現在可以提供給觀衆的選擇。購併ＡＢＣ提供我們擴大和加深管理的機會，使得有才華的年輕主管可以在迪士尼和ＡＢＣ之間互相調動，也可以吸引新的人才加入合併後的公司。

但不可否認的風險也在等著我們。有些是特別和迪士尼有關。買了ＡＢＣ之後，我們轉變爲面向更廣的媒體關係企業集團。突然我們的新部門被稱爲迪士尼的ＡＢＣ、迪士尼的ＥＳＰＮ，甚至迪士尼的米拉麥克斯。策略性的問題變成如何允許藝術家在我們非迪士尼商標的事業中有創作的自由，同時又不讓他們的選擇玷污迪士尼的商標。我們很快就發現沒有公式可循。對我們非迪士尼商標的事業而言，可能因爲太安全和約束太多，導致平淡無奇的產品，因而留不住藝術家，或是太鬆散太放任，最終威脅到迪士尼核心家庭觀衆的信任。關於如何處理某種特殊情況而產生的問題，我們努力做正確的策略決定，但我們也看重自己身爲社會一份子的責任。憲法第一條修正案賦與寶貴的言論自由權，也保護人們免於政府的干涉。但因爲沒有外界的主管單位指揮我們的選擇，我們有義務設定我們自己的標準和界限。

我們策略和道德上的優先事項竟然非常相容。我們因擔心對迪士尼商標有負面衝擊而不會逾越的界線，正是即使我們不需要保護迪士尼商標，也不會逾越的相同界線。社會標準確實有所演進。我們活在更爲容忍開放的時代，與我小時候的情況不一樣。雖然如此，當我們拒絕一些機會時我們也有我們的品味、想法和考量，不論那會造成我們損失多少利潤。相反地，我們也支持一些藝術選擇，即使我們知道它們一定會引起爭論和抗議。我們發現在藝術上大膽和前衛的娛樂以及只是利用藝術之名的低級娛樂，中間是有所區分的。買了ABC以後，我們每天必須面臨抉擇的機會也相對增加。

合併也會帶來財務上的風險。三大主要電視網因爲競爭者不斷增加而持續失去觀衆，尤其是ABC，即將失去其在黃金時段的優勢。我們兩家公司的總部一在東岸，一在西岸，使得相隔三千哩的結合如維持遠距離婚姻一樣困難。兩家公司也各以光榮和獨特的文化自豪。所有迪士尼過去因爲協力合作而有的成功，今後不論我們是否可以把相同的合作精神延伸到ABC，以及過程中會產生什麼不安和不滿，我們仍會持續貫徹。訣竅在於協助ABC和ESPN強化它們原有的特點，同時也讓它們融入一個更大、有更多利益的團隊。我們享有的優勢在於我們各公司之間對彼此相當熟悉

——因爲我曾在ABC任職十年，而且過去十年裡我們有許多生意的往來。

三大電視網的創辦人——NBC的沙諾夫、CBS的培利和ABC的勾登森——經營事業受限於政府嚴格的規定和不斷的監視。他們會盡量避免任何威脅到他們價值極高的特許權的行動。他們也是非常有道德的人。當勾登森將ABC賣給 Capital Cities 的湯姆・墨菲和丹・柏克時，他選了兩位有類似認知的人。在迪士尼，是由華特和羅伊設定我們公司的道德標準。他們的決定也因爲需要贏取和維持有小孩的父母的信任而受影響。雖然迪士尼和ABC之間有很多的不同，我們兩家公司都有我最初在奇威丁營學到的中心價值：努力工作。幫助他人。說實話。做了承諾就要遵守。要嚴格，但要公平。

我們面臨的第一個危機起因於一個要使合併進行得容易些的決定，也就是雇用麥可・歐維茲爲總經理。我希望由麥可來主導迪士尼和ABC融合以及我們下一階段的成長。雇用外來的行政主管是很大的風險，但我相信麥可會帶來工作上的一套新技巧。讓我沮喪的是，事實證明他並不適任。他不但無法減輕我營運的責任，反而成爲我生活中與日俱增的壓力來源。更糟的是，在結合新的團隊是我們最重要的任務之一時，他卻在公司的其他主管之間激起了更多的動盪和不安。

事後回想起來，我明白我被麥可所吸引，部分是因爲我對他在CAA工作成果的理想化憧憬。從經營相對小的私人公司轉而成爲大型企業的總經理，這對他而言是很大的轉變，我卻低估了這項轉變。經紀人是依交易的大小和範圍論高低，他們是因爲爲客戶爭取最好的價碼而得到報酬。他們不負責產品的品質，也不負責他們安排的交易所衍生的長期財務後果——這兩項是迪士尼最重要的優先事項。讓麥可適應這種新而且又非常不同的公司文化，事實證明比我二人預期的要困難得多。

在歐維茲初到任的頭幾個月內，有幾次我相信雇用他是正確的決定。他將無限的精力和韌性帶進迪士尼。關於品味——不論是新旅館的設計、新主題樂園的入口、新景點的行銷活動，或是電影的毛片——他通常是在座的人之中判斷力最好的。當我們首席動畫家之一的安瑞亞·德加（Andreas Deja）考慮跳槽時，麥可的說服力和魅力在說服他留下來時，扮演了決定性的角色。當我們要補充主管時，麥可在數項協商中的參與，幫助我們網羅他們。當我們一起探視公司的部門時——不論是動畫、消費性商品或華特迪士尼世界——他的貢獻是明智、周全的。他在歐洲和日本負責的協力合作會議亦然。

但隨著時間過去，一種迥異的模式出現了。我鼓勵麥可專注於建立和加強我們目前的事業。根據我們的協議，我們最近成形的公司裡頭每一個部門除了動畫以外都要向他報告。他也有責任整合及擴展我們的國際事業。我卻覺得他比較有興趣從事新的交易和購併。他到任後的頭幾個月內，建議了一連串的可能性，從買NFL的經銷權和NBA球隊，到購併唱片公司以及與有才之士簽訂全面性合約。我不願意對麥可的熱忱和進取心澆冷水，但幾乎每一個案子，當我們的策略計畫團隊進行估算時，他們的結論是該些交易無法證明有經濟效益。面對這些事實，麥可最終會接受他們的結論，但必須是在許多人已經投注可觀的時間和努力去調查和評估他的建議以後。

我最初的想法是把更多每天管理迪士尼的責任交給麥可，我可以分身更專注於我們創意的工作上。很不幸地，事情不如我所預期。相反地，他越是不斷地追求交易而又得不到相關部門主管的支持，我越是覺得有必要查核及平衡他的權限，使我自己無法放手。這成了惡性循環。麥可自覺效率不彰而且沮喪，他變得更渴望證明他自己，而且越來越不願意花時間吸收有效完成他的工作所必須的資訊。

從一開始，麥可讓他自己忙碌不已，幾乎找不到任何時間可以跟他面對面談。秋天過了一半時，我決定坐下來好好談一談，看看我是否可以稍微敦促他往某些方向而且別管其他的事。我的訊息重點可以用幾個句子概述之。「交易不是迪士尼的要素，雖然我們是以業務爲導向的大公司，」我說。「營運才是重點。交易是達成目標的手段，是做電視影集、製作電影、建主題樂園、授權衍生性商品，與連結人才的方法。但不能以交易馬首是瞻。」直到今天，我都不確定麥可了解我的論點，更別說是接受了。

同時，史提夫．波倫巴哈也做了類似的提議，想與麥可坐下來談，希望讓他熟悉公司的財務運作。麥可最初的反應很熱烈。他答應安排會談，但不曾做到，即使史提夫後來還提議過幾次。結果是麥可不但犧牲了學習公司財務運作的方式，也招致史提夫的反感。接著，全公司的部門主管告訴我類似的經驗，說他們發現幾乎不可能博得麥可的注意，即使當他們面對關鍵性的問題。

麥可和好萊塢圈及媒體的關係也開始改變。在ＣＡＡ的頭幾年，他極力避免宣傳。性好隱密的他也相信鎂光燈屬於他的客戶。一方面是因爲他的經紀公司做得很成功，另一方面是因爲他越低調，媒體對他就越有興趣。最後，他決定接受一些訪談。雖然即使文章中一個負面的句子就可能會讓他苦惱，大部分的文章都是褒過於貶，他也樂在其中。讚美之辭帶來更多的生意，因而又引起更多的媒體關注，更增加他的神秘魅力。這一切幫助他拓展他的角色，從經紀人到好萊塢權威掮客到投資銀行家，最後還成爲像新力和松下這樣的大公司在好萊塢進行購併時的顧問。一路走來，麥可學會去喜愛別人對他的注意，成爲撲向媒體之火的飛蛾。

這是出賣靈魂的契約。做爲權威的經紀人，代表高姿態的名人客戶，麥可面對的是幾乎完全討好的新聞界。但當他成爲迪士尼行政首長時，他的角色改變了。沒有他的CAA客戶名單，媒體不再怕激怒他的後果，也有勇氣報導他已爲人知的失策，也許有些記者是想報復他長久以來強加在他們身上的限制。

麥可在迪士尼內部也有越來越多的麻煩。在一九九六年一月底，史提夫·波倫巴哈緊急要求見我。他解釋他已經決定辭職，以便接受希爾頓飯店的董事長和CEO職位。對方的條件很好，但史提夫明白指出，他的決定中有一個決定性的因素是他不願意再與麥可共事。「我不認爲他了解或對增進股東的價値感到興趣，」史提夫告訴我。

雖然我非常尊敬史提夫，但我相信他的評論表現出性急和反應過度。數個月之後，他告訴一位記者的意見顯示出他對歐維茲的敵意比我原先了解的還要深。當他第一次將他的計畫告訴我時，我最直接的關切就是如何找人接替他才不會導致混亂。我決定把經營迪士尼專賣店的里查·那努拉調回來擔任CFO。

至於麥可，他似乎越來越沮喪和茫然，不確定他的焦點何在。因此，他的努力對公司沒有多大好處。史提夫離去之後餘波盪漾，公司大多數的一級主管設法告訴我與麥可共事的困難。有幾位斷然地告訴我，如果麥可留下來，他們最終別無選擇只有離開，像史提夫一樣。迪士尼並不是陷入一般的公司內鬥。這是一種全面性的危機，而且它正讓公司分崩離析。我已經自一個重大危機中復原——繞道手術後十八個月，我覺得我多年來不曾這麼健康和強壯——卻創造了另一個新的危機。

我第一次開始積極尋找與麥可中止合作關係的方式。我的目標是減少損害。在幾次痛苦的會談中，我鼓勵他另覓新職，也答應代爲幫忙找。如果別人邀他出任CEO——這是很有可能的——這樣可以讓他優雅地離去。然而同時，媒體開始以麥可在迪士尼的掙扎大作文章。負面的文章一篇接一篇的出現——首先在《紐約客》，然後在《新聞週刊》、《洛杉磯時報》、《紐約時報》和《浮華世界》。記者越徵求我的意見，我和麥可的立場越無法維持。

我無意使情況更惡化，我也不喜歡一旦麥可離去人們無可避免的推測，認爲是我不能與搭擋共事。雖然如此，我們很痛苦地發現該是我們分道揚鑣的時候了。一九九六年十二月十二日星期四晚上——他到任後十六個月——麥可和我在我母親位於紐約的公寓見面，主要談的是在宣布他離職的記者會上的說詞。會談中沒有明顯的敵意，但很顯然我們不再共事的受害者之一將是我們的友誼——這正是山佛特・李瓦克在亞斯平警告過我的壞結局。當麥可於子夜一點後不久離開公寓時，我很寬慰卸下了一個沈重的負擔，但也爲我們二人感到難過，因爲當初是我說服他加入迪士尼的。

對任何執行長來說，人事是最重要的責任，而網羅麥可顯然是個錯誤。就這件事而言，我們很幸運。他的短暫任職造成困難，代價也很大，但公司在他擔任總經理期間繼續蓬勃發展。這彰顯了迪士尼的基本力量，也證明我們重要業務主管的努力。公司重新改組後，賈德生・格林繼續負責主題樂園，鮑伯・鮑伊德繼續監督我們的消費性商品。喬・羅斯承擔生產迪士尼創意內容的主要責任（由彼得・施奈德管理的動畫除外），鮑伯・伊格負責我們所有的傳播管道——不只是ABC本身，還有我們集團的電視部門以及我們所有的有線電視營運，包括ESPN和迪士尼頻道。

購併期間，在我們所有重要的人物中，我最不了解鮑伯・伊格。他很快地成爲公司的重量級人物。除了管理ABC，他也變成努力讓兩家公司融洽的尖兵。工作很複雜，但他有很多技巧——他每天早上很早起床，每天晚上很晚下班。鮑伯每天早上離開他的公寓，趕去ＡＢＣ總部旁邊的銳跑俱樂部（Reebok Club），以便淸晨五時三十分開始鍛練身體。六時三十分，他已經在辦公室閱讀早報和回覆電子郵件了，包括我前一晚傳送給他的所有郵件。我們的日程表很奇特地可以互補。因爲時差，我通常在洛杉磯子夜二時或三時才完成給他的備忘錄，那正是他在紐約即將起床的時間。

在困難的過渡時期，鮑伯在工作上表現出來的鎭定，使他周遭的人舒服安心。他在ＡＢＣ的二十四年中，不論擔任什麼工作都很成功。他在電視台的生涯開始於一九七四年，當他加入當時由隆恩・阿勒吉管理的ＡＢＣ體育網。接下來的九年裡，他從事了八種工作——跟我自己的工作經驗很類似。他的大突破發生於一九八八年的卡爾加里冬季奧運（Calgary Winter Olympics），當時他負責監審節目表。當雪因爲暖冬而融化，引起台內上上下下極度焦慮時，鮑伯在壓力下的冷靜得到丹・柏克帶著讚賞的注意。丹是 Capital Cities 的總經理，兩年前才剛買下ＡＢＣ。任何人可以在奧運轉播開始前讓雪不再融化，他在電視台一定前途大好。

一年後的一九八九年，柏克和湯姆・墨菲決定讓鮑伯去加州擔任「ＡＢＣ娛樂」的總經理，監管黃金時段的節目表，當時ＡＢＣ的收視率是第三名。鮑伯其實不曾讀過劇本，但他再一次證明他是個學得很快的人。他手下最初的熱門影集之一《歡樂ＤＩＹ》，正是迪士尼製作的。其他在他任職期間的熱門節目包括《歡笑一籮筐》（*America's Funniest Home Videos*）、《焰火下的魅力》（*Grace Under Fire*）、《教練》（*Coach*）和史帝芬・波奇哥的《霹靂警探》。他也有一些有趣的失敗節目，包括《搖滾警探》（*Cop Rock*），那是波奇哥勇敢的嘗試，裡頭有會唱歌的警察和罪犯，另外還有《雙峰》（*Twin Peaks*），那是大衛・林區場景設在西北部太平洋岸的黑色影集。在鮑伯五年的任職期間，Ａ

BC的收視率穩定改善，成爲當時最賺錢的電視網。一九九三年，他被提名爲ABC電視的總經理。第二年，他搬回紐約，成爲繼任湯姆・墨菲的不二人選。

當我們買下ABC時，鮑伯比任何人都有理由感到失望，但他不曾抱怨。相反地，他擔當更全面性的角色。沒有比獲得ABC的支持更明確或更重要的機會，因爲那可以幫助迪士尼進一步固守對兒童和家庭的核心承諾。我們最先的措施之一，如同我們一九八四年初到迪士尼的作法一樣，就是在ABC重新推出《迪士尼週日夜間電影院》。過去數年來它是在迪士尼頻道播放。改在ABC播放可以服務更多的觀衆，也爲電視網一個搖搖欲墜的時段建立強勁的系列。從一九九七年秋季開始，我們混合播放了動畫經典作品，眞人演出的《奧麗華歷險記》和《仙履奇緣》（後者是由白蘭蒂〔Brandy〕和惠妮・休斯頓〔Whitney Houston〕主演），以及一系列在「迪士尼神奇世界」名義下的原版電影。這項成功是出自查爾斯・賀許洪（Charles Hirschhorn）之手，我們把他由電影部門調過來改革週日電影。該時段的收視率大幅提升，觀衆尤其以兒童和他們的父母居多。

ABC星期六上午的節目表是同樣引人注目的機會。雖然潛在觀衆的數目比星期日晚上少很多，星期六的節目可以專門以年紀小的孩童爲對象。早在一九九六年十月，就在和ABC的合併案被批准後幾個月，我寫了一份長的備忘錄給我們在迪士尼和ABC的團隊，事關兒童節目。「華特迪士尼公司的成長在許多方面視兒童節目的數量和品質而定，該些節目是爲美國的電視台製作的，也是合併重要的原因，」我如此開始說。然後我列出全球所有我們迪士尼節目已經在播放的市場，包括單是西歐一週就超過一百小時。我也提到我們負責幾個國家的迪士尼頻道節目。三年之內，該數目會達到至少十個。我們不得不強調製作可以在全球播放的原版電視動畫的重要性。在星期六上午，沒有像ＡＢＣ這樣的主要國內通路，我們就無法證明原始製作成本是正當的。我們的兒童節目在國內有基地，好比有火箭發射臺一樣。

當我們購併ＡＢＣ時，負責電視動畫的迪恩・華倫汀和巴瑞・布朗柏格（Barry Blumberg）兩人已經朝新方向邁進。例如，他們與「五分錢劇院」頻道最有創意的兩個團隊訂立長期合約：保羅・傑曼（Paul Germain）和喬・安索拉伯西爾（Joe Ansolabehere），他們是*Rugrats*的主要創造者，那是一個用嬰兒觀點看世界的動畫系列；以及吉姆・秦金斯（Jim Jinkins）和大衛・坎貝爾（David Campbell），他們是《阿德日記》（*Doug*）的創造者，那是一部以富想像力的十一歲男孩爲主角的冒險動畫，描述他如何以智取勝。我們也網羅了潔拉汀・雷朋（Geraldine Laybourne），讓她來監督迪士尼／ＡＢＣ有線電視，她是負責將「五分錢劇院」打造成收視率最高的兒童電視的關鍵主管。我們在ＡＢＣ面對的問題是如何創造一組星期六上午的節目，吸引孩子們一週看一次，而且能夠持續收看。

曾經創造《動畫狂熱》（*Animaniacs*）和*Pinky and the Brain*的編劇兼製作人彼得・黑斯汀（Peter Hastings），一手設計了《一個週六早晨》（*One Saturday Morning*）。它包括了在節目與節目間播放的簡短靈巧的動畫和眞人表演片段，有效地將我們星期六上午的節目轉化爲一週一次的盛事。我們也努力提高我們節目的品質水準。例如，在《一〇一忠狗》的新版中，秦金斯和坎貝爾想到可以表現解決問題和策略思考的故事情節，而不是用會讓小孩轉台的說教方式。我們在一九九七年秋季開始的第一季，將迪士尼原版和非迪士尼的節目混合，結果相當成功，即使我們避免了兒童卡通中常見的暴力。ＡＢＣ在《一個週六早晨》時段的收視率跳升了三十個百分點以上。長久以來領先的福斯收視率則跌了將近三十個百分點。

合併也成爲重新開發迪士尼頻道的手段。爲了管理，潔拉汀・雷朋雇用了安娜・史威尼（Anne Sweeney），她是潔拉汀在「五分錢劇院」的主要副手之一，結果證明這是明智的決定。約翰・庫克已經開始將頻道由收視戶取向的付費服務，轉換爲沒有單獨月費的基本有線電視頻道，現在他負責我們的政府關係以及我們與企業贊助者的關係。安娜開始進一步擴大迪士尼頻道的觀衆。在兩年之內，收視戶加倍，達到將近四千兩百萬戶——而且每月還繼續增加一百萬戶。我們不依賴只能做一次、以事件爲導向的節目來引誘觀衆每個月繼續訂下去，安娜的團隊發展了全新固定時段的節目，好吸引觀衆每週按時收看。

安娜的結論之一就是家庭成員極度渴望共度更多的時間。《迪士尼神奇世界》成爲我們積極推銷的每晚七點的電影時間，包括經典動畫、迪士尼出品的眞人電影和其他各種以家庭爲主的電影，使父母可以和其子女一起觀賞。一年之內，迪士尼頻道九到十一歲的觀衆幾乎三級跳。早上當大多數的觀衆可能是學齡前兒童和他們的父母時，節目多是眞人電影和動畫表演。晚上，重點是使經典迪士尼電視再度流行，包括如《蒙面俠蘇洛》（*Zorro*），《米老鼠俱樂部》和集中在 *Ink & Paint Club* 名下的迪士尼卡通。

這些舊的迪士尼節目得到很大的迴響，激勵我們進行我們一直在考慮的另一個點子。一九九八年四月，安娜監督了一個補足性新頻道「卡通迪士尼」（Toon Disney）的開播，它完全播放迪士尼所擁有的節目。我們再一次確認一個需求尚未被滿足的領域。我們的想法是給孩子還很小的父母一個一天中任何時間皆有的選擇，有別於其他頻道較複雜和偶有暴力的內容。令我們驚訝的是，在剩餘頻道容量極度有限的有線電視領域中，隨著卡通迪士尼的開播，我們竟可以爭取到六百萬收視戶。

每一項行動——迪士尼頻道的再開發，《一個週六早晨》的出現和卡通迪士尼的開始——都是因爲合併ＡＢＣ而促成的。

ＥＳＰＮ是我們與ＡＢＣ合併所繼承的另一項大資產。它當時已是體育節目的領導商標，不太需要我們的幫忙。它相當有利可圖，在一九九七年甚至比收視第一的ＮＢＣ賺得多。自一九七九年開播，ＥＳＰＮ從在康乃狄克州報導高中和大學運動起家，其獨特的風格——廣泛的報導、厚臉皮的態度——是被一群體育狂熱份子所塑造的。史提夫·伯恩斯坦（Steve Bornstein）在ＥＳＰＮ成立一年後加入，他當時二十八歲。跟ＡＢＣ的鮑伯·伊格一樣，史提夫爬得很快。當他在一九九〇年被任命爲總經理時，ＥＳＰＮ已經成爲有線電視的收視冠軍。

多年來，ＥＳＰＮ取得越來越多重要盛會的轉播權：大聯盟棒球賽、ＮＣＡＡ籃球賽、ＮＨＬ曲棍球賽、環法自行車賽。該頻道的兩個轉捩點是史提夫於一九八七年安排的交易。第一個是每週日晚上轉播ＮＦＬ美式足球賽的權利，它使ＥＳＰＮ得以躋身最受歡迎的體育節目，因爲以前只在三大電視網播出。另一個行動就是雇用曾是平面新聞工作者的約翰·沃許（John Walsh），擔任《體育中心》（*SportsCenter*）的主筆。《體育中心》是ＥＳＰＮ的新聞和精彩賽事節目，每天播出三次。約翰認定只要強力報導體育，就有可能吸引觀衆看ＥＳＰＮ，即使有時候該頻道沒有某大賽事的轉播權。史提夫支持約翰的想法，雇用記者，設立聯絡處以便報導體育，其嚴謹態度如同三大電視網報導新聞一樣。

史提夫也負責將ＥＳＰＮ的商標帶到其他舞台。一九九二年，ＥＳＰＮ廣播頻道（ESPN Radio）問世，提供體育節目給超過四百個單位。次年，他推出ＥＳＰＮ２，以較年輕的觀衆爲對象的第二個頻道。著眼於比較非主流的體育，例如古羅馬美式足球（arena football）、長曲棍球和輪式曲棍球，新頻道也創造其自有的反正統奧運：即極限運動會（Extreme Games），包含高空彈跳、直排輪溜冰、越野自行車、滑板和風帆衝浪等項目。

一九九四年，ESPN雇用一家名爲星浪（Starwave）、總部設在西雅圖的新公司，以便在網際網路上設立體育資訊網站，當時網際網路仍在最初期的階段。有了超過一萬五千頁經常更新的體育資訊，ESPN體育網（ESPN SportsZone）很快成爲網路上內容最受歡迎的網站。我自己成爲ESPN體育網夢幻籃球聯盟的深夜參與者，它允許球迷用NBA球隊的球員自己組隊，並且根據球員在眞正比賽中的表現來對抗。我們的聯盟稱爲鴨池（Duck Pond），而且我通常在半夜三點玩，當我所認識的人都已經入睡。

ESPN新聞網開始於一九九六年，是第三個完全播放體育新聞和精彩賽事的電視網。史提夫和他的團隊也積極讓ESPN國際化，藉由賣節目給大約一百二十個國家，以及投資全球二十個體育網。一九九七年，ESPN買了「古典體育」（Classic Sports）以竟全功，那是一個專門報導歷史上有名的體育事件的體育有線頻道，它利用了每一個主要體育聯盟的龐大資料庫。ESPN的實力至少提供迪士尼一個好處。在國際上我們對幾個國家同時提供ESPN和迪士尼頻道，可以爲兩個網路從事更有利的交易。

迪士尼帶給ESPN的是我們長久以來在擴大和推銷強力商標上的經驗。在合併之前，ESPN簽約要在華特迪士尼世界創建小型體育主題餐廳，而且於一九九五年開幕。一旦合併案通過，我們得以在此剛成形的概念上，加入我們在開發餐廳和創造主題娛樂的實力。此刻，我們已經吸引管理硬石餐廳的亞特‧雷維特回來，幫助我們發展區域性的娛樂事業。亞特立即著手ESPN的計畫。一九九七年秋季，我們宣布計畫在巴爾迪摩和芝加哥開設我們頭兩家ESPN主題餐廳（ESPN Zones）。擴充後的概念接近四萬平方英呎——是奧蘭多事業的三倍大——包括從大約二百台播放現場體育項目的高架螢幕到客人可以在虛擬實境中運動的娛樂競技場。

ESPN的第二個擴張是因爲我們在零售業的經驗而來。我們決定在我們開設第一家迪士尼專賣店的同一個格倫代爾購物中心測試我們第一家ESPN專賣店（ESPN Store）。我們的想法是爲ESPN迷和對體育狂熱的人提供獨特的禮品系列。我們的目標是吸引ESPN迷本身，還有他們的朋友和親戚、男女朋友和配偶，前來選購理想的運動禮物。如同迪士尼專賣店，我們將ESPN專賣店設計成舞台佈景——這次的靈感是來自《體育中心》。在最初的九個月內，我們第一家ESPN專賣店的業績勝過一般迪士尼專賣店。一九九七年底，我們已經計畫再開二家，目標是到將近一九九九年時，可以開到十家。

第三個也是最自然的商標拓展是《ESPN雜誌》（*ESPN: The Magazine*），構想是由約翰‧史吉普(John Skipper)提出，他成爲這項新事業的資深副總裁和總經理。《運動畫報》（*Sports Illustrated*）已經完全控制該領域超過四十年。ESPN現在代表體育雜誌一個高知名度的商標名。當《運動畫報》與CNN於一九九六年秋季合作，開辦一個有線電視體育網想直接與ESPN打對台，我們雙方的競爭更形激烈。雜誌的主要工作是將我們自己與《運動畫報》加以區隔。一種方法是用超大的格式和比較不光滑的紙張。我們不排除未來出週刊，但以雙週刊格式開始是出自經濟上的審慎。它也鼓勵編輯重心以特寫爲主，而且往未來看。我們雇用約翰‧巴巴奈克（John Papanek）爲主編。他曾經是《運動畫報》的主筆，因爲想要做點比較年輕和時髦的內容而被吸引過來。

也許自從我們合併以來，最能同時發揮兩家公司特點的事業非迪士尼廣播（Radio Disney）莫屬。ABC廣播（ABC Radio）擁有和管理三十家電台，而且提供節目給將近七千個分支機構。一九九二年時，ABC就曾來找我們，提議設立針對兒童的迪士尼廣播網。我們拒絕他們，部分是因爲我們不願意在合夥事業中用迪士尼的名義，尤其當我們不能全盤掌握創意部份，而且也因爲我們對廣播完全外行。ABC廣播的台長鮑伯・卡拉漢（Bob Callahan），在我們合併後不久再度提議。

這次的機會不容錯失。六到十一歲的兒童，百分之七十五以上每天收聽廣播，但沒有一家電台或節目安排是針對他們的興趣，或是他們的音樂品味。這些兒童收聽主要針對青少年和年輕成人的電台，聽到的是不適合他們年齡的歌詞和喋喋不休的主持人談話內容，這些可能遭致其父母反對。迪士尼廣播是我們的解決辦法。我們於一九九六年十一月在四個市場開始測試，提供的音樂從老歌到流行音樂到電影原聲帶（包括迪士尼的）都有，另外還有問答題、專欄、比賽、ABC的新聞和ESPN的體育新聞，全部針對兒童。一九九八年中，我們擴展到三十個電台，其中有五個歸我們所有。

我開車時會收聽迪士尼廣播。我不是因爲對公司的忠心（好吧，也許有一些，如果電台叫做柯達廣播，我懷疑我會經常收聽）。不過主要的原因是我喜歡。我聽得懂主持人的談話內容，而且我認得大部分他們播放的歌，每一首歌都有旋律和節奏。我們最大的廣告商是通用汽車。他們知道好幾百萬的兒童搭車時收聽廣播，但他們也推斷不是十一歲的小孩在開車。我最喜歡的時段是週末，當三十首點播率最高的歌曲播放時——從"My Heart Will Go On"到"Do the Bartman"到"Reflections"。

怎麼會有人不喜歡一連串播出席琳·迪翁（Celine Dion），巴特·辛普森（Bart Simpson）和《花木蘭》音樂的電台呢？

諷刺的是，合併效果還沒有彰顯出來的部分是電視網本身。節目表的某些部分很有可爲。除了星期六上午，ABC在白天也領先。我們的新聞部門仍然以一支天下無敵的隊伍自豪，該隊伍由山姆·唐納森（Sam Donaldson），彼得·詹寧斯，泰德·科培爾（Ted Koppel），庫奇·羅伯茲，黛安·索爾（Diane Sawyer）和芭芭拉·華特斯（Barbara Walters）領導。在我們前五名的市場中有四個，ABC擁有的電視台領先其他對手——主要是因爲它們有最強的地區新聞運作。不幸的是，黃金時段並沒有同等令人歡欣的消息。雖然那只代表我們播出利潤的百分之十，黃金時段仍然是ABC最爲人所知的一面，而它吸引了不成比例的注意力。當我們買下公司時，我們知道很多ABC最強的節目已經開始走下坡。我們沒能預知的是，播了很久的熱門節目像《我愛羅珊》、《焰火下的魅力》和《教練》的收視率出乎意料地下跌，而且我們新影集的發展竟然很弱。我們也低估了NBC出頭的力道。無可避免的結果就是ABC還有待逆轉。

即使如此，我很難會讓自己困坐愁城而不設法撥雲見日。像迪士尼這麼大的公司，可能無可避免地在任何時候，至少有一項事業是處於掙扎之中。對三大電視網來說，壞消息是觀衆發現有其他的選擇。好消息是很多觀衆轉向我們完全或部分擁有的頻道，包括ESPN、迪士尼頻道、生活頻道、藝術與娛樂電視網、歷史頻道、卡通迪士尼，和我們新近購買的「E！娛樂頻道」（E! Entertainment Television）。當觀衆要求更多專門的節目，我們繼續尋找提供的方法。不論我們黃金時段在一九九八至九九的收視率是否改善，我們會提出自從合併以來最強的新節目單給觀衆。

即使在ABC的黃金時段扭轉乾坤之前，我們似乎已經穩操勝劵。購併是成功的——尤其對我們的股東而言。ABC資產的實際價值增加了，意即它們今天的價值比我們當初支付的要高。合併的關鍵策略目標——保證迪士尼節目的收視和分佈，以及在越來越全球化的市場中增加我們的競爭力——已經達到，而且比我們的預期要好。藉由ABC，我們增加了迪士尼商標在全球的版圖，同時我們也已經用我們自己的力量去協助建立與增強我們的新商標，最顯著的例子是ESPN。

兩家公司文化的融合好似一齣要兩個家庭相處的戲劇。雙方無可避免的需要時間和耐性。ABC和迪士尼現在已經深深地交融。不論是迪士尼廣播、ESPN主題餐廳、《一個週六早晨》，或是其他正在進行中的十二項計畫，我們共同努力的總和已經開始超過各家公司可以獨力完成的。到頭來，好的購併就是這麼一回事。

16

禮讚夢想

帶有一點理想主義

我們的底線，是要永遠領先同業一、兩步。
競爭對手緊追在後，而且經常模仿我們過去成功的模式。
我們必須不斷重新思考，重新塑造自己。
不論我們做了什麼，迪士尼能在全球成功的秘訣
在於願意承擔實現創意的風險。
針對《獅子王》歌舞劇的藝術成就，《紐約時報》的社論
指出：「在商業領域的成功，允許——甚至強迫——
迪士尼在文化藝術上進行冒險。」
這齣戲對全體迪士尼員工宣示不斷自我創新的重要性。
對下一個千禧年來說，再也沒有比這更重要的座右銘了。

購併ABC之後，我們付出全部心力讓合併進行順利，但公司整體的營運仍是首要之務。即使加入了ABC和ESPN這兩支生力軍，我們仍有高達百分之七十的獲利來自迪士尼相關產品。最大的不同是我們面臨的競爭更形激烈。迪士尼在卡通動畫與主題樂園等領域的成功，吸引了許多野心勃勃且實力雄厚的對手，搶食這塊長久以來幾乎由我們獨享的大餅。我們的底線是要永遠領先同業一、兩步。競爭對手緊追在後，而且經常仿效我們過去成功的模式，我們必須轉而重新思考、重新塑造迪士尼，以面對九〇年代初期一連串的挑戰。

再造工程著力最多的首推主題樂園，尤其是亟需建立健全財務基礎的巴黎迪士尼樂園。我們可以大幅刪減日常支出、調降票價，或是大規模改變行銷策略，不過我們並沒這麼做。相反地，我們選擇逆勢操作，而且最具象徵意義的一次事件還和法國前總統密特朗有關。一九九四年春天，《美女與野獸》歌舞劇在百老匯上演前數週，珍和我以及我們最大的兒子布萊克，與前總統喬治・布希一起到波士頓觀賞這齣戲的預演。席間巴黎迪士尼樂園一度成爲談話主題，因爲我們在當地經營陷入困境已成爲新聞報導的焦點。我提及密特朗總統一直不願意造訪迪士尼樂園，布希立刻表示願意幫忙。

「我和法國總統交情匪淺，」布希說：「我擔任副總統時就認識他了。」布希接著解釋，他計畫在夏天帶著兒女和孫子到地中海度假，同時還打算到巴黎迪士尼樂園一遊。「我何不邀請密特朗總統到樂園裡一起晚餐?」說服法國總統擁抱美國文化的象徵，似乎讓布希興致勃勃。他相信密特朗不會拒絕。不論如何，他的這個提議顯得相當大方。

布希的確說到做到。七月二十九日，他和家人與密特朗一起在巴黎迪士尼樂園中央的「灰姑娘旅館」享用晚餐。蜂擁而至的媒體在門口守候，當他倆出現在睡美人城堡前，布希還轉身對密特朗說：「笑一個，別這樣，法蘭斯瓦（François），笑一個！」（「法蘭斯瓦」是密特朗的名字。）現場鎂光燈頓時此起彼落。第二天，布希與密特朗站在迪士尼樂園「大街」上揮手的相片出現在法國各大報的頭版。在暑假的高峰期，在這個由總統主導文化政策的國家，這張相片等於迪士尼樂園最強而有力的背書。

儘管歐洲經濟尚未完全復甦（法國失業率達十二%，二十五歲以下人口失業率更高達二十%），我們成功的財務重整卻已消除了所有負面的報導。相反地，遊客人數從一九九四年八百八十萬人次的新低，回升到一九九五年超過一千零六十萬人次，一九九八年底更達到將近一千三百萬人次——等於四年間成長了百分之六十。樂園一旦開始賺錢，我們馬上增加新的設施，包括複合式的多廳電影院、會議中心和一家好萊塢星球餐廳。下一個挑戰就是興建第二座樂園——我們在一九九四年就已經感受到這個計畫的必要性，如今我們已經有健全的財務基礎，這是延長遊客逗留時間的不二法門。

在美國加州的迪士尼樂園，我們也面臨相同的問題。九〇年代早期洛杉磯種族暴動和大地震的陰影已經逐漸消散，遊客人數也逐漸成長，一九九五年達到破紀錄的一千五百五十萬人次。保羅·普雷斯勒爲迪士尼樂園注入新的活力，由東尼·巴克斯特負責的印第安那瓊斯刺激之旅以及明日世界等新設施也陸續出爐。最大的問題是如何將迪士尼樂園從一、兩天的旅遊景點，變成一個一應俱全的度假中心。多年來我們一直努力想仿效艾波卡特，蓋一座叫做維司卡特（Westcot）的樂園。我們實在太熱衷維司卡特這個點子了，以至於預估的興建費用高得嚇人。（我們在歐洲已經嚐過苦頭，不到十年又重蹈覆轍實在沒必要！）我們持續尋找替代方案的同時，也不斷思考如何提昇所在地安納漢市對遊客的吸引力。市府官員同意改善迪士尼樂園周邊的街道景觀，剷除有礙觀瞻的路標、招牌以及電纜、電線桿。不過他們也需要我們的幫忙。

雖然聽起來八竿子打不著關係，不過強力鴨冰球隊（Mighty Ducks）竟然爲我們解決了一部份難題。我從很早就對冰球運動相當狂熱。艾力克和安德斯都會打冰球，珍和我曾陪伴他們參與無數次的練習、比賽以及看球賽。多年來，珍一直慫恿我拍攝一部年輕冰球選手的電影。直到一九九一年，當時艾力克和安德斯幾乎每個禮拜都打冰球，我終於向傑佛瑞・卡森柏格建議開始徵求電影劇本。和從前派拉蒙公司拍的《少棒闖天下》一樣，《野鴨變鳳凰》（*The Mighty Ducks*）這部電影描述一支平凡的冰球隊伍奮發出頭天的感人故事。這部片後來成爲迪士尼公司一九九三年少數賣座的電影之一。電影上映前數個月，當時洛杉磯國王隊（Kings）的老闆布魯斯・麥克奈爾（Bruce McNall）便打電話給我，問我有沒有興趣在洛杉磯地區買進其它事業。

職業運動很少有賺錢的。但是對我們來說，買下一支職業冰球隊卻有其它讓人難以抗拒的誘因。安納漢市秉持吸引球迷的信念，剛剛耗資一億一千萬美元興建完成一座漂亮的球場——不過卻發現沒有任何職業球隊有興趣。因此我們可以用非常低廉的價格租用球場打球，同時還可以替安納漢市解決困難。

我們決定把新球隊命名爲強力鴨，因爲可以馬上享有全國性的知名度，又可以和電影周邊商品同時進行宣傳。舉例來說，我們的球隊商品收益馬上就超過了全冰球聯盟球隊（ＮＨＬ）的總和。在戴夫・威克（Dave Wilk）這位有爲青年的指點下，我們同時展開「迪士尼得分」活動。這項計畫最早起源於他在紐約市推行的「冰球在哈林」（Ice Hockey in Harlem）活動。除了利用法蘭克・傑瑞爲球隊設計的訓練設施，教導上百名安納漢市低收入戶兒童打冰球，這項計畫還提供學童定期訓練，並帶領他們從事社區服務。擁有一支職業冰球隊和相關活動，對安納漢市來說有許多好處，因此對迪士尼樂園也有正面影響。同樣的動機驅使我們買下加州天使職棒隊，並且和市府合作將該隊棒球場徹底翻修。安納漢並不希望這支球隊搬到其它城市，所以我們等於又幫了忙。不過也幸好賺錢不是我們這兩項買賣的最終目的！

至於第二座樂園的構想，最早於一九九五年八月，我們在亞斯平進行三天腦力激盪會議時出現。當時有三十多人與會。第二天議程結束時，有六、七項提案獲得熱烈迴響——包括興建複合式水族館和海洋世界、蓋一座好萊塢主題樂園，或者在安納漢市複製一個「迪士尼的美國」等等。會議即將結束時，我突然靈光一閃，發現所有的提案其實都源自同一個中心主題——加州——因爲加州本身就是一個極具魅力的地方。

後來幾天，這個想法出現在所有與會者腦中，最後我們把名稱定案爲「迪士尼加州歷險」。在保羅・普雷斯勒的指導下，加上巴瑞・貝佛曼（Barry Braverman）領導的夢想家團隊，新樂園的籌畫幾乎即刻展開。開幕日期暫訂在二〇〇一年春天。除了新的主題樂園，擴建後的迪士尼樂園還會涵蓋廣達三十五萬平方英尺的購物、餐飲及夜間娛樂設施。樂園內第一座旅館，則聘請建築師彼得・多明尼克進行設計工作；華特迪士尼世界的荒野休閒旅館也是他的設計。

「迪士尼加州歷險」所圍繞的中心概念是加州夢，其中有幾區特別以娛樂圈和好萊塢爲主題，呈現美國西岸沙灘與大道的生活風格；另外還有一區叫做「黃金州」，讚頌加州豐富多變的歷史與文化——包括最早期的淘金熱，接下來的航空工業，一直到最近矽谷的資訊產業，另外還有加州幾座聞名的國家公園。這一區同時還揉合了「工作場所」（The Workplace）的概念，十年前我們就有這個計畫，但一直未付諸實現，不過這個想法一直揮之不去。現在我們加入新的成分並加以精簡，開闢一個主題區展示日常生活用品製作的過程。小時候在祖父的工廠裡，親眼目睹刮鬍刀片的製作，讓我十分著迷。全家一起到賓州參觀賀喜（Hershey）巧克力工廠，或是到紐約上城參觀康寧玻璃公司（Corning Glass Works）也同樣讓我雀躍不已，對我日後的成長很有助益。不知爲何我總覺得生產線充滿了戲劇性——看著商品宛如暗房中慢慢浮現影像的相片般逐漸成形，總能帶來興奮的感受。

如果我們企圖將安納漢的迪士尼樂園，轉型成一應俱全的度假中心，那麼改造華特迪士尼世界的首要之務，就是擴充並增加娛樂設施。最具代表性和重要性的決定，就是我們在一九九五年開始著手建造「動物王國」。賈德生・格林爲這個計畫注入活力，他和所領導的團隊，從迪士尼樂園的興建計畫中學到一個很重要的教訓，那就是事前一定要徵詢專家的意見。早在我們宣佈「動物王國」的建造計畫之前，就先聘請多位頂尖的動物學者和保育專家組成顧問委員會，成員包括美國愛護動物協會主席羅傑・卡拉斯（Roger Caras），和世界知名的靈長類動物研究專家珍古德（Jane Goodall）。從一開始，這些顧問就協助構思各項事務，包括園區的設計、保育資料的計畫和動物管理政策等。

「動物王國」的構想，一部份來自於創辦人華特迪士尼長久以來對動物的愛好，一部份則來自其姪子協助製作的《眞實生命歷險》（*True Life Adventures*）自然影片系列。迪士尼有許多電影，像是《活生生的沙漠》（*The Living Desert*）和曾經贏得奧斯卡獎的《海豹之島》（*Seal Island*），都以自然棲息地的動物爲主題，而「動物王國」的主要目的，就是重現這樣的經驗。更重要的是，這座主題樂園等於帶我們跨向未知的領域。因爲主角是超過一千五百隻的各類動物，而每一種動物都有其探索。特殊的意義。不像過去的幾座樂園，我們在這裡不會主導遊客參觀，而是鼓勵遊客來這裡自行發現探索。

這座樂園的設計和籌畫，充分展現夢想家領導人喬．羅德（Joe Rohde）務實但富有冒險精神的特色。這號人物臉上留著誇張的把手狀山羊鬍，一邊長長的耳垂上還戴著一打富異國風味的耳環。在喬的指導下，我們設計出的樂園比一般動物園還要具有魔力，而且更多變化——裡頭有活生生的動物、絕種動物的模型，以及包括迪士尼經典卡通人物在內的幻想動物。

樂園內最主要的建築充分展現了園區的企圖心和細心：一座一百四十五英尺高的「生命之樹」，裝飾著超過一萬片手工加上去的人造樹葉，另外還有超過三百種各式手工雕刻的精巧動物圖案。在這棵「樹」裡面，工程師設計了一場堪稱所有樂園內最特別的表演，叫做「蟲蟲難爲」，裡頭的角色都來自約翰．拉賽特的卡通動畫《蟲蟲危機》。這場蟲蟲秀卡司包括上萬隻小小昆蟲，而且這些蟲子不只出現在螢幕上，還能出現在觀衆席當中。這個表演採用了當今最先進的電影和劇場特效，也是我們第一次以氣味來製造強烈的效果。你也許無法想像爲了讓這些小臭蟲發出噁心、持久的氣味，我們開了多少次會，進行了多少次試驗。

我們也善加利用迪士尼電影創造的無形資產，根據《森林王子》和《獅子王》兩部動畫設計了幾場表演。同時還添加了幾條相當刺激的遊樂路線，比如根據即將在二〇〇〇年上映的電影《恐龍》（*Dinosaur*）所設計的「大滅絕的倒數」（迪士尼的周邊商品效應永不終止！）。我們還建造了保育站，一個專門研究和保育瀕臨絕種生物的教育中心。當然，「動物王國」主要的魅力還是來自於眞正的動物。其中絕大多數都集中在廣達一百二十英畝的非洲原野區：包括獅子、斑馬、黑猩猩、長頸鹿、鴕鳥、羚羊和河馬，而且全都生活在與自然棲息地完全相同的環境。不久後，還有一處亞洲原野區即將開放。先前我們對「動物王國」的所有疑慮，在一九九八年四月二十二日揭幕這一天都獲得了解答。蜂擁而來的大批遊客，迫使我們在早上九點就必須關上大門以控制人數。接下來好幾個月，參觀人數皆遠遠超過預期，而且遊客給我們的評價，比歷年來其他樂園都還要高。就某些方面來說，「動物王國」讓迪士尼回到了原點。三十年前，我們在奧蘭多的大片土地上，放眼望去就只有成群結隊的野生動物，和少數嚇人的爬蟲類。如今投下數十億美元的資金後，我們完成了概念最原始的主題樂園：同樣是成群結隊的野生動物，和一些嚇人的爬蟲類。

「動物王國」的揭幕爲華特迪士尼世界帶來戲劇性的轉變，過去三年的盈收和遊客數，年年都創下歷史新高。其他新的賣點也發揮了部份作用，包括更多樣化的迪士尼商圈（Downtown Disney）。新改建的湖濱購物城（Marketplace）賣的大多是迪士尼商品，其中還有一座五萬平方英尺的迪士尼專賣世界（World of Disney Store），開幕第一年營業額就高達一億美元。夜間主要的娛樂區集中在「歡樂島」，裡頭也新增了兩處景點。一個是「黑色影音娛樂夜總會」，裡頭演奏節奏藍調、靈魂樂與嘻哈樂。另一個是「瘋馬沙龍」（Wildhorse Saloon），以演奏納許維爾鄉村音樂爲主。迪士尼商圈最新的設施是「西區」，裡面有一家沃夫根帕克咖啡（Wolfgang Puck Café）；一家藍調音樂屋；歌手葛羅莉亞與艾米歐．伊斯塔芬開的一家古巴咖啡廳；維京（Virgin）超大型唱片賣場；二十四廳的AMC複合式電影院；以及全年無休的加拿大法語馬戲團「太陽馬戲團」（Cirque du Soleil）等等。這些都是爲了讓遊客在華特迪士尼世界度假期間，有更多樣化的選擇。

另外還有兩個賣點也是基於同樣的理由興建，但卻是針對完全不同的消費群。其中「運動大千世界」是爲了運動選手比賽以及運動迷觀賽而設計的。買下強力鴨冰上曲棍球隊和天使職棒隊後，透過ESPN的轉播我們發現，精彩的職業運動本身有很高的娛樂性，而且過程往往扣人心弦。我們聘請前辛辛納提美洲豹（Cincinnati Bengals）美式足球隊的線衛瑞吉・威廉斯（Reggie Williams）指導，由建築師大衛・舒瓦茲設計，興建一處佔地兩百英畝、而且擁有最新設施的運動場地，包括一座室內棒球場、一座室內體育場、一座田徑體育場、十幾座網球場，和十五處練習場。這些投資讓我們爭取到亞特蘭大勇士隊（Atlanta Braves），每年春天到這裡集訓並舉行觀摩賽（我們甚至還說服了勇士隊的老闆泰德・透納〔Ted Turner〕，帶妻子珍芳達〔Jane Fonda〕到此參觀）；另外還邀請到哈林籃球隊（Harlem Globetrotters）每年到此訓練並進行數場表演；美國男子網球紅土球場錦標賽（U.S. Men's Clay Court Championship）也同意在此舉行，國家女籃聯盟（WNBA）也以這裡爲優先集訓營。

不過也許最重要的，是我們和業餘運動聯盟（AAU）簽署了長期協議，每年在此舉辦超過一百場的錦標賽。AAU的這份協議至少在兩個層面上相當重要。首先，各項運動中全美最頂尖的年輕運動員，幾乎每年都會到這裡來比賽。其次，這也帶來了其他商機，因爲運動選手和教練，還有他們的家屬和家鄉啦啦隊，在比賽期間都會從全美各地湧入華特迪士尼世界，而且一待就是好幾天。我們不僅提供良好的體育設施，還有一流的旅館和餐廳、十幾座主題樂園和夜間娛樂設施。對選手和他們的家人來說，來比賽就等於來度假。

另一個新的娛樂項目是遊輪。遊輪事業和體育設施一樣，不僅代表了市場商機，也是擴張華特迪士尼世界版圖的一個方法。遊輪是全球成長最快的旅遊項目之一，而且年輕家庭又往往是最被旅遊業忽略的消費群。把華特迪士尼世界數天的休憩娛樂，和三、四天的遊輪旅行結合在一起，還可以讓我們把一般遊客的停留天數延長幾乎一倍。過去幾年來，我們曾經嘗試和首航遊輪公司（Premiere Cruise Lines）合作，讓他們其中幾艘船冠上迪士尼的名號。雖然頗受遊客歡迎，但無法主導產品品質卻讓我們相當不安。最後我決定親身體驗我們的顧客在搭乘遊輪時所享受到的服務到底有哪些。

一九九二年，珍和我計畫帶最小的兒子安德斯和他的一位朋友（兩人都是十三歲）前往佛羅里達，參加三天的遊輪旅行。出發前，我從氣象預報得知加勒比海地區可能會有豪雨。珍說服我不要取消這趟旅行，否則安德斯會相當失望。不過我可不想搭乘搖晃的遊輪。於是在出門前，我把大兒子布萊克從睡夢中叫醒，要求他一起同行，並代替我和珍在遊輪上照顧兩個小孩。布萊克平常就很熱心，他一口答應：「沒問題。」就在他還沒完全清醒之前，我們踏上了前往佛羅里達的旅程。

安德斯和他的朋友一路上興奮極了。我們一起上船，不過珍和我在遊輪離港前，偷偷下船回到華特迪士尼世界的旅館房間。當天晚上布萊克從船上打電話來。「爸，我們玩得開心極了！」他說。「外頭一直打雷，而且浪都打到甲板上來。」我嚥了口口水。不過他安慰我船上的工作人員向他保證不會有危險，我才稍微安心。第二天早上，我和珍搭飛機到納索（Nassau），然後偷偷溜上船。那一整天我們嘗試了所有的服務——餐點、遊戲、賭局、娛樂——然後再偷偷下船。船上的遊客看起來很愉快。唯一的問題是那並不是迪士尼。

一九九三年初，在賴瑞・墨菲及其策略智囊團的鼓勵下，我們決定自己建造兩艘遊輪。我們也在佛州東岸承包工程，建造港口碼頭，這處碼頭是由 Arquitectonica 設計，距離華特迪士尼世界也只有一個小時的距離。我們對建造大型船隻所知不多，所以決定沿用進行新投資計畫時採用的模式：先埋頭硬幹，再試著想辦法利用迪士尼在其他領域的優勢，創造出獨特的成果。第一步就是把水晶遊輪公司（Crystal Cruises）的總經理亞特・羅尼（Art Rodney）挖角過來，因爲水晶遊輪是業界公認最頂尖的遊輪公司之一。就像蓋新的旅館或辦公室一樣，我們將重點放在整體的設計。好幾位來自北歐的造船專家集思廣益，最後創造出三、四○年代如「諾曼地號」(Normandie)等經典船隻的外觀，不過還加了一點迪士尼的幽默，比如一座打扮成舵手的米老鼠銅製雕像，和一隻十五尺高的高菲狗倒掛在水手長的椅子上。我們把第一艘船命名爲「迪士尼魔術號」，另一艘則命名爲「迪士尼神奇號」。兩艘船分別可容納兩千五百名乘客。接下來我們想辦法讓搭乘遊輪成爲家族出遊的特殊經驗。我們並沒有規畫賭博區，反而把一整個樓層都設計成兒童遊戲區。爲了讓父母能和小孩住在一起，頭等臥房的面積也比同級遊輪大了百分之二十五。船上用餐的地點也不只一處。我們總共蓋了四個主題餐廳。比如在「動畫師的調色盤」這個餐廳，遊客進入的時候餐廳裝潢只有黑白兩色，但是隨著菜一道道上桌，整個餐廳會慢慢添加顏色，用餐結束時整個空間也變得五彩繽紛。

一九九八年七月三十日，我們的第一艘船正式開航，遊客的預約已經排到好幾個月以後。幾年來對設計細節的堅持，所獲得的熱烈迴響連我都覺得不可思議。船隻完工前一個星期，我到威尼斯參觀迪士尼魔術號，並且觀賞船上三場表演的彩排。我仔細端詳船上的機械設備，從引擎室到客房，從健身俱樂部到餐廳夜總會，每個角落都不遺漏。我特別喜歡煙囪上的霧號，鳴笛時發出的曲調就是“When You Wish Upon a Star”這首歌的第一小節。安德斯甚至拉著我到艦橋上走走——不過我相信船上有這麼多娛樂設備，迪士尼的客人恐怕不會到這兒來。

我們在華特迪士尼世界最大膽的一項嘗試，就是從無到有，建造出一座供人居住的小鎮。這項計畫是基於實際的土地利用考量，此外也摻雜了一點理想主義。我們想實現華特迪士尼建造一座未來城市的夢想，而且進行這麼大規模的一項計畫，有誰會不動心呢？法蘭克和我加入迪士尼集團後，就爲華特迪士尼世界著手進行了一連串宏觀規畫。我們預留了大片土地，準備興建三座新的主題樂園、增加六萬個旅館房間、設立九千英畝的永久自然生態與野生動物保育區，不過最後在南部還剩下九千英畝的地。

最好的選擇就是我們自行開發這些土地。我們並不想做普通的社區開發，也不希望蓋一個以高爾夫休閒爲號召的資產階級度假社區。最有趣的應該是在大片空地上進行造鎮計畫——採用最新的計畫概念，但是要有目標和多樣性。這是一個大好機會，我們可以結合曾經和迪士尼集團合作過的所有建築師同台獻技。爲了尋找靈感，我們從喬治亞州的薩瓦納（Savannah）、南卡州的查爾斯頓（Charleston），和紐約長島的度假市鎮東罕普頓（East Hampton）等一些幽雅與生活機能兼備的城鎮汲取靈感，而且我的祖母恰好就出身於薩瓦納。在這些社區裡，由於基礎規畫完善，建築設計充滿巧思，使地方上不僅充滿了美感和舒適，還帶有一點親切。住家、教堂、集會所、商店和公園都相當體貼地在設計過程中，有系統地彼此融合。

至於我們的市鎮，我們最後決定把它命名爲「禮讚鎮」（Celebration）。我們認爲迪士尼所扮演的角色，應該是主導整體規畫，並盡可能提昇各個工作層面的品質。教育似乎很自然的成爲規畫重點。迪士尼一直以小孩爲中心考量，而且好學校向來是所有年輕家庭選擇住家的首要條件。我們同意和地方政府合作，協助籌資在禮讚鎮創辦一所具有開創性的私立學校——而且必須和佛羅里達中部的其他私立學校有明顯區隔。我們的想法是融合最新的教育理念，包括不按年齡分班、依照學童個別需求擬定課程內容，以及跨學科的課程設計。

我們知道實驗性高的學校教育會引起爭議。因爲我的小孩也讀類似的學校——一個位於洛杉磯的「早期教育中心」。布萊克八歲時，我的父母問他念幾年級，他很高興地回答：「我唸『紫二班』。」其實說「二年級」老人家可能還比較能理解。當學校改採一般通用的說法時，我和珍還因此鬆了一口氣。不過這所學校的課程相當出色。在開放教室裡上課更是讓人驚喜，我們三個兒子都在這裡唸完小學。雖然早期禮讚鎮這所學校的確引來一些抱怨，但是早在招生前，就學申請就已額滿，後來學校學童在各項標準考試裡，分數也比全州平均還高。

禮讚鎮第二項規畫重點是健康保健。目標是從傳統的疾病治療，轉移到慢性疾病的治療、預防和診斷，以及維持居民的身體健康。我們委託評價很高的佛羅里達醫院負責門診部門，另外還有市中心外佔地五十英畝的保健園區。

第三項規畫重點是禮讚鎮的設計。由羅伯特・史登和傑克・羅勃森（Jacque Robertson）統籌開發這座兩萬人口的小鎮。我們聘請的每一位建築師都分配到一座市中心的公共建築。羅勃・范度利負責設計禮讚鎮的銀行；菲力普・強森（Philip Johnson）設計市公所；凱薩・培立（Cesar Pelli）設計電影院；威廉・羅恩（William Rawn）設計學校和教學設施；麥可・葛瑞夫斯設計郵局。市中心不遠處還建造了人工湖。禮讚鎮也佈滿腳踏車道和行人步道。

「我們設計的是一座小鎮，而不是一座小住宅區。」羅伯特・史登後來解釋：「我們想提供居民彼此認識的管道，比如散步、坐在門口乘涼或是騎腳踏車。這並不是新的概念，只不過在美國，過去五十年來我們已經忘了怎麼蓋這樣的城鎮。」

至於住宅本身，我們決定設下嚴格的基本建築原則，但目的並不是讓每一棟房子都長得一模一樣。相反地，我們希望每棟建築都各有特色，並且在細節上多加著墨。我們最後擬出六大西方建築風格——殖民復興式、古典式、法國鄉村式、海岸式、地中海式和維多利亞式。每棟住宅都不能一樣，而且所有的房子都必須具備一個特色——突出式的窗戶或陽台，或者是前門必須有屋簷或有柱門廊。

我們也設定一些設計上的原則以鼓勵社區居民互動。我們規畫出中等面積的庭院和較窄的街道。每戶人家都必須以開放式的前廊面對街道。由於車庫出入口設在前門實在有礙觀瞻，而且阻礙居民溝通，我們決定把所有住家的車庫都移到後門，面對著小巷子。華特・迪士尼先生最早的艾波卡特設計藍圖，是希望每戶人家的垃圾，都能直接從家裡丟進氣壓式的收集管集中處理。不過這個構想因爲成本太高沒辦法實現，但我們仍堅持只從後門的巷子收集垃圾。我們也刻意把透天住家和價格不同的出租公寓混雜並置，以確保社區內有來自不同社會階層的居民。經過一番安排，禮讚鎮的每戶住家都在從市中心走路可達的距離，學校也是一樣，以鼓勵居民多多走路，同時也給兒童相當大的活動自由。「禮讚鎮是建築史上最重要的轉變，」建築史學家文森・史考利在《紐約時報》上說：「它代表回歸社區。」

在將近六年的悉心規畫後，一九九四年中期，禮讚鎮的市政中心終於成形。八月間，我們的接待中心揭幕，這也是建築師查爾斯・摩爾（Charles Moore）生前設計的最後一棟建築。由於有興趣的購屋者實在太多，我們決定舉辦抽籤，分配禮讚鎮第一期完工的一百二十間公寓和三百五十棟獨戶房屋。有數千人參加抽籤。一年後，就有上百名居民開始搬進新家。

有些人不喜歡禮讚鎮，就像作家麥可·波蘭（Michael Pollan）在《紐約時報雜誌》上寫道：「禮讚鎮太完美，考慮也太過頭。」但對一個新市鎮來說，這算不上最糟糕的批評，而且很多居民也有同感。自第一位居民遷入已經過了三年，但是卻鮮少有人願意把房子轉手賣掉。禮讚鎮的銷售速度，是佛羅里達州中部同價位房屋中最快的。在平日晚間或週末早上到鎮上走走，你就能瞭解箇中原因。你可以看到人們坐在前門的涼台和鄰居聊天，或者是在鎮上四處走動，而孩子們則在外頭騎脚踏車或溜直排輪——對許多街道空曠荒涼的郊區市鎮來說，這景象形成鮮明對比。

我自己也很希望能住在禮讚鎮。我喜歡這裡的友善和乾淨，高水準的建築設計，和明顯的社區精神與驕傲。我喜歡這裡彷彿複製了五〇年代電視連續劇裡的理想家庭，父母站在院子的籬笆旁，揮手和正要出門上學的孩子道別。我們建造的這座新市鎮，也許不能根除美國社會許多的內在問題，但是卻豎立了一個頗具吸引力的典範。禮讚鎮是全美媒體討論最頻繁的城鎮，而且當地的遊客中心每個月都吸引超過一萬五千人前來參觀。

我們針對主題樂園的改造工程，引發了其它各式各樣的點子，比如禮讚鎮就是最好的例子。另外爲了應付（非迪士尼品牌的）眞人電影方面的激烈競爭，喬·羅斯也修正了公司的基本策略。他的想法受到許多因素影響。其中之一便是國際市場的擴張，目前海外市場就佔了電影一半的營收，而且獲利所佔比例還要更高。動作電影特別能吸引海外觀衆，而且哈里遜福特、布魯斯威利斯、阿諾史瓦辛格與梅爾吉勃遜等男星更具有廣大的號召力。第二個考量是近乎飽和且競爭激烈的市場生態——正因如此，電影拍攝量越來越大，以因應群衆休閒期間強烈而多樣化的需求。

總和這些因素後，喬決定特別著力在大製作、大卡司的電影，以求在市場上突破重圍。但製作這類電影的最大風險是成本相當高。喬的策略和我們之前在派拉蒙以及試金石公司的做法完全相反，而且我不否認即使時至今日，他的決策依然讓我捏了好幾把冷汗。不過我也瞭解世界已經改變。大成本電影的製作都得先經過嚴苛的篩選——因爲採用最棒的構想才能讓電影得到最多的關注目光。

在喬的新理論下，最先產生的兩部電影是約翰屈伏塔主演的《第三類接觸》(*Phenomenom*)，以及尼可拉斯凱吉與史恩康納萊擔綱的《絕地任務》(*The Rock*)。兩部片都在一九九六年暑假上映。《第三類接觸》改編自老電影 *Charly*，描述人緣頗佳的男主角突然從平凡人變成天才的故事。《絕地任務》後來成爲傑瑞・布拉克海默和唐・辛普森兩人攜手製作的最後一部片，因爲辛普森在九六年因用藥過量過世。(當我接到他的死訊時，我發現這是我二十年來就一直害怕會發生的事。) 兩部電影在海外的收入都超過一億美元。

領導迪士尼品牌的大衛・佛吉爾 (David Vogel) 向來是市場常勝軍。喬的另一個策略構想，就是每年選出一、兩部動作片進行密集造勢。首次做此嘗試的電影，就是從動畫改編的《一〇一忠狗》。這部電影在九六年秋季上映，對兒童和成人來說一樣有吸引力，甚至掀起一陣飼養大麥町爲寵物的熱潮，最後更成爲我們有史以來最賺錢的眞人電影。這部片的強勁表現印證了喬的假設——整個迪士尼集團，從主題樂園、出版業，到消費者商品，都可以一起動員配合迪士尼眞人電影的行銷造勢。

一九九七年，我們投資的兩部試金石電影票房接連告捷，而且都成爲全球賣座片：由朗霍華執導，梅爾吉勃遜主演的刺激懸疑片《綁票追緝令》(*Ransom*)；以及尼可拉斯凱吉和約翰麥可維奇主演，傑瑞・布拉克海默製作的又一部越獄影片《空中監獄》（*Con Air*）。此外《森林王子》（*George of the Jungle*）也成爲迪士尼出品的賣座眞人電影。喬還買下另外兩部其他片廠出品的暑期鉅片的海外版權：《變臉》（*Face/Off*）和《空軍一號》（*Air Force One*）。結果——加上《一〇一忠狗》的後續收益——這一年成了我們眞人電影最豐收的一年。一九九八年夏天，我們又有兩部電影揮出全壘打，一部是製作人傑瑞・布拉克海默又一鉅作《世界末日》（*Armageddon*），另一部則是迪士尼將《天生一對》（*The Parent Trap*）老片新拍的電影。《世界末日》是試金石有史以來耗資最高的電影，而且也可能是我們有史以來最成功的一部片，全球票房收入在四億到五億美元之間。不過一般反應出現明顯的「代溝」，老一輩的影評對這部片不屑一顧，但是從小看MTV長大的年輕觀衆則反應熱烈。

如果說我們一九九八年的整體電影營收表現並不強勁，有很大的原因是好幾部所謂「中級」電影的失敗。這些電影有六、七部，劇本構思平平，每部片的預算原本應該控制在兩千到兩千五百萬美元以內，這樣才有希望打平或賺取些微的利潤。不過有時候投資大筆錢在新進導演或演員的身上，會發掘出票房巨星。結果這類電影有一部份的成本超支爲三千到六千萬美元。對這些無法吸引廣大觀衆群的電影來說，控制製作和行銷預算日益重要。喬加強了我們在大衛・佛吉爾執掌下的所有商品，我們同時也極力縮減不必要的開支，砍掉一些發展和研究計畫，但最重要的也許是減少我們製作的電影數量。

在此同時，哈維和巴伯・韋恩斯坦以低成本、二線影星爲主的影片，在電影界持續有成功的表現。米拉麥克斯的成品，不論在藝術或商業層面都頗具水準，充分說明辦法的確不只一種。一九九六年，米拉麥克斯出品了包括《愛瑪姑娘》（*Emma*）、《彈簧刀》（*Sling Blade*）、《愛上了癮》（*Chasing*

Amy）等電影，都是叫好又叫座。尤其《英倫情人》（*The English Patient*）——這部成本並不高，但感人肺腑、錯綜複雜的電影——更一舉奪下包括最佳影片等九座奧斯卡金像獎，票房也締造了兩億美元的佳績。米拉麥克斯另外也用分公司 Dimension 的名號，在一九九六年推出恐怖電影《驚聲尖叫》（*Scream*），不但引起一股跟拍風潮，在院線的上映期也長達八個月。九八年的《驚聲尖叫續集》，上映時也有同樣優異的表現。

也許最能說明米拉麥克斯經營策略的電影，應該算是《心靈捕手》（*Good Will Hunting*）。當時班亞佛列克（Ben Affleck）和麥特狄蒙（Matt Damon）都還是名不見經傳的演員，他們合寫了這部劇本，也是他們的第一部。韋恩斯坦兄弟藉著這個劇本，吸引了有鬼才之稱的導演古斯·凡森（Gus Van Sant）執導，也讓羅賓威廉斯首肯，擔綱演出麥特狄蒙的心靈導師。這部片的成本只有兩千一百萬美元，比目前電影的平均製作費還少了一半以上。

一般來說，新片會同時在全美約四千家劇院上映。不過米拉麥克斯只在全美七大城市的電影院安排《心靈捕手》上映——目的是爲了逐漸打響口碑。這部片的確贏得影評的一致讚賞，米拉麥克斯於是逐步增加上映電影院的數目——特別是在片子贏得最佳劇本、最佳男配角（羅賓威廉斯）等九項奧斯卡提名之後。麥特狄蒙、班亞佛列克、羅賓威廉斯順利拿下金像獎當週，放映《心靈捕手》的電影院已經增加到兩千兩百多家，最後在全美創下將近一億四千萬美元的票房，打破歷年來獨立製片電影的最高紀錄。米拉麥克斯還挖角《紐約客》雜誌的提娜·布朗（Tina Brown），希望在一九九九年創辦一本新雜誌，並利用雜誌刊登的作品改編成電影或電視劇。

和眞人電影不同的是，我們在動畫片上所面臨的競爭壓力，是自身長期在這個領域的成功。其中一個結果，導致我們發行了許多專爲錄影帶市場製作的動畫片。這些專攻錄影帶市場的卡通長片雖然成本比較低，但是所獲得的評價和利潤並不見得比較差。在這一系列所謂「錄影帶首映」的作品當中，最早的兩部是電影動畫《阿拉丁》的續集，《賈方的復仇》(*Return of Jafar*) 和《阿拉丁與大盜之王》(*Aladdin and the King of Thieves*)，還有《美女與野獸》的續集，《貝兒的心願》(*Belle's Enchanted Christmas*)，以及《獅子王》的續集《辛巴的榮耀》(*Simba's Pride*)。整體錄影帶市場的規模與成長速度相當驚人。過去三年，迪士尼卡通經典系列錄影帶就賣出超過四億四千萬支——相當於全美不分男女老少，每人都購買兩支的數量。在歷年來銷售最好的錄影帶排行當中，前二十五名迪士尼就佔了十七名。

我們在動畫電影和錄影帶方面的成功，讓其它許多大製片廠也紛紛投入戰場。但由於每部動畫製作期間長達三到四年，因此我們一開始面臨的並不是院線票房的競爭，而是人才的搶奪戰。雖然華納和福斯都不約而同宣佈將長期投資動畫片，但是最肯花大錢的卻是夢工場。

從一開始，夢工場三位創辦人——史蒂芬·史匹柏、傑佛瑞·卡森柏格、和大衛·葛芬——就清楚表明動畫將是夢工場未來主要的獲利來源。挾著投資人砸下的大筆資金，傑佛瑞自行創辦了一家工作室，並著手聘請製造動畫電影所需的數百名動畫藝術家。毫無意外地，他把矛頭指向迪士尼公司，以兩到三倍的薪水，挖角我們數十位動畫製作小組的成員。有不少人因此跳槽，但多虧彼得·施奈德和湯姆·舒曼契兩位主管的領導，我們損失的頂尖人才並不多。強勢競爭立即可見的結果，就是每家公司的製作費都跟著水漲船高。動畫電影是勞力密集的產業，供需問題立刻浮現。爲了和最頂尖的動畫藝術家保持長期的合作關係，我們也被迫依據新的市場水準，大幅調升他們的薪水。

動畫電影《獅子王》空前的成功，還導致另一個衝擊。那就是我們開始對動畫片的票房表現有過高的期待。第二年上映的《風中奇緣》雖然在藝術層面水準很高，全球票房也超過四億美元，仍然比不上《獅子王》的風光。一九九四年秋天，《玩具總動員》代表了另一次創造力的大躍進，除了《獅子王》，這部片和其它動畫片比起來獲利絕對是相當可觀。

接下來我們的兩部動畫片，九六年暑假上映的《鐘樓怪人》，和九七年上映的《大力士》，和一般電影比起來都算賣座片。《鐘樓怪人》是我最喜歡的卡通片之一，故事改編自大文豪雨果的經典小說，以多層次的敍述手法，呈現鐘樓怪人困在醜陋軀體內的靈魂吶喊。迪士尼的版本不像雨果的原著那樣著重黑暗面（因爲不適合我們的觀衆群），但是一樣具有深度和廣度。至於《大力士》也相當突出，詼諧又不失傳奇色彩。這部片和迪士尼早期的卡通相互呼應——但是卻又添加了很多現代的元素，風格洗鍊，還有很新潮的幽默感。

和先前幾部動畫片比起來，《鐘樓怪人》和《大力士》吸引的觀衆較少，原因很可能是市場的改變。我們剛進入迪士尼公司的前十年，觀衆把我們的每一部動畫電影都當作年度盛事來看。但是近幾年連續出現的超級強打，再加上有越來越多動畫片在院線上映，使得大規模造勢越來越困難。而且有時候太過頭的行銷活動還會引起反效果。觀衆會覺得疲乏，而在看電影之前就已經因爲無所不在的廣告而倒盡胃口。除了動畫片以外，其它類型的電影搶奪觀衆群也是另一個原因。尤其過去一、兩年，不少年輕男孩被卡通似的眞人電影片給吸走了，比如《侏儸紀公園》和《MIB星際戰警》（*Men in Black*）就是很好的例子。我們唯一的辦法是盡量不去擔心外界的競爭，並且致力於改善、創新。迪士尼一九九八年暑假的動畫片《花木蘭》就做到了這一點，不僅引起各界廣泛注意，而且所吸引的觀衆人數也僅次於《獅子王》。九八年十一月上映的《蟲蟲危機》、九九年的《泰山》，和迪士尼千禧年鉅獻《幻想曲二〇〇〇》，我們也都同樣寄予厚望。

不過要擴充迪士尼品牌，最大的機會還是在海外市場。智慧財產權——特別是電影——目前已是美國最大宗的外銷品，即使長久以來獨領風騷的航空業也難望其項背。單一商品的大型製造商，像可口可樂和吉利刮鬍刀，也早就有高達三分之二的營業額來自國際市場。至於迪士尼的海外營業額，雖然從一九八四年以來已經成長二十五倍，但目前仍只佔總營業額的兩成。在美國，每人每年平均花費六十五美元購買迪士尼商品。海外市場則可大略分爲三個階層，首先是迪士尼知名度較高的日本、法國等先進國家，每人每年花四十五美元購買我們的商品。第二個階層是其它先進國家，如義大利、德國、西班牙等，這個數字降到只有十五美元。最後一個階層是第三世界國家——包括拉丁美洲、東歐、中國和印度等——同樣的消費數字則跌到只有十到十五美分。如果能提昇最後兩個階層的消費數額，即使仍然追不上第一個階層，所得的獲利仍高得驚人——約等於迪士尼目前營業額的一半。除了更賣力外銷電影和消費商品，我們也積極將幾個國家列入評估，計畫再蓋一座大規模的主題樂園——特別是在中國大陸。

不論我們做了什麼，迪士尼能在全球成功的秘訣在於願意承擔實現創意的風險。比如我們剛進入迪士尼的前十年，公司正努力打進音樂市場，並且在九〇年代初期創辦了好萊塢唱片公司。當表現不如預期時，我們並沒有就此放棄，反而奇蹟似的拓展了知名度。華特迪士尼唱片公司目前已經是大幅領先同業的兒童唱片出版品牌。一九九七年，在喬・羅斯的整體主導下，我們買下知名的獨立唱片公司 Mammoth Records，同時也在納許維爾成立了 Lyric Street Records，由蘭迪・古德曼

(Randy Goodman) 負責，專門出版鄉村歌曲，並處理鄉村歌手的事宜。最近我們又提名鮑伯・卡法洛 (Bob Cavallo) 出任擴張後的華特迪士尼音樂集團總裁。卡法洛在唱片業有很深的資歷，曾經培植過「地球、風與火」(Earth Wind and Fire)、王子 (Prince and Little Feat)、艾拉妮絲・莫瑞塞特 (Alanis Morrisette)、席爾 (Seal)、年輕歲月 (Green Day)、野人花園 (Savage Garden) 等知名團體和藝人。我比從前更有信心，迪士尼的音樂部門將成爲整個集團重要的搖錢樹。

要說明迪士尼謹愼冒險求取獲利的最好例子，就是將《獅子王》改編成歌舞劇的嘗試。《美女與野獸》成爲百老匯賣座音樂劇之後，彼得・施奈德與湯姆・舒曼契接管了迪士尼的劇場部門。我們開始籌畫好幾齣戲劇，包括一九九七年春季在新阿姆斯特丹劇院推出改編自《大衛王》的音樂演唱會；以及九八年秋季在亞特蘭大首演，由艾爾頓強和提姆・萊斯合作編曲的歌舞劇《阿依達》(*Aïda*)。改編自動畫片《鐘樓怪人》的舞台劇，九九年六月也將在德國柏林公演。把《獅子王》搬上舞臺的這個點子，最早出現在一九九五年秋天，我和喬・羅斯與同僚共進午餐後，兩人走回辦公室時一段簡短的對話。

「我們爲什麼不把《獅子王》搬上舞臺呢？」喬問我。

「還沒有人想出辦法來做呢。」我告訴他：「我們不能像《綠野仙蹤》一樣教演員穿上獅子的衣服，也不能模仿《貓》劇的做法。」

「你一定得想個辦法，」喬回答：「這是有史以來最賣錢的電影，有廣大的觀眾群。如果你不做，那眞是太蠢了。」他說得對。彼得和湯姆的提議也沒錯，我們必須做出和《美女與野獸》完全不同的歌舞劇。《美女與野獸》已經替迪士尼在百老匯奠定成功的基礎，我們應該要進行更大膽、更實驗性的嘗試。

湯姆提議去找茱莉・泰摩（Julie Taymor）。她是位多才多藝的藝術家，曾經擔任前衛劇場和大規模歌劇的導演和編劇，她也設計過舞臺服裝、木偶和面具。把一個頗受歡迎的傳統故事交到一位實驗性超強的導演手中，往往會相當成功。大衛・林區替派拉蒙公司拍的電影《象人》，就是一個很好的例子。茱莉最新的作品是 *Juan Darien*，這齣戲在林肯中心上演，而且一舉囊括五項東尼獎提名。我們對茱莉創作的《獅子王》歌舞劇只有一項要求，不論舞臺、風格、視覺效果如何轉變，她必須忠於音樂和故事本身，因爲這正是電影成功的魅力所在。

茱莉最早在一九九六年一月提出她的初步構想。八月，我們再度在紐約碰頭，試讀整部劇本。當時她向我們仔細描述了舞臺木偶和面具的概念。根據她的想法，所有的演員都穿上動物的服裝，臉戴面具，或是手上操縱著動物木偶在跟前移動。這是一種全新的視覺經驗，觀衆彷彿看見同一個角色的兩個分身——演員和面具，或是演員和木偶。九七年一月，排演工作室在即將完工的新阿姆斯特丹劇院成立。即使整齣戲還沒有完成，連劇院也還在趕工，我們仍然感覺自己看見了相當獨特的舞臺魔術。至此我們才眞正瞭解茱莉創作本身的磅礴氣勢：超大型的布景、與非洲音樂混合的電影經典歌曲，以及呈現萬頭野牛狂奔場景所使用的隱藏式旋轉舞臺。

彼得和湯姆暑假大半都耗在明尼阿波利斯，也就是《獅子王》歌舞劇試演的地方。我也曾搭飛機造訪該地不下六、七次，除了瞭解進度，我自己也很喜歡看著這齣戲逐漸成形。十一月十三日，《獅子王》在全新完工的阿姆斯特丹劇院舉行盛大首演，結果佳評如潮，反應之熱烈遠超乎我們預料。「這齣戲呈現出華麗得讓人摒息的景象，以劇場的力量召喚出我們內心童稚的雀躍之情，以及觀賞事物的全新視野，」《時代》雜誌的劇評寫道。「這是一場夢幻，其美感、巧思與整體呈現，都是其它劇場所無可比擬，」《綜藝》雜誌這麼認爲。《紐約時報》的文生・坎比（Vicent Canby）則描述《獅子王》是「近年來最讓人難忘、最感人肺腑、最具有創意的戲劇饗宴」。不到幾星期，這齣戲未來一年的門票已經全數賣光。

這齣戲上演後沒多久，《紐約時報》刊出的社論尤其讓人欣慰：「《獅子王》的舞臺選擇充分顯示泰摩女士與整體工作團隊豐沛的活力與想像力。但這也證明了一項更讓人驚訝的事實——迪士尼集團願意……將大受歡迎的商品重新再造，而不讓它逐漸消逝……讓泰摩女士充分發揮，挑戰劇場呈現的極限……。迪士尼集團以獲利轉投資新的阿姆斯特丹劇院，並釋放出泰摩女士的創造力，這是一種成功的模式。在商業領域的成功，允許——甚至強迫——迪士尼在文化藝術上進行冒險。」一九九八年六月，《獅子王》贏得東尼獎最佳音樂劇的最高榮耀，茱莉・泰摩則贏得最佳導演獎。

《獅子王》的藝術成就，大大提昇了迪士尼在全球的知名度。同樣重要的是，這齣戲對全體迪士尼員工宣示不斷自我創新的重要性。對下一個千禧年來說，再也沒有比這更重要的座右銘了。

17
想像未來
說書人將會繼續說故事

科技進步神速。想預測未來實爲不自量力之舉。
幸好迪士尼運作的基本前提並未改變：
人們需要娛樂與新知。
在迪士尼，我們用說故事的方式來滿足這些需求。
不管預測有多悲觀，沒有任何新的娛樂媒體
可以讓其他媒體變得落伍。

當我瞻望迪士尼的前景與我自己的前景，未來似乎讓人既興奮又膽怯。公司是要永續經營的。我們的職責是以高瞻遠矚來保持迪士尼永遠年輕，但又不能犧牲掉過往累積的智慧和穩定性。每天處理這些事情（加上無脂飲食）讓我也時時刻刻感到活力充沛。

科技進步神速，想預測未來實爲不自量力之舉。才三年前，像比爾・蓋茲這等人物曾警告不要對網際網路「期望過高」。蓋茲知道網際網路有發展潛力，但是低估了它直接的衝擊。等到他發現，他當然馬上在一夜之間改變公司的策略。微軟也許是我們的頭號競爭者。但這項經驗至少提供兩個教訓。一是下一波風潮來襲時，也許連最厲害的游泳選手也會嚇到。二是要在不可預測的海中生存，敏捷與活力絕對不可或缺。

幸好迪士尼運作的基本前提並未改變。人們需要娛樂與新知。在迪士尼，我們用說故事的方式來滿足這些需求。不管預測有多悲觀，沒有新的娛樂媒體可以讓其他媒體變得落伍。廣播經得起電視的競爭而且獲利高過以往。電視網在有線電視提供上百個頻道的競爭下依舊屹立不搖。電影院和錄影帶一樣賺錢。而戲劇演出更是歷經世代更迭，從最早住在洞穴裡的說書人，到中世紀的巡迴演出車，到現代的形式，其中包括田那西州瓊斯波洛（Jonesboro）的「全國說故事節」，蘇格蘭愛丁堡一年一度的戲劇節，以及百老匯豪華的音樂劇。

在一九八〇年代中期，一位叫費絲、帕波康（Faith Popcorn）的市場調查員預測了一項她命名爲「繭居」（cocooning）的現象。她的意思是「外在環境太險惡時，人會本能地往裡鑽。在自己周圍築起安全防護罩……所以才不會慘遭無情世界的毒手」。她與其他專家提出，在未來，人們將越來越傾向在家娛樂自己。室內的選擇是越來越多沒錯。有線電視和其他衛星服務提供越來越多節目選擇，其中並包括選看電影的功能。網際網路的迅速崛起提供了許多新的選擇，包括各式各樣的資訊，再加上電子郵件、即時傳呼、聊天室、線上購物、討論以及上網的純粹樂趣。

數位化時代即將宣佈高畫質、五聲環繞、大螢幕電視的到來——晚上闔家觀賞錄影帶也因此成爲誘人的娛樂模式。在不久的將來，電視與電腦的結合將爲全新的互動式電視催生。在新科技的眩目發展之中，人們將繼續做他們在家中會做的事：閱讀書報雜誌。

但每一個作用力都有其對等的反作用力——這不只是牛頓的定律，也適用於大衆娛樂。未來趨勢預測專家忽略了一種人類行爲的基本慣性。人們總是會出門——現代人比一、二十年前的人更愛出門，不只是因爲經濟景氣，更是因爲都市犯罪的巨幅減少。室內娛樂的選擇可能增多了，但是一九五〇年代中期每人平均一星期看二十五小時電視的數據，到今日即使增加了網路、電玩以及有線頻道，人們每週花在家中娛樂的時間也只有些微增加。孩子們想出門去；青少年約會也不會選擇在家；就連做父母的也不想窩在家裡。（我們也是人！）所有的人都渴望接觸溝通。不管待在家裡有多刺激，我們都需要出門，與人見面問候，接觸聊天。

我自己的經驗就是最好的例子。工作了一星期，到了星期五晚上，我只想做一件事：開車回家休息——打開電視看體育賽事，看電影，看書，回電子郵件，或是在ESPN網站上玩夢幻籃球。但是到了星期六晚上，如果我前面二十四小時待在家裡，我就會開始有蠢動的慾望，我從小就覺得那是得自父親的遺傳。我會想盡辦法出門——去看電影、吃飯、看曲棍球賽、聽音樂會，或是看戲（開車途中聽迪士尼電台），或甚至是去購物中心，只要裡面有迪士尼專賣店可逛。只有陪我太太去買衣服這件事會讓我裹足不前。

在迪士尼，我們有兩種運作模式。一是陰一是陽，兩者剛好相反。我們相信人們會追求家中有多元化娛樂，但是他們也會利用自己常去的地方，並且尋找新的聚集場所。我們基於這個觀念所下的各項賭注，風險最大的莫過於我們三年前投資紐約四十二街的新阿姆斯特丹劇院。當時很難想像會有比該處更糟糕、更駭人、更不適合開劇院與迪士尼專賣店的地點。但是一旦我們下定決心，其他的生意也跟進。時代廣場變得更乾淨更安全，觀光客也開始回流。

在接下來的二十年裡，觀光業可能成爲全世界最龐大的事業。一方面是因爲全球自由市場的增加，一方面是因爲網際網路把世界變成地球村。迪士尼斥資數十億吸引人們出門的計畫不僅包括新的主題樂園、球隊和百老匯劇院，還有比較小型的、遍布全國各地的地區性娛樂事業。我們的ＥＳＰＮ體育主題餐廳即是一個例子。迪士尼俱樂部是第二個例子——父母可以帶小孩子到這個一流的娛樂中心，享受出門從事室內互動式活動的樂趣以及慶生。

我們最具野心也最先進的地區性嘗試是「迪士尼之旅」(DisneyQuest)——一個二至三小時的互動式主題樂園遊園經驗，地點位於一個佔地十萬平方英尺的建築裡。迪士尼俱樂部的訴求對象是十歲以下的兒童，迪士尼之旅則把目標放在年紀較大的兒童、青少年以及年輕成人身上。第一座迪士尼之旅於一九九八年在華特迪士尼世界開幕，第二座預計於一九九九年在芝加哥成立。由夢想家所構思的迪士尼之旅，是頂尖軟體設計師結合先進科技如虛擬實境所製作出來的成果，是一種全新的娛樂形態。例如，有一區提供遊客在電腦上自行設計他們心目中的雲霄飛車——然後他們再爬上改良的F14飛行模擬機，體驗他們自己設計的飛車。此外我們也照老方法來吸引人們外出遊玩——也就是製作眞人和動畫電影。再也沒有什麼事情可以比得上與一群陌生人坐在漆黑的電影院裡分享好片的經驗。看電影依舊是最便宜也最不會式微的外出娛樂形式。

不過網際網路以及數位化時代的來臨仍然爲室內娛樂帶來競爭。ＡＢＣ合併案所衍生的意外收穫之一，是我們與星浪公司的合作關係。這家設在西雅圖的公司一九九四年加入ＥＳＰＮ，一同設計經營ＥＳＰＮ體育網網站，還有後來的ＡＢＣ新聞網站（ABCNews.com）。最重要的是星浪公司幕後由麥克・史雷德（Mike Slade）與派翠克・諾頓（Patrick Naughton）所領導的人。麥克曾在微軟幫比爾・蓋茲管行銷，然後在NeXT擔任史提夫・賈伯斯（Steve Jobs）的行銷副總經理。派翠克曾是昇陽（Sun Microsystems）的科技主管，負責監督掀起網路革命的爪哇（Java）語言的發展。一九九七年，迪士尼自星浪老闆保羅・艾倫（Paul Allen）手中買進大量股份。艾倫是微軟的共同創始人。一九九八年春天，我們買下整個星浪公司，

迪士尼公司裡最先看準網路潛力的主管是傑克・溫朋（Jake Winebaum）。兼具創業精神與創意頭腦的傑克，一開始是在《時代》雜誌做事。一九九一年他來到迪士尼，提議我們發行一本以家庭爲導向的雜誌《家庭樂趣》（*FamilyFun*），我們接受提議。結果可說是立竿見影。該雜誌的電腦專欄引起讀者強烈迴響，再加上他自己女兒對電腦也很有興趣，傑克於是提出第二個點子，《家庭ＰＣ》（*Family PC*）。我們也照做，結果也大賣。接著，他提議推出家庭線上服務，爲我們的第一個網站催生。

「迪士尼網站」（Disney.com）於一九九六年二月推出，主要功能是爲公司的產品做宣傳，同時也是測試網路潛力的一種方法。傑克與他的團隊一開始著力在拓展與不斷更新迪士尼網站，同時也成立名爲「家庭網站」（Family.com）的姊妹站。他們也開始開發專爲孩童設計的第三個網站。九七

年初，我們爲迪士尼的「旋風網站」(Blast Oneline) 揭幕。這是一種付費服務，提供遊戲、互動式故事、孩童新聞以及「D郵件」(D-mail)。

九八年初，我們的網路部門成員決定集中火力，成立名爲「Go網路」(Go Network) 的單一線上服務。我們的目標是想與其他一流的網路業者競爭。美國線上 (American Online) 現今的優勢是來自於及早開發以及強力促銷，並且提供訂戶多項服務選擇，內容豐富而且專業。像雅虎、領航員 (Netscape)、Excite 與 Infoseek 等公司一開始是以搜尋引擎起家——爲無邊無際而又顯得混亂的網路世界提供路徑。這些網路業者的初期價值來自於有許多人以他們的網頁爲首頁——他們一上網會最先連結的地方。一個網站有越多人光臨，便越受廣告商青睞。網路使用者的行爲顯示他們喜歡處處瀏覽，但是卻也傾向回到他們最熟悉的網頁。

爲了使我們在這個新領域裡更具競爭力，迪士尼於九八年六月買了第四大網路公司 Infoseek 百分之四十三的股份。藉由將我們極有價值的星浪公司含括在收購金額之中，我們得以只投資七千五百萬的現金，而 Infoseek 當時的市場價格約爲九億美元。我們也協商獲得認股權證，可以於三年後掌控公司獲利。迪士尼與 Infoseek 的結盟是史無前例的品牌、科技與市場經驗大集合。到了一九九九年，「Go網路」成爲 Infoseek 對外的門面，結合其搜尋引擎的功能與迪士尼的精彩內容。

迪士尼最強的利器是我們的品牌盛名以及我們所能提供的獨家內容。迪士尼的旋風網站已經成爲最佳兒童網站，ＥＳＰＮ體育網是體育網站的第一把交椅，ＡＢＣ新聞網站則是頂尖的二十四小時新聞網之一。我們在娛樂（ＡＢＣ以及我們最近收購的 E! 娛樂頻道）、婦女節目（生活頻道）、科技方面（探索〔Discover〕頻道），也都有強力品牌。「Go網路」將結合這一切，再加上電子郵件與即時傳呼等功能，形成一整套的服務。我們的網路業對手起頭起得好，但是他們大多還仰賴人提供網頁內容，而非自己製作。最後，唯有內容具有創意的娛樂資訊多媒體公司才會是最終贏家。

依照我們的設計，「Go網路」將在各層面上豐富人們的生活。比方說連接「Go會話」，你可以用新的方式與人溝通——不只是傳送信息，還可以同時與多達六個人一起聊天，或是在線上傳送影像。「Go網路」的金融服務可以追蹤金融與投資訊息，提供線上銀行，甚至作爲全面性的有價證券管理人。「Go商店」可以在網上搜尋任何一種類型的最佳商品與最佳交易，而且還有專業購物顧問在網上幫你找尋你要的商品。

「Go網路」同時也是一種連絡中心，幫人們連接至各行各業以及迪士尼所提供的各種資訊和娛樂。例如在迪士尼網站上，使用者可以點選我們的迪士尼專賣店網站，選擇一件運動衫和他們喜歡的人物，加上個人所選的字樣，然後下單按他們的要求製作。或者他們可以選擇華特迪士尼世界網站，選一家我們的旅館，觀看平面圖，訂房，並購買樂園門票。「Go網路」不但不會取代迪士尼的戶外娛樂，反而爲我們的樂園、專賣店、餐廳與電影注入一劑強心針。等家庭網路用戶量達到一九九○年代有線電視用戶的水準，「Go網路」將可望成爲我們最重要的新事業之一。

在ABC，數位化時代的來臨將可能在下一個十年裡掀起電視網革命。數位化是自彩色電視發明以來最重大的科技突破。政府最近分配數位化頻譜給各大電視網，其目的是要提供高畫質電視（HDTV）。這項科技代表在畫質與音效上的一大躍進。因爲收看高畫質電視需要購買新器材，新設備直到一九九八年底才開始上市而且價格昂貴，未來幾年裡可以負擔的消費者仍然會是少數。但是我們相信那是一項最終會普及化的科技。就像華特迪士尼是引介彩色電視的先鋒一樣，所以我們也要在今年秋天開始試播高畫質電視的《迪士尼神奇世界》。

唯有二度利用新的數位化頻譜才能使數位化電視獲得商業成功。透過壓縮科技，我們才能運用新的數位化空間來傳送新的節目——此現象被稱為多路傳輸（multiplex）。如果高畫質電視的收視戶太少，花大錢製作新節目便划不來。唯一可以做的是不花錢地重映現有節目。比方說ABC白天的連續劇集，現在每一齣戲只是白天播一次而已。在上班的觀衆（而且又不用錄影機錄下節目）便無機會看到。我們可以利用數位化頻譜在一大早時重播肥皂劇集，或是在黃金時段重播，或是兩者並行。《今夜世界新聞》、《夜線》或其他新聞節目也可以考慮重播。對觀衆來說，這是很方便的做法。純粹就經濟效益來看，這是利用已經花錢製作的現有節目去增加收入的做法。最終，這可以幫助ABC在競爭日趨激烈的電視及有線電視市場上繼續存活下去。

也許數位化時代最刺激的效應是革新資訊的傳送方式。其中一種必然結果是加速電視、電腦與網際網路的結合，也就是所謂的「趨同共存」（convergence）。在單一螢幕上，很快地人們就可以同時進行娛樂，獲取新知以及相互溝通。例如上網到ESPN體育網網站，你可以在電腦螢幕上同步欣賞一場棒球賽。當一名打擊手上場，你可以叫出該名打者先前對壘該名投手的記錄，看他最有可能的擊球位置，過去游擊手對該名打者的記錄，以及其他相關的數據資料。如果是足球賽，你可以有多項選擇——看你是想看地主隊，或是客隊，或是在裁判身上加麥克風，或純粹看現場比賽，好像你身歷其境一般。（運動員可能會有史以來首次被要求不可以罵髒話！）如果你看的是新聞雜誌節目，你可以選擇要看哪一段，或是停下來叫出某一項報導更進一步的資料。

迪士尼成功的好處之一是我們不僅投資得起近期的生意，也負擔得起長期的研究與開發，包括結合我們自身利益與公共利益的計畫。這些投資範圍包括美國師鐸獎，迪士尼少年交響樂團，讓出身環境不好的小孩到我們世界各地的主題樂園參加特別活動，成立迪士尼野生保護區，並在華特迪士尼世界附近另外購買八千五百英畝土地。在每一個例子裡，我們選擇支持與我們核心消費者有直接關係，以及那些與我們業務相關的好計畫。此外，我們自己的卡司演員——爲了回應美國未來領袖高峰會（President's Summit for America's Future）——自一九九七年起貢獻了一百萬小時的自願服務一直到二〇〇〇年，服務內容包含輔導中學生，支援受暴婦女的安全之家，以及在兒童醫院做義工。

至於在提供娛樂與未來資訊方面，其中包括支援技術，迪士尼現在在六個部門裡擁有超過兩千名卡司演員。我們的董事會最近有茱蒂·愛斯林（Judith Estrin）的加入，她是高科技公司思科系統（Cisco Systems）的首席技術主管與資深副總裁。她在過去十六年裡與丈夫比爾·卡立可（Bill Carrico）共同創立三家成功的公司，她的專業知識將協助我們邁向未來。

由布萊恩·費倫（Bran Ferren）領導、屬於夢想家團隊一部份的R&D小組，是公司裡最有遠見的團體。一九九三年，我們買下布萊恩小型的設計、娛樂與科技公司，他們幫美國海軍過做一些企劃案，同時也爲百老匯戲劇、電影與搖滾演唱會設計特效。布萊恩從第一天加入夢想家團隊就很突出，他蓄著紅色的鬍子，身上老是穿著襯衫式外套，皺皺的卡其褲與紐巴倫（New Balance）球鞋。擁有開放胸襟與博學多聞兩項利器的他，結果成爲我們主要的技術專家。

布萊恩主要的職責是協助我們處理技術與設計方面的問題。他底下一百五十個小組成員所處理的事情包括強力鴨冰球隊的主場鴨池上面冰不夠硬的問題，幫我們在華特迪士尼世界的「外星人接觸」遊樂設施設計3D聲效，在「迪士尼之旅」設計虛擬實境的遊樂設施。大體說來，布萊恩的工作是幻想未來。兩年前他聘請一群非凡之人跟他一起幻想，我們稱他們爲「迪士尼院士」(Disney Fellows)。他們包括在大量同步運算方面的先鋒丹尼・希利斯 (Danny Hillis)、麻省理工學院的人工智慧之父馬文・明斯基 (Marvin Minsky)、在Xerox協助開發個人電腦概念的亞倫・凱 (Alan Kay)，以及教導孩童使用電腦科技的專家西摩・帕博 (Seymour Papert)。

我們希望「迪士尼院士」的某些計畫可以超越想像階段，在不久的將來成爲實用科技。亞倫・凱已經協助我們開發一種超越爪哇的網路電腦語言，還有一種稱爲「E玩具」(E-toys) 的新型兒童上網娛樂，可以直接從網路上下載。丹尼・希利斯正在研究一種身上有控制器、可以自己操縱自己的機器恐龍。布萊恩自己領導開發一種高品質的數位化投影系統，讓電影可以被即時傳送到戲院裡，不必用到沖印和發行起來都很貴的膠片。布萊恩有十幾個小組成員合作一項名爲「迪士尼空間」(Disneyspace) 的新科技計畫，讓人們可以在家上網享受虛擬主題樂園的遊園經驗，然後再把經驗貢獻給一個眞正的樂園。我們的未來專家和技術人士在樂觀與目標導向的環境下工作，自由發揮個人創意。我知道那些概念對我或是對大多數人並沒有多大意義，但是布萊恩向我保證再過幾年，也許再過一個月，甚至再過兩天，這些概念就會變得意義非凡。

但是，這是我這輩子以來，第一次發現構思未來竟是如此苦樂參半。我雖然喜歡與我們的創意主管互動，我也意識到在最近幾年裡許多臉孔不斷在改變——而且這種情況會持續下去。在一個充滿人才、競爭激烈的公司裡，肯定會有人沒有機會滿足個人野心。有的人遭逢中年危機，或是企求更多的自主權，或是想離開大公司的環境。其他人則是爬到了巔峰，然後想換跑道接受新的挑戰。還有人是有機會再更上一層樓，但在我們公司能滿足他們的慾望之前就先被其他公司更好的條件給吸引過去。

迪士尼的主管這麼受其他公司青睞對我們其實是種莫大的榮譽。過去幾年裡有半打以上的人離職到其他公司做CEO。看到迪士尼大家庭的要角離開，我當然是很難過，不過高層主管的異動可以讓公司活力充沛，讓年輕有才華的主管有機會出頭，像是三十七歲的湯姆・史代克斯，他接手財務長的職位，以及三十五歲的彼得・墨菲，最近被我們晉陞成為策略計畫主管。同時在ABC，我們最近也拔擢了三位非常有才能的女性——安娜・史威尼是我們新任的迪士尼／ABC有線電視的總經理，一邊繼續經營迪士尼頻道；派特・菲立克薛爾（Pat Fili-Krushel）從日間節目主管升任為ABC電視的總經理；羅莉・楊格（Laurie Younger）則是ABC的資深副總經理與財務總長。

聽到一個好點子所帶給我的興奮感不下於我聽到關於我兒子的好消息。不過，同時我也很清楚許多刺激的點子——比方說建造新的主題樂園或是開創一項新事業——可能要花上十年時間。那會讓我的腦袋暫停一下，希望我的心臟不會跟著學。我比以往感到健康，不過我同時也意識到時光無情的流逝。

生命是場競賽，打從我出生就開始，但我直到差一點死掉才懂得好好珍惜。競賽的目的是為了心想事成。就個人的層面來說，想像未來是很令人興奮的，尤其是跟我的小孩有關的事。我喜歡幻想出席奧斯卡金像獎，看著布萊克走向舞台接受最佳導演獎。他至今導了一部標準長度的敘事電影，卻成了一位「熱門」的廣告片導演。我喜歡想像艾力克當上一家公司的總經理，或是開創他自己的事業。當然啦，他念商業學校才念了一年。最讓我高興的是想像我的么兒安德斯，一直打進史丹利盃（Stanley Cup）的決賽，讓敵隊抱鴨蛋回家，幫他的隊伍贏得第七場比賽。不過他才只是大二生，在大學冰球隊裡做後援。我也希望能夠眼見數位時代開花結果——還有在那之後的新時代。多年來我常聽到我父母或是祖父母提及未來：「喔，那是下一代的事情了。」我發現現在我也會說同樣的話。我只是無心說說，我想我的父母和祖父母也是一樣。我渴望見到將來我的孩子會面臨的一切，我甚至已經做好迎接孫子的準備。不過我也想知道自己下一步會如何。

現在開會時我環顧四周，發現自己不再是會中最年輕的人。我反而成爲大家在智慧、成熟與遠見上所仰賴的對象。我盡力而爲，但是在心裡，我一點也不那樣看待自己。我覺得自己像小孩，就跟以前一樣，而且我也慶幸我有這種感覺。我小時候總覺得未來是那麼遙不可及。「一九八四」指的是喬治・歐威爾（George Orwell）的科幻小說。而西元二〇〇〇年則好遙遠。如果「千禧年」一詞出現在我的學業能力傾向測驗裡，我不會知道那是什麼意思。但是未來已經縮水了。現在時間飛快而逝。一九八四——法蘭克・威爾斯和我抵達迪士尼的年份——早已經過去。我也終於懂得「千禧年」的意思，現在它已即將到來。

一九九六年，我去卡內基音樂廳聽馬勒（Mahler）的「千人交響曲」。在某一刻的慢板裡，我開始讀起節目介紹，並且發現這交響曲是一八九〇年代爲世紀交替而做的。我突然想到我們迪士尼也可以做同樣的事來紀念千禧年。尋遍全國，我們雇用了兩位美國作曲家——亞倫・傑・克尼斯（Aaron Jay Kernis）（後來榮獲普立茲獎）與麥可・托克（Michael Torke）——寫了兩首交響曲。一個人描寫過去五十年，另一個人描寫對下一個百年的希望與恐懼。迪士尼的第三千禧交響曲（The Disney Symphonies for the Third Millennium），由兩千名兒童組成的合唱團擔綱，於一九九九年夏天在紐約首演。向來致力於未來的主題樂園「艾波卡特」，將成爲我們慶祝千禧的重點區域。

我知道我是出奇的幸運。我身體健康，娶到一個我愛的女人爲妻，有三個很棒的兒子，我每天早上醒來都迫不及待要去上班。我心裡知道（我的心臟尤其明白），生命可以是複雜、艱鉅、難以預測的，但是我的日常生活不是那樣的情況。再也沒有人可以比我更樂觀。如果我去看一場強力鴨隊的比賽，離比賽結束只剩一分半鐘而他們還落後三分，我還是會相信他們有勝算。如果他們輸了，我也不會抱憾太久。我花在悔恨過去的時間比展望未來要少得多。要做的事情還很多呢。

國家圖書館出版品預行編目資料

高感性事業／麥可・艾斯納 (Michael Eisner) 著；林說俐譯.-- 初版-- 臺北市：大塊文化，2001［民 90］
面；　公分.(Touch 23)
譯自：Work in Progress
ISBN 957-0316-73-X (平裝)

1.艾斯納 (Eisner, Michael, 1942-) - 傳記
2.華德迪士尼公司 (Walt Disney Company)
3.企業家 - 美國 - 傳記

785.28　　90008226

105 台北市南京東路四段25號11樓

廣　告　回　信
台灣北區郵政管理局登記證
北台字第10227號

大塊文化出版股份有限公司　收

地址：□□□________市/縣________鄉/鎮/市/區

________路/街______段_____巷______弄______號______樓

姓名：

大塊 LOCUS 文化

編號：TO023　書名：高感性事業

請沿虛線撕下後對折裝訂寄回，謝謝！

讀者回函卡

謝謝您購買這本書，爲了加強對您的服務，請您詳細填寫本卡各欄，寄回大塊出版 (免附回郵) 即可不定期收到本公司最新的出版資訊。

姓名：________________ **身分證字號**：________________

住址：□□□________________________________

聯絡電話：(O)________________ (H)________________

出生日期：______年______月______日 E-mail: ________________

學歷：1.□高中及高中以下 2.□專科與大學 3.□研究所以上

職業：1.□學生 2.□資訊業 3.□工 4.□商 5.□服務業 6.□軍警公教 7.□自由業及專業 8.□其他________

從何處得知本書：1.□逛書店 2.□報紙廣告 3.□雜誌廣告 4.□新聞報導 5.□親友介紹 6.□公車廣告 7.□廣播節目8.□書訊 9.□廣告信函 10.□其他____________

您購買過我們那些系列的書：

1.□Touch系列 2.□Mark系列 3.□Smile系列 4.□Catch系列
5.□PC Pink系列 6□tomorrow系列 7□sense系列

閱讀嗜好：

1.□財經 2.□企管 3.□心理 4.□勵志 5.□社會人文 6.□自然科學
7.□傳記 8.□音樂藝術 9.□文學 10.□保健 11.□漫畫 12.□其他_____

對我們的建議：________________________________

____

____

LOCUS

LOCUS

LOCUS

LOCUS